Teatro breve entre dos siglos
Antología

Letras Hispánicas

Teatro breve entre dos siglos

Antología

Edición de Virtudes Serrano

SÉPTIMA EDICIÓN

CÁTEDRA

LETRAS HISPÁNICAS

1.ª edición, 2004
7.ª edición, 2024

Ilustración de cubierta: Ángel Hernansáez

Reservados todos los derechos. El contenido de esta obra está protegido por la Ley, que establece penas de prisión y/o multas, además de las correspondientes indemnizaciones por daños y perjuicios, para quienes reprodujeren, plagiaren, distribuyeren o comunicaren públicamente, en todo o en parte, una obra literaria, artística o científica, o su transformación, interpretación o ejecución artística fijada en cualquier tipo de soporte o comunicada a través de cualquier medio, sin la preceptiva autorización.

© De los autores
Ediciones Cátedra (Grupo Anaya, S. A.), 2004, 2024
Valentín Beato, 21. 28037 Madrid
Depósito legal: M. 15.426-2004
I.S.B.N.: 978-84-376-2152-4
Printed in Spain

Índice

INTRODUCCIÓN	9
Dramaturgia española entre siglos	11
Los autores de esta Antología	24
Las obras seleccionadas	79
ESTA EDICIÓN	97
BIBLIOGRAFÍA	99
TEATRO BREVE ENTRE DOS SIGLOS. ANTOLOGÍA	115
Fernando Martín Iniesta, *La falsa muerte de Jaro el Negro*	117
Alberto Miralles, *El volcán de la pena escupe llanto*	137
Jerónimo López Mozo, *Puerta metálica con violín (Un escenario para Antoni Tàpies)*	157
Carmen Resino, *Ultimar detalles*	167
Ana Diosdado, *La imagen del espejo*	181
Domingo Miras, *La Tirana*	209
Jesús Campos, *Danza de la última pirámide*	221
José Luis Alonso de Santos, *Breve encuentro*	231
José Sanchis Sinisterra, *La puerta*	241
Ignacio Amestoy, *El seguidor lo sabe (Documento escénico)*	249
Concha Romero, *¿Tengo razón o no?*	261
Pilar Pombo, *Sonia*	277
Ernesto Caballero, *Solo para Paquita (estimulante, amargo, necesario)*	295
Paloma Pedrero, *Yo no quiero ir al cielo (Juicio a una dramaturga)*	315
Antonio Onetti, *La puñalá*	331

Ignacio García May, *Últimos golpes de Butch Cassidy* 345
Juan Mayorga, *El buen vecino* 363
Raúl Hernández Garrido, *La persistencia de la imagen* 371
Itziar Pascual, *Varadas* 287
Laila Ripoll, *El día más feliz de nuestra vida* 407
Diana de Paco Serrano, *Su tabaco, gracias* 423

Introducción

A mi Luna bonita

Dramaturgia española entre siglos

En 1989, esta misma colección ofrecía a sus lectores un volumen donde se recogían siete piezas en un acto escritas entre 1940 y 1952[1]; en la Introducción, su editor, Medardo Fraile, explicaba que lo suyo no era una antología sino «el alborear de un teatro», un testimonio en el que se daba cuenta de algunos de los autores que habían llenado el «espacio vacío» de la dramaturgia española en un acto durante la posguerra; la idea que ha suscitado este nuevo libro, surgida durante el Foro de Debate «El teatro español ante el siglo XXI», que tuvo lugar en Valladolid en febrero de 2001, se apoya en el deseo de dar a conocer algunos ejemplos de otras dramaturgias, las que pueblan un panorama escrito y no siempre convenientemente mostrado a los espectadores, donde se reflejan las actitudes de autoras y autores que se han encontrado protagonizando, en madurez o en inicios, el cambio de siglo.

Para dar cumplida cuenta del teatro breve que se ha escrito en España en el período de entre siglos hemos creído oportuno incorporar textos de dramaturgos y dramaturgas pertenecientes, por su edad y primeras manifestaciones, a una etapa en la que el vértigo del fin de milenio aún no se sentía con la vehemencia con la que comenzó a percibirse desde los años 90; y otros de quienes corresponden de lleno al momento de esta

---

[1] *Teatro español en un acto (1940-1952)*, edición de Medardo Fraile, Madrid, Cátedra, Letras Hispánicas, 1989.

crisis[2]. No obstante, aunque las estéticas son diversas, los amarres más profundos sobre los que se sustentan las piezas seleccionadas coinciden en el deseo de llegar a ser un reflejo directo o metafórico de las preocupaciones de sus respectivos creadores y de los conflictos de los individuos y la sociedad del tiempo de su escritura, y en todas ellas se advierte la voluntad de crear la teatralidad con la palabra, de devolver a ésta el lugar que desde los clásicos había ocupado en la escena y de pervivir, siquiera sea mediante estas *mínimas* muestras, en el panorama teatral del que forman parte, deseo que los creadores vienen expresando desde el cambio político operado con la muerte de Franco en 1975.

La llegada de la democracia a España despertó en los autores la esperanza de poder alcanzar la normalización de su presencia en los escenarios pero el inmediato desencanto hizo que muchos de los dramaturgos más combativos levantaran sus voces contra un sistema, que, en lugar de favorecerlos, los aislaba y amordazaba[3]. La década de los 80 fue especialmente

---

[2] Por el período seleccionado y por imperativos de espacio no ha sido posible incluir a quienes surgieron desde los años 50 y 60, pertenecientes a la generación *realista*, y a otros que, como Fernando Arrabal o Francisco Nieva, coinciden con éstos en edad aunque sus trayectorias estéticas discurran por otros caminos. Para que el panorama resulte suficiente, será preciso contar en el futuro con un nuevo volumen que recoja el teatro breve de estos autores.

[3] Pueden verse: Alberto Miralles, «¡Es la guerra, más madera!», *Pipirijaina*, 10, septiembre-octubre de 1979, págs. 12-24; «La peripecia del desencanto en el teatro español: la culpa es de todos y de ninguno», *Estreno*, VI, 2, 1980, págs. 7-10 y «El nuevo teatro español ha muerto. ¡Mueran sus asesinos!», *Estreno*, XII, 2, 1986, págs. 21-24; Manuel Aznar Soler, «Teatro español y sociedad democrática (1975-1995)», en *Veinte años de teatro y democracia en España (1975-1995)*, Barcelona, Cop d'Idees-CITEC, 1996, págs. 9-16; Fermín Cabal, *La situación del teatro en España*, Madrid, Asociación de Autores de Teatro, 1994. Las condiciones no cambian a pesar de que se realizaron algunos estrenos esporádicos auspiciados por instancias oficiales y presentados en salas de presupuesto público. Unas palabras de Jerónimo López Mozo («¿Dónde está el nuevo teatro español?», *Estreno*, XII, 1, 1986, pág. 37) explican esta situación: «Para nuestra desgracia el examen de la asignatura pendiente se saldó con un rotundo fracaso que sirvió para llenar de razones a nuestros detractores y para aumentar considerablemente su número. Las pocas obras que se estrenaron en los primeros momentos de la transición no gozaron del apoyo de quienes las programaron. Lo hicieron atendiendo más a un compromiso moral que al deseo real de rescatarlas del silencio que las envolvía. Por eso em-

significativa desde el punto de vista de estas protestas. En 1983, Domingo Miras, que en 1980 había sufrido sobre el estreno de su obra *De San Pascual a San Gil*, Premio Lope de Vega 1975, las consecuencias políticas del cambio operado en el paso de la dictadura a la democracia monárquica, igualaba en el *deprecio* social y el *des-conocimiento* público a autores de la más variada índole, edad y condición en el prólogo que dedicó a Luis Riaza[4]. Según esta y otras opiniones expresadas durante estos años, el panorama de la autoría teatral se ve unificado por la desatención y lo alarmante, contemplado en el presente, es que la situación no dista mucho de la que se puede analizar hoy, veinte años más tarde. Las dramaturgas y dramaturgos actuales, salvo casos de excepción, tampoco tienen el deseable contacto habitual con el público a través de sus espectáculos y las ediciones de sus textos no reciben, en general, la atención crítica con que son significados los demás géneros, por lo que casi todos los nombres parecen *nuevos*[5].

Por ello, la intención de estas páginas es realizar aproximaciones generales a los distintos autores y movimientos con los que se nutren la literatura dramática y el teatro de los últimos años en nuestro país, y marcar algunos hitos fundamentales desde 1970, cuando, unas veces de forma más *visible* que

---

plearon pocos medios en los montajes y en su difusión, arrinconaron las representaciones a los días y horarios en que la asistencia de público es menor, pero sobre todo, y esto es lo más grave, demostraron que ni creían en nuestro teatro, ni lo entendían, ni estaban dispuestos a hacer el más mínimo esfuerzo por entenderlo.»

[4] Domingo Miras, «Sobre Riaza y la sustitución», en Luis Riaza, *Antígona... ¡cerda! Mazurca. Epílogo*, Madrid, La Avispa, 1983, págs. 5-17.

[5] En los sucesivos balances realizados de la situación del teatro se sigue advirtiendo la misma sensación de malestar expresada por autoras y autores jóvenes y menos jóvenes. Pueden verse al respecto: Klaus Pörtl (ed.), *Reflexiones sobre el Nuevo Teatro Español*, Tubinga, Niemeyer, 1986; José María Rodríguez Méndez, «El teatro español en los años 80: una década conflictiva», en Samuel Amell y Salvador García Castañeda (eds.), *La cultura española en el posfranquismo*, Madrid, Playor, 1988, págs. 115-123, y *Los despojos del teatro*, Madrid, La Avispa, 1993; John P. Gabriele y Candyce Leonard (eds.), *Panorámica del teatro español actual*, Madrid, Fundamentos, 1996, y *Teatro de la España demócrata: Los 90*, Madrid, Fundamentos, 1996; Herbert Fritz y Klaus Pörtl (eds.), *Teatro contemporáneo español posfranquista. Autores y tendencias*, I y II, Berlín, Tranvía-Walter Frey, 2000 y 2002.

otras, surgen autores y autoras que consolidarán significativas dramaturgias durante la democracia y siguen otros que continuarán escribiendo para el teatro con los nuevos modelos que cada momento histórico les requiera. Hemos seleccionado primero algunas piezas recientes de representantes del teatro de rebeldía nacido al calor del mayo del 68, cuyas trayectorias se inician entre 1964 y 1970. El segundo segmento lo ocupan quienes se dan a conocer como autores a comienzos de los años 80. En tercer lugar, serán analizadas las expresiones dramatúrgicas surgidas entre los 90 y el 2000. Dada la abundancia de nombres que pueblan los dos últimos tramos temporales, será necesario acudir a clasificaciones generales en las que se citen apenas a algunos de los componentes de este panorama teatral abocado al siglo XXI.

La década de los 70 es una etapa de rica producción dramática y variedad estética. Conviven Antonio Buero Vallejo, pilar indiscutible de la renovación teatral española de la segunda mitad del siglo XX, Alfonso Sastre, los *realistas* (José María Rodríguez Méndez, José Martín Recuerda, Carlos Muñiz, Lauro Olmo, Ricardo Rodríguez Buded) y el *nuevo teatro* o teatro *underground*[6], con sus estéticas experimentales; proliferan los grupos universitarios e independientes, revitalizadores del concepto popular y colectivo del teatro; y, en cuanto a las estéticas, alterna el realismo selectivo, no exento de los ecos deformantes de Valle y de inmersiones en el mundo subconsciente de los personajes, con las actitudes de los más jóvenes que recuperan no pocos de los procedimientos de irracionalidad de las primeras vanguardias, aunándolos con aspectos del absurdo beckettiano, la influencia del teatro de la crueldad y la presencia de evidentes valores simbólicos que afectan a todos los códigos de expresión dramática[7]. Además, junto a los

---

[6] George E. Wellwarth, *Spanish Underground Drama. Teatro Español Underground*, prólogo y notas de Alberto Miralles, Madrid, Villalar, 1978.

[7] Para un panorama general de estos años pueden verse: Francisco Ruiz Ramón, *Historia del teatro español. Siglo XX*, Madrid, Cátedra, 1977³, y «Del teatro español de la transición a la transición del teatro (1975-1985)», en Samuel Amell y Salvador García Castañeda (eds.), *La cultura española en el posfranquismo*, *op. cit.*, págs. 103-113; César Oliva, *El teatro desde 1936*, Madrid, Alhambra, 1989,

ya consolidados y conocidos, comienzan nuevas personalidades que en pocos años ocuparán un lugar de importancia en el panorama teatral. Sirvan como ejemplo los nombres de Carmen Resino, Ana Diosdado o Domingo Miras, cuyos comienzos están fechados en los primeros años del decenio.

No es posible iniciar la consideración del teatro español de esta etapa, si no se tiene en cuenta la influencia que la dramaturgia de Antonio Buero Vallejo ha tenido sobre él[8]. Su intención de restaurar para nuestro teatro el género trágico es evidente en el planteamiento, desarrollo y resolución de los conflictos del hombre de la calle que desde su primera obra estrenada realiza este dramaturgo; tal actitud ha condicionado la visión de los que inmediatamente lo siguieron y aún puede percibirse en los que, a partir de 1980, llevan a cabo una dramaturgia que podríamos denominar *neo-realista*, en tanto que se vuelven a adoptar parámetros directamente referenciales de situaciones y personajes del *aquí* y *ahora* de la escritura de los textos. Así mismo, su «huella» es visible en la actitud general de compromiso adoptada igualmente por la joven dramaturgia de tendencias estéticas más experimentales.

---

y *Teatro español del siglo XX*, Madrid, Síntesis, 2003; Felipe B. Pedraza Jiménez y Milagros Rodríguez Cáceres, *Manual de literatura española*, vol. XIV: *Posguerra: dramaturgos y ensayistas*, Pamplona, Cénlit, 1995; Javier Huerta Calvo (dir.), *Historia del teatro español*, II, Madrid, Gredos, 2003.

[8] *Vid.* Mariano de Paco, «La huella de Buero Vallejo en el teatro español contemporáneo», en Martha T. Halsey y Phyllis Zatlin (eds.), *Entre Actos: Diálogos sobre teatro español entre siglos*, State College, The Pennsylvania State University, Estreno, 1999, págs. 207-218. Paloma Pedrero hacía explícita esta afirmación durante el acto que se dedicó a Buero en la Universidad de Murcia con motivo de sus ochenta años de edad y sus cincuenta de escritor de textos teatrales: «En mis ya quince años como autora teatral Buero ha sido para mí, y creo sinceramente que para otros muchos colegas, un punto de referencia tanto artístico como humano» («Pienso en Buero», *MonteArabí*, 23, 1997, pág. 85). Y lo califica como «un hombre que nos dio, y sigue dándonos, a los autores actuales, su luz. Su luz en esta ardiente oscuridad de la dramaturgia española». En el homenaje que tras su muerte se rindió al insigne dramaturgo en su ciudad natal en octubre de 2001, José Luis Alonso de Santos, la propia Paloma Pedrero, Ignacio Amestoy y Domingo Miras afirmaron la indeleble huella ética y estética que había dejado en ellos y en la dramaturgia posterior.

Se advierte también en la reutilización del procedimiento bueriano de trasladar la tragedia actual al pasado, con lo que se consiguen dos objetivos: recuperar un ayer, por conflictivo, olvidado y reflexionar sobre acciones y comportamientos que, por ser inherentes al hombre o a la sociedad, son intemporales. Otro importante efecto manejado por Buero que ha calado en muchos de los creadores actuales es el de la superposición de los espacios imaginarios, oníricos y subconscientes a los reales en los que transcurren la historia y la vida de los personajes, y la alternancia entre realidad y ficción que surge al hacer mirar al receptor a través del punto de vista del personaje.

La variedad estética empleada por los autores es grande pero casi todos se preocupan de su entorno y profundizan con frecuencia en temas que tienen que ver con la política, con la sociedad y sus individuos, con la situación del teatro y sus componentes, y con la recuperación de la memoria histórica. Esta caracterización, que se aprecia sin duda en el teatro de «duración normal», puede verificarse igualmente en las piezas breves, donde los autores y autoras sintetizan el texto pero no la conflictividad desde donde parten sus temas.

Durante la década de los 80 aparecen nombres de la dramaturgia actual con rasgos que los definen y distinguen de los anteriores. No han vivido la más dura posguerra, su fecha de nacimiento los coloca, en general, en el resurgir económico del país y no sienten el peso de la censura estatal porque inician su producción para el teatro después de 1978. Los seres y las situaciones que trazan tienen que ver con un mundo deshumanizado, al tiempo cómodo para algunos y sumamente agresivo para otros, en el que los individuos, perdidos en la selva del asfalto, buscan apoyos interpersonales para sobrevivir o intentan encontrarse a sí mismos dentro de la piel con la que se revisten. Son los seres trazados por Fermín Cabal, José Luis Alonso de Santos, Paloma Pedrero o Pilar Pombo. En realidad escriben la dramaturgia del perdedor en una sociedad que aparentemente brinda la igualdad de oportunidades.

Otra diferencia clara es que el autor novicio en los 80 procede en muchos casos de otros ámbitos del teatro, sobre todo del mundo de los actores; por tanto, al escribir, lo hace desde la práctica escénica y, en ocasiones, se erige en director de su propia obra y productor o coproductor de los espectáculos. Todo ello conduce a un formato modesto en cuanto a la propuesta espectacular, que suele contar con pocos personajes, espacio único o casi único y un sistema expresivo funcional válido para tratar problemas de un *aquí y ahora* de individuos del tiempo de la escritura.

Una circunstancia más que caracteriza esta década y se extenderá hasta hoy es la actividad de los talleres de escritura dramática, comenzados a partir de una iniciativa del Centro Nacional de Nuevas Tendencias Escénicas (CNNTE); situación ajena a los autores anteriores, que llevan consigo el sello del escritor en solitario proyectando personalmente vivencias y conocimientos. Esa creación dirigida marca, al menos en un amplio sector, la vuelta a un cierto «aristotelismo» que se aprecia en la construcción de las obras de muchos de quienes son adiestrados por directores y autores que han triunfado en tal técnica, como José Luis Alonso de Santos o Fermín Cabal. Frente a la desintegración estructural y la crisis de la palabra que llevó a cabo el *nuevo teatro* de comienzos de los 70, ésta se revaloriza ahora entre los jóvenes, quienes piden que sus obras, al menos, puedan ser leídas, deseo que comparten con escritores de más trayectoria y que, desde la Asociación de Autores de Teatro, ha sido elevado a lema o rótulo («El teatro también se lee») con el que, desde hace cuatro años, se presenta el Salón del Libro Teatral, en 1993, en las páginas de *Primer Acto*, Domingo Miras reclamaba una consideración del texto teatral pareja a la de los demás géneros:

> El texto dramático es un género literario tan respetable como cualquier otro, y no se entiende demasiado bien que las grandes editoriales no publiquen colecciones de teatro con el mismo lanzamiento publicitario y la misma asiduidad con que cultivan la narrativa...[9].

Al inaugurarse la dramaturgia de las dos últimas décadas, sus participantes afirman lo mismo: «Pienso que una de las cosas de

---

[9] «Domingo Miras», entrevista de Virtudes Serrano, *Primer Acto*, 247, enero-febrero de 1993, págs. 13-22.

la que estamos más necesitadas es de que los textos se conozcan», indicaba Concha Romero[10]; casi tres lustros después, Juan Mayorga afirma su amor por la palabra y su fe en el lenguaje[11].

Un aspecto muy digno de tener en cuenta en los 80 es la incorporación de la mujer al espacio público del teatro en las ediciones, en la participación en reuniones y debates sobre el fenómeno teatral y en la escena. Esta circunstancia traerá consigo modificaciones sustanciales en el punto de vista de la escritura dramática, como también se han detectado en poesía y narrativa.

Hemos indicado que en los 80 las preferencias estéticas giran hacia el realismo, sin que tal fórmula sea exclusiva. Las dramaturgas y dramaturgos persiguen la inmediatez del contacto con el público, buscan contar historias de hoy para público de hoy y tienen *prisa* por conseguirlo. Se han abandonado las profundas reflexiones sobre el poder en sus formas abstractas, los conflictos colectivos y la intención de influir, a través del teatro, en el proceso político o social, para atender a lo que *me pasa* o *le pasa* al individuo concreto del momento. Los autores y autoras de esta década dan la cara a la realidad como lo habían hecho sus antecesores de los 50 y los 60; sin embargo, difieren de ellos en el enfoque individual y en que la mirada de estos *nuevos* es crítica pero no trágica. Lo que en la dramaturgia anterior se presentaba en escena era una amarga realidad social, protagonizada en no pocas ocasiones colectivamente, que, en la mayor parte de los casos, no dejaba salida a los personajes, aunque proyectara una posible esperanza hacia el espectador. Ahora, el personaje busca su realización como individuo y encuentra un resquicio en el proceso dramático en el que ha tomado parte, adoptando decisiones que cambian, aunque no solucionan, su futuro. El sistema dramatúrgico que domina un amplio sector de este teatro se puede ejemplificar con obras como *La estanquera de Vallecas* o *Bajarse al moro*, de José Luis Alonso de Santos; *Vade retro!* o *Esta noche gran velada*, de Fermín Cabal, autores originarios de los

---

[10] Concha Romero, en AA.VV., *Nuevas tendencias escénicas. La escritura teatral a debate*, Madrid, CNNTE, 1985, pág. 220.

[11] «Conversación con Juan Mayorga», entrevista de José Ramón Fernández, *Primer Acto*, 280, septiembre-octubre de 1999, pág. 54.

grupos independientes que, desde 1981 y 1982, inician su trayectoria individual[12].

En 1986 la revista *Primer Acto* dedica unas páginas a los «nuevos autores españoles»[13] y son entrevistados aquellos que empiezan su andadura tras un taller de escritura dirigido por Jesús Campos bajo el auspicio del recién estrenado CNNTE. Con ello se inicia, como indicamos, esa literatura dramática de nuevo signo que parte de la enseñanza impartida por autores teatrales a otros que desean serlo. Los participantes en aquella experiencia fueron Paloma Pedrero, Maribel Lázaro, Luis Araujo, José Manuel Arias e Ignacio del Moral; casi todos habían trabajado ya en otras parcelas de la expresión teatral pero sus textos, en general, datan de los primeros 80 y constituyen sus primeros pasos literarios. En las intervenciones de estos jóvenes está la preocupación por hallar público de su edad para un teatro que refleje las realidades inmediatas del mundo en que viven. Paloma Pedrero e Ignacio del Moral, principalmente, se decantan por una fórmula *realista*, un teatro inmediato, aunque no exento de poesía o novedad. En 1990 vuelve a llevarse a cabo, otra vez en *Primer Acto*, un encuentro de jóvenes autores; participan Ernesto Caballero, Eladio de Paco, Ignacio del Moral, Guillermo Heras, Antonio Onetti, Lourdes Ortiz, Maxi Rodríguez y Etelvino Vázquez[14]. Surge entonces el tema de la consideración del texto (relegado a las catacumbas en la década anterior) como género literario, el deseo de pervivir a través de él y su valor como entidad autónoma independientemente del espectáculo al que haya dado origen. En algunos se advierte una tendencia a superponer al realismo elementos no realistas, como forma de hacer presente para el espectador el mundo de los sueños y del subconsciente (Ignacio del Moral) o de introducirlo en el laberinto del juego realidad-ficción

---

[12] Jesús Rubio Jiménez, «Del teatro independiente al neocostumbrismo», *Hispanística XX*, 7, 1989, págs. 185-202.

[13] «Nuevos autores españoles», *Primer Acto*, 212, enero-febrero de 1986, págs. 60-72.

[14] *Vid. La escritura teatral en España hoy*, separata de *Primer Acto*, 233, marzo-abril de 1990.

(Ernesto Caballero). A veces son absolutamente rupturistas, como sucede con algunas propuestas de Alfonso Armada o Etelvino Vázquez, y muchos utilizan el metateatro como fórmula estructuradora de sus argumentos o como apoyo de la teatralidad.

Ya se ha señalado que en los 80 se produce también una incorporación colectiva de la mujer a la autoría teatral. Desde los primeros años de la década, coincidiendo con la liberalización de la sociedad de la España democrática, las autoras, en número abundante, comienzan a hacerse oír en un fenómeno que he denominado el «renacer» de la dramaturgia femenina en nuestro país. Sus voces, aún titubeantes, se publicaron en 1984 en la revista norteamericana *Estreno* y, a partir de ahí, consiguen ocupar un espacio en el ámbito general del último teatro español[15]. Cierto es que no han faltado mujeres en nuestra escena a lo largo de los siglos[16] pero, desde los años 20[17], no se percibía socialmente un «renacer» colectivo de la dramaturgia femenina de tan extensa dimensión como el que estamos refiriendo[18].

En 1986 las autoras formaron la Asociación de Dramaturgas, que, aunque en 1990 se insertó en la Asociación de Autores de Teatro, permitió relacionar a mujeres que escribían o querían escribir teatro en España y que cada una tomase conocimiento de otras presencias. La autora teatral de estos años es consciente de que desea mostrar su identidad de mu-

---

[15] *Vid. Estreno*, X, 2, 1984; y Patricia W. O'Connor, *Dramaturgas españolas de hoy (una introducción)*, Madrid, Fundamentos, 1988.

[16] *Vid.* Juan Antonio Hormigón (dir.), *Autoras en la Historia del Teatro Español*, I, II, III y IV, Madrid, Asociación de Directores de Escena, 1996, 1997, 2000; y Felicidad González Santamera, «El teatro femenino», en Javier Huerta Calvo (dir.), *Historia del teatro español*, II, *op. cit.*, págs. 2503-2525.

[17] Pilar Nieva de la Paz, *Autoras dramáticas españolas entre 1918 y 1936*, Madrid, Consejo Superior de Investigaciones Científicas, 1993.

[18] De este hecho me he ocupado en diversas ocasiones; pueden verse «Hacia una dramaturgia femenina», *Anales de la Literatura Española Contemporánea*, 19, 3, 1994, págs. 343-364; «Dramaturgia femenina de los 90 en España», en Martha T. Halsey y Phyllis Zatlin (eds.), *Entre Actos: Diálogos sobre teatro español entre siglos, op. cit.*, págs. 101-112. Un panorama general se encuentra en mi «Introducción» a Paloma Pedrero, *Juego de noches. Nueve obras en un acto*, Madrid, Cátedra, 1999, págs. 11-58.

jer en lo que produce, y no encubrir sus rasgos diferenciales bajo los del canon dominante; ello trajo como consecuencia una nueva visión del mundo que, plasmada en el producto literario o escénico, cambia los modelos constructivos al uso en la configuración de las personalidades escénicas (mujeres y hombres) y en la solución de conflictos favoreciendo por tanto una nueva mirada sobre el entorno social y particular.

En líneas generales, en la dramaturgia femenina más joven, sea o no de ideología feminista, la mujer no permanece pasiva ante el destino colectivo o privado que le viene impuesto, sino que en el último momento del proceso dramático invierte su situación y se enfrenta a un futuro no exento de dificultades pero libremente elegido. Verdad es que en la dramaturgia de autor podemos encontrar casos memorables de mujeres transgresoras, de rebeldes castigadas, de mujeres fuertes e íntegras debatiéndose en un sistema que les es hostil. Igualmente podemos percibir en dramaturgos de la segunda mitad del siglo XX el caso de la mujer dispuesta a luchar contra un canon de abuso y sometimiento y salir victoriosa de él. Sin embargo, la actividad conjunta e ininterrumpida de las escritoras ha hecho que lo que era inusual sea cotidiano y que el panorama temático y constructivo de nuestro teatro se enriquezca, renueve y amplíe con otras voces y otras miradas, como sucedía ya en otros lugares[19]. Además, pasados estos iniciales momentos y gracias al esfuerzo de las autoras por hacerse oír en aquellos comienzos, parece evidente que los cánones de lo dramático han sufrido en general modificaciones sustanciales y cada día es menos necesario aislar el estudio de los textos dramáticos escritos por mujeres del resto de la dramaturgia de nuestro país.

En los años 90 se perfila otra joven generación que rompe algunos de los esquemas utilizados por la anterior. Ello no quiere decir, claro está, que al aparecer una no tengan existencia y vida quienes llenaron los años previos. Justamente lo

---

[19] *Vid.* Patricia W. O'Connor, «Mujeres de aquí y de allí», en John P. Gabriele (ed.), *De lo particular a lo universal. El teatro español del siglo XX y su contexto*, Frankfurt am Main-Madrid, Vervuert-Iberoamericana, 1994, págs. 158-169.

que pretendemos con esta selección antológica es mostrar la coexistencia de los distintos grupos e individualidades del panorama actual. Una estética desintegradora del realismo y del aristotelismo se va imponiendo con los más jóvenes. Las enseñanzas de taller se siguen prodigando y a esto se añade la presencia de la escritura como parte de las disciplinas de Dramaturgia impartidas en algunas Escuelas de Arte Dramático y en seminarios y cursos que dependen de Universidades, Ayuntamientos o entidades privadas. Numerosos premios de autoría joven y femenina se consolidan o comienzan (Calderón, Marqués de Bradomín, María Teresa León, Universidad Politécnica de Madrid, Universidad de Sevilla), estimulando a los nuevos creadores y favoreciendo la abundancia y difusión de los textos.

La juventud no priva a la escritura del compromiso; los más jóvenes observan su entorno y construyen la imagen que ellos perciben. En clave realista o simbólica, con estructura aristotélica o distorsión vanguardista, hablan de los efectos de la enfermedad, de las drogas, de la falta de comunicación, de desencuentros, de violencia, de xenofobia. Desde el punto de vista estético y constructivo, en los primeros años de la década sobre todo, se aprecia un cambio sustancial. Los autores más recientes tienden a elaborar materiales dramáticos o poéticos que se formalizarán en la escena; sus textos reflejan en ocasiones la procedencia de una escritura guiada donde se perciben con claridad las estructuras básicas de las que se ha partido como arranque de la situación o para iniciar los diálogos; éstos suelen establecerse entre dos personajes, durante un encuentro fortuito en un espacio comprimido por la ausencia de otros seres que lo vitalicen, presidido por la nocturnidad y la carencia de todo signo identificador concreto. Dicha carencia la padecen también sus ocupantes, que están sólo superficialmente marcados con los signos genéricos: Hombre/Mujer; Él/Ella; Uno/Una; o, incluso Uno, Dos, Tres; en algunas propuestas interesan las relaciones domésticas (Marido/Mujer; Padre/Hijo) o la oposición por edad (Joven/Anciano), e incluso por alguna característica física (Alto/Bajo). Se hacen habituales los juegos con la realidad y la ficción, las transgresiones espacio-temporales y la indeterminación, que afecta al tiempo, al espacio y a los personajes. En suma, estos jóvenes escritores de las postrimerías del siglo XX vuelven la mirada a los procedimientos de aquellos que con sus innovaciones abrieron el siglo en la etapa de las *vanguardias* y cultivan la irracionalidad poética que llegó de la mano del *surrealismo* y, posteriormente, del *absurdo*. Muchos, inspirados por las enseñanzas del dramaturgo José Sanchis Sinisterra, primero desde Barcelona y ahora desde Madrid, asimilan la estética beckettiana, que, unida a la estructura de confrontación expresada por Harold Pinter, al descubrimiento de la desintegración del discurso que propone en sus textos Heiner Müller, a la influencia de coreógrafos y directores que participan en los festivales internacionales, y a su propia experiencia fraccionada de la realidad, nacida desde el mando a distancia de la televisión, configura, en líneas muy generales y por tanto necesariamente imprecisas, el panorama estético de la dramaturgia de los 90, cuyos creadores proclaman su preferencia por los textos abiertos, desligados de las estructuras que otros habían cultivado.

La nómina se ensancha día a día con autores y autoras que pueden ver sus obras en pie en montajes casi exclusivamente alternativos y que son conocidos, la mayor parte de las veces, a partir de las publicaciones teatrales del momento y de la atención crítica que se les presta por parte de los investigadores[20]. Con respecto a las autoras, el único reducto que las di-

---

[20] El lector curioso puede acercarse, por ejemplo, a los volúmenes que el Instituto de la Juventud viene publicando desde la instauración del Premio Marqués de Bradomín, en 1984, en los que se reproducen los textos del Premio y los dos Accésit; los Premios Calderón se encuentran en la revista *Primer Acto* y, desde el 2000, en volúmenes independientes del Centro de Documentación Teatral; el Instituto de Cooperación Iberoamericana publica el Premio Tirso de Molina; los Premios Buero Vallejo, que se conceden desde 1985, son editados por el Patronato de Cultura del Ayuntamiento de Guadalajara; la Asociación de Directores de Escena incluye en su serie Textos los Premios María Teresa León. Las principales revistas teatrales del país y las del hispanismo extranjero *(Primer Acto, Estreno, ADE, Gestos, Escena, Acotaciones)* dan a conocer en cada uno de sus números un texto contemporáneo, así como trabajos sobre él y su autor. Existen igualmente colecciones dedicadas a difundir el texto actual (las de la SGAE, las de la AAT, las publicadas por La Avispa, la Biblioteca Antonio Machado de Teatro; la colección de textos de la

23

ferencia ya de sus compañeros de viaje es la existencia del Premio María Teresa León para autoras dramáticas, que tuvo su primera convocatoria en 1994.

Al cierre de estas consideraciones es preciso añadir que los tremendos acontecimientos que han venido a llenar la realidad histórica de los primeros años del siglo XXI pronto se han dejado notar en los temas de las últimas obras aparecidas, tanto en la literatura dramática extensa como en las piezas de formato menor, de las que vamos a ocuparnos. La violencia inusitada que se ha descargado sobre el mundo conocido, expresada en guerras, atentados, represalias, matanzas y destrucción ha tenido pronto eco en la dramaturgia actual, que se ha llenado de perplejidades, angustias, desaliento y alegatos, contra el terrorismo, contra la injusticia de los más fuertes, contra el imperialismo y contra los genocidios. El teatro sigue cumpliendo en este siglo la misión testimonial que desde antaño tenía encomendada: ser espejo de vida y costumbres y reflejo de los conflictos de los seres de su entorno.

Los autores de esta Antología

A fin de que el lector pueda hacerse mejor a la idea de la convivencia de personalidades diferentes que se produce en la presente *Antología* hemos querido ofrecer un esbozo de la producción de los autores que la componen, colocando a éstos en el orden que nos proporciona su presencia pública, sea con obra escrita o con espectáculo representado. Tal criterio tiene también la finalidad de mostrar la evolución que muchos de ellos han sufrido en el proceso de su creación dramática y para subrayar que no son las tendencias iniciales o la edad de un autor sino sus actitudes éticas y estéticas lo que los

---

Muestra de Teatro de Autores Contemporáneos de Alicante; ciertas editoriales (Espasa Calpe, Cátedra, Castalia, Fundamentos, Hiru, Octaedro) incluyen obras de autores españoles vivos en sus colecciones literarias. Algunas Universidades, como las de Murcia, Alcalá, Valencia, Cádiz y la UNED, dedican colecciones o volúmenes al teatro. En los últimos años, se editan también los textos que resultan de los trabajos realizados por los alumnos de Dramaturgia, sobre todo los de la RESAD.

configura como *modernos* o *antiguos; nuevos* o *viejos; vigentes* o *atrasados*. Consideramos que quienes han sido seleccionados y muchos otros que no están recogidos aquí y que pueblan el extenso campo de la dramaturgia actual son *modernos* en sus planteamientos, *nuevos* en cada una de sus apariciones ante el público, porque así lo pone de manifiesto su obra, y están *vigentes* sus compromisos con el arte, con el teatro y con la sociedad a la que pertenecen.

Fernando Martín Iniesta (Cieza, 1929)

Es el autor más veterano de los que forman parte del conjunto puesto que sus inicios se remontan a los años 50, cuando lleva a cabo un teatro marcado por el simbolismo de la vanguardia existencial que representaban en Europa nombres como los de Beckett o Ionesco y, en España, los comienzos del teatro de Fernando Arrabal. Estrenó en 1956 las dos primeras obras dramáticas, *La señal en el faro* («situación en un acto») y *Yatto* («pieza en un epílogo»), a cargo del Teatro Universitario de Murcia, dirigido por Ángel Fernández Montesinos. Martín Iniesta fija entonces su residencia en Madrid, conecta con grupos y autores y compone en torno a 1960 una abundante producción para la escena que quedó interrumpida en 1964 y no se reanudará hasta casi veinte años después. A lo largo de esta primera etapa recibe distintos reconocimientos: tres veces finalista del Premio Calderón de la Barca, cuatro del Lope de Vega, dos del Carlos Arniches; fue Premio Tirso de Molina 1961 y obtuvo, también en 1961, Premios al mejor espectáculo del I Festival Nacional de Teatro Nuevo y al mejor espectáculo infantil[21]. Entre 1964 y 1983 mantiene su decisión de dejar de escribir. Es el tiempo en que se suce-

---

[21] Para un más amplio panorama de la obra del autor puede verse Francisco Javier Díez de Revenga y Mariano de Paco, *Historia de la literatura murciana*, Murcia, Universidad-Academia Alfonso X el Sabio-Editora Regional, 1989, págs. 481-489. Las estéticas de estos primeros años se muestran en las obras que componen *Tres piezas rotas: Los enanos colgados de la lluvia, El parque se cierra a las ocho, Receta del soufflé de bacalao*.

den en la dramaturgia española los autores de la *generación realista* y los del *nuevo teatro*.

Tras cuatro lustros de exilio voluntario del panorama teatral, Fernando Martín Iniesta vuelve a la escritura dramática y lo hace «con una soberbia *Trilogía de los años inciertos* incomprensiblemente preterida», que constituye «una de las más logradas reflexiones dramáticas sobre nuestra historia próxima»[22]. La *Trilogía* tiene unos planteamientos estéticos diferentes a los de las obras de la primera época, si bien su autor se mantiene en ella fiel a la intención con que comenzó a escribir: reflejar críticamente en sus textos la sociedad en la que viven los seres humanos que lo rodean, con sus defectos, preocupaciones, aspiraciones e inquietudes, al tiempo que recupera un doloroso pasado próximo. *No hemos perdido aún este crepúsculo* recoge la vida de los años inmediatos a la finalización de la Guerra Civil; *Quemados sin arder* indaga en los años 60; *La herencia de lo perdido* pone fin al ciclo con una aguda reflexión sobre la década de los 80. La *Trilogía* constituye un ejemplo de teatro de revisión histórica, como en su momento lo fue *El tragaluz*, de Buero Vallejo.

Martín Iniesta es autor de otros textos, ubicados en un pasado más lejano, que poseen un propósito semejante *(Cantón,* 1991; *El ramo de flores,* 1998; *Los hijos de Saturno,* 1998). Como indica Mariano de Paco,

> el de Martín Iniesta en aquellas y en estas obras es un *teatro histórico* que se nutre en la línea bueriana de establecer un puente crítico entre el pasado (más o menos alejado) y la actualidad, que coincide con numerosas obras de dramaturgos contemporáneos, pero que goza de distintas epifanías: la situación en un momento preciso de la historia, la apenas marcada por un tiempo determinado aunque se use como marco o la atenta mirada sobre los años que nos preceden[23].

La dimensión histórica como procedimiento estructurador del drama se percibe incluso en textos que no son históricos,

---

[22] Felipe B. Pedraza Jiménez y Milagros Rodríguez Cáceres, *Manual de literatura española,* vol. XIV: *Posguerra: dramaturgos y ensayistas, op. cit.,* págs. 499-500.

[23] Mariano de Paco, «Autores en el teatro murciano del siglo XX», en AA.VV., *Cien años de literatura en Murcia,* Murcia, Museo de la Ciudad, pág. 116.

así *El barco en la botella* está construido mediante una inmersión en el pasado por medio de distintos recuerdos que, unidos, determinan el presente.

Mantiene Martín Iniesta su empeño crítico a lo largo de toda su existencia. En los años 60 «el amor por las letras» le sirvió para denunciar lo que estaba sucediendo; en los 80, vuelve con un teatro «que se alimenta de preguntas» y se fundamenta en el mundo que lo rodea; en los 90, años de gran actividad creadora, su teatro *canalla* «incide de manera directa sobre la todavía triste realidad española»[24]; la triste realidad de la mentira y de la corrupción *(Al toro por los cuernos)*, de la marginación, la violencia y las drogas *(El salto de los delfines)*, del paro *(Tres tintos con anchoa)*, de los *skin heads* y la xenofobia *(La falsa muerte de Jaro el Negro)*, del terrorismo *(Los hijos de Saturno)*. *Concierto desafinado*, uno de sus últimos textos publicados, conjuga tres voces en otros tantos monólogos sobre un submundo trazado con procedimientos próximos al esperpento. Desde el pasado o en el presente, con estéticas realistas o simbólicas, Fernando Martín Iniesta cultiva una escritura dramática actual por su sentido e intención en la que da testimonio del hombre de su época y del tiempo en el que vive.

Alberto Miralles (Elche, 1940-2004)

Su vocación lo lleva desde muy joven a hacer del teatro objeto de estudio, afición, profesión y arte. Durante sus años de estudiante participó activamente en grupos de Teatro Universitario; de esta época son *Y al tercer día* y *Aquella risa*, escritas hacia 1960, y la primera premiada como espectáculo en 1961. Su etapa de formación transcurre en Barcelona; allí estudia primero Interpretación en el Instituto del Teatro, de donde será profesor y, más tarde, Filología Románica. Espíritu combativo, ágil inteligencia y capacidad irónica son marcas que

---

[24] José María de Quinto, «Carta a Fernando Martín Iniesta», en Fernando Martín Iniesta, *Teatro canalla*, Madrid, Fundamentos, 1996, pág. 7.

caracterizan al autor y a la persona de Alberto Miralles, que están presentes desde sus primeros trabajos teatrales y que se consolidan en la estética del Grupo Cátaro, fundado por él en 1967. A este momento pertenecen sus dos piezas *La guerra* y *El hombre,* inmediatamente publicadas en *Primer Acto.* En 1968 recibe el Premio del Festival de Sitges por *CátaroColón,* que apareció en 1969 en la misma revista, tras haber obtenido el año anterior el Premio Guipúzcoa[25].

Miralles y su grupo representan en el panorama teatral de finales de los 60 el espíritu desmitificador y comprometido que impregna la revolución del 68. Con esta obra sobre el descubrimiento y conquista de América, se adelanta a una corriente que vendrá a enriquecer el panorama de nuestra dramaturgia al aproximarse la conmemoración del Quinto Centenario, cuando otros autores recuperan esta parcela del pasado con indudable intención crítica y función especular hacia el presente[26].

La labor para el teatro desarrollada por Miralles fue incesante; además de los espectáculos que lleva a escena con el Grupo Cátaro, escribe varios ensayos de teoría sobre el teatro del momento y prologa la versión española del libro de Wellwarth que sirve de marco para la generación de los jóvenes contestatarios de los 70[27]. Desde 1976 fija su residencia en Ma-

---

[25] El título completo de la pieza editada es *CátaroColón, o versos de arte menor por un varón ilustre*. Al presentarla en *Primer Acto* (104, enero de 1969, págs. 40-41) José Monleón, miembro del jurado que había otorgado el premio, calificaba a Miralles como «auténtico hombre de teatro» y al Grupo Cátaro como «uno de los grupos más interesantes con que hoy cuenta nuestro país».

[26] Del tema de la conquista de América en el teatro español actual me he ocupado en «Teatro de revisión histórica: descubrimiento y conquista de América en el último teatro español», *Teatro (Revista de Estudios Teatrales),* 6-7, diciembre de 1994-junio de 1995, págs. 127-138 (donde recojo ideas de un artículo publicado en *Montearabí,* 16, 1993, págs. 21-36), y en mi «Introducción» a José Sanchis Sinisterra, *Trilogía americana,* Madrid, Cátedra, 1996. En torno al 92 surgieron varios estudios sobre el tema. Puede verse al respecto el monográfico «América 1492-1992», en *Théâtre/Public,* 107-108, septiembre-diciembre de 1992.

[27] En 1972 George E. Wellwarth publica *Spanish Underground Drama;* en 1978 aparece la versión española presentada y anotada por Miralles. Un completo estudio de la obra de Miralles y su evolución es el realizado por Magda Ruggeri Marchetti, *Il teatro di Alberto Miralles* con l'edizione di *Centellas en el sótano del museo,* Bolonia, Pitagora, 1995.

drid, colabora con Adolfo Marsillach como ayudante de dirección e inicia una importante labor en el ámbito del teatro para niños; dirige la Compañía infantil Trabalenguas, con la que representa textos en los que se reconocen sus caracteres de autor rebelde e ingenioso creador. Enseña interpretación en el Taller de Artes Imaginarias y sigue escribiendo obras dramáticas y alegatos teóricos contra las injusticias que soportan la sociedad, el teatro y sus autores[28]. En 1981 estrena *Céfiro agreste de olímpicos embates*, que un año antes había recibido el Premio Teatro Breve de Valladolid. Esta obra plantea irónicamente la política oficial de reposición de los clásicos frente a un teatro que dé a conocer a los contemporáneos, sobre lo que también se había pronunciado en sus artículos, denunciando la falta de atención a los autores vivos, a quienes «censuraron durante el franquismo», «reprimieron durante la democracia y les niegan en la actualidad»[29]. En 1984 dio un giro a su estética con *El jardín de nuestra infancia*, que recibió, ese mismo año, el Premio Rojas Zorrilla; la obra está dedicada «a Antonio Buero Vallejo, desenmascarador de críticos daltónicos, con admiración, respeto y solidaridad». En 1997, al reeditarla después de su estreno, indicó: «En 1984 dediqué esta obra a Antonio Buero Vallejo. Doce años después, con más razón.» La obra, además de la dedicatoria explícita, permite advertir la huella del maestro en un autor que en su etapa juvenil reivindicaba la primacía del espectáculo y que, no obstante, es también indudable creador de palabra dramática, lo que sigue mostrando en su abundantísima producción tanto en teatro breve como en obras de duración normal; cuando se refiere a situaciones del presente y con secuencias o personajes del pasado.

---

[28] En «El nuevo teatro español ha muerto. ¡Mueran sus asesinos!» (citado en la nota 3) afirmaba con rotundidad: «Los partidos políticos, durante la clandestinidad, habían pedido al teatro crítica, lucidez y desmitificación. Después, en pugna con el poder, querían evitar la provocación a la ultraderecha por miedo a los tanques, y así, el teatro tuvo que perder la agresividad que tanto ayudó a la lucha antifranquista.»
[29] Alberto Miralles, «¡Qué corte de prensa!», *Boletín Informativo de la Asociación Colegial de Escritores de España*, 18, noviembre de 1993, pág. 16.

Interesante recuperación de personajes realiza en *Centellas en el sótano del museo*[30]; allí, en el subsuelo del Museo del Prado, Miralles junta a una serie de intelectuales y artistas de ayer (Ortega, con 112 años; Lorca, 97; Alberti, el único que aún estaba vivo, 93; Picasso, 114; Margarita Xirgu, 107; y Buñuel, 95) encerrados para redactar un manifiesto contra la venta que el Estado pretende hacer de los fondos de la pinacoteca a una sociedad americana. La reacción de estos ancianos supone en la obra el testimonio del compromiso del intelectual con el arte, frente a la apatía y dejadez, cuando no el «silencio cómplice» de los actuales representantes de la cultura. Según el propio autor: «Nos hemos quedado sin guías morales como lo pudieron ser los del 98 y el 27. Tenía, pues, necesidad de criticar esa situación de una forma clara y a la vez indirecta»[31].

La actitud crítica del dramaturgo se modula, a lo largo de los 90, con distintos sones: bajo especie policíaca en 1995 publica *La felicidad de la piedra*, una pieza donde las pesquisas sobre la muerte de un profesor universitario dan lugar a la reconstrucción de un pasado plagado de mentiras políticas e infidelidades humanas. En 2001 estrena, con el título de *Juegos prohibidos, El crepúsculo del paganismo romano*, una revisión *histórica* del ambiente de opresión que se vivía en los centros de educación del franquismo y del grito de rebeldía de sus víctimas. Un año después aparece un volumen compuesto por otras dos piezas: *El último dragón del Mediterráneo* y *¡Hay motín, compañeras!*, en ésta analiza, como indica María Francisca Vilches de Frutos en su texto introductorio, «la responsabilidad política contra la violencia de género». El tema de la condición femenina lo había tratado con anterioridad en *Comisaría especial para mujeres* (1993) y en *Cuando las mujeres no podían votar* (2000).

Los amantes del demonio, que obtuvo el Premio SGAE de 2002, es la muestra más fehaciente de la actitud comprometida y el

---

[30] Publicada por Magda Ruggeri Marchetti en *Il teatro di Alberto Miralles, op. cit.*, págs. 143-200. El año 2000 se estrena una versión de la obra, traducida al catalán por María José Ragué, con el título *Okupes al Museu del Prado*.

[31] Tomado del texto de una carta transcrita por Magda Ruggeri en *Il teatro di Alberto Miralles, op. cit.*, pág. 122.

interés estético que desde sus comienzos reveló su autor. El elenco lo integran los componentes de un comando de ETA, la voz de su víctima, el poeta muerto por un tiro en la nuca, y la esposa de éste. Miralles, al tratar directamente y sin metáforas el tema del terrorismo de ETA, no pudo por menos que apartar la máscara del escritor satírico de trazo esperpéntico para enfrentarse con hondura a un grave problema de esta sociedad, desde una perspectiva arriesgada y comprometida. Una actitud dramatúrgica que lo lleva directamente a la tragedia[32]. El dramaturgo saca a escena y somete a un profundo análisis a los integrantes del hecho violento, tanto a los ejecutores como a aquellos que soportan la situación de víctimas. Y, pese al tema y a la denuncia directa y valiente, la obra no se convierte en ningún momento en un discurso doctrinal porque su autor ha tenido la habilidad de conjugar armónicamente el hecho político de intensas implicaciones sociales con una trama privada que afecta a todos los personajes que intervienen en la historia, irremisiblemente abocados a la catástrofe por sus errores. Pero la esperanza para la sociedad queda en las palabras del poeta muerto por la violencia del terrorismo, la única voz no contaminada[33].

Jerónimo López Mozo (Gerona, 1942)

Desde su primera obra, *Los novios o la teoría de los números combinatorios*, escrita en 1964, ha llevado a cabo una abundante producción que abarca ensayo, narrativa y, sobre todo, tea-

---

[32] Sobre la cuestión de la actitud del dramaturgo en cuanto al género de su obra, Miralles afirmaba, al ser entrevistado por Miguel Ayanz *(La Razón,* 28 de diciembre de 2002, pág. 56), después de recibir el Premio SGAE: «Cuando me puse a escribirlo tampoco tenía muy claro qué es lo que iba a salir, pero evidentemente no ha sido humor, no creo que sea un tema para tratar con humor.»

[33] De esta pieza me he ocupado en la «Introducción» a Alberto Miralles, *Los amantes del demonio*, Madrid, SGAE, 2003, págs. 5-9. Al tema del terrorismo se habían acercado también algunos otros autores: Lourdes Ortiz, Ignacio Amestoy, Borja Ortiz de Gondra, Sergi Belbel, Javier Gil Díez-Conde y, en la línea directa de Miralles, Koldo Barrena y Jerónimo López Mozo con *Eusk* e *Hijos de Hybris*, respectivamente, ambas aparecidas en la colección Premio Buero Vallejo, Guadalajara, 2002.

tro, escrito en solitario o en colaboración. Su dramaturgia, en constante progreso formal y presidida por el compromiso con su presente, comienza dentro de la estética neovanguardista que caracterizó a los autores del *nuevo teatro* de los 70. Sus propuestas espectaculares poseen fórmulas diversas, siempre dentro de una línea de experimentación que le llevó en sus primeros años a construir textos en los que el soporte lingüístico cedía su lugar a las indicaciones para el gesto o la actuación; sucedía así en *Negro en quince tiempos* (1967), *Blanco en quince tiempos* (1967) o *Maniquí* (1970). Y en otros casos, durante la década de los 70, experimenta con el teatro documento como en *Anarchia 36* (1970) y en espectáculos de creación colectiva, el más paradigmático de los cuales fue *El Fernando*, compuesto con otros siete autores (Luis Matilla, Ángel García Pintado, José Arias, Manuel Martínez Mediero, Manuel Pérez Casaux, Luis Riaza y Germán Ubillos) y estrenado por el TEU de Murcia, dirigido por César Oliva, en el Festival de Sitges, donde obtuvo el primer premio[34]. Durante esta etapa trabajó en muchas ocasiones con Luis Matilla, así como con diversos compañeros más, y participó así mismo con él en la confección de algunas propuestas para espectáculos el director Juan Margallo. De estas colaboraciones son ejemplo: *La gota estéril* (1970), *Los conquistadores* (1973), *Parece cosa de brujas* (1974), *Los fabricantes de héroes se reúnen a comer* (1975), *Por venir* (1975) y *Como reses* (1980).

A finales de los 80, sin abandonar la tendencia a la experimentación que siempre lo ha caracterizado —sirvan como ejemplos *D. J.* (1986), sobre el mito de don Juan; *Combate de ciegos* (1997) o *La infanta de Velázquez* (1999)— comienza una etapa de su producción que, estéticamente conectada con formas próximas al realismo, da como resultado obras en las que se muestran sus dotes de escritor dramático e investigador donde recupera una memoria histórica lejana o próxima para el receptor actual como, por ejemplo, *Yo, maldita india* (1988), *La infanta de Velázquez*, *El olvido está lleno de memoria* (2002), *Las raíces cortadas (Victoria Kent y Clara Campoamor: cinco encuentros apócrifos)* (2003), y otras que ponen de manifiesto el rotundo

---

[34] *El Fernando*, *Yorick*, 55-56, diciembre 1972, págs. 19-62; y Madrid, Campus, 1978.

compromiso que tiene adquirido con la sociedad que le ha tocado vivir; de esta última tendencia son ejemplos obligados *Eloídes* (1990, Premio Hermanos Machado), *Ahlán* (1995, Premios Tirso de Molina y Nacional de Literatura Dramática) y *Ella se va* (2001, Premio Ciudad de San Sebastián, estrenada, en octubre de 2003, con dirección de Mariano de Paco Serrano).

Desde el punto de vista de los contenidos, en esta última etapa López Mozo se ha mantenido fiel a una línea de compromiso con su entorno y con su historia que lo ha llevado a tratar temas como la incomunicación, el abuso o la intolerancia; y a hacer una revisión crítica de la acción de los mecanismos del poder, que en cualquiera de sus formas (sociales, políticas o individuales) aniquila a los más débiles y los priva de sus derechos, lo que realiza a partir de la recreación de la figura de Malinche *(Yo, maldita india)*, la mujer indígena que acompañó a Cortés y le sirvió de intérprete, evocada en la escena por un moribundo Bernal Díaz del Castillo; y de las figuras de *Eloídes*, Larbi *(Ahlán)* o Ella *(Ella se va)*. Todos y cada uno sirven como claro exponente de las calidades artísticas y de la actitud del dramaturgo.

La de Eloídes es la tragedia contemporánea de los individuos más desprotegidos de la sociedad del bienestar, del consumo y del dinero. Su protagonista es un hombre insignificante, un camionero que se queda inopinadamente sin empleo y llega a escena para mostrar cómo el destino se puede disfrazar de violencia, de incomprensión y hasta de falta de habilidad para transitar por un universo ajeno y hostil.

Pero, a pesar de la injusticia que soporta, el personaje no es un ser puro, posee la ambivalente personalidad de los desheredados de la fortuna que pueblan las calles de las ciudades y que, a un tiempo, mueven a compasión y repelen, porque en ellos se intuye la desdicha y el encanallamiento al que irremisiblemente los ha condenado un mundo que se desarrolla a sus espaldas. Por ello, en su recorrido escénico, Eloídes no sabrá resistirse al *relevo de poder*, como tampoco lo hará Larbi, el protagonista de *Ahlán*, obra con la que guarda estrecha relación por la honda reflexión que ambas proponen sobre este mundo en el que vivimos donde, bajo capa de humanismo y solidaridad pregonados en las palestras públicas, se destruye, envilece y aniquila a los más débiles para mantener el territorio de los poderosos o los egoísmos individuales[35]. En Eloídes y Larbi se perciben los rasgos de una ascendencia clásica española que pasa desde la picaresca al Valle de *Luces de bohemia*, que un autor como López Mozo, tan inmerso en la cultura y en la realidad propias, no podía desaprovechar[36].

La estructura fragmentada con la que está construido *Ahlán* (dos prólogos, veintiuna escenas y un epílogo) permite al dramaturgo mostrar un retrato caleidoscópico de dos sociedades y de dos formas de vida; *aquélla*, de la que procede el joven marroquí que la protagoniza; y *ésta*, a la que llega. Él es el hilo conductor individual del plano colectivo de la pieza. Poco a poco, el emigrante deja de ser un elemento del engranaje del tema de la denuncia social para cobrar vida propia; pasa de ser el personaje indocumentado, al que le ocurren las cosas, para cobrar aliento personal con el que poder mostrar su horror interior, porque el receptor ha de comprender que el *otro* también posee individualidad. Uno de los grandes aciertos del autor al construir a estos personajes, a pesar de la evidente toma de postura que manifiesta, consiste en evitar el esquematismo de una tajante dicotomía *buenos-malos;* por ello, como Eloídes, también la víctima de esta tragedia contemporánea está contaminada ya desde su lugar de procedencia, donde ha ganado el puesto en la embarcación liberadora al precio de una vida humana. Jerónimo López Mozo ha puesto boca arriba en esta pieza una verdad tan descarnada que es difícil no mirarla y, al hacerlo, no es posible evadirse de ella.

En *Ella se va* es una mujer la víctima directa de un marido que la maltrata, pero indirectamente, aunque no de forma me-

---

[35] El conflicto del extranjero que sueña en la tierra de la abundancia y encuentra desprecio y humillación ha sido tratado con acierto y variedad estética por otros autores actuales; baste recordar títulos como *La mirada del hombre oscuro*, de Ignacio del Moral; *La falsa muerte de Jaro el Negro* (incluida en el presente volumen), de Fernando Martín Iniesta; *Sudaca*, de Miguel Murillo, o *La orilla rica*, de Encarna de las Heras.

[36] Son descendientes también de Woyzeck en su itinerancia hacia la destrucción y guardan relación con otros seres surgidos al tiempo que ellos, productos extranjeros de un mismo modelo social, como algún personaje de David Mamet o el Roberto Zucco de Koltés. De *Eloídes* me he ocupado en «Me da miedo la calle», *Quimera*, 175, diciembre de 1998, págs. 75-76.

nos aniquiladora, lo es de las instituciones supuestamente encargadas de defenderla. En cuatro escenas se desarrolla el tema de la violencia doméstica, de tan lamentable actualidad. Sin embargo, en este caso, el maltrato es invisible porque es psicológico y no deja marcas externas; por tanto, al denunciarlo, la mujer se encuentra indefensa ante un sistema que pide pruebas concretas, heridas reales, quizás cadáveres, para actuar contra el agresor. Como es habitual en el autor, el compromiso no es obstáculo para la experimentación. En esta pieza propone un acertado juego *ser-parecer*, que enlaza con la tradición siglodorista, del que sólo el receptor y Ella están libres; la mujer, porque sabe lo que realmente le sucede; el lector-espectador, porque, merced a la técnica participativa empleada por el dramaturgo, se verá convertido en ser omnisciente, capaz de calibrar el conjunto de las actuaciones individuales[37].

La pieza cumple con la función ejemplificadora del arte contemporáneo mostrando realidades, no ofreciendo resultados. El conflicto de estos seres escénicos es un conflicto real y, por tanto, sin resolver; el teatro, como ficción literaria que es, lo enmienda «en un sueño» mediante una paradójica inversión de lo que es verdad. Con acierto se aleja López Mozo de los tonos propagandísticos que podría imponer la inmediatez del problema pero lo hace sin que decrezca la denuncia de la violencia al crear unos seres de carne y hueso (Él, Ella) con quienes cualquiera, en semejante situación, podría identificarse. También los tiempos en los que sucede la historia dramática implican directamente al público; pasado y presente de la misma pertenecen a los seres de ficción, el futuro *real* se encuentra en manos del receptor.

Carmen Resino (Madrid, 1941)

Licenciada en Historia por la Universidad Complutense, obtiene una Cátedra de Enseñanzas Medias y ha de dejar Madrid, por lo que se aleja temporalmente de sus círculos teatra-

---

[37] A estos aspectos me he referido en «Forzadas a mentir», *Quimera*, 223, diciembre de 2002, págs. 72-74.

les. No abandona, sin embargo, su inclinación literaria nacida en sus años de estudiante:

> El mío ha sido un proceso totalmente autodidacta y de propios estímulos. No obedece a una decisión personal, más bien ha sido un encuentro. Yo empecé a ir al teatro muy niña y luego, en la Facultad, sentí que el teatro me llamaba, que era un lenguaje idóneo para mí y no sé más[38].

Su formación universitaria transcurre durante una etapa de intensas preocupaciones sociales y existenciales que marcan la visión del mundo que proyecta en sus escritos, al tiempo que ejercita nuevas formas de expresión. En 1968 publica *El Presidente*, estrenada en 1970. Durante la década de los 70 llevó a cabo una incesante actividad en el ámbito del teatro; en ella escribió casi la mitad de su obra dramática y participó con los autores de esos años en una Asociación de amigos del teatro donde se escenificaron algunas de sus piezas breves. En 1974 queda finalista del Premio Lope de Vega con *Ulises no vuelve*. Plantea allí una original inversión del mito clásico (Ulises se ha escondido en el desván de su casa para no ir a la guerra), para dar cuerpo a uno de los temas que se repite en muchas de sus obras, el de la inexorabilidad del destino y la imposibilidad de que los individuos luchen contra sus dictados[39]. Entre 1975 y 1985 se produce un aparente

---

[38] Carmen Resino en «La primera página», coloquio moderado por Fermín Cabal (en el que intervienen así mismo Luis Riaza, Alfonso Vallejo e Ignacio del Moral), *Las puertas del drama*, 3, invierno de 1999, pág. 25.

[39] He tratado esta obra y el conjunto de su producción en «Las otras voces del teatro español: Carmen Resino», *España Contemporánea*, 7, 2, 1994, páginas 27-48; sus obras recientes, en «Dramaturgia femenina de los 90 en España», *Entre Actos: Diálogos sobre teatro español entre siglos, op. cit.*, págs. 101-112 y en «Carmen Resino: Direcciones de una dramaturgia», introducción a Carmen Resino, *Teatro diverso 1973-1992 (Ulises no vuelve. La recepción. De película)*, Cádiz, Universidad, 2001. Pueden verse también: Iride Lamartina-Lens, «Myth of Penelope and Ulysses in *La tejedora de sueños, ¿Por qué corres Ulises?* y *Ulises no vuelve*», *Estreno*, XII, 2, otoño de 1986, págs. 31-34; Candyce Leonard, «Women Writers and their Characters in Spanish Drama in the 1980s», *Anales de la Literatura Española Contemporánea*, 17, 1-2, 1992, págs. 243-256; María José Ragué Arias, *Lo que fue Troya. Los mitos griegos en el teatro español actual*, Madrid, Asociación de Autores de Teatro, 1992, págs. 123-127; José C. Paulino, «Uli-

vacío en su producción provocado, en parte, por la lejanía de la capital; de vuelta a ella reemprende la actividad teatral, hecho que coincide con el mencionado *renacer* de la dramaturgia femenina en España[40]. Carmen Resino participa activamente en este movimiento y sus opiniones ayudan a configurar los caracteres de las nuevas voces del teatro en nuestro país, al tiempo que sus textos dan fe de la evolución que ella y tal dramaturgia están sufriendo. Cuando en 1986 se funda la Asociación de Dramaturgas, es nombrada presidenta; desde entonces, interviene en todos los ámbitos de lo teatral, sin desalentarse, aunque su suerte no es distinta a la de la mayor parte de los autores y autoras de su edad, relegados al olvido en plenitud vital y artística.

Son elementos temáticos constantes en su obra el destino de los seres humanos, manejados por fuerzas incontrolables, y los problemas del teatro; al tiempo que, sobre todo en los últimos años, se ocupa de la situación de la mujer en la sociedad y de la difícil lucha que ha de librar para acceder al puesto que le corresponde. Estéticamente va evolucionando de acuerdo con las corrientes que se suceden, en un intento siempre vivo de conectar con su tiempo. Con relación al tema del feminismo, ha expresado una postura abierta e independiente, aunque afirma su deseo de reivindicar los derechos de la mujer a través de su actividad dramatúrgica. La producción dramática de Carmen Resino supera la treintena de títulos. Unos están ambientados en el pasado histórico, literario o ficcional; otros, en el presente, construido por signos visibles de actualidad que reproducen situaciones cotidianas, con una estética realista; en algunos, la falta de señas de identidad provocada por el anonimato de los personajes, la indeterminación de los lugares o el valor simbólico que adquieren todos los elementos colocan los textos en los parámetros estéticos de la neo-

---

ses en el teatro español contemporáneo. Una revisión panorámica», *Anales de la Literatura Española Contemporánea*, 19, 3, 1994, págs. 327-342; y Diana de Paco Serrano. «La reescritura de las heroínas griegas desde la perspectiva de las dramaturgas españolas contemporáneas», *Hecho Teatral*, 3, 2003.

[40] Puede verse el coloquio «Nuevas autoras», moderado por Lourdes Ortiz, *Primer Acto*, 220, septiembre-octubre de 1987, págs. 10-20.

vanguardia de los 70, retomada en los 90 por las nuevas dramaturgias.

Dentro de la línea histórica, Carmen Resino realiza un original experimento en *Nueva historia de la princesa y el dragón*[41], una fábula dramática que tiene lugar en Japón a principios del siglo XV, donde, al igual que en *El Presidente*, la historia es sólo el marco en el que se lleva a cabo un profundo análisis del poder que no se detiene en la consideración de los hechos que provoca. En esta pieza introduce también el tema de la condición femenina, merced al empeño de la protagonista, una princesa china, en hacer valer sus derechos dinásticos frente al tradicional destino de las mujeres de su país. Su estructura presenta una configuración completamente distinta a la mayoría de las de su autora con una propuesta de teatro total. La historia es el soporte temporal de varios textos de Carmen Resino como *El oculto enemigo del profesor Schneider, Los eróticos sueños de Isabel Tudor* y *Bajo sospecha*.

Otro problema que trata en diversas piezas, muchas de ellas en formato breve, es el de la situación y el futuro del teatro; de él se ocupa, sobre todo, en *La recepción* (Premio Ciudad de Alcorcón 1994), concebida como una parábola metateatral en la que unos autores, que han sido seleccionados para recibir un premio, llegan al lugar de «la recepción» y comienzan a advertir extraños fenómenos; los hechos levantan en los homenajeados la sospecha de que todo ha sido una trampa para acabar con ellos.

En la última década se ha acercado Carmen Resino a la comedia de humor y enredo, para plantear el tema de la mujer, tratado también en los monólogos *No, no pienso lamentarme* y *... Son los otros*. La elección del género comedia no es óbice para que se desarrollen conflictos humanos de difícil solución, ni para que los personajes, aunque construidos en clave de humor, sufran una problemática existencia. A este grupo

---

[41] *Vid.* Mariano de Paco, «El teatro histórico de Carmen Resino», *Anales de la Literatura Española Contemporánea*, 20, 3, 1995, págs. 303-314; y Wendy-Llyn Zaza, «Carmen Resino y *Nueva historia de la princesa y el dragón*: Encrucijada de hoy en la teoría literaria», en Kirsten Nigro y Phyllis Zatlin (eds.), *Un Escenario Propio. A Stage of Their Own*, Ottawa, Girol Books Inc., 1998, págs. 89-98.

pertenecen *Pop y patatas fritas* (estrenada en 1991), *De película y Todo light;* también de tono humorístico, aunque más próxima como género al sainete, escribe *Las niñas de San Ildefonso;* de comedia se puede calificar la titulada *Los buenos principios,* a pesar de que el argumento y la clave temática de ésta son muy diferentes ya que se configura como una película de pistoleros y es, en realidad, una aguda sátira política. Su último texto publicado, *La última reserva de los pieles rojas,* trata de la vejez y la enfermedad, de la solidaridad entre dos mujeres abandonadas en la última etapa de su vida y de la amistad entre ambas.

Ana Diosdado (Buenos Aires, 1938)

Hija del célebre actor Enrique Diosdado, su relación con el teatro ha sido siempre íntima y cordial. En la práctica teatral es autora, actriz y directora; durante la década de los 70 la figura de Ana Diosdado representa visiblemente a las autoras españolas en los escenarios y su obra ha tenido, desde el principio de su producción, cabida en el difícil mundo editorial y en el aún más difícil espacio de la representación en teatros comerciales, con lo que ello conlleva en cuanto a la calidad de los actores, el brillo de los montajes y el acceso a un público mayoritario. De ahí que, al responder a la encuesta que Patricia W. O'Connor formulaba a las autoras en 1984, en el citado número de la revista *Estreno,* no coincidiera con la opinión general de desánimo manifestada por aquéllas ante la falta de posibilidades de llevar su obra al público: «Mi experiencia personal no creo que sea reveladora. Yo estaba dentro del mundo del teatro por tradición familiar. Al decidirme a escribir era casi fatal que intentara también el campo teatral al que estaba tan ligada»[42].

En 1970, año en que estrena *Olvida los tambores* (ganadora del Premio Mayte), su dramaturgia se encuentra próxima a la de los autores que optan por el predominio externo del realis-

---

[42] «¿Por qué no estrenan las mujeres en España?», *Estreno,* X, 2, cit., pág. 15.

mo y por la consideración crítica del mundo que los acoge. En su primera pieza, la joven autora aborda temas candentes en la sociedad de los primeros 70 del pasado siglo, impregnados por las ideas del mayo del 68: la tolerancia, el respeto a la libertad individual, la presencia de un nuevo orden social llamado a modificar inexorablemente las antiguas estructuras y, por encima de todo, el tema de la verdad, de la autenticidad de los seres consigo mismos y con los otros. Las críticas posteriores a los estrenos reconocían sus valores literarios y teatrales pero su obra no ha tenido, hasta hace muy pocos años, un lugar adecuado en los libros acerca del teatro español de los 70[43]. No obstante, plumas tan autorizadas como las de Francisco García Pavón o Fernando Lázaro Carreter sí dedicaron a sus estrenos fervientes elogios en reseñas críticas, y José Antonio Maravall manifestó también su entusiasmo en el «Prólogo» a *Los Comuneros*[44].

El conjunto de la producción de Ana Diosdado se puede clasificar en dos etapas; la primera hasta 1976, en la que realiza un teatro impregnado de compromiso ético y social y de la que es preciso recordar textos como *Usted también podrá disfrutar de ella*, estrenada en 1973[45], una de las piezas más logradas de su dramaturgia. Por la elección del

---

[43] Como en otros casos, el hispanismo norteamericano recogió enseguida esta nueva voz. *Vid.* Phyllis Zatlin, «The Theater of Ana Diosdado», *Estreno*, III, 1, 1977, págs. 13-17; «Ana Diosdado and the Contemporary Spanish Theater», *Estreno*, X, 2, 1984, págs. 37-40; «El teatro de Ana Diosdado: ¿conformista?», en Alfonso de Toro y Wilfried Floeck (eds.), *Teatro Español Contemporáneo. Autores y Tendencias*, Kassel, Reichenberger, 1995, págs. 125-145; y Ana María Fagundo, «El teatro de Ana Diosdado», *Literatura femenina de España y las Américas*, Madrid, Fundamentos, 1995, págs. 93-105.

[44] Pueden verse las opiniones de Francisco García Pavón (Federico Carlos Sainz de Robles, *Teatro español 1972-1973*, Madrid, Aguilar, 1974, págs. 6-7, que reproduce la crítica de *El okapi*, aparecida en *Nuevo Diario*, Madrid, 9 de septiembre de 1972), Fernando Lázaro Carreter (Federico Carlos Sainz de Robles, *Teatro español 1973-1974*, Madrid, Aguilar, 1975, págs. 7-8, donde se transcriben sus opiniones sobre *Usted también podrá disfrutar de ella*, aparecidas en *Gaceta Ilustrada* de Madrid, 4 de noviembre de 1973), o José Antonio Maravall, («Prólogo» a Ana Diosdado, *Los Comuneros*, Madrid, MK, Colección Escena, 1974, págs. 7-9).

[45] De esta obra me he ocupado en «Textos para una historia del teatro español», *Diablotexto*, 6, 2002, págs. 24-26.

tema (la manipulación de los individuos por los mecanismos de la sociedad actual) se emparenta con el teatro comprometido de esos años. Desde el punto de vista constructivo la autora incorpora procedimientos que aún hoy podemos considerar de actualidad como la implicación del espectador, y la alternancia entre distancia y participación, propiciada por la compleja estructura espacio-temporal del drama.

El argumento posee una tensión que va adueñándose del receptor desde el comienzo, gracias a una bien construida intriga y a la humanidad de que gozan sus personajes. Existe una potente corriente sensitiva que sumerge al lector-espectador en el dramático argumento y le hace participar de los sentimientos, las angustias y las incertidumbres de quienes los padecen. Como ocurre con *Olvida los tambores*, salvando algunos detalles circunstanciales, el conflicto planteado por la autora se encuentra vigente hoy. Pero no sólo es en los elementos argumentales donde reside la faceta innovadora de esta pieza, sino que incorpora procedimientos múltiples de construcción y puesta en escena con los que se distancia al receptor del conflicto individual para que reflexione sobre su tiempo y sobre los problemas que él, como los personajes, tiene en el mundo actual. Entre estos procedimientos se encuentran las filmaciones, las voces en *off*, la fragmentación de la historia, los avances y retrocesos temporales, la polivalencia de los espacios, la integración del público en la historia, convertido en «el hombre de la calle», el humor, que rompe la tensión del grave suceso particular y la sorpresa, con la que se quiebra a intervalos el proceso dramático.

Con *Los Comuneros* (1974), realiza su incursión en el teatro de tema histórico con valor crítico e «iluminador» del presente para reflexionar sobre la legitimidad de la violencia ejercida desde el poder o en *defensa* de la *justicia*. Se vale para ello de la oposición entre Carlos V y el sublevado Padilla, y construye la trama a partir de una transgresión de tiempos y cambios de máscaras que favorecen la distancia reflexiva. ... *Y de Cachemira chales* (1976), la primera de sus piezas estrenada después de la muerte de Franco, constituye una durísima parábola de la España de la transición; como antes había sucedido en *El okapi* (1972), es fácil advertir en ella la influencia del autor de *En la ardiente oscuridad* y de *La Fundación*.

Una segunda etapa comienza con *Cuplé* (1986) y se prolonga hasta el momento actual; salvo este «disparate festivo» donde, a pesar de la clave humorística, no se oculta un juicio sobre los primeros años de la democracia, lastrados por el régimen anterior, el resto de las que la componen *(Los 80 son nuestros*, 1988; *Camino de plata*, 1990; *Trescientos veintiuno, trescientos veintidós*, 1993; *Cristal de Bohemia*, 1994; *Decíamos ayer*, 1998; *La última aventura*, 1999) tienden a permitir que el espectador salga *tranquilo* del teatro, lo que consigue la dramaturga dando a sus conflictos soluciones positivas, a veces poco creíbles. Su actividad en la escritura escénica se completa con la elaboración de celebrados guiones para series de televisión: *Juan y Manuela, Anillos de oro* o *Segunda enseñanza*.

Domingo Miras (Campo de Criptana, 1934)

En 1970 inicia su trayectoria como autor de teatro, aunque siempre había sentido una gran inclinación por este género como lector y espectador. Su afición a toda clase de lecturas y una prodigiosa destreza para asimilar esquemas lingüísticos vivos y literarios le harán desarrollar uno de sus más indiscutibles rasgos de estilo: la capacidad de manipular cualquier fórmula o registro lingüístico y convertirlo en elemento de construcción dramatúrgica.

Si el lenguaje supone un rasgo de caracterización formal, es el tema de los abusos del poder el elemento de contenido sobre el que se sustenta toda su producción dramática, lo que lo coloca en las filas de los autores del *nuevo teatro*. Siguiendo el ejemplo de Buero Vallejo, por quien siempre ha declarado una admiración profunda, Miras se inserta en la corriente de la tragedia contemporánea, recrea los mitos clásicos y recupera parcelas del pasado en una fórmula de teatro histórico con sentido especular hacia el presente mediante la que se desarrolla la mayor parte de su obra. El personaje que lleva a cabo la peripecia dramática resulta víctima de un poder que expía sus propias culpas sobre quienes se han atrevido a manifestar su individualidad o a atentar contra sus bases. Por eso, no es extraño que en su etapa de madurez creativa elija la historia, considerada «un enorme depósito de víctimas», como cantera temática para sus textos[46]. Entre 1970 y 1972 escribe sus siete primeras obras; cuatro ambientadas en el presente de su escritura: *Una familia normal*, *Gente que prospera*, *Nivel de vida* y *La sal de la tierra*[47]; las tres restantes, *Egisto*, *Penélope* y *Fedra*, componen su *Teatro mitológico;* dos de ellas fueron destacadas inmediatamente: *Egisto* quedó finalista del Premio Lope de Vega (1972) y fue representada en 1974 en el Teatro de la Zarzuela de Madrid; *Fedra* obtuvo en 1973 el accésit del mismo Premio.

Por su técnica y la intención crítica, este bloque lo acerca a la *generación realista*. No obstante, su verdadero camino lo encontró en 1973, cuando inicia con *La Saturna* la tarea de recuperar el pasado histórico, lingüístico y literario español: «Cuando la hube concluido, los planes anteriores de escritura ya no me interesaban y los abandoné. Había entrado en una nueva etapa»[48]. La obra obtuvo el Premio Diego Sánchez de Badajoz 1974. Este galardón es el primero de una larga serie, con lo que se mostrará, como venimos indicando, la incoherencia de nuestra sociedad en el tratamiento de sus artistas, a los que se les reconoce el mérito y se les olvida.

La Saturna está inspirada en *El Buscón* de Quevedo. Su trama se articula en torno al peregrinaje de Saturna, la madre de Pablos, que busca una carta influyente que salve a su otro hijo de los azotes del verdugo. Con este personaje se consolida una línea de protagonización femenina que, iniciada en el *Teatro mitológico,* da muy granados frutos a partir de esta mujer

---

[46] Domingo Miras. «Los dramaturgos frente a la interpretación tradicional de la historia», *Primer Acto*, 187, 1980-1981, págs. 21-23.

[47] Por *Una familia normal* y *Gente que prospera* le fue concedido en el año 2000 el Premio Nacional de Literatura Dramática.

[48] «Domingo Miras», entrevista de Virtudes Serrano, cit., pág. 18.

aguerrida, pobre y heterodoxa, a quien se ha comparado con la Madre Coraje de Brecht[49].

En 1974 escribe *De San Pascual a San Gil*, Premio Lope de Vega 1975; inspirada en un suceso del reinado de Isabel II, la revuelta de los sargentos del cuartel de San Gil de Madrid, une la estética neovanguardista que domina el panorama literario en el momento de su escritura, propia de los *nuevos autores*, con la influencia del esperpentismo valleinclanesco y el patetismo de la mirada galdosiana, para mostrar desde otra perspectiva el destino de los humildes rebeldes, encarnados en el confiado pueblo madrileño de las barricadas y en los sargentos amotinados, abandonados por su general. Termina, también en 1975, *La venta del ahorcado*, donde lo trágico y lo risible se mezclan en una estética influida por el Valle-Inclán rural. Entre 1978 y 1979 se dedica a la composición de *Las brujas de Barahona* (Premio Lebrel Blanco en 1979, se estrenó trece años después, en Sevilla, en 1992, con dirección de Alberto González Vergel). Es ésta su obra más ambiciosa y un texto rico y original de la última dramaturgia española; el autor quiso componer en ella «un espectáculo monstruoso, abigarrado y barroco»[50]. En esta ocasión, el sujeto colectivo está compuesto por un grupo de mujeres, procesadas en 1527 por brujería en Cuenca, y la gran originalidad del drama radica en la ambigüedad que emana de la propuesta espectacular, mediante la que se sumerge al espectador en el delirante mundo de las visiones y experiencias que las acusadas declararon haber tenido en sus juntas diabólicas. Casi simultáneamente, escribe *Las alumbradas de la Encarnación Benita*, Premio Tirso de Molina en 1980, también con personajes extraídos de la historia de la heterodoxia española; esta vez, las monjas del convento de San Plácido de Madrid, en tiempos de Felipe IV. Ese año se estrena *De San Pascual a San Gil*, en el Teatro Español de Madrid, cumpliéndose, con cinco de demora, el requi-

---

[49] *Vid*. Ricard Salvat, «El resplandor de la hoguera», prólogo a Domingo Miras, *La Saturna*, en *Teatro Español Contemporáneo. Antología*, México, Centro de Documentación Teatral-Consejo Nacional para la Cultura y las Artes-Gran Festival de la Ciudad de México, 1991, págs. 13-18.

[50] «Domingo Miras», entrevista de Virtudes Serrano, cit., pág. 21.

sito que faltaba por haber obtenido el Lope de Vega, y se representa una de sus piezas breves, *Prólogo a «El barón» de Leandro Fernández de Moratín*. En 1982 *El doctor Torralba* recibe el Premio Palencia; con este personaje, famoso por su predicción del saqueo de Roma por las tropas de Carlos V, realiza una nueva reflexión acerca del poder y sus víctimas. Hasta cuatro años después no ve la luz una nueva obra, *La Monja Alférez*, sobre la vida de Catalina de Erauso, distinguida en 1987 con el Premio Ciudad de Alcorcón, finalista del Premio Nacional de Literatura Dramática en 1992 y estrenada en 1993 en Campo de Criptana, con dirección de Luis Cabañero, dentro del homenaje que su pueblo natal dedicó al autor. En *El libro de Salomón*, Premio Ciudad de San Sebastián 1994, relata la caída de Jerónimo de Liébana, «hechicero de arte menor» al decir del dramaturgo, que se atrevió a engañar al conde-duque de Olivares y pagó por ello con su libertad y su vida. Sus últimos textos por ahora son *Aurora* (finalista del Premio Nacional de Literatura Dramática 1999, estrenada en 2002 con dirección de Manuel Canseco), *Alonso. A la sombra del Quijote* (1998) y *Dos monjas* (2003). En el primero, el nombre de la protagonista hace referencia a Aurora Rodríguez, juzgada en 1934 como autora de un crimen en la persona de su hija Hildegard; con el argumento de este hecho histórico compone Miras el tema del fanatismo, según aclara en el programa de la lectura que tuvo lugar en el Círculo de Bellas Artes de Madrid, el 24 de febrero de 1998: «Ese imperialismo espiritual de los que se consideran únicos depositarios de la verdad absoluta, y la utilizan como justificación de la intolerancia e instrumento de la opresión.» El segundo está basado en el personaje cervantino y fue adaptado e interpretado por Luis Hostalot. *Dos monjas*, estrenada en una lectura dentro del IV Salón del Libro Teatral que patrocina la Asociación de Autores de Teatro, reproduce un supuesto encuentro entre un joven y belicoso Calderón de la Barca con las hijas de Lope de Vega y de Cervantes.

Domingo Miras es autor, así mismo, de diversas versiones de textos clásicos, estrenadas con éxito en la década de los 80, y posee un importante corpus teórico sobre todos los aspectos del arte dramático. A la profundidad de sus planteamientos temáticos junta una singular destreza para la creación de tipos y personajes, representantes de las víctimas y los verdugos de la historia; de entre ellos, destacan las mujeres, empeñadas en defender su parcela de libertad aunque a la rebelión suceda la caída. Resaltan el valor literario de sus textos y la original elaboración de un sistema de expresión verbal que funciona como signo de teatralidad en múltiples direcciones y que define con sello personalísimo su dramaturgia.

Jesús Campos (Jaén, 1938)

Inicia su producción en 1970 con piezas teatrales que permanecen inéditas y sin estrenar *(La lluvia, Furor, La grieta)*. Desde sus comienzos se le puede considerar un hombre de teatro en todas sus acepciones, aspecto que lo relaciona con muchos de los componentes de la generación de los 90; es autor, director, productor y, a veces, hasta actor de sus espectáculos, lo que une a su profesión de arquitecto de interiores y, en la actualidad, al cargo de presidente de la Asociación de Autores de Teatro. Sus textos y sus puestas en escena han merecido con frecuencia premios y galardones, el último de ellos, por su aportación al teatro experimental, del Ministerio de Cultura de Egipto en el Festival Internacional de Teatro Experimental de El Cairo 2003.

La primera obra suya que vio la luz, *Nacimiento, pasión y muerte de... por ejemplo: tú* (1973), se representó en 1975 en el Teatro Alfil de Madrid. La constante tendencia a la experimentación de su dramaturgia y una actitud comprometida que lo hace cuestionar la visión del mundo que lo rodea lo emparentan con los autores del denominado por George Wellwarth «teatro español underground»[51]. Desde un punto

---

[51] Jesús Campos no aparece entre los autores que el crítico recoge en su estudio porque su primer estreno se produce un año después de que el libro se publicase en inglés; no obstante, en 1974 el propio Wellwarth publicó *Matrimonio de un autor teatral con la Junta de Censura* traducido a su lengua *(Modern Internacional Drama*, 8, 1, págs. 11-41).

de vista formal, Campos se ha venido caracterizando desde sus comienzos por adoptar complejas estructuras parabólicas y simbólicas en las que a partir de situaciones aparentemente cotidianas unas veces, o claramente surrealistas otras, ha colocado en tela de juicio la difícil supervivencia del teatro *(Matrimonio de un autor teatral con la Junta de Censura*, Premio Ciudad de Teruel 1972); las conflictivas relaciones familiares *(En un nicho amueblado*, Premio Carlos Arniches 1974); la sociedad en la que le ha tocado vivir *(7.000 gallinas y un camello*, Premio Lope de Vega 1974, estrenada en el Teatro María Guerrero de Madrid en 1976); las secuelas del régimen político *(Es mentira*, Premio Guipúzcoa 1975); o la imposible convivencia de la pareja *(Triple salto mortal con pirueta*, Premio Ciudad de Alcorcón de 1997, estrenada en Madrid en de 1998).

Dirige en 1997 *A ciegas*, uno de sus experimentos teatrales más arriesgados, en el que propone un complejísimo juego de participación y distancia con los personajes y la situación escénica. Público y actores están unidos en la más absoluta oscuridad durante casi toda la representación, al tiempo que los separa la infranqueable barrera del desconocimiento de la situación que el espectador padece hasta el final. Lo sorprendente de este espectáculo es que, a pesar de todas las incertidumbres, el público puede seguir una trama en la que se percibe la presencia de una crisis aunque no obtendrá su respuesta hasta que se haga la luz. La pieza se estrenó en el Museo del Ferrocarril de Madrid, dentro del marco del Festival de Otoño.

En 1996 concluye *La Cabeza del Diablo*, finalista del Premio Nacional de Literatura Dramática 2000, que ganó al año siguiente con *Naufragar en Internet*, obra como otras del autor con vocación de estilo cuyo argumento desarrolla el camino hacia la verdad que recorre Daniel, el personaje (y con él el espectador), quien desde el principio está atrapado en las redes de un cerebro que se niega a admitir la situación del cuerpo que ocupa, o que no es capaz de percibir su realidad.

La Cabeza del Diablo se adentra en un género, el del teatro histórico, que todavía no había sido cultivado por él. Con esta perspectiva, en su absoluta diferencia estética y argumental, supone un eslabón más en la cadena de tentativas y de hallazgos del autor. La pieza narra la historia de Gerberto de Aurillac, que llegó al pontificado con el nombre de Silvestre II en las postrimerías del primer milenio, de quien la leyenda cuenta que estaba empeñado en poseer el mítico talismán conocido como «la cabeza del diablo». Como venimos analizando en otras obras, ésta recupera un personaje y una parcela del tiempo pasados y propone un enfoque crítico de los comportamientos de aquellos que vivieron en otro momento y que, con rasgos más o menos idénticos a los que los configuraron, pasan a la escena para hacer reflexionar al espectador sobre los presentes.

En 2000 estrena también en el Museo del Ferrocarril *Danza de ausencias*, compuesta por varias piezas breves, una de las cuales lo representa en este libro, coordinadas por la presencia de la muerte. El espacio donde se estrenó permitía un movimiento itinerante de los espectadores que hubo de ser modificado para su representación en teatros a la italiana. En esta nueva configuración y titulada *De tránsitos*, la pieza se repuso en el Teatro Moderno de Guadalajara en 2002. Este mismo año tuvo lugar en Orense el estreno de *Patético jinete del rock and roll*, que ha sido representado en Chile, formando parte del III Festival de Dramaturgia Europea Contemporánea, organizado por el Centro Cultural de España, el Goethe Institut y el Instituto Chileno-Francés de Cultura.

Jesús Campos ha demostrado, a lo largo de su ya dilatada trayectoria, que es un auténtico *hombre de teatro;* considera que «cuando el autor, haciendo dejación de sus funciones, abandonó la práctica escénica [...] y limitó su aportación a la escritura [...], al perderse la concepción global del espectáculo, el teatro se empobreció». Diariamente se enfrenta él con un doble compromiso, el de la creación literaria y el de su puesta en pie en la escena, y afirma que «da igual que los autores dirijan o los directores escriban [...], cualquier fórmula vale siempre que nos enfrente a nuestra realidad»[52].

---

[52] Jesús Campos, «El poder de los signos escénicos y el poder», en Mariano de Paco (ed.), *Creación escénica y sociedad española*, Murcia, Universidad, 1998, pág. 28.

José Luis Alonso de Santos (Valladolid, 1942)

Da sus primeros pasos en el teatro en la década de los 60, formando parte de grupos independientes. En 1975 se estrena como autor con *¡Viva el Duque, nuestro dueño!*, al que siguieron *La verdadera y singular historia de la princesa y el dragón* y *El álbum familiar* (1981), pieza donde se establece una relación con *El tragaluz* pero en la que Alonso de Santos adopta esa actitud que hemos enunciado en los dramaturgos de esta década que no condenan a sus criaturas a la catástrofe final sino que les permiten iniciar otro camino, el que ha de recorrer el protagonista de esta obra después de tomar el tren que lo apartará de la estática sociedad de otro tiempo.

De 1981 es también *La estanquera de Vallecas*, Premio Gayo Vallecano, que, junto con *Bajarse al moro* (1985), Premios Tirso de Molina y Nacional de Teatro (compartido éste con *La taberna fantástica*, de Alfonso Sastre), y *Mayte* 1986, componen el paradigma estético e ideológico de los autores de estos años. En una y otra obra, el dramaturgo mira hacia la calle en su ciudad y contempla las dificultades de los individuos para sobrellevar una existencia que se muestra injusta para muchos (el albañil en paro, el joven desempleado, la ingenua y entregada muchacha idealista); retrata una vida en la que cuesta alcanzar el amor, aunque algunos de sus personajes lo gozan —lo que no siempre sucede—, y en la que triunfan los que no poseen más ideales que su egoísmo. Alonso de Santos traza el itinerario de los pequeños perdedores y de los ganadores insignificantes, los que soportan el *aquí y ahora* de cada día, los del momento de la escritura de estos textos. A partir de entonces su carrera de estrenos y éxitos de público no ha decaído. En 1986 estrena *La última pirueta;* en 1987, *Fuera de quicio;* en 1989, *Pares y Nines*. De 1990 es *Trampa para pájaros*, donde deja a un lado el humor de otras piezas y coloca en escena la cruda realidad presente en el debate político entre la intolerancia, último reducto de un sistema periclitado que representa Mauro, el ex policía franquista, un pájaro en una trampa de la que ya no puede salir, y la libertad, personificada en su hermano Abel. Signos cainitas se perciben en la fraternal oposición y hasta en los nombres propios. En la dialéctica soñador-activo que presentan los hermanos en su construcción como personajes evoca el sistema de oposición que se planteaba entre Fernando y Urbano, de *Historia de una escalera;* o entre Carlos e Ignacio, de *En la ardiente oscuridad.* Seguirán *Vis a vis en Hawai* (1992), *Dígaselo con valium* (1993), *La sombra del Tenorio* (1994) y *Hora de visita* (1994).

Con *Yonquis y yanquis* (1995) y *Salvajes* (1997) se adentra nuevamente en espacios conflictivos y personajes que ejercen y soportan la violencia. La primera tiene lugar en la base americana de Torrejón, la guerra del Golfo es su telón de fondo; el imperio y sus tácticas, frente al inframundo dominado por la agresividad, la droga, la delincuencia, son los elementos en conflicto. El amor gravita sobre todo como único reducto puro que no puede sobrevivir en tal espacio. *Yonquis y yanquis* es quizás la pieza más cerrada de Alonso de Santos porque en ella no hay lugar para la esperanza de los personajes. La catarsis del espectador se producirá por el horror ante el hecho catastrófico vivido en la acción. No sucede así en *Salvajes,* a pesar de la dureza que encierra la elección del tema (la violencia urbana) y de los personajes (jóvenes de ideología neonazi, y otros relacionados con la droga); el autor, sin embargo, ha vuelto a su estética personal en la que la luz, al menos por un resquicio, se cuela en la escena. Los supervivientes quedan redimidos y los opuestos (Berta y el Comisario) encuentran su punto de intersección, aunque ese atisbo de esperanza no se conjugue con la terrible realidad planteada al comienzo[53]. Una de sus últimas obras estrenadas, *La comedia de Carla y Luisa,* trata de dos mujeres de hoy que soportan el peso del vivir en clave de comedia:

> La dulce venganza de la risa ante nuestros sufrimientos:
> a pesar de todas las dificultades la vida puede ser siempre

---

[53] Los «cabezas rapadas», con su estela de terror, ocupan un lugar importante en la escena de fin de siglo; ejemplos ilustrativos de ello son *Cachorros de negro mirar,* de Paloma Pedrero (1995), y *Lista negra,* de Yolanda Pallín (1997). *Vid.* Virtudes Serrano, «*Cachorros de negro mirar* y *Lista negra,* dos crónicas de nuestro tiempo», *Cuadernos de Dramaturgia Contemporánea,* 3, 1998, págs. 61-72.

una aventura lúdica y sorprendente. Burlarnos de nosotros mismos es el gran bálsamo sanador para los doloridos espíritus que viven, con perplejidad, la diferencia existente entre nuestros fantásticos deseos y la dura realidad[54].

Una importante faceta de la actividad teatral de José Luis Alonso de Santos es la de profesor de Dramaturgia en los talleres y desde su cátedra de la Real Escuela Superior de Arte Dramático de Madrid, de la que fue también director, antes de serlo de la Compañía Nacional de Teatro Clásico. Precisamente de su actividad docente surge el texto teórico *La escritura dramática*[55], que se configura como un conjunto de lecciones que dejan ver al profesor, pero también al creador de sus textos. Este libro de José Luis Alonso de Santos habla de su autor, como de él hablan sus escritos dramáticos. Su reflexión sobre el proceso creativo arroja luz sobre su dramaturgia y sobre una extensa parcela del teatro escrito por muchos de los jóvenes autores que se incorporan en los 80 con el deseo de contar historias sencillas para el ciudadano de a pie.

José Sanchis Sinisterra (Valencia, 1940)

En el «Manifiesto» del «Teatro Fronterizo» (1977)[56] eleva a definitivos unos principios estéticos, constructivos e ideológicos, que regirán, en adelante, su dramaturgia, y se basan en la investigación sobre las fronteras del teatro, lo no teatral y su conversión en hecho escénico y las dramaturgias menores como alternativa del hecho teatral establecido. Sanchis, que había dado sus primeros pasos en el teatro antes de los dieciocho años, cuando fue nombrado director del TEU de la Facultad de Filosofía y Letras de Valencia, va consolidando su fi-

---

[54] José Luis Alonso de Santos, *La comedia de Carla y Luisa*, Madrid, Centro Cultural de la Villa, 2003, pág. 146.
[55] José Luis Alonso de Santos, *La escritura dramática*, Madrid, Castalia, 1999.
[56] José Sanchis Sinisterra, «El Teatro Fronterizo. Manifiesto (latente)», *Primer Acto*, 186, 1980, págs. 88-89.

gura en el panorama del teatro español actual a través de opiniones vertidas en entrevistas y escritos teóricos publicados en las principales revistas teatrales del país *(Primer Acto, Pipirijaina, El Público...)*. Su faceta de autor aflora entre tanto casi en privado pues la mayor parte de sus textos iniciales permanecen inéditos y muchos de ellos son el resultado de manipulaciones de otros preexistentes, teatrales o no[57]. Uno de ellos, *Ñaque o de piojos y actores*, obtiene en 1980 el Premio Artur Carbonell al mejor espectáculo inédito del Festival Internacional de Sitges. Allí Ríos y Solano, personajes del teatro marginal de los Siglos de Oro extraídos de *El viaje entretenido* de Agustín de Rojas, aparecen en el texto actual y desgranan el tema de su discutible existencia mediante diálogos de origen beckettiano[58], refranes, poemas, fragmentos teatrales, con semejante intención a la que tuvieran en 1964 Guil y Ros en el texto de Tom Stoppard *Rosencrantz y Guildenstern han muerto*.

En 1986 escribe *¡Ay, Carmela!*, que se convertirá en su gran éxito comercial, sobre todo después de la versión que llevó al cine Carlos Saura, en 1990, y ese mismo año le fue concedido por esta obra el Premio Nacional de Teatro. En *¡Ay, Carmela!* vuelven a ser dos representantes del *teatro menor* los que asoman al escenario para protagonizar una historia de guerra, teatro, amor, lealtad e intolerancia. Podríamos decir que *Ñaque* y *¡Ay, Carmela!* forman con *Los figurantes* (1988) la trilogía del actor desconocido, que linda, por su falta de importancia, con la «frontera» de la existencia.

---

[57] Una cumplida relación de la vida y obra del autor, así como de la formación del «Teatro Fronterizo», puede verse en la introducción de Manuel Aznar Soler a José Sanchis Sinisterra, *Ñaque o de piojos y actores. ¡Ay, Carmela!*, Madrid, Cátedra, 1991, págs. 11-101. *Vid.* también mi edición de *Trilogía americana*, Madrid, Cátedra, 1996; y Santiago Fondevila, *José Sanchis Sinisterra. L'espai fronterer*, Barcelona, Institut del Teatre, 1998.

[58] La de Beckett es una de las influencias más directas que ha tenido y tiene Sanchis. Su actividad rinde homenaje constante al autor de *Esperando a Godot;* signo evidente de ello es que la sede del «Teatro Fronterizo» en Barcelona fue denominada Sala Beckett; de varios de sus textos ha realizado dramaturgias y traducciones, sobre él ha escrito reiteradamente, y ha adoptado sus modos dramáticos y su visión del mundo en la construcción de numerosos diálogos, situaciones e incluso personajes.

Otra frontera, la de la historia con el teatro, es la que da textura a su *Trilogía americana: El retablo de Eldorado* (1977-1984), *Lope de Aguirre, traidor* (1977-1986) y *Naufragios de Álvar Núñez o la herida del otro* (1978-1991). La primera de las piezas, estrenada un año antes de su éxito con *¡Ay, Carmela!*, con el título de *Conquistador o El retablo de Eldorado*, remonta su origen al momento de la constitución del «Teatro Fronterizo». Dos bloques textuales soportan la estructura dramatúrgica y temática de la pieza: el entremés cervantino de *El retablo de las maravillas* y los textos de los poetas y cronistas de los Siglos de Oro a los que Sanchis agradece expresamente su colaboración.

Después vendrá *Crímenes y locura del traidor Lope de Aguirre*, titulada en su versión definitiva *Lope de Aguirre, traidor*. Por último, *Naufragios de Álvar Núñez o la herida del otro*, concluida en 1991, proviene de la «relación» que Cabeza de Vaca compuso para informar de su aventura al emperador español, conocida con el nombre de *Naufragios*.

Una frontera más es la del género; la dramaturgia de Sanchis fluctúa del humor procedente de la falta de respeto a la convención (literaria, histórica, dramática), al patetismo de los sucesos representados o del destino de los personajes que los protagonizan. A veces, como en *Ñaque (Mixtura joco-seria)*, *El retablo de Eldorado (Tragientremés)* o *Bienvenidas (Danzadrama)*, se hace explícita su posición colindante; en otras, como en *¡Ay, Carmela!*, *Los figurantes*, *El cerco de Leningrado*, *Lope de Aguirre, traidor* o *Naufragios de Álvar Núñez*, será el receptor quien lo averigüe, a medida que la acción transcurre y las cosas se presentan como son y no como parecen, merced a las fluctuaciones barrocas ser-parecer, realidad-ficción, vigilia-sueño, que tan granados frutos artísticos han obtenido en autores de la primera vanguardia teatral del siglo XX como Unamuno, Pirandello o Azorín. Sanchis, hijo del pasado y de su tiempo, posee la conflictiva visión heredada del clasicismo, tamizada posteriormente por las influencias de los renovadores de la escena y la concepción del texto de los años siguientes, pero también confiesa haberse visto atraído por modernos problemas científicos relacionados con las nociones de espacio y tiempo considerados por la física cuántica, sobre todo a partir de la escritura de *Naufragios de Álvar Núñez*.

En estas piezas, no obstante, las transgresiones espacio-temporales no son un mero virtuosismo dramático, sino que constituyen el soporte de la construcción dramatúrgica e ideológica de las mismas y la base del proceso de «implicación» del público que el dramaturgo lleva a cabo con la intención de sacar a la luz al receptor ideal de su teatro[59].

Con una nueva trilogía iniciada en 1999, Sanchis busca indagar en los límites de otras manifestaciones artísticas. Entre la narración y el drama se encuentra *El lector por horas*, estrenada y premiada con el Max a la mejor obra en 1999; *La raya en el pelo de William Holden* tiene su soporte en el cine; de la tercera no conocemos sino su declarada interrelación con la música.

Entre la redacción definitiva de las piezas de la *Trilogía americana* y la primera de la de las artes, compone Sanchis otras dramaturgias sobre textos no dramáticos y algunas obras de invención: *Perdida en los Apalaches* (1990); *Valeria y los pájaros* (1992); *Bienvenidas* (1993); *El cerco de Leningrado* (1993); *Marsal Marsal* (1994).

No es posible terminar estas consideraciones sin aludir a la faceta de profesor de Dramaturgia y Escritura Dramática mediante la que ha generado una escuela de jóvenes autores en los que se reconoce fácilmente su huella estética. Una buena parte de los nombres que representan la dramaturgia española de los 90 posee la inconfundible impronta de tales enseñanzas.

Ignacio Amestoy (Bilbao, 1947)

Mañana, aquí, a la misma hora (1979), Premio Aguilar 1980, es el título de su primera obra. Con ella celebra Amestoy el treinta aniversario del estreno de *Historia de una escalera*, de a quien él siempre denominó «el maestro Buero», y rinde homenaje a quienes lo formaron como actor en el Teatro Estudio de Madrid. La pieza conjuga el referente directo del texto

---

[59] José Sanchis Sinisterra, «Por una dramaturgia de la recepción», *ADE Teatro*, 41-42, enero de 1995, págs. 64-69. Una compilación de los textos teóricos del autor puede verse en José Sanchis Sinisterra, *La escena sin límites*, Manuel Aznar Soler (ed.), Ciudad Real, Ñaque, 2002.

bueriano (que se está ensayando durante su proceso dramático), la práctica del *método* que el director impone a los actores y la reflexión política sobre el tiempo en el que se inscribe la acción. Obra y autor constituyen el pórtico temporal por el que entramos en la década de los 80 con las nuevas generaciones de dramaturgos. Amestoy, que reúne las facetas de actor, dramaturgo, periodista y profesor de teatro (en la Real Escuela Superior de Arte Dramático de Madrid), establece los nombres de la que denomina generación del 82, en la que él mismo ha de ser incluido, en el prólogo que dedica a *Prometeo equivocado*[60].

En 1982 se le concede el Premio Lope de Vega por *Ederra*. Continúa el dramaturgo con el procedimiento del teatro en el teatro, aunque de modo menos directo que en su primera obra pero siempre procurando la conjunción de autor, actores y personajes:

> Se ha querido llenar a *Ederra* de vida, así como de motivos, palabras y hechos de vida, para la vida escénica. [...] Que el actor se enamore de la pasión de los personajes; personajes con los que habrá de apasionar —dentro de ellos— a un público siempre receptivo que desea —lo ha deseado y lo deseará siempre— apasionarse con el teatro[61].

---

[60] *Vid.* Ignacio Amestoy Egiguren, «Prometeo, en el posmoderno Cáucaso», Introducción a *Prometeo equivocado*, de Miguel Medina Vicario, Murcia, Universidad, Antología Teatral Española, 1996, págs. 10-12. Reúne allí a Miguel Medina Vicario, Alonso de Santos, Sanchis Sinisterra, Rodolf Sirera, Fermín Cabal, Lourdes Ortiz, Francisco Melgares, Vicente Molina Foix, Álvaro del Amo; a los más jóvenes Ernesto Caballero, Paloma Pedrero, Ignacio del Moral, Antonio Onetti, Sergi Belbel o Ignacio García May; y, aunque viniesen escribiendo con anterioridad, a Josep María Benet i Jornet y Fernando Fernán Gómez. Para caracterizarlos establece una pauta tajante: «Han estrenado con cierta repercusión a partir de esa fecha, y punto, produciéndose un cambio de tendencia»; pero señala así mismo la evolución tan «personal como intransferible» de cada uno de los autores citados. Por este motivo, con el que coincidimos, hemos querido prescindir de denominaciones colectivas que unifiquen a los autores, llamados también de la generación *puente*, y destacar a algunos que poseen un especial significado en el momento. Con relación a las agrupaciones posibles pueden verse los estudios citados en las notas 5 y 7.
[61] Ignacio Amestoy Egiguren, «Ederra: mito, pasión y ecología», *Primer Acto,* 193, marzo-abril 1982, pág. 61.

Desde esta obra el autor bilbaíno adopta un hondo compromiso con el País Vasco y su conflictiva existencia. Él explica que hasta entonces había realizado montajes en Euskadi, «pero alejados de la realidad de Euskadi»; *Ederra* se escribe «fuera de Euskadi, pero en un intento desesperado de acercarme a Euskadi, como queriendo recuperar un tiempo perdido»[62]. La misma intención guía textos suyos de carácter histórico que conducen al presente, como *Doña Elvira, imagínate Euskadi* (1985), para la que parte del momento final de la consumación de la locura del conquistador Lope de Aguirre, cuando destruye a su hija, lo que más decía querer, acción que conlleva una profunda reflexión sobre el País Vasco; o *Durango, un sueño. 1439* (1989), sobre la represión de los herejes de Durango; y otros en los que un pasado próximo permite observar con valentía los hechos directamente narrados en escena como *Betizu, el toro rojo* (1991) y *Gernika, un grito, 1937* (1994).

Dentro de su teatro caben también profundas incursiones en el pasado inmediato español: *Yo fui actor cuando Franco* (1990), donde, al igual que en *Mañana, aquí, a la misma hora*, se entremezclan teatro, política y sociedad con un profundo sentido crítico. En la misma línea de preocupación política, aunque con estética diferente, se halla *¡No pasarán!, Pasionaria* (1993). En 1995, con *La reina austriaca de Alfonso XII* (estrenada como *Violetas para un Borbón)* inicia su serie histórica sobre los últimos Borbones (Alfonso XII, Alfonso XIII, Don Juan y Don Juan Carlos) bajo el título de *Todo por la corona*. En la primera obra de esta futura tetralogía no es la crónica histórica lo que predomina, sino la conflictiva situación humana que viven los personajes, impregnada de humor y fantasía, en las últimas horas de vida de Alfonso XII.

Con *Cierra bien la puerta* (1999) se inscribe dentro de las más actuales corrientes de la escritura dramática, que sacan al escenario los conflictos que viven los seres de nuestra desarrollada sociedad del Primer Mundo. La producción reciente de Amestoy está concebida dentro del signo contemporáneo del

---

[62] Ignacio Amestoy Egiguren, «Itinerario personal de un retorno. ¡Imagínate Lope de Aguirre!», *Primer Acto*, 216, noviembre-diciembre de 1986, págs. 65-66.

protagonismo de la mujer, convertida en sujeto activo de las acciones y transgresora de los modelos a los que la costumbre y los sistemas establecidos la habían tenido sometida, tal como se percibe en la dramaturgia femenina que se abre paso en el panorama de nuestra escena desde comienzos de los 80. Este texto inaugura una nueva tetralogía, ahora sobre la mujer (con *Rondó para dos mujeres y dos hombres*, de 2000, *Chocolate para desayunar* —«pieza de teatro humorístico» que ganó en 2001 el Premio Lope de Vega— y *De Jerusalén a Jericó*, escrita en 2003, donde construye una historia familiar, de estética realista y personajes del aquí y ahora, como había hecho con *Cierra bien la puerta)*, que se recoge bajo el título *Si en el asfalto hubiera margaritas*, un verso de la poeta vasca Ángela Figuera mediante el que su autor expresa la necesidad de una nueva sociedad en la que desaparezcan los estigmas de la *diferencia*. En sus últimas obras, Ignacio Amestoy deja ver a un autor de nuestro tiempo, con memoria del pasado y relación con su presente.

Concha Romero (Puebla del Río, 1948)

Publica su primera obra, *Un olor a ámbar*, en 1983, y al año siguiente Patricia W. O'Connor la incluye entre las entrevistadas en el mencionado número de la revista *Estreno*. En aquella ocasión, Concha Romero afirmaba la posición de desventaja que ocupaban las mujeres en el mundo del teatro porque «el poder lo detentan los hombres y, lo que es más grave, la mujer lo tiene asumido muy profundamente».

En la obra dramática de esta autora se advierte el deseo de analizar el papel de la mujer en la historia y en el presente, y de proponer, sobre todo en las piezas ambientadas en tiempos y espacios contemporáneos, nuevos cánones de comportamiento que rompan con la inercia de construir a los personajes femeninos como víctimas pasivas o como transgresoras que merecen un escarmiento[63]. Con el tema de la condición

---

[63] Esta intención de la dramaturga la acerca a una concepción feminista de los planteamientos de sus obras, que ella confiesa no haber racionalizado

femenina como núcleo motivador de sus conflictos dramáticos, su producción se distribuye en dos grupos: el formado por piezas de ambiente histórico o legendario *(Un olor a ámbar, Así aman los dioses, Las bodas de una princesa, Razón de estado o Juego de reinas* y *Abrázame Rin)*, en las que el personaje histórico actúa en un doble sentido: el de revisión de un pasado condicionante y el de espejo de un presente heredero de aquél; y las que se ubican en el tiempo y en la sociedad actuales *(¿Tengo razón o no?, Un maldito beso* y *Allá él)*, cuyo contenido en defensa de la dignidad femenina constituye un mensaje explícito. Concha Romero organiza su discurso dramático con el objeto de establecer la reflexión sobre la posición de la mujer en el mundo actual y, en las piezas históricas, lo hace partiendo de mujeres (Santa Teresa, las diosas del Olimpo, Isabel de Castilla, su hija Juana, Clara Wieck) cuyo prestigio manifiesto no las protegió siempre de las asechanzas de los más fuertes. A pesar de la seriedad de su planteamiento, la clave en que lo desarrolla suele estar matizada por el humor y la ironía más o menos acentuados; este rasgo y la concepción de unos finales abiertos, merced a la disposición activa y rebelde de las protagonistas, dan unidad a su estilo y proyectan la conclusión hacia una difícil, pero no imposible, esperanza de renovación. Las mujeres de Concha Romero no aceptan la tiranía impuesta por su edad, su condición, su sexo o sus circunstancias y realizan un salto en el vacío, en espera de encontrar la otra orilla.

Con *Un olor a ámbar* inicia la vía del teatro de revisión histórica. El argumento recoge el conflicto entre los conventos de Ávila y Alba de Tormes por la posesión del cuerpo incorrupto de Santa Teresa; la recreación histórica, sobre la que se ha proyectado una mirada deformante de categoría esperpéntica, está basada en textos de las declaraciones que tuvieron lugar durante el proceso de beatificación de la santa y se sitúa dentro del teatro histórico de intención desmitificadora.

---

como tales en el momento de su escritura. Sus opiniones a este respecto pueden verse en Anita Johnson y Carolyn J. Harris, «Concha Romero y Paloma Pedrero hablan de sus obras», *Estreno*, XIX, 1, primavera de 1993, págs. 29-35.

Dos veces ha revivido la autora en el teatro la figura de Isabel la Católica: en *Las bodas de una princesa* y en *Razón de estado o Juego de reinas*. En ambas subyace una reflexión sobre el poder y sus mecanismos de dominio y aniquilación y en cada una de ellas es una mujer joven (la decidida Isabel y la enloquecida Juana) la víctima de la opresión. En *Las bodas de una princesa*, los nobles de la corte de Enrique IV manejan los hilos de los que pende el porvenir del pueblo y de la corona; en la segunda, es Isabel (que en *Las bodas de una princesa* lucha denodadamente por la parcela de libertad que, sin saberlo, la estaban obligando a defender) quien actúa como mecanismo opresor contra su hija Juana, víctima en esta ocasión, como lo había sido antes ella; contemplados así, los dos textos se complementan y adquieren una profunda dimensión reflexiva, al plantear el tema del relevo del poder[64].

Así aman los dioses es un texto lleno de vitalidad, ingenio y optimismo, donde se desarrolla el tema del amor entre los dioses del Olimpo como un placer sin fronteras ni límites. *Abrázame Rin* (1995) aborda, según la autora, la difícil posición de la mujer triunfadora en el espacio dominado por el poder masculino y para ello se vale de la biografía del matrimonio compuesto por Clara Wieck y Robert Schumann.

En ambiente contemporáneo están situados los argumentos de otras tres de sus piezas: *Un maldito beso* y los monólogos *Allá él* y *¿Tengo razón o no?* En ellas trata el tema de la subversión de la mujer ante el modelo de comportamiento que le viene impuesto por una cultura cuyas leyes favorecen a los hombres. El mensaje feminista no adopta aspecto doctrinal y su sentido del humor aleja las piezas de toda tendencia a la amargura o al resentimiento[65].

Las protagonistas de Concha Romero se encuentran dentro de la tipología de heroínas activas que se enfrentan al papel

---

[64] Con relación a estos personajes en el teatro de Concha Romero puede verse Carolyn J. Harris, «Isabel y Juana: Protagonistas históricas del teatro de Concha Romero», *Estreno*, XIX, 1, primavera de 1993, págs. 21-25.

[65] Es bastante general que dramaturgas y dramaturgos jóvenes aborden temas trascendentes en clave de comedia; ello produce un cambio sustancial en el desenlace, que ya no está presidido por el «final feliz», sino por un final abierto y conflictivo que provoca la reflexión sobre el destino del personaje.

que otros han elegido para ellas; su discurso invierte una estructura de construcción de personaje que hacía de las mujeres víctimas pasivas o rebeldes pero siempre castigadas por su atrevimiento, para convertirlas en sujetos activos, propulsoras de su propio destino.

Pilar Pombo (Madrid, 1953-1999)

Comenzó su escritura dramática, de gran interés a pesar de la sencillez de sus propuestas, en 1983 y es otro ejemplo de la nueva manera de mirar el mundo que parte de la visión femenina y que cristaliza en ese enfoque distinto en la configuración de los personajes y en la solución de su conflicto. Entre 1986 y 1990, después de ensayar con dos piezas en las que intervienen dos protagonistas, compone seis monólogos con una estética que, al igual que en sus obras de varios personajes, se halla próxima a la del *neorrealismo* que en los 80 predomina en las autoras y autores más jóvenes. Cinco de ellos tienen nombre de mujer *(Amalia, Purificación, Remedios, Isabel* y *Sonia);* el sexto está protagonizado por un individuo que procede del mundo del teatro *(Ginés, el figurante).*

Entre 1990 y 1995 compone Pombo una serie de obras de duración normal, en las que, sin abandonar su temática sobre los seres humanos de nuestro tiempo, ensaya estéticas distintas y nuevas fórmulas. La primera de las que integran este grupo, *No nos escribas más canciones,* obtuvo el premio del I Certamen de la Comunidad de Madrid en 1990 y fue estrenada por el Grupo TEL-ON en el Brigde Lane Theatre de Londres, en 1991. *¡Muere bellaco!* es una farsa grotesca de intención política, con el tema del teatro estructurando el argumento. *Un puente para gritar* podría calificarse de comedia psicológica. En *Sólo lo digo por tu bien* desarrolla el tema de la intolerancia en la figura de Merche, una mujer marcada por la herencia patriarcal que la lleva a intentar anular las voluntades de los que conviven con ella. Una indagación sobre la verdad presenta la autora en *Regreso a Villa Carpanta.* En esta pieza, los temas del egoísmo y la infidelidad se formulan a partir de la situación que se provoca durante el reencuentro, en su antiguo refugio

(«Villa Carpanta»), de la que fue una pandilla de montañeros, quienes, bajo apariencia de amistad y compañerismo, encubren viejos traumas provocados por las traiciones y la falta de solidaridad encubiertas.

Interés especial presenta *En igualdad de condiciones,* donde utiliza como soporte argumental la etapa de la Guerra Civil española y desarrolla una dramaturgia de manipulación espacio-temporal de mayor complicación estructural que en ninguna otra de sus piezas. El conflicto se centra en el problema de la intolerancia en dos vertientes: la política y la humana, centrada ésta en la homosexualidad y su rechazo social. El desenlace constituye un canto a la comprensión.

Pilar Pombo puso la vida sobre la escena al mostrar a sus criaturas cargadas de una conflictiva humanidad, y se esforzó por colocar al receptor de hoy ante un espejo que reflejaba las difíciles condiciones en que viven las mujeres y los hombres de nuestro tiempo. La enfermedad que acabó con su vida le impidió ver editado el texto que más satisfecha la había dejado, *En igualdad de condiciones.* Sirva su inclusión en esta antología como homenaje a una mujer valiente que quiso ser dramaturga.

Ernesto Caballero (Madrid, 1957)

Cursó estudios en la Real Escuela Superior de Arte Dramático de Madrid, de la que es profesor de Interpretación. Comienza en el mundo de la escena dentro del teatro alternativo; funda el grupo «Producciones Marginales» y con él realiza los montajes de sus primeros textos. La polivalencia de su actividad es buen ejemplo del dramaturgo de los 80, que en no pocas ocasiones se ocupa de la dirección, producción y escritura de los espectáculos. A finales de la década de los 80, organiza la Compañía «Teatro Rosaura» como homenaje a Calderón, autor que se encuentra presente en su producción dramática desde sus más tempranas realizaciones: *Rosaura, El sueño es vida, mileidi* (1984), cuyo referente se encuentra en *La vida es sueño;* o sus montajes de *La Gran Zenobia* (1986) y *Eco y Narciso* (1989). En 1994 vuelve al Siglo de Oro con *Vanitas,* en la que recrea la relación amorosa entre la Calderona y el rey Felipe IV. La herencia del dramaturgo clásico se percibe también en una de sus más recientes obras, *Sentido del deber*, una visión muy peculiar, por ubicarse en un cuartel actual de la Guardia Civil, de la tragedia de celos de Calderón, con *El médico de su honra* presente incluso en los nombres de los protagonistas.

Deja ver la obra dramática de Caballero las preocupaciones sociales de su generación, expresadas mediante una estética realista en textos como *Squash* (1988) o *Retén* (1991); o con formas vanguardistas en las que introduce la ambigüedad entre realidad y ficción, como las que caracterizan el magnífico texto de *Auto* (1992) o *Destino desierto* (1996). No es que en estas obras abandone la dimensión social o los conflictos individuales, sino que la presentación de los mismos tiene lugar dentro del marco de irrealidad que proporciona la indeterminación de los límites espacio-temporales en los que se produce la peripecia de unos personajes que carecen de certezas, sensación que transmiten al receptor. A la evidente capacidad del dramaturgo para crear los tipos o construir las situaciones se une la herencia cultural que parte de los clásicos del Siglo de Oro y se refuerza en las vanguardias de principios del siglo XX. En *Auto* se da una voluntad expresa del autor de acercarse al género clásico:

> Es cierto que [el título] puede hacer referencia a muchas cosas; en primer lugar a los autos sacramentales, ya que estamos en el teatro, porque quería recuperar ese carácter marcadamente moralizante que tenía el género en el Barroco y he hecho una obra moral. He intentado que tuviera una dimensión más simbólica y retratara no unos personajes en concreto sino que he intentado hacer una metáfora de nuestra sociedad[66].

El título tiene, en efecto, una rica polivalencia porque, junto a la dimensión *sacramental*, establece referencias constantes al mundo judicial, al coche como elemento argumental y simbólico, y a la creciente implicación personal que los personajes

---

[66] «Ernesto Caballero, un autor marginal con futuro comercial», entrevista de Carlos Galindo, *ABC*, 15 de noviembre de 1992.

van teniendo en la acción del drama y en las que la precedieron, hasta llegar a componer un auto de procesamiento[67].

Las relaciones de Ernesto Caballero con otros autores y obras de nuestra literatura no se reducen al mundo del Barroco. En 1998 se estrena *María Sarmiento,* irónico divertimento con elementos lorquianos construido sobre el dicho popular atribuido al personaje que da título a la obra. Cuatro hermanas que representan a los cuatro elementos (Petra de la Peña, María Ventosa, Nuria de la Fuente y Lorenza Cienfuegos), hijas de la Viuda Negra, una especie de represora Bernarda, están encerradas y sin varón; la pequeña lo desea con más ahínco y, a pesar de las demás, lo consigue.

Poco después, se acerca de nuevo el autor a Federico García Lorca componiendo *Pepe el Romano. La sombra blanca de Bernarda Alba.* Esta pieza (creada sobre una idea de Mikel Gómez de Segura, que la dirigió en noviembre de 2000) presenta *el fuera* del drama lorquiano, lo que los hombres son y pueden hacer extramuros de la casa. Si Lorca, en la nómina de personajes de *La casa de Bernarda Alba,* tacha a los hombres y deja a las «mujeres solas» para vivir en el interior su «drama de los pueblos de España», Caballero modifica la misma historia dejando palabra y espacio al otro género. El protagonista da título a la obra y le acompañan el Viudo de Darajalí, Maximiliano, Evaristo Colín, hijo de la Poncia y de Evaristo el Colorín, el Vendedor de encajes y el Coro de Segadores; también la Mendiga cambia su sexo en un Mendigo ciego y *vidente.* Aparece un personaje nuevo, Cano, quizás en sustitución de María Josefa, invirtiendo los elementos de su antecesora y, mediante un juego metateatral, también muy del gusto del autor granadino, se incluye la figura del propio Lorca que asiste al funeral de Antonio María Benavides. La pirandelliana presencia en igualdad de creador y criaturas enriquece el punto de vista del receptor, que posee el conocimiento de la obra de Lorca y que se *extraña* ante la disfunción que contempla en la de Caballero. Verdad y mentira, ficción y realidad se en-

---

[67] *Vid.* Mariano de Paco, «El auto sacramental y el teatro español contemporáneo (1940-1997)», en *Homenaje a José María Martínez Cachero,* III, Oviedo, Universidad, 2000, págs. 295-309.

tremezclan ofreciendo una considerable riqueza simbólica a la pieza[68].

Como otros componentes de su generación, ha abordado Ernesto Caballero el género de la comedia de condición femenina en *Te quiero, muñeca* (2000) y *Un busto al cuerpo* (2001).

Paloma Pedrero (Madrid, 1957)

Actriz, profesora de Dramaturgia, escritora, codirectora y directora ocasional de sus obras, estrena en 1985, en Madrid, con considerable escándalo, *La llamada de Lauren...*; desde entonces lleva a cabo una difícil pero sólida carrera en el espacio público del teatro. Obtiene el Premio Tirso de Molina por *Invierno de luna alegre* (1985), un drama duro y tierno, en el que Fernando Lázaro Carreter ponderó la agilidad con que estaba manejada la lengua de la calle[69]. Paloma Pedrero, que un año antes había escrito *Besos de lobo*, defiende «el teatro de toda la vida» y es partidaria de la palabra, del teatro de texto y de la vuelta a un realismo matizado con ciertos elementos mágicos.

En 1987 escribe uno de sus textos de más fuerte teatralidad, *El color de agosto*, que se estrenó al año siguiente y suscitó grandes elogios; dos años más tarde presenta, bajo el título de *Noches de amor efímero*, tres piececitas breves *(Esta noche en el parque, La noche dividida* y *Solos esta noche);* posteriormente, ha seguido componiendo *noches* que va uniendo a las tres iniciales *(De la noche al alba* y *La noche que ilumina)*. De 1994 es *Locas de amar*, una comedia de tono jardielesco en la que la autora desarrolla el tema de la liberación femenina, en la línea de *Un maldito beso*, de Concha Romero, o de *De película*, de Carmen Resino. Escribe en 1990 *Una estrella*, estrenada en 1998. Es una de sus obras de mayor contenido autobiográfico; en ella, Estrella, el personaje que la protagoniza, busca la verdad del

---

[68] *Vid.* Mariano de Paco, introducción a Ernesto Caballero, *Pepe el Romano*, Murcia, Universidad, Antología Teatral Española, 2003.

[69] Fernando Lázaro Carreter, *Blanco y Negro*, 9 de abril de 1989, pág. 12.

desafecto por su padre; en 2003 ha sido la relación madre-hija la que ha ocupado el tema de *En la otra habitación*.

La dramaturgia de Paloma Pedrero gira en torno a unas líneas temáticas centradas en la búsqueda de la libertad y de la verdad personales, con una estética realista impregnada de poesía. En diversas ocasiones ha afirmado su creencia en el amor, lo que la lleva a tratarlo en sus múltiples facetas (a la vida, a un hombre, a la libertad, a la propia identidad) como motivo casi constante; a él se oponen la indiferencia, el egoísmo y los cánones de comportamiento sociales que desdibujan los límites de lo individual. Para que lleven a cabo sus argumentos, diseña unos personajes del momento presente, con una edad cercana a la del público al que pretende atraer; aun así, ha fijado en ocasiones su atención en individuos que se encuentran casi al final de sus vidas y, por ello, también soportan la condición de víctimas, como Olegario *(Invierno de luna alegre)*, Juan Domínguez *(Una estrella)*, Segundo y Ada *(El pasamanos)*, Enrique y Ambrosia *(En el túnel un pájaro,* obra que ha recibido en 2003, en La Habana, el Premio de la Crítica de la Unión de Artistas y Escritores Cubanos). A veces, el perfil social de sus seres sufre alguna variación: Estrella pertenece a los triunfadores, aunque sus éxitos profesionales no sean capaces de evitar su profunda frustración personal; y «Cachorro» y «Surcos», los *Cachorros de negro mirar,* son dos delincuentes, miembros de una banda de jóvenes violentos. Las mujeres ocupan lugar preferente en sus piezas, pero el teatro de Paloma Pedrero no es un teatro pretendidamente feminista y los hombres son en ocasiones las únicas víctimas del destino social o comparten con ellas ese lugar.

Todos estos elementos temáticos y protagonizadores se apoyan sobre una sencilla estructura de tiempo y espacio y se transmiten mediante bien dosificados y manejados signos verbales y escénicos que encajan a la perfección dentro de la pieza en un acto, con reducido número de personajes, lo que no impide que se haya expresado en formatos más complejos. El tiempo suele estar condensado en pocas horas, a veces tan sólo en unos minutos, como en *Resguardo personal;* el espacio, habitualmente urbano (salvo en *Besos de lobo* y en *La isla amarilla)* y reducido, recoge en el escenario un momento de la vida de los personajes en el que toman conciencia de su estado o deciden un cambio en su trayectoria; sin embargo, todo ello viene condicionado por un tiempo anterior que ha sido el propulsor de la situación presente. El escenario único (a excepción de *Besos de lobo* e *Invierno de luna alegre*) es también de gran sencillez, si bien contiene ciertos objetos que poseen junto a su valor referencial otro simbólico. Los personajes se expresan con un habla viva y fresca, adecuada a la comunicación de uso familiar; el realismo, en su sentido más positivo, afecta de manera muy especial a la expresión oral, elemento decisivo en la composición del texto dramático.

La producción de Pedrero sirve para explicar la dramaturgia iniciada en los años 80, marcada por el realismo y por la salida al espacio exterior de la mujer como autora dramática. El conjunto de su obra está caracterizado por poseer un personal estilo que surge de la amorosa mirada proyectada sobre los seres que padecen su entorno porque, como en una ocasión afirmó la autora, «en el dolor de la vida estaba la materia prima de mi trabajo».

Antonio Onetti (Sevilla, 1962)

Titulado en la Real Escuela Superior de Arte Dramático de Madrid, ha sido profesor de Dramaturgia y Escritura Dramática en la de Sevilla; en la actualidad ejerce como dramaturgo, director de escena y guionista de cine y de televisión[70]. Es uno de los autores de la década de los 80 que optan por un fuerte compromiso social usando para su expresión descarnadas formas naturalistas. Plantea temas de abuso y sometimiento y dibuja fuertes situaciones, que tienen lugar en la sociedad actual, llevadas a cabo por perdedores sociales, víctimas aplastadas por el peso de una organización que no perdona a los débiles. En 1985 obtuvo un accésit del Premio Marqués de Bradomín, con *Los peligros de la jungla*, un musical rock, y en 1988 por *Marcado por el Típex*.

---

[70] De entre sus trabajos para este medio destaca el guión de *Padre Coraje*, miniserie de tres capítulos dirigida por Benito Zambrano, emitida durante 2002.

Andalucía subyace en algunos motivos temáticos, en ciertas localizaciones ambientales y en el lenguaje de sus criaturas, pero ya no queda rastro de pintoresquismo popular; éste ha sido sustituido por la dura realidad que provocan la pobreza y la sequedad, y por la degradación de unos seres sometidos a la presión del mal vivir[71]. Ejemplos significativos se encuentran en *Malfario*, Premio de las Jornadas de Teatro de Puerto Real 1987; *La puñalá* (1991) o *Purasangre* (1995). En ésta se percibe una estética próxima al naturalismo en la que se desgrana la tragedia de la inocencia y el valor pisoteados en las figuras del joven boxeador y la niña vendida al prostíbulo, y se coloca ante el público a los que dirigen y destruyen con su ignominia las vidas de otros ante una sociedad que cierra los ojos. La indefensión, la soledad, el aislamiento de las víctimas, se conjugan con su valentía y el decidido propósito de luchar, aun a cambio de su vida. Esta actitud de lucha caracteriza también al magnífico personaje que desde la realidad ha trazado en el padre valiente que busca a los asesinos de su hijo en *Padre Coraje*.

La atención que dedica a las lacras sociales lo hace acercarse al tratamiento del mundo de las drogas en *Líbrame, Señor, de mis cadenas* (1989) y en *Madre Caballo*, que, según reza en el subtítulo, es «recreación de *Madre Coraje y sus hijos*, de Bertolt Brecht» (1997). A pesar de los elementos comunes que presenta toda la dramaturgia de Onetti, es visible también su deseo de experimentar formas diferentes para la expresión de sus conflictos. Entrevistado por Candyce Leonard en 1996, explicaba que el hilo común de su obra «es la observación de la realidad que me rodea. [...] Me gusta encontrar el estilo de la obra, no mi estilo»[72]. El conjunto de la producción de Antonio Onetti mereció en 1992 el Premio Royal Court Theater Playwrights Award concedido por el Royal Court Theater de Londres.

---

[71] Desde un punto de vista mítico ha tomado a Andalucía en *Almansur y la flauta de plata*, Premio Hermanos Machado 1993.

[72] John P. Gabriele y Candyce Leonard (eds.), *Panorámica del teatro español actual, op. cit.*, pág. 37.

Ignacio García May (Madrid, 1965)

Finalizó en 1987 sus estudios de Interpretación en la Real Escuela Superior de Arte Dramático de Madrid, centro que dirige en la actualidad. Antes de los veinte años es reconocido como autor al concedérsele, en 1986, el Premio Tirso de Molina por *Alesio, una comedia de tiempos pasados o Bululú y medio*, escrita en 1984, finalista del Premio Marqués de Bradomín del 85, y estrenada en 1987 en el Centro Dramático Nacional. Al ser publicada la obra en *Primer Acto,* tras la concesión del Premio, José Estruch, que había formado parte del jurado, explicaba que, iniciada la lectura, pensaba que la obra era de un «avezado y maduro actor, de una cultura teatral considerable, y con muy buen conocimiento del oficio de actor»[73]. La pieza posee el encanto artificioso de la Comedia del Arte, el eco de *Los intereses creados* por la presencia del pícaro de ascendencia benaventina, y el lejano antecedente del *El viaje entretenido*, de Agustín de Rojas Villandrando, cuya evocación sirve de pórtico al texto. *Alesio* presenta una muy bien construida trama de enredos guiada por el cómico napolitano que le da título, está dotada de sentido del humor y presenta un sistema de expresión oral que evoca esos «tiempos pasados» en los que se ubica.

Aunque el autor ha afirmado en diversas ocasiones la importancia que da al humor («Me han dicho —y a mí me gusta creerlo— que nací riendo», afirma en el citado número de *Primer Acto),* no olvida los problemas del mundo que lo rodea, como sucede en *Los vivos y los muertos,* estrenada por el CDN en 1999, donde conjuga el tema de la aventura con el de la guerra, la violencia y la muerte, a partir de la coincidencia, entre las ruinas de un bombardeo, de un grupo de corresponsales de guerra en un lugar histórico y en un momento de destrucción. Representa García May un caso en cierto modo es-

---

[73] José Estruch, «Una madurez insólita», *Primer Acto,* 217, enero-febrero de 1987, pág. 79.

pecial dentro de la dramaturgia de los 90 precisamente por su actitud ante el teatro: «Teatro igual a profesión igual a placer», definía ya en 1987[74]. Sería difícil establecer un parámetro que definiese su tendencia estética porque cada obra es un ejercicio de aproximación a fórmulas y temas diferentes, desde la reflexión sobre el poder y la tiranía que supone *El dios Tortuga* (1990); a los tonos farsescos de *Operación ópera* (1991); o la parábola futurista de *Los años eternos* (2002). No obstante, algo hay que conecta sus obras y a sus personajes, el traslado de un lugar a otro real o imaginario, el viaje que sirve para desvelar claves, para el encuentro y el desencuentro, para proporcionar la distancia y con ella la reflexión. El viaje y el tiempo y el viaje en el tiempo son preocupaciones significativas de su dramaturgia y, si han de creerse las palabras de un autor, las de Ignacio García May a este propósito son más que reveladoras:

> Yo tengo obsesión por los viajes temporales. Una parte grande de mi infancia la pasé en los años 40. Teniendo en cuenta que nací en 1965, esto puede parecer un error tipográfico o una aberración. Pero es cierto y no necesito, ni quiero explicarlo más. Después he estado en otros tiempos, y todavía hoy no estoy muy seguro de cuál es el mío[75].

Juan Mayorga (Madrid, 1965)

Matemático, profesor de Teatro, doctor en Filosofía, posee una de las más sólidas dramaturgias actuales. Ha participado en talleres y cursos de teatro con Paloma Pedrero, Alexander Galin, Luis Araujo, José Luis Alonso de Santos, Fermín Cabal y José Sanchis Sinisterra; a raíz de un taller con Marco Antonio de la Parra, funda en 1992, con Luis Miguel González, Raúl Hernández, José Ramón Fernández y Guillermo Heras, «El Teatro del Astillero», grupo que propone la creación colectiva y del que han salido muchos de los premios de estos años.

---

[74] «Mi posición supone una reivindicación culta del teatro», entrevista a Ignacio García May, *Primer Acto*, 217, cit., pág. 75.
[75] Ignacio García May, «El tiempo y el dragón», *ADE Teatro*, 93, noviembre-diciembre de 2002, pág. 113.

El Calderón de la Barca ha recaído en cada uno de sus miembros desde 1992, en que lo recibe Mayorga.

Puede inscribirse a Juan Mayorga dentro de la línea más comprometida de la dramaturgia finisecular; en 1996 afirmaba: «No hay arte sin crítica. [...] En cada obra de teatro se hace o se deshace conciencia, se construye memoria o se destruye»[76]. Ya en 1989 obtiene un accésit del Premio Marqués de Bradomín con *Siete hombres buenos*, obra en la que plantea una interesante ficción política protagonizada por un supuesto gobierno de republicanos españoles en el exilio de México. Su autor, al editarlo por primera vez, explica en la Presentación:

> Los personajes y hechos que construyen esta obra no son hijos de la Historia. El autor sabe que ni los hombres ni las cosas fueron así. Sabe más: que no pudieron ser así[77].

El núcleo temático de la pieza es el análisis de la lucha por el poder y la manipulación ejercida sobre los pueblos; es por tanto una pieza de alto contenido político, como lo tiene todo su teatro y como él proclama que el teatro debe expresar:

> El teatro es un arte político. [...] El teatro convoca a la polis y dialoga con ella. Sólo en el encuentro de los actores con la ciudad, sólo entonces tiene lugar el teatro. No es posible hacer teatro y no hacer política[78].

En su artículo «El dramaturgo como historiador»[79] propone una lectura de la historia *como* presente y *para* el presente, desde una perspectiva crítica y cuestionadora. En dicho texto,

---

[76] Juan Mayorga, «Crisis y crítica», *Primer Acto*, 262, enero-febrero de 1996, pág. 118. El 27 de marzo de 2003 volvió a mostrar su insobornable compromiso leyendo, como manifiesto alternativo en el Día Mundial del Teatro, su texto «No vamos a guardar silencio», donde hacía ver la actitud combativa del artista ante el injusto ataque a Irak.

[77] Juan Mayorga, *Siete hombres buenos*, en *Marqués de Bradomín 1989. Concurso de Textos Teatrales para Jóvenes Autores*, Madrid, Instituto de la Juventud, 1990, pág. 99.

[78] Juan Mayorga, «No vamos a guardar silencio», cit.

[79] Juan Mayorga, «El dramaturgo como historiador», *Primer Acto*, 280, septiembre-octubre de 1999, págs. 8-10.

él mismo se coloca, con su forma de entender la historia como material para el dramaturgo, en el camino que recorrieron en la dictadura Buero, Sastre, Rodríguez Méndez, Martín Recuerda, a quienes considera autores de «un teatro histórico cuya vigencia trasciende aquellos años grises»; y entre los que, tras la muerte de Franco, estima vertebradores de esa mirada crítica: Domingo Miras, Jerónimo López Mozo, José Sanchis Sinisterra e Ignacio Amestoy. Su producción para el teatro contiene esos dos pilares, el político y el histórico así entendido. En casi todas las obras de Mayorga existe en profundidad o en la superficie un conflicto generado por la violencia, el abuso de poder y la destrucción, relacionable con aquellos que se dieron en la historia, con los que no resulta difícil establecer la posible conexión. Se percibe así en el subtexto de *Más ceniza*, Premio Calderón de la Barca 1992; y de forma más palpable en *El traductor de Blumemberg, El sueño de Ginebra, El jardín quemado, Cartas de amor a Stalin*, estrenada en 1999 en el Centro Dramático Nacional, con dirección de Guillermo Heras, y en *Camino del cielo* (Premio Enrique Llovet 2003), extraordinaria reflexión sobre los mecanismos de ocultación de las verdades más sangrantes que nos rodean y de la ceguera voluntaria ante ellas, con el marco del holocausto de los judíos por los nazis, pero cuya lectura lleva a identificar la situación del protagonista con el ciudadano que asiste hoy al espectáculo de guerras como la de Irak[80]. Como la mayor parte de los más jóvenes autores, Mayorga cultiva con asiduidad la pieza breve sin que en ella pierda el interés por la experimentación formal ni aminore la profunda meditación temática. El poder, la violencia, las relaciones entre arte y poder son temas de sus obras, lo que no impide en alguna ocasión que su actitud sea más desenfadada *(Alejandro y Ana*, 2002). Su dramaturgia lo es de la palabra, una palabra densa, profunda, en ocasiones oscura, que obliga al receptor a volver sobre lo contemplado; y sus palabras, como se ha destacado en múltiples

---

[80] De esta obra existen varias versiones; antes de pasar al espectáculo que se estrenó en Málaga, en octubre de 2003, con dirección de Jorge Rivera, su título era *Himmelweg*, la palabra alemana cuya traducción es 'Camino del cielo'.

ocasiones, están cargadas siempre de acciones que han de *verse* en el escenario.

Raúl Hernández Garrido (Madrid, 1964)

Licenciado en Ciencias Físicas, titulado en Realización de Imagen y Sonido y Dirección Escénica y en Creación y Estudios Literarios, figura también en «El Astillero». Ha escrito y dirigido mediometrajes seleccionados en festivales nacionales e internacionales y trabaja en TVE como guionista y realizador de documentales; algunos de los cuales se han emitido en *Documentos TV, Informe semanal, Testigo directo, La aventura del saber.* Su obra dramática ha obtenido los más prestigiosos premios del país: en 1991 recibe el Ciudad de Alcorcón, con *De la sangre sobre la nieve;* el Premio Calderón 1994 recae sobre *Los malditos;* a *Los restos. Agamenón vuelve a casa* corresponde el Premio Rojas Zorrilla en 1996; y en 1997 gana el Lope de Vega con *Los engranajes.* En el año 2000 le son concedidos el Premio Nacional de Literatura Dramática por *Los restos* y el Premio Born de Teatro por *Si un día me olvidaras.* Raúl Hernández se considera un autor contemporáneo y *vivo,* que deja traslucir a su escritura las circunstancias del tiempo que le ha tocado vivir. Así lo declara en «Los surcos de la lluvia»[81], texto en el que apoyamos algunas de nuestras precisiones sobre el autor.

Defiende Hernández Garrido la autonomía del texto teatral, independientemente de su representación, y considera que la obra «está obligada a tener vida propia y a alumbrar en el lector que la espera». El dramaturgo no puede renunciar a su condición de *literato,* y así se percibe en sus textos, como se percibe su tendencia a recuperar el pasado mítico, conectándolo con el presente, para hablar de la actualidad más dolorosa: «Ese valor que tiene el mito de sacrificio encuentra en el teatro un entorno sacralizante aún vivo.» La reutilización de los mitos es casi una constante del teatro de este autor; el de la

---

[81] *Cuadernos de Dramaturgia Contemporánea,* 2, 1997, págs.17-29.

búsqueda de la verdad y el signo de la ceguera de raíz edípica pueden rastrearse en sus textos, como están en ellos la peripecia de los componentes de la casa de los Atridas *(Los restos. Agamenón vuelve a casa)*, las infaustas relaciones de Fedra *(Los restos. Fedra)*, o la memoria de los acontecimientos protagonizados por Orestes, Electra y Pílades, para hablar de la Argentina de los niños desaparecidos *(Si un día me olvidaras)*. Raúl Hernández posee en su haber, como es habitual en los autores de esta generación, un buen número de piezas de corta duración elaboradas para formar parte de espectáculos de conjunto o como ejercicios de dramaturgia realizados con sus compañeros de «El Astillero». En estas obras hace alarde de multitud de registros estéticos pero la variedad y experimentación no son obstáculo para que en ellas vierta profundos conflictos sobre el abuso de poder, la falta de identidad, el aislamiento de los seres, la hostilidad en las relaciones humanas, temas que pueblan también su dramaturgia de mayor extensión[82]. Raúl Hernández, como Juan Mayorga, manifiesta una constante tendencia a la experimentación con los elementos de construcción dramatúrgica y sus obras delatan un denso y valioso sustrato cultural y una constante preocupación por los problemas del mundo en el que vive.

Itziar Pascual (Madrid, 1967)

Periodista y titulada en Dramaturgia por la Real Escuela Superior de Arte Dramático de Madrid, profesora y mujer activa del mundo del teatro, del que ha sido cronista, inicia su labor de escritura dramática dentro de la promoción de autores del 90; en 1994, escribe *El domador de sombras,* que recibe en 1995 el Premio Ciudad de Alcorcón[83]. En él, en clave poéti-

---

[82] Para el teatro breve de Raúl Hernández, *vid.* Diana de Paco Serrano, «El teatro breve de Raúl Hernández Garrido», *Art Teatral,* 17, 2002, págs. 111-113.

[83] El texto formó parte de *Teatro. Promoción 92-96,* presentaciones de Miguel Medina Vicario y José Luis Alonso de Santos, Madrid, RESAD, 1996; con *Ostras,* de Emeterio Díez; *Secreto de Estado,* de Carmen Dólera; *Bienvenido al Klan,* de Yolanda Dorado; *Mu (Fragmentos),* de Eva Hibernia; y *Hambre ciega,* de Margarita Reiz.

ca, con personajes reales y otros simbólicos, evoca el mágico mundo del circo y se duele de su desaparición como forma de expresión del arte; en 1997 obtiene un accésit del Premio Marqués de Bradomín por *Las voces de Penélope*, en la que, bajo la advocación del personaje clásico y la noción de la espera, articula diversas secuencias de la voz femenina con las que se construye la realidad de un ser sin completa demarcación. Antes había escrito *Me llamo Blanca* y *Confort* (1992), estrenada en la IV Muestra de Teatro Español de Autores Contemporáneos de Alicante por el Teatro de las Sorámbulas. En 1993 edita y estrena *Fuga* y publica *Memoria*, piezas en las que reflexionaba, con el tono lírico que caracteriza toda su producción, sobre la muerte, la identidad y la violencia.

En la edición de los Premios María Teresa León de 1998 aparece, por «recomendación» del jurado en virtud de sus valores literarios, *Blue Mountain (Aromas de los últimos días)*. Con *Cineforum* participa en el volumen de textos teatrales de la VII Muestra de Teatro Español de Autores Contemporáneos de Alicante (1999), que versa sobre el cine como elemento articulador; los personajes salen de ver *La vida es bella*, pero la autora hace hablar a sus criaturas de amor y desencuentro, con el peculiar consejo de que, a ser posible, los actores que desempeñan a Él y Ella se parezcan a actores famosos del mundo cinematográfico (Fele Martínez, Penélope Cruz, Verónica Forqué, Fernando Fernán Gómez, Victoria Abril, Carmelo Gómez, Andoni Erburu); una ampliación de esta piececita da forma al texto *Una noche de lluvia*, publicado un año después en la revista *Acotaciones*. Continúa con una gran actividad en el mundo de la escritura, sobre todo con piezas breves que forman parte de trabajos o de espectáculos colectivos. Desde 2001 forma parte de la Asociación de Mujeres en las Artes Escénicas de Madrid (AMAEM), «Las Marías Guerreras», en la que se reúnen mujeres que trabajan profesionalmente en el teatro, la música y la danza, y desde donde surgen todo tipo de iniciativas culturales: estudios teóricos, talleres, *performances*, espectáculos. Para esta finalidad ha compuesto textos como *Salomé*, incluido en el espectáculo *Tras las tocas*, que con dirección de Esperanza de la Encarnación y Andrea de Gregorio, se estrenó en el Teatro de las Aguas de Madrid; y *Cuando todo termine*, integrado en *Piezas hilvanadas* de «Las Marías Guerreras», con estreno en el Teatro de las Aguas de Madrid, dirigido por Antonia Bueno (2003).

Laila Ripoll (Madrid, 1964)

Pertenece, por el momento de su salida al espacio de la escritura del texto dramático, a la última dramaturgia de nuestro país, aunque su experiencia en el teatro tiene más larga trayectoria y origen familiar. Su madre es la actriz Concha Cuetos y ella ha desempeñado diversas funciones en el ámbito de la escena. Ha cursado estudios en la Real Escuela Superior de Arte Dramático de Madrid; dirige montajes teatrales con la compañía Micomicón, que fundó en 1992, y ha trabajado como actriz, en escenografía y en adaptación y dramaturgia textual.

En 1996 recibió el Premio CajaEspaña por *La ciudad sitiada*, una obra que se acerca al teatro documento, y en la que trata temas como la injusticia, la violencia y la opresión, mediante una estructura fragmentada en la que lo dramático y lo narrativo se van entremezclando. El montaje le valió el Premio a la Mejor Dirección en el II Certamen de Directoras de Escena y el Premio José Luis Alonso, ambos en 1999. En 2000, obtuvo una mención especial del jurado del Premio María Teresa León para Autoras Dramáticas por *Atra bilis (Cuando estemos más tranquilas...)*, una estampa de mujeres «de los pueblos de España» que velan al difunto hombre de la casa, con no pocos puntos de contacto con el Lorca de *La casa de Bernarda Alba* y no sólo por haber construido un espacio de mujeres presidido por el ya inexistente varón, sino por los ecos expresivos lorquianos que recorren las acotaciones y el habla de los personajes; y todo ello, pasado por el grotesco del esperpento de Valle y, como la propia autora indica en la extensa acotación que precede al texto dialogado, por el cromatismo de «un cuadro de Gutiérrez Solana». Laila Ripoll, que dirigió también el montaje, hizo que todos los papeles los desempeñaran hombres, con lo que la carga irónica y el trazo esperpéntico se intensificaban.

En *Unos cuantos piquetitos* aborda el tema de la violencia doméstica. La ironía, recurso con el que consigue un feroz patetismo, se cierne sobre la composición del conjunto del drama y se percibe desde el título, donde recoge la frase con la que el hombre minimiza su acción. Laila Ripoll ha tenido el acierto de convertir el desenlace funesto para la protagonista en memoria histórica a partir de la letra de las canciones y de la voz de la locutora de radio, piedras de toque que sirvieron para configurar el imaginario de una sociedad cuyo canon provoca acciones como la dramatizada. En el Festival de Otoño de 2003 estrena, dirigido también por ella, *Castrucho*, a partir de *El rufián Castrucho*, de Lope de Vega.

Diana de Paco Serrano (Murcia, 1973)

Es doctora en Filología Clásica, licenciada en Filología Italiana y profesora de Griego en la Universidad de Alicante; ha escrito poesía y narrativa; como ensayista, ha estudiado el teatro clásico y contemporáneo y ha trabajado sobre la obra de diversos autores de los que figuran en este volumen[84]. Su escritura dramática se inicia a mediados de los 90 con *Oscura Lucía*, que pasaría a titularse definitivamente *Lucía*. Su primer texto publicado, *Eco de cenizas*, premiado en 1998 en el V Certamen Literario de la Universidad de Sevilla, aparece en 1999. A diferencia de muchos jóvenes autores de este tiempo, Diana de Paco realiza su trabajo *en solitario*, desde su propia experiencia humana y lectora. Posee una gran habilidad, no obstante, para la construcción y un calado temático

---

[84] *Vid.* Diana de Paco, «Pílades. De la escena griega al teatro de Pier Paolo Pasolini», *Actas del XI Congreso de la Sociedad de Estudios Clásicos*, 1999; «La figura de Ifigenia en la tragedia de Agamenón. De la tragedia griega a la dramaturgia española contemporánea», *Myrtia*, 16, 2001, págs. 275-299. Ha realizado la introducción a Santiago Martín Bermúdez, *Tiresias, aunque ciego*, Murcia, Universidad, Antología Teatral Española, 2000, págs. 9-27. De su tesis doctoral proviene el estudio *La tragedia de Agamenón en el teatro español del siglo xx*, Murcia, Universidad, 2003.

no muy usual dada la edad con la que compone sus primeros textos[85].

En *Eco de cenizas* plantea el hondo conflicto del descubrimiento de la propia verdad, al tiempo que proyecta los temores de una generación sometida a la amenaza de un holocausto universal. Su protagonista es un hombre obsesionado por la inminencia del desastre nuclear que se sepulta en un búnker, preparado cuidadosamente por él para poder salvarse de la hecatombe; pero a su escondido encierro van acudiendo todos sus fantasmas, ello da pie a la autora para profundizar en el personaje y, a través de él, en una sociedad que vive entre la realidad y la ficción, entre el temor a la vida y a la muerte; seres que engañan y se engañan porque tienen confundidos los límites.

Queda finalista del Premio Calderón de la Barca 2000, con *Polifonía*, un análisis de los mitos griegos femeninos y su sentido, a partir de la inmersión en el universo secreto de las heroínas de la leyenda clásica, convocadas por la mente de Penélope en su eterna tela. La obra, con una estética totalmente distinta de la anterior y con una cuidada estructura[86], indaga también en los complejos resortes del alma humana, esta vez desde las voces de mujeres mitológicas «transgresoras que rompen el silencio», personajes muy familiares a su autora por su formación en teatro clásico y actual. La pieza, publicada en *Primer Acto*, mereció una mención especial del jurado por sus valores literarios.

En el 2002 recibió el Premio Libro Murciano del Año, en la modalidad de Teatro, por la edición de *Lucía* y *La antesala*. Cada una de estas piezas corresponde a una actitud estética

---

[85] Jerónimo López Mozo, en su introducción («Diana de Paco en el camino de la polifonía teatral»' a *Lucía* y *La antesala*, Murcia, Editora Regional, 2002, indicaba: «Se advierte que estamos ante una autora con personalidad propia, cuya obra tiene poco en común con la de la mayoría de los que se han iniciado en la escritura dramática en los últimos años.» *Vid.* también Pedro Felipe Sánchez Granados, «Los territorios del mito», *Monteagudo*, 8, 2003, págs. 259-262.

[86] *Vid.* Magda Ruggeri Marchetti, «Dos jóvenes dramaturgas: Yolanda Dorado y Diana de Paco» *Cuadernos de Dramaturgia Contemporánea*, 7, 2002, págs. 49-68.

diferente; como viene haciendo desde el comienzo, Diana de Paco ensaya formas y géneros sin perder de vista los íntimos problemas de los seres, míticos o urbanos de hoy, que coloca como protagonistas de sus conflictos dramáticos. *Lucía* supone una aproximación en ambiente contemporáneo al mito de Agamenón desde la figura de Electra; en *La antesala* hace la autora una incursión en el teatro de humor, bajo cuya corteza se encuentra la profunda frustración del ciudadano de nuestro tiempo.

Conforme nos acercamos a los finales del siglo XX, observamos que el teatro de pequeño formato va ganado terreno y que son no pocos los espectáculos y los libros que se componen de textos en un acto e incluso de una página o de pocas líneas de un autor o de varios, como propuesta colectiva para trabajar un tema o como recopilación antológica; breves pinceladas sobre la realidad o destellos imaginativos, como ensayos de plástica abstracta. Porque resultaría por demás dificultoso referirnos con detalle a todos ellos, en el apartado de bibliografía introduciremos algunas referencias para su posible y deseada lectura[87].

---

[87] Sobre la tradición y evolución del teatro breve puede verse Javier Huerta Calvo, «Arniches en la tradición del teatro cómico breve», en Juan Antonio Ríos (coord.), *Arniches*, Alicante, Caja de Ahorros Provincial, 1990, págs. 182-201; «La recuperación del entremés y los géneros teatrales menores en el primer tercio del siglo XX», en Dru Dougherty y María Francisca Vilches de Frutos (eds.), *El teatro en España entre la tradición y la vanguardia. 1918-1939*, Madrid, CSIC-Fundación Federico García Lorca-Tabacalera, S. A., 1992, págs. 285-294. Desde 1987 la revista *Art Teatral*, dirigida por el dramaturgo Eduardo Quiles, viene ofreciendo un extenso repertorio de «minipiezas» de autores contemporáneos, españoles y extranjeros, acompañadas de sus respectivos estudios críticos sobre el género; son destacables a este respecto las recopilaciones que pueden encontrarse en volúmenes de La Avispa, en los que publica El Astillero con el resultado de sus trabajos colectivos o las dedicadas por la Asociación de Autores de Teatro a recoger el «Maratón de monólogos» o «Teatro Exprés» que se realiza en el marco del Salón del Libro Teatral, y las propuestas temáticas en las que colaboran gran número de participantes, de todas las edades y trayectorias, como *La confesión* (2001) o *Teatro contra la guerra* (2003).

LAS OBRAS SELECCIONADAS

La falsa muerte de Jaro el Negro, de Fernando Martín Iniesta

Supone esta pieza de 1997 una buena muestra de la dualidad estética de un autor que, como se ha indicado, se inicia en el vanguardismo y consolida su trayectoria en las filas de la denuncia realista. *La falsa muerte de Jaro el Negro* aborda en breves pero rotundos trazos, con la clara intención de despertar la conciencia del ciudadano, el tema de la xenofobia, al proponer en la escena el acoso al que es sometido el personaje por aquellos que se consideran raza superior. La fábula discurre por el camino del realismo más directo hasta que da un insólito giro, mediante un artificio metateatral, por el que el público es devuelto a la *realidad* desde la ficción dramática en la que se ha producido el hecho violento. Tal procedimiento distanciador propicia la reflexión y deja patente la actitud de denuncia de su autor, que siempre ha militado en las filas del compromiso y del Autor, personaje de la pieza, quien desde el «Epílogo» se dirige al público como lo hicieran sus antecesores lorquianos para recordar el verdadero sentido de una auténtica representación: «¡El gran teatro del mundo!... El mundo no es un teatro... aunque el teatro sí es un mundo... o debiera serlo... El teatro, para vivir, necesita del éxito... para no morir... de la realidad, y ésta, a veces, no se merece un aplauso.»

El volcán de la pena escupe llanto, de Alberto Miralles

Un disparo configura el marco real omitido donde, cincuenta años atrás, se inicia la historia del protagonista de esta pieza, que mereció el Premio Internacional Margarita Xirgu 1997. Él fue un maestro víctima de la Guerra Civil, y ahora rememora lo ocurrido. Su elocución está expresada en un pasado que no ofrece lugar a dudas: «Me dieron el paseíllo en una noche agosteña de escandalosas chicharras.» Le quedaba la fama, una fama construida, bien es cierto, de subterfugios, embustes e hiperbólicas y oportunistas invenciones, sin que él hubiese hecho nada para merecerla, aunque una vez adjudicada ya era suya.

Ahora iba a ser borrado de todos los recuerdos y, por lo tanto, era el momento de la total inmolación. Por eso, su espíritu proyecta hacia el público el instante del último vestigio de su existencia; el olvido será la catástrofe y sus huesos removidos y vueltos a sepultar ya *no tendrán sentido*.

Se conjuga en la obra una decidida actitud de revisión crítica de los sucesos de aquella funesta etapa de nuestra historia con la construcción de *otra* historia, de la que el propio autor ha formado parte; la de la ocultación del teatro y de los autores que, como indicábamos, elevaron su voz contra el sistema en los últimos años de la dictadura, y que el mismo Miralles en su artículo citado «El nuevo teatro español ha muerto. ¡Mueran sus asesinos!» expresa con la frase: «Tirar el agua con el niño dentro.» Éste es, pues, el subtexto que emerge de la consideración de la víctima dramática, quien, como los dramaturgos que constituyeron la resistencia intelectual, es enterrada bajo la mole del enorme edificio del bienestar y el consumo para borrar así su incómodo recuerdo.

Puerta metálica con violín (Un escenario para Antoni Tàpies), de Jerónimo López Mozo

«El calor de las miradas fundirá cerrojos, cadenas y candados.» Son éstas las últimas palabras que ha escrito, sobre la «puerta metálica» que esconde la atrocidad, el Joven, el personaje esperanzador en esta feroz representación del encubrimiento de los crímenes del poder. López Mozo señala con esta historia (Premio de Teatro Doña Mencía de Salcedo 2000) hacia quienes cierran puertas para ocultar el horror de los abusos y los crímenes de las dictaduras y pintan cruces de muerte para marcar el lugar de las víctimas, y lo hace poco después de que al dictador Pinochet le fuesen paliadas las penas a las que se había hecho acreedor por sus crímenes en virtud de su edad y su aparente mala salud. La figura del Perlático, fuerte para secuestrar, torturar y matar pero débil para ser juzgado, coloca en el punto de mira del público al tirano y descubre la cortina de humo con la que una sociedad y unos poderes hipócritas, representados en el Sotapaja, intentan encubrir los permitidos crímenes del déspota. Por eso, sólo la verdad del Joven, proyectada hacia el receptor desde el muro de silencio, puede desvelar el daño y hacer visible la ignominia.

López Mozo, hijo de una generación adiestrada en la lucha contra la dictadura, y autor de tendencia experimental desde sus comienzos, dirige su voz contra el poder criminal, y acerca su escenario al de Tàpies mediante la estética del *collage* y la abstracción vanguardista.

Ultimar detalles, de Carmen Resino

Escrita hacia 1970, formó parte del espectáculo *Espejos rotos* (junto con otras dos piezas breves: *La sed* y *¡Mamá, el niño no llora!),* que, dirigido por Santiago Sueiras, llevó a cabo el grupo La Gotera de Gijón en 1984. El conjunto del teatro breve de Carmen Resino ofrece variadísimos matices de construcción y estilo, puestos al servicio de los temas que rigen gran parte de su obra: el fracaso de los deseos y las aspiraciones, la soledad y la incomunicabilidad entre los individuos; la rotunda y desesperanzada tragedia del ser. Pero en la construcción del personaje de la protagonista de la obra seleccionada, se percibe además la siempre declarada intención de su autora de dignificar a sus personajes femeninos y de contribuir, a través de su escritura, a modificar el canon que rige los destinos de la mujer en la sociedad. Por eso, el fracaso en la consecución del objetivo inicial de esta entrañable mujer, Lunarcitos, hundida en la vida y en su profesión de actriz, está compensado con la complacencia que le proporciona haber salvado una parcela íntima de su libertad; ella estaba dispuesta a dejar de bailar, de pintarse, de hablar a su manera, pero no podía renunciar a sus «principios». El mundo del espectáculo y la profesión de Lunarcitos unen esta pieza con otras de la autora donde realiza una indagación en distintos aspectos y personajes del mundo del teatro: *La actriz, La bella Margarita, Auditorio, La recepción.*

La imagen del espejo, de Ana Diosdado

No ha sido esta autora cultivadora del teatro breve, ni abunda en su dramaturgia, como se ha dicho, el teatro de tema histórico y, no obstante, en esta pieza, que fue concebida como texto radiofónico en 1979 y de la que se realizó una lectura dramatizada en la SGAE, en 1998, se reúnen ambos factores. Con el marco de las cárceles secretas de la Inquisición, Ana Diosdado propone una reflexión dramática sobre el poder y la culpa, la intolerancia, la vulnerabilidad del rebelde sometido al miedo y a la soledad; e indaga, mediante las trampas a las que son expuestos sus personajes, sobre los mecanismos que los más fuertes emplean para reducir la sedición. La pieza sustenta su argumento sobre una estructura de incógnitas y reconocimientos, técnica esta, la de utilizar la intriga, en la que Diosdado había experimentado en su teatro extenso. Tal procedimiento llevará al relevo de identidades y papeles entre el Preso y el Otro y, finalmente, a que personajes y receptor comprendan que los Otros han estado engañando a todos. Se organiza el conflicto mediante tres encuentros realizados en la atmósfera asfixiante de una celda privada de luz, donde los seres se convierten en sombras y los perfiles individuales se desdibujan y mezclan, por ello cada uno de los dos personajes que habita tal espacio asume su identificación con el otro, unidos como se encuentran en su peligrosa situación de disidentes y en su deseo de libertad.

La Tirana, de Domingo Miras

Domingo Miras escribió entre 1980 y 1984 cuatro piececitas (además de las ahora referidas, en 1981 TVE emitió, en el espacio *Teatro Breve*, *El jarro de plata*, compuesta a la manera de un entremés del Siglo de Oro; y en 1984 se estrenó en Mérida *Entre Troya y Siracusa*, que permanece inédita) que poseen la metateatralidad como factor fundamental de su construcción dramatúrgica y como elemento sustentador de su argumento, de manera que el procedimiento de *teatro en el teatro* contiene la reflexión sobre el hecho teatral. Con el *Prólogo a «El barón» de Leandro Fernández de Moratín*, forma *La Tirana* (estrenada en Murcia, por Merlia Teatro, con dirección de Merche Nevot, en 2001) un conjunto sobre el teatro de finales del siglo XVIII y comienzos del XIX mediante el que el pasado se proyecta sobre el presente para hablar de la realidad teatral y de los actores de ayer, de la situación de éstos en la actualidad de la escritura del texto, y, en un nivel más profundo, de la debilidad humana y del deseo de su superación.

La acción de *La Tirana* sucede en su camerino, donde se repone de un desvanecimiento sufrido en escena, mientras representaba el *Asdrúbal*, de Luciano Francisco de Comella, y en su mente, aterrada por las ideas de la muerte y del olvido. A solas, la actriz da rienda suelta al profundo pesar que soporta por tener que dejar los escenarios y la mujer se plantea su destino. El tema del teatro (autores, textos, actores) se articula esta vez a partir de las argumentaciones que entre el delirio de la fiebre y la resistencia de su espíritu va haciendo María del Rosario Fernández, antes de tomar la decisión que terminará con su gloria pues, como indica Isidoro Márquez, personaje del *Prólogo a «El barón»*, cuando acaban de dar tierra a la actriz: «El día que se retiró [La Tirana] fue el verdadero día de su muerte, hace ya diez años. Hoy sólo ha sido su entierro.»

Danza de la última pirámide, de Jesús Campos

Formaba parte de un grupo de siete piezas, escritas en 1982, bajo el título *Danza de ausencias;* este texto recibió el Premio Castilla-La Mancha de Teatro Breve 1991. El total podría ser considerado como una moderna *Danza de la muerte* en la que concurren distintos personajes empeñados en neutralizar su funesto destino o incapaces de reconocer el trance en el que se hallan. El autor considera cada uno de los episodios como una unidad independiente e independizable del resto, al que se encuentran unidos por la presencia de tres macabros danzadores: La Muerte, El Esqueleto y El Hombre del Saco.

Esta obrita representa bien a su autor, que juega con los símbolos, con la incoherencia aparente de personajes y situaciones, que favorece los huecos argumentales para hacer *trabajar* al receptor. La Señora, protagonista de la obra, hace y deshace como una nueva Penélope las vetustas paredes de su mansión con el fin de eludir su destino fatal, pero su ansia de pervivir se verá frustrada en el momento de contar su secreto al silencioso Administrador, encargado de colocar sobre ella el blanco sudario. La ironía del destino no la dejaba advertir que realmente él era quien poseía el poder de hacerla sucumbir.

Breve encuentro, de José Luis Alonso de Santos

Como viene haciendo en su teatro de duración normal y en las piezas breves que ha escrito en los últimos años, Alonso de Santos propone en esta obrita de 2002 una historia de desencuentro entre un hombre y una mujer. En este caso los personajes acaban de disfrutar de unas horas de fugaz compañía. Sus protagonistas, Él y Ella, no se conocían y se separarán sin haberlo logrado porque, sobre todo Él, elude el riesgo y prefiere seguir en la soledad en la que se encontraba antes de haber estado juntos. Él y Ella son dos individuos anónimos que han pasado de la nocturna barra de un bar al dormitorio de uno de ellos. El receptor, sin embargo, sí contará, al final, con multitud de signos identificadores de estos seres que han unido sus aislamientos en una noche nublada por el alcohol, incapaces, al despertar, de desligarse de sus temores, por lo que quedan abocados a una nueva incomunicación impuesta por el miedo al compromiso y al fracaso. La pieza es, como las que componen sus *Cuadros de amor y humor al fresco,* un esbozo dramático con el tema común de las relaciones humanas, aunque aquí el humor no está presente. Con ésta, como con aquéllas, Alonso de Santos da otra de sus «pinceladas en el enlucido de la realidad», trazadas por el dramaturgo al colocar en espacio a hombres y mujeres enfrentados bajo el mismo lema: «Amo y sufro: luego existo.»

La puerta, de José Sanchis Sinisterra

Procede este texto de un conjunto de piezas escrito entre 1986 y 1987, derivado del Laboratorio de Dramaturgia Actoral del Teatro Fronterizo, y estrenado, en 1988, con dirección de Sergi Belbel, con el título de *Perventimento*. El autor, en la «Extroducción» colocada al frente de la edición en 1991, avisa al espectador de que va a ser «confrontado con una especie poco usual de perversidad». Tal actitud debe perturbar los límites de su seguridad y ha de colocarlo en la frontera del ser y el parecer, del teatro y de lo que no lo es, de la vida y de su representación.

La puerta es un juguete metateatral en el que se conjugan y combinan las dos líneas maestras de la construcción dramatúrgica de Sanchis: la referencia al teatro y sus componentes y la intertextualidad como base textual; también se puede rastrear el conflicto de la identidad del ente dramático, tan del gusto de su autor, que utilizará, para desconcierto del público, el procedimiento clásico del «engaño a los ojos». De otro lado, la piececita es un ejercicio de implicación del espectador en el proceso dramático que Sanchis lleva a cabo de manera casi constante también en su teatro, donde Calderón, Unamuno y Pirandello se combinan en el subtexto para dar voz al juego *perverso* del enigmático personaje, quien finalmente atravesará triunfante la puerta de la inmortalidad a la que no han de acceder ni su autor, ni el actor que lo interpreta, ni el público que lo contempla.

El seguidor lo sabe (Documento escénico), de Ignacio Amestoy

A pesar de que sus comienzos se hallan en 1979, Ignacio Amestoy no desdeña participar con los jóvenes creadores en sus experiencias colectivas con tema predeterminado. *El seguidor lo sabe* se encuentra integrado en el volumen dedicado al fútbol, que lleva por título *Al borde del área,* surgido, en 1998, dentro del marco de VI Muestra de Teatro Español de Autores Contemporáneos.

Pero el autor no declina ni su derecho ni su obligación de hablar de lo que son los conflictos del mundo actual, sea el que fuere el motivo temático de partida. Con el pretexto del fútbol, Amestoy analiza la corrupción y la condición de víctimas a la que llegan los elementos más débiles del sistema, aniquilados en aras del poder. Asiste el receptor de esta pieza a una confesión, la que realiza el Cancerbero, el portero apodado «el caballero imbatible» por su precisión para controlar los embates del contrario. Sin embargo, este jugador *honrado*, que está grabando su confesión, ha debido obedecer a la consigna dictada desde *arriba*, ha debido permitir que el balón entre en su espacio y el partido se pierda. Ha aceptado la *sugerencia* y no ha podido soportarlo. La opinión del Periodista deportivo, enfrentada a la confidencia del Cancerbero ante la cámara de vídeo, ofrece esa oscura realidad de la manipulación de los individuos por el sistema y alerta al público sobre los engaños oficiales.

¿Tengo razón o no?, de Concha Romero

En los 90, dos veces aborda Concha Romero el tema de la condición femenina en un formato breve: en *Allá él* y *¿Tengo razón o no?* En ambas, la autora se ha servido del monólogo. En *Allá él* habla una mujer; *¿Tengo razón o no?* está puesto en boca de un hombre, quien, a partir de la descripción de su realidad, no hace sino trazar el panorama de la situación padecida por ella. Ambos textos son, en cierto modo, complementarios, aunque aparentemente planteen situaciones opuestas.

¿Tengo razón o no? es la pregunta retórica de Carlos cuando llega a casa, después de haber estado con su amante, y no encuentra a su esposa. Mientras la espera, su pensamiento verbalizado ofrece dos perspectivas, la del comportamiento y motivaciones del varón, y la de la situación de las mujeres. Harto de la espera, decide acostarse; encuentra entonces una carta de María donde le explica que se ha marchado con otro hombre, circunstancia que provoca en el personaje una absoluta sorpresa y desorientación. En la segunda parte de su discurso surgen dos sentimientos contradictorios que no llega a racionalizar: el del despecho producido por el orgullo herido,

y el de desamparo que no quiere reconocer, pero que siente ante la ausencia. La carta de María leída por Carlos es la «otra voz», la irrupción de la realidad de la *otra* en su universo egoísta. Se origina, pues, un monólogo a dos voces que suple el imposible diálogo de la pareja y plantea la realidad desde sus respectivos puntos de vista.

Sonia, de Pilar Pombo

Es uno de sus cinco monólogos con nombre de mujer que denotan, a pesar de su sencilla estructura y de su expresión cotidiana, el conocimiento de lo teatral que poseyó la autora y no ocultan su capacidad para la indagación en los problemas de los seres, sobre todo las mujeres, de su tiempo. Compone el conjunto de las piececitas monologadas de Pilar Pombo una galería de personajes capaces de conectar al público con otras tantas realidades, procedentes cada una de ellas de distinto medio social o profesional, y de ofrecer, a partir de su discurso, el interior de sus almas y la situación real en la que viven. En la estructura dramatúrgica, al fracaso y la lucha por la vida les sigue una solución esperanzada, no carente de dificultades; sólo para Isabel y Sonia, los finales son más cerrados.

Sonia, escrito en 1988 (fue emitido por Radio Nacional de España, en el espacio *Teatro 3*, el 11 de marzo de 1990, con dirección de Ángel Marco), presenta a una chica de diecinueve años que trabaja en una peluquería de barrio y, aunque según informa la acotación «ha aprendido a plantarle cara a la vida», no llega a saber en el proceso dramático todo lo que ésta le tiene preparado. La estructura dramatúrgica de este monólogo posee, dentro de su sencillez, interesantes procedimientos tanto en la consecución de la intriga sobre la personalidad de Jose, como en la construcción del inesperado doble final marcado por la ironía trágica que gravita sobre el personaje. El punto de vista de Sonia matiza a la vez su propia psicología y los condicionantes sociales motivadores del problema en el que está inmerso su novio. La malicia para interpretar los pequeños conflictos y la ingenuidad ante los grandes configuran a este personaje que, como su autora, ha extraído toda su sabiduría de la experiencia diaria.

Solo para Paquita (estimulante, amargo, necesario),
de Ernesto Caballero

Es éste un monólogo de 1997, realizado bajo la forma de un discurso caótico e intranquilizador con estructura metateatral, que proyecta el desconcierto de la mente de los dos personajes femeninos que se distribuyen el protagonismo durante las tres secuencias en que se divide su proceso; las dos primeras corresponden a Paquita; la tercera, a la actriz que la ha interpretado y ha asumido su personalidad en la escena y que, acabada la ficción, desea permanecer en ella. Las secuencias congregan tres búsquedas confiadas por parte de la mujer; tres hombres que se cruzan con ella, uno en cada secuencia, y la defraudan; la acosan; la violan. Un número, el once, adquiere significado en el proceso dramático, cuando de maravilloso (ha sido el colofón de un bingo) pasa a ser funesto símbolo de destrucción al reproducirlo las tijeras con las que la protagonista se defiende. Dos confesiones (secuencias I y II) ante el público, convertido en los pacientes de un hospital psiquiátrico, compañeros de terapia de Paquita; y una tercera (secuencia III), la de la actriz, ante el público, también ficticio, de la sala de teatro donde está representando.

Al fondo, el abuso del fuerte sobre el débil, la soledad, expresada en el polivalente título de la pieza que dirige su significado hacia el café que constantemente consume el personaje; hacia la actuación en solitario que es el monólogo; hacia la radical incomunicación que padece la mujer (Paquita/actriz) y que la llevará a deshacerse de sus agresivos acompañantes.

Yo no quiero ir al cielo (Juicio a una dramaturga), de Paloma Pedrero

El texto se aparta, por su estructura y contenido, de lo habitual en la autora, que suele desarrollar sus historias entre dos personajes ajenos a ella. Aquí, mediante un monólogo autobiográfico, se ha ficcionalizado para poder hablar al público con la libertad que presta el atravesar la barrera de la vida en la tierra. Desde la otra ribera, traza su itinerario vital y artístico para un supuesto público ultraterreno que ha de decidir sobre su futuro y enviarla al cielo o condenarla a las profundidades infernales. Al hilo de su discurso, la *difunta* autora va describiendo las circunstancias de su vida, desnudando su intimidad mediante la confesión de lo que sólo ella podía saber, al tiempo que expresa, con la libertad que le proporciona el no encontrarse ya entre los vivos, su juicio sobre el teatro, sus estructuras y quienes las rigen. El texto fue interpretado por Paloma Pedrero como conferencia dramatizada en el Seminario «La mujer en el arte», que se desarrolló en la Universidad Internacional Menéndez y Pelayo de Santander en agosto de 2002. Fiel a lo que se entiende por concepción aristotélica en la composición del texto dramático, Pedrero sometió el tiempo de la defensa de su personaje, pues de un juicio se trata, al previsto para su intervención como ponente del Seminario y, en un efecto de rotunda participación, obtuvo del público asistente el silencioso veredicto que le permitía evadir el destino celeste.

La puñalá, de Antonio Onetti

Aseguraba Enrique Centeno en el comentario dedicado a la obra en la revista *Estreno*, en 1991, que el teatro de Onetti «se inspira directamente en la observación y el testimonio de la marginalidad social» y ofrece como notas caracterizadoras: «Humor, irreverencia, ternura, burla de las instituciones e íntima comprensión y humor hacia sus desposeídos personajes.»

La piececita, escrita dos años antes, refleja fielmente los caracteres de su autor tanto en la dureza de las situaciones como en la reproducción de la marginalidad y la ubicación en una Andalucía amarga en sus estratos sociales más desprotegidos. La acción se desarrolla en Sevilla, en Miércoles Santo por la noche; los personajes: El Malacara, «chorizo mal encarao», y La Winston, travesti que vende chucherías con un carrito ambulante. El motivo central es el robo de las joyas de una virgen de mucha devoción a la que el pueblo conoce como «La puñalá». El encuentro entre El Malacara y La Winston provocará el descubrimiento de que ha sido precisamente el vendedor travestido el que ha perpetrado el delito. Malacara no está dispuesto a perder su parte y, en el forcejeo, el puñal, signo del dolor de la divina madre, invierte su valor religioso y termina alojado en el pecho de La Winston, quien, en un último delirio místico, se ve convertido en la venerada imagen. Onetti introduce en este texto elementos que le son propios al conjunto de su dramaturgia, como la presencia de los seres más marginales del mapa social, la localización andaluza y el habla de su región; el asesinato sin remordimientos; los individuos sin moral. No obstante, y a pesar del funesto final, en esta pieza permite que traspase una cierta ternura en el enfoque del que hace objeto a sus criaturas y no alcanza las cotas de dureza de textos como *Purasangre* o *Líbrame, Señor, de mis cadenas*.

Últimos golpes de Butch Cassidy, de Ignacio García May

García May vuelve en este texto a jugar con las nociones espacio-temporales, puesto que la obrita no es sino un entremés *extraterritorial* y desplazado en el tiempo. Recurre a las figuras de Butch Cassidy y Sundance Kid, dos «exiliados del bandolerismo», dos viajeros sobre los que gravita el «enigma» —también lo impreciso y enigmático caracteriza su dramaturgia— de su localización espacial, de su muerte e, incluso, de su solvencia profesional en el caso de Butch Cassidy.

Para componer el argumento coloca a Cassidy, el famoso pistolero americano, en México, después de haber estafado a Villa el dinero de unos rifles. Una segunda línea argumental se desarrolla con la llegada del argentino Chonetti, un «quiromántico, adivinador, y profesor de ciencias ocultas», que trae un mensaje para el pistolero. Pero él se encuentra profundamente dormido y rodeado del amenazante Pancho Villa (El jefazo) y de sus hombres, cuando aparece Chonetti y diagnostica catalepsia. Se mezcla a partir de aquí la herencia de la burla entremesística de la cueva de Salamanca con la situación valleinclanesca protagonizada por Max Estrella en su catafalco, hasta que, convocado el espíritu errante de Cassidy por el mago argentino, Villa recibe una información que lo aleja de allí; entonces se descubren los engaños. El sentido del humor domina la situación, la construcción de los personajes y, sobre todo, el sistema expresivo que cada uno de ellos maneja, adecuado a su procedencia territorial, que como recurso de comicidad también hunde sus raíces en los géneros menores de antaño. Bajo todo este desenfado, como ocurriera en los Siglos de Oro, se percibe la ficción que subyace en la construcción del mito del imbatido pistolero.

El buen vecino, de Juan Mayorga

Como viene sucediendo en el proceso de creación de no pocos autores de la actualidad, y en particular en Juan Mayorga, el autor escribió en 2002 esta pieza breve que ha ido creciendo con posterioridad para convertirse en un texto extenso, *Animales nocturnos*, dividido en diez secuencias, en las que intervienen además de los hombres Alto y Bajo, sus esposas: la Mujer Alta y la Mujer Baja (el espectáculo ha sido estrenado en noviembre de 2003, con dirección de Juan Pastor). Así, a los temas de la intolerancia por lo diferente y el abuso de quienes se consideran superiores contenidos en esta pieza, en la versión extensa se van sumando los de la soledad, la incomunicación y la necesidad de libertad.

Los personajes, carentes de cualquier marca identificadora que no sea la estatura, se van perfilando en el proceso dramático hasta componer al inmigrante sin papeles y a su dominador, el autóctono que conoce su secreto, el Hombre Bajo que exige un tributo de obediencia a cambio de silencio. A pesar de la brevedad del texto, la atmósfera en la que transcurre la historia se adensa por momentos hasta llegar al parlamento final del Hombre Bajo, cuando éste declara sus intenciones. Entonces surge la terrible lección. Ambos son débiles pero el opresor sabe producir el miedo en el otro y utilizarlo como instrumento de dominio. En el desarrollo posterior de la pieza en *Animales nocturnos*, el dramaturgo profundizará en esta noción al permitir que el receptor participe de la vida privada del Hombre Bajo y de la Mujer Baja y observe que ambos necesitan un esclavo, alguien a quien tener siempre dispuesto para que compense su radical soledad y su falta de comunicación.

La persistencia de la imagen, de Raúl Hernández Garrido

Forma parte del espectáculo *Fotos,* en el que participaron varios autores y que se estrenó, dirigido por Carlos Rodríguez, en la Sala Cuarta Pared de Madrid en 1997. Ya se ha indicado la frecuencia con la que los dramaturgos y dramaturgas «de entre siglos» participan en experiencias de este tipo, y el asiduo cultivo del teatro breve y condicionado a un tema que varios han de desarrollar en circunstancias espacio-temporales limitadas. No obstante, el condicionante inicial y la brevedad no obstaculizan al escritor para emplear múltiples registros expresivos ni para introducir preocupaciones sociales, políticas o éticas presentes en el resto de su obra.

Inquietante resulta el teatro de Raúl Hernández y así es esta pieza, en la que el ambiente contemporáneo no oculta la cercanía de su autor a los clásicos. Elementos del tema edípico como la ceguera y la búsqueda de la verdad se conjugan en esta pieza en la que un hombre ciego (Cliente) hace fotografías a mujeres que, como en el caso del Cuerpo, venden favores fingidos. Pero él busca verdades, de ahí que las sorprenda, que las someta al vacío del no ver y a la verdad del terror a lo desconocido, dibujado en la expresión de las cartulinas que él podrá tocar. El Cliente, como Ignacio en *En la ardiente oscuridad,* de Buero, conoce su negrura y reina en ella; el Cuerpo, la chica contratada por teléfono, queda fuera de juego cuando las luces se apagan y los disparos de la cámara de fotos la ciegan. En realidad vuelve a ser un ejercicio de poder desde el lado del que se supone la víctima. El Cliente lo posee porque conoce el terreno; el Cuerpo está dominado por el no saber; en definitiva, es apropiarse del otro. Con una estructura cinematográfica (no hay que olvidar que Raúl Hernández conoce perfectamente este medio) se produce la inversión de los signos luz-oscuridad ya que es aquélla la que provoca el miedo.

Varadas, de Itziar Pascual

Va dedicado este texto por su autora «A todas las mujeres que tomaron barcos hacia el olvido en el siglo XX. Y en particular, a mi abuela y a mi madre». Supone, pues, una tarea de recuperación de un pasado doméstico, el que no aparece en la Historia, el que se vivió en la cotidiana excepcionalidad de una situación bélica. Seguramente Itziar Pascual pensó en las acepciones primera y tercera que la Academia ofrece del término «varar», porque sus mujeres, las protagonistas de su historia, han sido echadas al agua, han sido arrojadas a un mar de incertidumbre, lejos de sus hogares y sus familias y están encalladas en las arenas de la lejanía y el olvido. Diez secuencias tituladas («Intercambios», «Pasaporte», «Despedida», «Traiciones», «Preguntas», «Sensibilidad», «Travesía», «Control», «Olvido», «Memoria») componen este mosaico lírico-dramático del éxodo, del abandono y del recuerdo. Son historias de mujeres (A y B) que proceden de un pasado de guerra, huida y exilio; son fragmentos de la memoria de diversas mujeres abocadas a un porvenir incierto, encanalladas a veces por las dificultades; fuertes otras frente a la adversidad; todas, afectadas por la guerra. Los títulos con los que son presentadas las secuencias dramáticas muestran la progresión de unas historias que dejan profundos huecos, que quedan truncadas en el desenlace, que poseen un elemento común, el de estar protagonizadas por ellas, las que han soportado el silencio oficial, el abandono, la huida, el exilio, el encierro, la intolerancia, el miedo: la guerra.

El día más feliz de nuestra vida, de Laila Ripoll

Parte de la noticia de la Primera Comunión de las cuatrillizas de Socuéllamos, aparecida en los periódicos del 4 de agosto de 1964. La situación dramática se produce durante la madrugada anterior a la mañana de la ceremonia. Marijose está despierta, los nervios no la dejan dormir e inicia una conversación con Amelia y Conchi, a las que después se unirá la nota expresiva de Aurora que subraya constantemente lo que dicen sus hermanas con su ambigua expresión: «Ea.» Desde la conversación de las niñas, la autora recupera para el receptor actual aquel imaginario oscurantista del pecado, de la prohibición y del sentimiento de culpa por la transgresión, y la obligada redención mediante el sacrificio cruento. Laila Ripoll había integrado con sentido crítico elementos de esta procedencia en obras como *Atra bilis* o *Unos cuantos piquetitos;* aquí los convierte en impulsores del conflicto y del desenlace dramáticos. Tras una prolongada discusión sobre el pecado, a Marijose, aterrada por la idea de la condena y el infierno, no le queda otro recurso que aceptar el sacrificio que sus hermanas le aconsejan, lavar la afrenta con sangre. Supone esta pieza un eslabón más en la cadena de análisis y recuperación de la memoria del ayer cercano que está llevando a cabo desde diversas perspectivas la dramaturgia española actual.

Su tabaco, gracias, de Diana de Paco Serrano

Esta muestra del teatro más joven (escrita en 2002) incide en el tema de la incomunicación y la falta de relación interpersonal favorecidas por las condiciones de la sociedad actual, con una perspectiva distanciada por el humor que impregna situación, expresión verbal y personajes.

Miguel, a la vista de que no llega a entenderse con los que lo rodean y convencido de que ello está motivado por la falta de atención de unos hacia otros, decide hacer un experimento permaneciendo en silencio en medio de los que hablan hasta que alguien se percate de su actitud. Poco a poco se cerciorará de que su sospecha estaba fundada; nadie escucha a nadie y, lo que es peor, nadie advierte si el otro existe. El discurso interior del personaje va mostrando el avance del conflicto, que llega a su culminación cuando sólo la voz grabada de una máquina de tabaco es capaz de corresponder a su estímulo. Al hilo de esta historia surgen temas como el de la frustración que se produce en las relaciones humanas (Miguel-Isabel) o el machismo de actitudes y comentarios

(Miguel-Compañero). El texto goza, como es habitual en la autora, de una hábil utilización de los procedimientos y registros lingüísticos y de una precisa progresión de los elementos de la trama.

Podemos concluir afirmando que, sea por la senda del realismo, o desde las nuevas estéticas de mayor libertad poética, ruptura y abstracción; ya mediante el uso de una ironía distanciadora o sumergidos en el más feroz naturalismo, autoras y autores comparten el propósito de proyectar la imagen del mundo en el que viven y vivimos y sus impresiones ante la realidad o desde sus deseos; en muchos existe la voluntad de crear un estilo mientras que otros aceptan normas establecidas por sus maestros y monitores. En general, es perceptible una tendencia a expresar la insatisfacción que genera la dificultad de alcanzar los ideales; la hostilidad que emana del sistema y que afecta a las relaciones entre los individuos o los males de una sociedad desigual y violenta.

Es de justicia agradecer desde aquí a quienes componen el panorama de la dramaturgia española actual, tengan o no presencia en esta antología, su denodado esfuerzo por *ser*, contra el viento del olvido y la marea de los criterios comerciales que rigen el teatro, y por *estar* dando testimonio de lo que sucede de la forma artística en que cada uno se expresa. Mientras, como en el presente caso, haya dificultades para seleccionar a los integrantes de un conjunto por la abundancia de nombres y la calidad de sus obras, la literatura dramática y el teatro español no corren peligro.

Esta edición

Se compone el volumen de veintiún textos de otros tantos autores de diversa edad, ubicación estética y estilo personal, lo que ha supuesto una considerable dificultad a la hora de establecer el orden de presentación. Finalmente hemos adoptado el criterio de organizarlos atendiendo a la primera aparición con un texto editado o puesto en escena. La elección de las obras ha dependido de la voluntad de sus creadores y se reproducen como ellos nos las han facilitado. Algunas no se han publicado en otra ocasión pero la mayor parte procede de ediciones colectivas o de revistas teatrales especializadas.

La Bibliografía está dividida en dos partes; la primera aporta títulos sobre el último teatro español a fin de ilustrar sus aspectos más propios; en la segunda, dado el número de autores antologados y la cantidad de escritos que algunos tienen en su haber, hemos optado por las ediciones más asequibles, ordenándolas por sus años de aparición. Sólo se indican publicaciones menos habituales o ya agotadas cuando no existe otra forma de conocer textos significativos.

Bibliografía

I. Sobre el último teatro español

AA.VV., *Nuevas tendencias escénicas. La escritura teatral a debate*, Madrid, CNNTE, 1985.
— *Historia y crítica de la literatura española*, Francisco Rico (dir.), Barcelona, Crítica, vol. 8, *Época contemporánea*, 1980; actualizado en el vol. 8/1, 1999; y vol. 9, *Los nuevos nombres*, 1992; actualizado en el vol. 9/1, 2000.
— *Historia del teatro español*, II, dir. Javier Huerta Calvo, Madrid, Gredos, 2003.
ADE Teatro, 50, abril-junio 1996.
Aznar Soler, Manuel, «Teatro español y sociedad democrática (1975-1995)», en *Veinte años de teatro y democracia en España (1975-1995)*, Barcelona, Cop d'Idees-CITEC, 1996.
Berenguer, Ángel y Pérez, Manuel, *Tendencias del teatro español durante la transición política (1975-1982)*, Madrid, Biblioteca Nueva, 1998.
Cabal, Fermín, *La situación del teatro en España*, Madrid, Asociación de Autores de Teatro, 1994.
Estreno, X, 2, otoño de 1984.
Fondevila, Santiago, *José Sanchis Sinisterra, L'espai fronterer*, Barcelona, Institut del Teatre, 1998.
Fritz, Herbert y Pörtl, Klaus (eds.), *Teatro contemporáneo español posfranquista. Autores y tendencias*, I y II, Berlín, Tranvía-Walter Frey, 2000 y 2002.
Gabriele, John P. y Leonard, Candyce (eds.), *Panorámica del teatro español actual*, Madrid, Fundamentos, 1996.
— *Teatro de la España democrática: Los 90*, Madrid, Fundamentos, 1996.

HORMIGÓN, Juan Antonio (dir.), *Autoras en la Historia del Teatro Español*, III y IV, Madrid, Asociación de Directores de Escena, 2000.
MEDINA VICARIO, Miguel, *Los géneros dramáticos en la obra teatral de José Luis Alonso de Santos*, Madrid, Libertarias-Asociación de Autores de Teatro, 1993.
MIRALLES, Alberto, *Nuevo teatro español: una alternativa social*, Madrid, Villalar, 1977.
— *Aproximación al teatro alternativo*, Madrid, Asociación de Autores de Teatro, 1994.
O'CONNOR, Patricia W., *Dramaturgas españolas de hoy (una introducción)*, Madrid, Fundamentos, 1988.
OLIVA, César, *El teatro español del siglo XX*, Madrid, Síntesis, 2003.
— *La última escena (Teatro español de 1975 a nuestros días)*, Madrid, Cátedra, 2004.
PACO, Mariano de (ed.), *Creación escénica y sociedad española*, Murcia, Universidad, 1998.
PEDRAZA JIMÉNEZ, Felipe B. y RODRÍGUEZ CÁCERES, Milagros, *Manual de literatura española, XIV. Posguerra: dramaturgos y ensayistas*, Pamplona, Cénlit, 1995.
PÖRTL, Klaus (ed.), *Reflexiones sobre el Nuevo Teatro Español*, Tubinga, Niemeyer, 1986.
RAGUÉ ARIAS, María José, *El teatro de fin de milenio en España (de 1975 hasta hoy)*, Barcelona, Ariel, 1996.
— *¿Nuevas dramaturgias? Los autores de fin de siglo en Cataluña, Valencia y Baleares*, Madrid, INAEM, Centro de Documentación Teatral, 2000.
RODRÍGUEZ MÉNDEZ, José María, *Los despojos del teatro*, Madrid, La Avispa, 1993.
RUIZ RAMÓN, Francisco, *Historia del teatro español. Siglo XX*, Madrid, Cátedra, 1977, 3.ª edición.
SANTOLARIA SOLANO, Cristina, *Fermín Cabal, entre el realismo y la vanguardia*, Alcalá de Henares, Universidad, 1996.
SERRANO, Virtudes, *El teatro de Domingo Miras*, Murcia, Universidad, 1991.
— «Hacia una dramaturgia femenina», *Anales de la Literatura Española Contemporánea*, 19, 3, 1994, págs. 343-364.
— «Dramaturgia femenina de los 90 en España», en Martha T. Halsey y Phyllis Zatlin (eds.), *Entre Actos: Diálogos sobre teatro español entre siglos*, State College, The Pennsylvania State University, Estreno, 1999, págs. 101-112.

TORO, Alfonso de y FLOECK, Wilfried (eds.), *Teatro Español Contemporáneo. Autores y Tendencias*, Kassel, Reichenberger, 1995.
WELLWARTH, George E., *Spanish Underground Drama*, University Park, The Pennsylvania State University Press, 1972 [trad. esp.: *Spanish Underground Drama. Teatro Español Underground*, prólogo y notas de Alberto Miralles, Madrid, Villalar, 1978].

II. SELECCIÓN DE OBRAS TEATRALES EDITADAS DE LOS AUTORES DE LA ANTOLOGÍA

Fernando Martín Iniesta

Tres piezas rotas (Los enanos colgados de la lluvia, El parque se cierra a las ocho, Receta del soufflé de bacalao), introducción de Francisco Torres Monreal, Murcia, Editora Regional, 1987.
El barco en la botella, introducción de Mariano de Paco, Murcia, Universidad, Antología Teatral Española, 1988.
Trilogía de los años inciertos (No hemos perdido aún este crepúsculo, Quemados sin arder, La herencia de lo perdido), carta de Alfonso Sastre e introducción de Mariano de Paco, Madrid, Fundamentos, 1989.
Cantón, prólogo de Antonio Morales, Murcia, Editora Regional, 1991.
Teatro canalla (El día que ahorcaron a Lope o Auto de la lujuria, La venganza de los inocentes, La tierra prometida [El oro y la basura], La guerra de San Bartolo, Tres tintos con anchoa), carta de José María de Quinto y prólogo de Jerónimo López Mozo, Madrid, Fundamentos, 1996.
El ramo de flores, Madrid, Visor, Biblioteca Antonio Machado, 1998.
Los hijos de Saturno, carta de José M.ª Rodríguez Méndez y prólogo de Mariano de Paco, Madrid, Comunidad de Madrid-Asociación de Autores de Teatro, 1998.
Concierto desafinado (Para trombón y tres voces), introducción de José María de Quinto, Murcia, 1999.

Alberto Miralles

La guerra y *El hombre*, *Primer Acto*, 89, 1967.
Crucifernario de la culpable indecisión, Madrid, Vox, 1980.
Colón. La asamblea de mujeres, Madrid, Fundamentos, 1981.

El jardín de nuestra infancia, prólogo de Domingo Miras, Madrid, La Avispa, 1984; y en Madrid, SGAE, 1997.
La fiesta de los locos. El trino del diablo, Madrid, Fundamentos, 1985.
Manzanas azules, higos celestes, Madrid, SGAE, 1994. (Nueva versión: *Píntame en la eternidad,* Madrid, SGAE, 2000.)
Comisaría especial para mujeres, Madrid, SGAE, 1994.
Centellas en el sótano del museo (Okupas en el museo), con una monografía sobre el autor de Magda Ruggeri Marchetti, Bolonia, Pitagora, 1995. (Nueva versión: *Okupas en el Prado, Escena,* 67, mayo 2000.)
La felicidad de la piedra, introducción de Patricia Trapero, Murcia, Universidad, Antología Teatral Española, 1995.
Teatro breve (¡Quedan detenidos! Inocencio, o la verdad reluctante. Dorita Mayalde, cocinera. César, es necesario que hablemos. Siglo de Oro tabernario. El volcán de la pena escupe llanto), textos introductorios de Magda Ruggeri Marchetti, Gregorio Torres Nebrera, Ricard Salvat, María José Ragué Arias, Rosa Navarro y Virtudes Serrano, Madrid, Fundamentos, 1998.
Teatro breve 2 (Van para polvo enamorado. El producto contingente. Mongo, Boso, Rosco, N'Goe... Oniyá. El último caso de Ser Loc O'Tormes. El crimen perfecto. Alter ego), textos introductorios de César Oliva, Pedro Manuel Víllora, Cristina Santolaria, Mariano de Paco, Francisco Torres Monreal y Óscar Cornago, Madrid, Fundamentos, 1999.
Cuando las mujeres no podían votar. El crepúsculo del paganismo romano, prólogo de María José Ragué, Madrid, Fundamentos, 2000.
¡Hay motín, compañeras! y *El último dragón del Mediterráneo,* textos introductorios de María Francisca Vilches de Frutos y de José Monleón, Madrid, Fundamentos, 2002.
Teatro breve 3 (A. M. Adórame Trialú. ¡Qué horrible familia tengo! Patera, réquiem. Céfiro agreste de olímpicos embates), Madrid, Fundamentos, 2003.
Los amantes del demonio, introducción de Virtudes Serrano, Madrid, SGAE, 2003.

Jerónimo López Mozo

Los novios o la teoría de los números combinatorios, Yorick, 21, enero de 1967.
La renuncia, Yorick, 21, enero de 1967.
Moncho y Mimí, Madrid, Colección Teatro Universitario, 1968.

Collage Occidental, Madrid, Colección Teatro Universitario, 1968.
Crap, fábrica de municiones, Madrid, ZYX, 1973.
Anarchia 36, Pipirijaina-Textos, 6, 1978.
La flor del mal, Nueva Estafeta, 41, abril de 1982.
Tiempos muertos (Viernes 29 de julio de 1983, de madrugada; La maleta de X; La viruela de la humanidad; Sociedad Limitada, S.A.; El adiós sin ceremonia y las ceremonias del adiós), Madrid, La Avispa, 1985.
Cuatro Happenings (Blanco en quince tiempos, Negro en quince tiempos, Maniquí, Guernica), introducción de Ricard Salvat, Murcia, Universidad de Murcia, Antología Teatral Española, 1986.
D. J., Toledo, Junta de Comunidades de Castilla-La Mancha, 1987.
Madrid-París, Cuadernos El Público, 33, mayo de 1988.
A telón corrido, Art Teatral, 2, 1982.
La boda de media noche, en *Teatro Breve. VI Certamen Literario 1989*, Santurce, Ayuntamiento, 1990.
Bagaje, Málaga, Diputación, 1991.
La otra muerte de Flor de otoño, Art Teatral, 6, 1994.
Eloídes, Madrid, Visor, Biblioteca Antonio Machado, 1996.
La diva, en *Monólogos [4]*, Madrid, Asociación de Autores de Teatro, 1997.
Ahlán, prólogo de Virtudes Serrano, Madrid, Ediciones de Cultura Hispánica, 1997.
El engaño a los ojos, Salamanca, Junta de Castilla y León, 1998.
Representación irregular de un poema visual de Joan Brossa, Primer Acto, 277, enero-febrero-marzo de 1999.
Yo, maldita india. Combate de ciegos, prólogo de José Romera Castillo, Madrid, Universidad Nacional de Educación a Distancia, 2000.
La infanta de Velázquez, prólogo de Carmen Perea, Santurce, Ayuntamiento, 2001.
El arquitecto y el relojero, prólogo de César Oliva, Alicante, VIII Muestra de Teatro Español de Autores Contemporáneos y Ayuntamiento de Alicante, 2001.
Puerta metálica con violín, introducción de Adelardo Méndez Moya, en *II Premio de Teatro «Doña Mencía de Salcedo»*, Madrid, La Avispa, 2001.
Ella se va, San Sebastián, Fundación Kutxa, 2002.
Menina Teresa, en *IV Certamen Literario de Textos Teatrales*, Úbeda, Alkymya, 2002.
Hijos de hybris, Guadalajara, Patronato Municipal de Cultura, 2003.

Matadero solemne, prólogo de John P. Gabriele, *Gestos*, 36, noviembre de 2003.
El olvido está lleno de memoria, *ADE Teatro*, 98, noviembre-diciembre de 2003.

Carmen Resino

El Presidente, Madrid, Quevedo, 1968.
Personal e intransferible, en Patricia W. O'Connor, *Dramaturgas españolas de hoy (una introducción)*, Madrid, Fundamentos, 1988.
Nueva historia de la princesa y el dragón, Madrid, Lucerna, 1989.
Teatro breve (La sed, Ultimar detalles, ¡Mamá, el niño no llora!, La actriz, Fórmula tres, La bella Margarita, Auditorio y Diálogos imposibles) y El oculto enemigo del profesor Schneider, Madrid, Fundamentos, 1990.
Pop y patatas fritas, Madrid, SGAE, 1992.
Los mercaderes de la belleza. Los eróticos sueños de Isabel Tudor, prólogo de Joaquín Vida, Madrid, Fundamentos, 1992.
Bajo sospecha (Tiempo de Gracia), introducción de Robert L. Nicholas, Murcia, Universidad, Antología Teatral Española, 1995.
No, no pienso lamentarme, en *Esencia de mujer*, prólogo de Charo Solanas, Madrid, La Avispa, 1995.
Las niñas de San Ildefonso, Spanish West, Madrid, Fundamentos, 1996.
Teatro diverso 1973-1992 (Ulises no vuelve, La recepción, De película), edición de Virtudes Serrano, Cádiz, Universidad, 2001.
La última reserva de los pieles rojas, introducción de Virtudes Serrano, Madrid, Asociación de Autores de Teatro-Comunidad de Madrid, 2003.

Ana Diosdado

Olvida los tambores, Madrid, Escelicer, Colección Teatro, 1970.
El okapi, Madrid, Escelicer, Colección Teatro, 1972.
Los Comuneros, Madrid, MK, Colección Escena, 1974.
Usted también podrá disfrutar de ella, en Federico Carlos Sainz de Robles (ed.), *Teatro español 1973-1974*, Madrid, Aguilar, 1975.
... Y de Cachemira chales, Madrid, Preyson, 1983.
Cuplé, Madrid, Visor, Biblioteca Antonio Machado, 1988.

Los 80 son nuestros, Madrid, Visor, Biblioteca Antonio Machado, 1990.
Camino de plata, Madrid, Visor, Biblioteca Antonio Machado, 1990.
Cristal de Bohemia, Madrid, SGAE, 1996.
La imagen del espejo, ADE Teatro, 84, enero-marzo de 2001.

Domingo Miras

Las alumbradas de la Encarnación Benita, introducción de Antonio Buero Vallejo, Madrid, La Avispa, 1985.
La venta del ahorcado, introducción de César Oliva, Murcia, Universidad, Antología Teatral Española, 1986.
De San Pascual a San Gil, edición de Luis Alonso Girgado, Madrid, Alhambra, 1988.
La Tirana, Art Teatral, 2, 1988.
Prólogo a «El barón» de Leandro Fernández de Moratín, texto introductorio de Virtudes Serrano, *Monteagudo*, 9, marzo de 1991.
El doctor Torralba, con una monografía sobre el autor de Magda Ruggeri Marchetti, Roma, Bulzoni, 1991. (Edición española: Madrid, Visor, Biblioteca Antonio Machado, 1996.)
Las brujas de Barahona, edición de Virtudes Serrano, Madrid, Espasa Calpe, Austral, 1992.
La Monja Alférez, edición de Virtudes Serrano, Murcia, Universidad, Cuadernos de Teatro, 1992.
El jarro de plata, texto introductorio de Virtudes Serrano, *Montearabí*, 14, 1992.
El libro de Salomón, San Sebastián, Caja Guipúzcoa, 1994.
Teatro mitológico (Egisto. Penélope. Fedra), edición de Virtudes Serrano, Ciudad Real, Diputacion, 1995.
La Saturna, edición de Virtudes Serrano, Ciudad Real, Ñaque, 1997.
Aurora. Una familia normal. Gente que prospera, prólogo de Virtudes Serrano, Junta de Comunidades de Castilla-La Mancha y Asociación de Autores de Teatro, Toledo, 1999.

Jesús Campos

Nacimiento, pasión y muerte de... por ejemplo: tú, en José Monleón (ed.), *Cuatro autores críticos (José Martín Recuerda, José María Rodríguez*

Méndez, Francisco Nieva, Jesús Campos), Granada, Universidad de Granada, 1976.
7.000 gallinas y un camello, Madrid, La Avispa, 1983.
Danza de ausencias, Albacete, Servicio de Publicaciones de la Junta de Comunidades de Castilla-La Mancha, 1994. (Con el título *De tránsitos*, Madrid, In-Cultura Editorial, 2002.)
Matrimonio de un autor teatral con la Junta de Censura, Madrid, Visor, Biblioteca Antonio Machado, 1997.
En un nicho amueblado, Madrid, Visor, Biblioteca Antonio Machado, 1997.
Triple salto mortal con pirueta, Madrid, Ayuntamiento de Alcorcón, 1997.
A ciegas, introducción de Cristina Santolaria, Murcia, Universidad, Antología Teatral Española, 1997.
Blancanieves y los 7 enanitos gigantes, Madrid, CCS, Galería del Unicornio, 1998.
La Cabeza del Diablo, introducción de Virtudes Serrano, Madrid, Asociación de Autores de Teatro y CEYAC de la Comunidad de Madrid, 1999.
Naufragar en Internet, prólogo de Manuel Pérez, acerca del proceso de la puesta en escena por Jesús Campos y propuesta de ejercicios didácticos por Berta Muñoz, Ciudad Real, Ñaque, 2000.
Entrando en calor, Madrid, In-Cultura Editorial, 2001.
Primer recuerdo, *Art Teatral*, 16, 2001.
Me acuso de ser hetero, en *La confesión*, Madrid, Asociación de Autores de Teatro, 2001.
Es mentira. A ciegas. La Cabeza del Diablo, Sevilla, Consejería de Cultura de la Junta de Andalucía, 2002.
Patético jinete del rock and roll, Madrid, In-Cultura Editorial, 2002.
A papel bien sabido, no hay cómico malo, en *Maratón de monólogos 2003*, Madrid, Asociación de Autores de Teatro, 2003.
La primera en morir, en *Teatro contra la guerra*, Madrid, Asociación de Autores de Teatro, 2003.

José Luis Alonso de Santos

El combate de don Carnal y doña Cuaresma, Madrid, Aguilar, 1980.
Fuera de quicio, prólogo de Gerardo Malla, Madrid, Biblioteca Antonio Machado, 1988.

Bajarse al moro, edición de Fermín Tamayo y Eugenia Popeanga, Madrid, Cátedra, 1988.
Del laberinto al 30. Pares y Nines, introducción de Eduardo Galán, Madrid, Fundamentos, 1991.
El álbum familiar. Bajarse al moro, edición de Andrés Amorós, Madrid, Espasa Calpe, Austral, 1992.
Trampa para pájaros, Madrid, SGAE, 1993.
Vis a vis en Hawai, Madrid, SGAE, 1994.
La última pirueta, introducción de Wilfried Floeck, Murcia, Universidad, Antología Teatral Española, 1994.
La estanquera de Vallecas. La sombra del Tenorio, edición de Andrés Amorós, Madrid, Castalia, 1995.
Hora de visita, Madrid, SGAE, 1996.
¡Viva el Duque, nuestro dueño!, introducción de Margarita Piñero, Madrid, Castalia Didáctica, 2001.
Yonquis y yanquis. Salvajes, edición de César Oliva, Madrid, Castalia, 2001.
Cuadros de amor y humor al fresco, Madrid, La Avispa, 2001.
La comedia de Carla y Luisa, textos introductorios de Francisco Gutiérrez Carbajo y de José Ramón Fernández, Madrid, Centro Cultural de la Villa, 2003.

José Sanchis Sinisterra

El gran teatro natural de Oklahoma, *Primer Acto*, 222, enero-febrero de 1988.
Ñaque o de piojos y actores, ¡Ay, Carmela!, edición de Manuel Aznar Soler, Madrid, Cátedra, 1991.
Perdida en los Apalaches, textos introductorios de Guillermo Heras, José Sanchis Sinisterra y Ramón Simó i Vinyes, Madrid, Centro Nacional de Nuevas Tendencias Escénicas, Nuevo Teatro Español, 1991.
Pervertimento y otros Gestos para nada, Sant Cugat del Vallès, Cop d'Idees, 1991.
Los figurantes, Madrid, SGAE, 1993.
Mísero Próspero y otras brrverías (Monólogos y diálogos), Madrid, La Avispa, 1995.
Valeria y los pájaros. Bienvenidas, prólogo de Fermín Cabal, Madrid, Asociación de Directores de Escena de España, 1995.

Trilogía americana (Naufragios de Álvar Núñez. Lope de Aguirre, traidor. El retablo de Eldorado), edición de Virtudes Serrano, Madrid, Cátedra, 1996.
Tres dramaturgias (La noche de Molly Bloom. Bartleby, el escribiente. Carta de la Maga a bebé Rocamadour), Madrid, Fundamentos, 1996.
Marsal Marsal. El cerco de Leningrado, Madrid, Fundamentos, 1996.
El lector por horas (con ¡Ay, Carmela!), edición de Eduardo Pérez Rasilla, Madrid, Austral, 2000.
Sangre Lunar, presentación de Eduardo Pérez Rasilla, *Acotaciones*, 10, enero-junio de 2003.
Terror y miseria en el primer franquismo, edición de Milagros Sánchez Arnosi, Madrid, Cátedra, 2003.
Vacío y otras poquedades, Madrid, La Avispa, 2003.

Ignacio Amestoy

Ederra, Primer Acto, 193, marzo-abril de 1982.
Doña Elvira, imagínate Euskadi, Primer Acto, 216, noviembre-diciembre de 1986.
Durango, un sueño. 1439, Primer Acto, 231, noviembre-diciembre de 1989.
Yo fui actor cuando Franco. Mañana, aquí, a la misma hora, prólogo de César Oliva, Madrid, Fundamentos, 1993.
Dionisio Ridruejo. Una pasión española, ¡No pasarán!, Pasionaria, prólogo de César Oliva, Madrid, Fundamentos, 1994.
Elisa besa la rosa (Elixa). La reina austriaca de Alfonso XII, prólogo de César Oliva, Madrid, Fundamentos, 1996.
Gernika, un grito. 1937. Betizu, el toro rojo, prólogo de Mariano de Paco, Madrid, Fundamentos, 1996.
La zorra ilustrada. Samaniego en el Madrid de Carlos III, ADE Teatro, 50-51, abril-junio de 1996.
El seguidor lo sabe, en *Al borde del área*, Alicante, VI Muestra de Teatro Español de Autores Contemporáneos, 1998.
Cierra bien la puerta, textos introductorios de María Francisca Vilches y de José Ramón Fernández, Madrid, Centro Cultural de la Villa, 2001.
Deformación profesional, en *La confesión*, Madrid, Asociación de Autores de Teatro, 2001.
De Jerusalén a Jericó, texto introductorio de Mariano de Paco, *Estreno*, XXIX, 2, otoño 2003.

Concha Romero

Un olor a ámbar, introducción de Patricia W. O'Connor, Madrid, La Avispa, 1983.
Las bodas de una princesa, introducción de Gloria Rey Faraldos, Madrid, Lucerna, 1988.
Así aman los dioses, prólogo de Carlos García Gual, Madrid, Ediciones Clásicas, 1991.
Un maldito beso, introducción de Virtudes Serrano, Murcia, Universidad, Antología Teatral Española, 1994.
¿Tengo razón o no? y *Allá él,* en *Esencia de mujer. Ocho monólogos de mujeres para mujeres,* introducción de Charo Solanas, Madrid, La Avispa, 1995.
Razón de estado o Juego de reinas, Madrid, La Avispa, 1997.

Pilar Pombo

Una comedia de encargo, Madrid, La comedia, 1, 1984.
Mientras llueve, Madrid, La comedia, 2, 1986.
Amalia, Madrid, Monólogos, 1, 1986.
Purificación, Madrid, Monólogos, 3, 1987.
Isabel, Madrid, Monólogos, 4, 1987.
Remedios, en Patricia W. O'Connor, *Dramaturgas españolas de hoy (una introducción),* Madrid, Fundamentos, 1988.
No nos escribas más canciones, Madrid, Consejería de Educación y Cultura, 1990.
Sonia. Ginés, el figurante, edición de Virtudes Serrano, Murcia, 1998.
En igualdad de condiciones, introducción de Carmen Resino, Murcia, Universidad, Antología Teatral Española, 1999.

Ernesto Caballero

El cuervo graznador grita venganza, Madrid, Centro Nacional de Nuevas Tendencias Escénicas, Nuevo Teatro Español, 1985.
Squash, Madrid, Visor, Biblioteca Antonio Machado, 1989.

Mientras miren y *A Cafarnaum*, en *Precipitados,* Madrid, Centro Nacional de Nuevas Tendencias Escénicas, Nuevo Teatro Español, 1992.

Auto, Alicante, Instituto de Cultura Juan Gil-Albert-I Muestra de Teatro Español de Autores Contemporáneos, 1993.

Rezagados, Primer Acto, 251, noviembre-diciembre de 1993.

Retén, Madrid, Sociedad General de Autores de España, 1994.

A bordo, en *¡Por mis muertos!,* Sevilla, Galaor, 1996.

Nostalgia del agua. Quinteto de Calcuta, Madrid, Visor, Biblioteca Antonio Machado, 1996.

Solo para Paquita (estimulante, amargo, necesario), París, Festival Don Quijote de 1997 (edición bilingüe).

La oportunidad perdida, en *Al borde del área,* Alicante, VI Muestra de Teatro Español de Autores Contemporáneos, 1998.

Un busto al cuerpo y *Te quiero, muñeca,* prólogo de Asun Bernárdez, San Lorenzo de El Escorial, Ediciones de La Discreta, 2001.

¡Santiago (de Cuba) y cierra España!, Madrid, SGAE, 2002.

Cuarteto Trofimov, texto introductorio de Mariano de Paco, *Estreno,* XXVIII, 2, otoño de 2002.

Pepe el Romano, introducción de Mariano de Paco, Murcia, Universidad, Antología Teatral Española, 2003.

Paloma Pedrero

Invierno de luna alegre. Besos de lobo, Madrid, Fundamentos, 1987.

La isla amarilla, prólogo de Robert Muro y «Una primera lectura hacia puesta en escena» de Elena Cánovas, Ciudad Real, Ñaque, 1995.

Locas de amar, prólogo de la autora y «A modo de epílogo», de Ana Rossetti, Madrid, SGAE, 1997.

Juego de noches. Nueve obras en un acto (La llamada de Lauren... Resguardo personal. El color de agosto. Noches de amor efímero —Esta noche en el parque. La noche dividida. Solos esta noche. De la noche al alba. La noche que ilumina—. Una estrella), edición de Virtudes Serrano, Madrid, Cátedra, 1999.

El pasamanos. Cachorros de negro mirar, Madrid, Fundamentos, 2001.

La actriz rebelde, en *La confesión,* Madrid, Asociación de Autores de Teatro, 2001.

Balada de la mujer fea, Art Teatral, 15, 2001.

Antonio Onetti

Los peligros de la jungla, Madrid, Centro Nacional de Nuevas Tendencias Escénicas, Nuevo Teatro Español, 1985.
Malfario, Puerto Real, Ayuntamiento, 1987.
Marcado por el Típex, Madrid, Instituto de la Juventud, Marqués de Bradomín, 1988.
La puñalá, Sevilla, Centro Andaluz de Teatro, 1992.
Dos comedias: La diva al dente. La rumba del maletín, Sevilla, Padilla Libros, 1994.
El son que nos tocan, Madrid, Real Escuela Superior de Arte Dramático, 1995.
Purasangre, en John P. Gabriele y Candyce Leonard (eds.), *Panorámica del teatro español actual*, Madrid, Fundamentos, 1996.
La chica de cristal, Madrid, Asociación de Autores de Teatro, 1996.
Madre Caballo. Almasul (Leyenda de Al-Andalus), prólogo de Fermín Cabal, Sevilla, Centro de Documentación de las Artes Escénicas de Andalucía, 1997.
La calle del Infierno, Madrid, La Avispa, 2003.

Ignacio García May

Alesio, presentación de José Estruch, *Primer Acto*, 217, enero-febrero de 1987.
El dios Tortuga, Madrid, Visor, Biblioteca Antonio Machado, 1990.
Operación Ópera, Madrid, SGAE, 1991.
Lalibelá, Teatra 12-13, 1997.
Los vivos y los muertos, presentación de Santiago Trancón, *Acotaciones*, 3, julio-diciembre de 1999.
Los años eternos, *ADE Teatro*, 93, noviembre-diciembre de 2002.

Juan Mayorga

Siete hombres buenos, Madrid, Instituto de la Juventud, Marqués de Bradomín, 1990.

El traductor de Blumemberg, presentación del autor, Madrid, Centro Nacional de Nuevas Tendencias Escénicas, Nuevo Teatro Español, 1993.
Concierto fatal de la viuda Kolakowski. Monólogos I, Madrid, Asociación de Autores de Teatro, 1994.
El sueño de Ginebra, en John P. Gabriele y Candyce Leonard (eds.), *Panorámica del teatro español actual,* Madrid, Fundamentos, 1996.
Más ceniza, Madrid, Visor, Biblioteca Antonio Machado, 1996.
Legión. El hombre de oro, en *Ventolera-Rotos,* Madrid, Teatro del Astillero, 1998.
El crack, en *Al borde del área,* Alicante, VI Muestra de Teatro Español de Autores Contemporáneos, 1998.
La mujer de mi vida, parte del texto colectivo *Sopa de radio, Escena,* 64, noviembre, 1999.
Cartas de amor a Stalin, Madrid, SGAE, 2000.
La mala imagen, BRGS, Amarillo, texto introductorio de John P. Gabriele, *Estreno,* XXVI, 2, otoño de 2000.
El Gordo y el Flaco, presentación de Manuel Barrera Benítez, *Acotaciones,* 7, 2001.
Una carta de Sarajevo, Amarillo, La mala imagen, BRGS, La mano izquierda, en *Teatro para minutos,* Ciudad Real, Ñaque, 2001.
La piel, Art Teatral, 17, 2002.
El buen vecino, en *Unheimliche-Lo siniestro,* Madrid, Teatro del Astillero, 2002.
El jardín quemado, introducción de Virtudes Serrano, Murcia, Universidad, Antología Teatral Española, 2002.

Raúl Hernández Garrido

De la sangre sobre la nieve, Alcorcón, Ayuntamiento, 1992.
Los malditos. Las madres de mayo van de excursión, introducción de Guillermo Heras, Alicante, Instituto de Cultura Juan Gil-Albert, III Muestra de Teatro Español de Autores Contemporáneos, 1995.
Entremuros, 37. Calibán, en *Ventolera-Rotos,* Madrid, Teatro del Astillero, 1998.
Internegativos, en *Un sueño eterno,* Alicante, VII Muestra de Teatro Español de Autores Contemporáneos, 1999.
Los restos, Madrid, SGAE, 1999.

Arena-espejo, Madrid, Casa de América, 2000.
La noche de Casandra, Primer Acto, 288, abril-mayo-junio de 2001.
Si un día me olvidaras, Primer Acto, 290, octubre-noviembre de 2001.
Oscureció en su furor, en *Oscuridad,* Madrid, Teatro del Astillero, 2001.
Eclipses, La Ratonera, diciembre de 2002.
Tábano y la araña, Art Teatral, 17, 2002.
Partículas elementales, en *Unheimliche-Lo siniestro,* Madrid, Teatro del Astillero, 2002.
Los engranajes, Madrid, Teatro del Astillero, 2003.

Itziar Pascual

Fuga, Madrid, Centro Nacional de Nuevas Tendencias Escénicas, Nuevo Teatro Español, 1993.
Memoria, Madrid, Real Escuela Superior de Arte Dramático, 1993.
El domador de sombras, en John P. Gabriele y Candyce Leonard (eds.), *Panorámica del teatro español actual,* Madrid, Fundamentos, 1996.
Las voces de Penélope, Madrid, Instituto de la Juventud, Marqués de Bradomín, 1998.
Blue Mountain (Aromas de los últimos días), Madrid, Asociación de Directores de Escena, 1999.
Cineforum, en *Un sueño eterno,* Alicante, VII Muestra de Teatro Español de Autores Contemporáneos, 1999.
Miauless, texto introductorio de Phyllis Zatlin, *Estreno,* XXVI, 1, primavera de 2000.
Herida, Art Teatral, 15, 2001.
Así en la tierra como en el cielo, en *La noticia del día,* prólogo de Íñigo Ramírez de Haro y textos introductorios de Inmaculada Alvear y Susana Poujol, Madrid, La Avispa, 2001.
San para Mí, en *La confesión,* Madrid, Asociación de Autores de Teatro, 2001.
Electra, en *Maratón de monólogos 2002,* Madrid, Asociación de Autores de Teatro, 2002.
Tres mujeres, Primer Acto. 296, diciembre de 2002.
La paz del crepúsculo, Santurce, Ayuntamiento, 2002.
Père Lachaise, prólogo de Carolyn J. Harris, Madrid, Asociación de Autores de Teatro-Comunidad de Madrid, 2003.
Saudade, en *El mar,* Madrid, Asociación de Autores de Teatro, 2003.

Historia de una azafata, en *Maratón de monólogos 2003*, Madrid, Asociación de Autores de Teatro, 2003.
Palabras contra la guerra, en *Teatro contra la guerra*, Madrid, Asociación de Autores de Teatro, 2003.

Laila Ripoll

La ciudad sitiada, Valladolid, CajaEspaña, 1997.
Unos cuantos piquetitos, Madrid, Asociación de Autores de Teatro-Comunidad de Madrid, 2000.
Atra bilis, Madrid, Asociación de Directores de Escena de España, 2001.
El día más feliz de nuestra vida, en *La noticia del día*, prólogo de Íñigo Ramírez de Haro y textos introductorios de Inmaculada Alvear y Susana Poujol, Madrid, La Avispa, 2001.

Diana de Paco

Eco de cenizas, Sevilla, Universidad, 1999.
Polifonía, texto introductorio de Domingo Miras, *Primer Acto*, 291, diciembre de 2001.
Lucía. La antesala, prólogo de Jerónimo López Mozo, Murcia, Editora Regional, 2002.

Teatro breve entre dos siglos
Antología

Fernando Martín Iniesta

La falsa muerte de Jaro el Negro

PERSONAJES

JARO
ACOMODADOR
WEBER
LA PIJA

HIMMERT
EL DUCE
LOS SKIN HEADS
EL AUTOR

Prólogo

Con las luces de la sala encendidas, avanza por el pasillo JARO «EL NEGRO». *Camisa a cuadros, llamativa y chillona, pantalones vaqueros blanquiazules y recién estrenados. Se le nota orgulloso de su atuendo.*
Lleva una especie de bandeja sujeta al cuello por unos cordones, desde la que muestra su mercancía: relojes, aretes, transistores, despertadores, cinturones, etc... En un brazo muestra una cazadora de piel.

JARO.—*(A un espectador.)* ¿Tú comprar?... poco dinero... barato... todo barato... Jaro lleva reloj bueno, radio bueno, collares bueno... *(Muestra el collar hecho con caracolillos de mar.)*... Mujeres de mi tierra llevar esto en fiestas... ¡Comprar, para tuya mujer!... ¿Radio?... ¿Cuánto?... Barato... tres mil pesetas... ¿Mucho?... No mucho, poco... ¿Cuánto pagar tú? *(Se supone que le hacen una oferta.)* Dar muy poco... Paga más... Jaro no engaña, Jaro buen género y poco dinero... ¡Paga más!... Más pagar, más a Jaro... *(Muestra la cazadora de piel que lleva en el brazo.)*... Cazadora, buena, buena piel, mira. *(Coge un mechero de la bandeja, lo enciende y con la llama hace como si pretendiera quemar el cuero.)* No arder, no arder porque cazadora buena, cuando no buena, quemar... ¿No comprar a Jaro? Todo bueno, poco dinero, barato... *(Ofendido.)* Jaro papeles, Jaro no engaña, si Jaro engaña, mandar a mi país, y en mi país no comer nada, aquí, todo bueno, mucha comida... ¿Papeles no Jaro?... *(Saca de un bolsillo la documentación y la va mostrando a los espectadores, de repente, entre los papeles encuentra la fotografía de un niño negro.)* ¡Esto no papeles, esto ser foto, niño, mi hijo, Jaro tener hijos y mujer, Jaro mandar dinero a su país y hijos y mujer comprar comida, Jaro vende todo y manda dinero a hijos y mujer, y ellos tener comida... Jaro sabe que todos buenos con Jaro... Jaro tener amigos. España buena con Jaro... *(Cambia bruscamente de tema.)* Jaro ser primo de Seerdort juega Madrid fútbol... A Jaro gustar mucho fútbol... ¿A ti gustar fútbol?... ¿Ser tú Madrid?... Anda, compra... Jaro tener madre, vieja... Jaro no engaña... Barato, todo poco dinero y bueno, bueno lo de Jaro... Y Jaro pagar para poder vender... Todo legal... Todo con papeles...

(Por el pasillo, avanza el ACOMODADOR *y se enfrenta al* NEGRO.*)*

ACOMODADOR.—¡Eh, oiga! ¿Qué hace usted?
JARO.—Jaro vender...
ACOMODADOR.—Aquí está prohibido vender. Esto es un teatro.
JARO.—Yo pagar para vender...
ACOMODADOR.—Esto es un teatro y aquí no se puede vender. Prohibido... Enséñeme su localidad.

(El NEGRO *le muestra su localidad.)*

Éste es el patio de butacas y su localidad es de... de allí, de arriba... Salga por esta puerta, suba las escaleras y siéntese en el sitio que le indiquen y vea la representación...
JARO.—Yo no querer teatro, yo querer vender... vender.
ACOMODADOR.—¡Salga de una vez!... Va a empezar la representación...

(Le indica la puerta. JARO *camina hacia ella. Antes de salir, por última vez, enseña su mercancía a alguien del público, mientras se apagan las luces de la sala.)*

Escena primera

Habitación-cuartel de unos SKIN HEADS. *En las paredes, pósters que reflejan violencia, enseñas nazis, Doctor Martee's, bomber, etc...*
WEBER, *sentado frente a una mesa, lía un porro, lo enciende.*
HIMMERT *juega con tres navajas a lanzarlas sobre una diana que hay en la pared.* LA PIJA *se marca un dancing sin mucha gracia. El aburrimiento rezuma en sus gestos.*

WEBER.—Cutre, rancio, putrefacto. Eso ya no se culea.
LA PIJA.—A mí, me mola.
WEBER.—Porque estás caduca.
LA PIJA.—A mí, me mola. ¿Passa algo?

(Bailoteando se acerca WEBER *y le da una calada al porro.)*

WEBER.—Oye, tía, ¿quién te ha engrasao el kiki para volverte tan cutre? Porque todas tenéis el coco en el kiki.
HIMMERT.—*(Con sorna.)* Yo no he sido. *(Por el porro.)* Passa, tía.

(Le pasa el porro. Vuelve a dar una calada y lo lleva donde está WEBER.*)*

(Por las navajas que está lanzando.) ¡Tres dianas seguidas! Mira, Pablo, no he fallado ni una sola vez.
WEBER.—¡Coño con el Pablo!... ¿Se te ha vuelto a olvidar que me llamo Weber?... We-ber... Y, tú Himmert, que nos hemos cambiado los nombres para que no nos identifiquen si nos trincan.

HIMMERT.—Ahora no estamos en acción, así que da lo mismo. No pasa nada si te llamo por tu nombre verdadero.
WEBER.—¿Y si se te olvida cuando... no debe olvidársete? ¿Qué?
HIMMERT.—Entonces tendré cuidado.
WEBER.—Tenlo ahora, y no habrá disgustos. Tú eres Himmert, y yo Weber, nombres que es una honra y orgullo llevar...
LA PIJA.—¡Ay! ¿Por qué no me habéis puesto a mí un nombre de esos tan guay?...
WEBER.—Tú eres La Pija y ¡a callar!
LA PIJA.—¿Y si no quiero callarme?
WEBER.—¡Te callas!

(Nueva chupada de los tres al porro.)

LA PIJA.—Pues a Eugenio no le habéis puesto otro nombre y lo llamáis Eugenio.
WEBER.—¿Tú sabes quién fue Eugenio?
LA PIJA.—No, sólo sé que a Eugenio lo llamamos Eugenio.
WEBER.—Aquí falta mucha formación de Espíritu Nacional y El Duce tiene que tomarse en serio esto de la formación... Pues, Eugenio fue... ¡La Biblia, el Catecismo, la leche!... Un tío con un par de huevos como las torres esas de Kio...
HIMMERT.—¿Y qué hizo Eugenio?
WEBER.—Lo cuenta en un libro un tío que no sé cómo se llama... Un día, dos de mayo, se entera de que, para celebrar el día que los franceses fusilaron a los españoles, las autoridades han organizado una fiesta en la que se bailan pasodobles y se tiran fuegos artificiales. El tío se cabrea y dice: «Cuando la Patria está agonizando, puteada por sus hijos y medio muerta, estos cabrones quieren enterrarla con pasodobles.» Como ahora está pasando, que la Patria la pisan los comunistas...
LA PIJA.—Esto lo decimos todos...
WEBER.—Pues Eugenio cogió una pistola y se cargó a no sé quién mientras gritaba que así se proclamaba la primavera de España. Y que los héroes lo que necesitan es ejemplos y no fuegos artificiales, ni pasodobles.

HIMMERT.—*(Como quien ha oído llover.)* Pasa el canuto, Weber. ¿No es así como quieres que te llame?

(LA PIJA *quita el porro a* WEBER, *le da una chupada y se lo pasa a* HIMMERT.)

LA PIJA.—*(Por el porro.)* Se está acabando.
HIMMERT.—¿Tendrás más?
WEBER.—No.
HIMMERT.—¡Pues estamos jodidos!
WEBER.—Cuando venga El Duce traerá. Dijo que iba a casa del Camarada y que nos financiaría algo.
LA PIJA.—*(Con toda la estupidez de quien no se entera de nada.)* ¿El Eugenio era demócrata?
WEBER.—*(Indignado.)* ¡Y tú eres gilipollas! ¡La democracia es una mierda! ¿Sabes qué dice la democracia? Pues que todos somos iguales. ¡No te jode! ¿Soy yo igual que el maricón ese al que atizamos la otra noche? ¿O al moro que nos cargamos en la parada del autobús? ¿Eres tú igual que la puta aquella en la que te measte mientras la sujetábamos nosotros?
LA PIJA.—¡Huy!, yo, no...
WEBER.—Somos lo que ha dicho «El Francés» no hace mucho: somos la estatua del Comendador, la última esperanza de la Patria, la reserva espiritual de Occidente, los que creemos en las profundas diferencias entre los hombres y los grupos de hombres y luchamos por la preferencia nacional, y, si nos declaran la guerra los que dicen que todos los hombres son iguales, tendrán guerra. Ya la tienen.
HIMMERT.—¿También eso lo dice El Camarada?
WEBER.—Lo dice El Duce porque se lo enseña El Camarada.
HIMMERT.—Pues a mí El Camarada ese me toca las pelotas. ¿Lo habéis visto alguno de vosotros? ¿Sabéis si es alto o bajo, viejo o joven? Sólo sabemos que un tipo al que llamamos El Camarada da las consignas que El Duce trae. ¡Yo quiero saber si ese tío tiene cojones de verdad! ¿Por qué no viene con nosotros a cazar?
WEBER.—A ti, Himmert, el coco se te ha secado. ¿Sabes que El Camarada estuvo en lo de Atocha? No es a ti a quien tie-

ne que enseñar los huevos El Camarada. Lo hace donde debe y cuando debe. ¿Quién nos proporciona los pases para el estadio? ¿Lo sabes? Pues El Camarada.
HIMMERT.—¡Pausa, tío, pausa!, que parece que te hubiera parido El Camarada.

(HIMMERT *sigue tirando las navajas a la diana.* LA PIJA *culea sin ton ni son.* WEBER, *ansioso, apura la colilla del porro.*)

(Por las navajas que está tirando.)... ¡Bah!, esto de tirar una navaja contra un saco de basura es... como una burla... ¡Zas!, se levanta la mano y se lanza... Para que la cosa sea guay, hay que clavarla apretando el puño y oír cómo cruje la carne al desgarrarse y sentir, en las manos, el calor de la sangre y luego, al sacarla, ver cómo la hoja gotea, mientras se le mira la cara al cerdo que se la has clavado...
WEBER.—Sí, pero hay que purificar el acto con el por qué lo hacemos... Yo, cuando agarro la cadena, la volteo y golpeo a un hijo de puta, no pienso que estoy machacando a un hombre, sino a todos los traidores que han vendido la gloria del Imperio por un plato de lentejas, que me estoy cargando a los cerdos que han traído la democracia...
HIMMERT.—¡Corta el rollo, tío! A ti te pasa lo que me pasa a mí, que estamos cabreados y hartos del sermón de las siete palabras... ¿O a vosotros no os sueltan el sermón de las siete palabras?
LA PIJA.—¡Huy, a mí, sí!
HIMMERT.—Milagro sería que a La Pija no le pasara una cosa así.
LA PIJA.—¿Lo cuento?
HIMMERT.—No.
LA PIJA.—¿Por qué no puedo yo largar?
WEBER.—Cuéntalo si eso te va a dejar el coco fresco.
LA PIJA.—A mí, el sermón quien me lo larga es la segunda dama, como le gusta que la llamen, porque mi padre es el subdirector general de la empresa, y por eso ella se cree la segunda dama y le mola cantidad que se lo digan.
HIMMERT.—¿Y el viejo no te suelta otro sermón?

La Pija.—¡Huy, ése no! Ése, desde un día que me vio con vosotros por la Gran Vía, ni me mira. Solo le oí decir: «Que todo el ejemplo de una vida de honradez y trabajo haya dado como fruto una tía guarra como ésta es para suicidarse»... Pero no se suicida... Yo creo que si no me mató es porque le faltan huevos. Pero ganas sí tuvo y las tiene todavía. Y, desde entonces, ni peleas, ni sermón, ni rollo... ¡Muerta! Como si estuviera muerta... La de los sermones es la segunda dama y siempre los empieza igual: «¡Qué desgracia de vida con una niña tan mona!... ¡Ay, si te vistieras como Dios manda, y fueras con gente de tu clase, me harías la mujer más feliz de la tierra!...» Y, luego, el rollo de Tita Ramis... «¿Sabes lo que dice de ti Tita Ramis?... ¿Lo que hay que hacer con la niña es casarla, buscarle un novio que sea buen partido... Un abogado del Estado o diplomático. ¡Ay, hija, los ingenieros ya no se llevan!... ¡Hay tantos!... Si es subsecretario, tampoco, que a esos los quitan y los ponen en un tris... Un novio para la niña, y, si con el novio necesita... ¡Ay!, estas cosas hay que reconocerlas, y a veces son una necesidad, hacer una locura, ¡pues que la haga!... pero por lo decente, con una persona noble que sepa reconocer y reparar la ligereza... ¡Ay!, si le encontráramos un novio... Porque eso de que llegue a golpear a la buena de Dios, hay que evitarlo...» Y yo, que le aplasto la empanada: «Claro, de eso, de la necesidad, sabe mucho Tita Ramis... Sale todas las tardes en busca de jovencitos, deja la puerta derecha del coche abierta y al que caza, le dice que la espere en el coche, y para que no se vaya, le da cinco mil pesetas por si tiene que comprar tabaco mientras ella llega...» Cuando se lo dije a la segunda dama y... como la historia siempre se repite, ya me la sé de memoria... «¿Has llamado puta a Tita Ramis?... ¿Cuándo has visto tú que las putas lleven pulseras de platino y esmeraldas y sortijas de brillantes?... ¿Cómo puedes pensar que sea una puta una señora así?...» Y, como el rollo me aburre... «Abur, me abro y... ¡Hasta la próxima!...» Y, a ti, Weber, ¿te atizan también con el sermón?

Weber.—A mí, no. Lo mío es una arenga.

Himmert.—Pues suéltala, que eso siempre levanta la moral.

WEBER.—Mi padre era coronel y estaba a punto de ascender a general, cuando llegó la democracia. El día que legalizaron al Partido Comunista, ¿era Miércoles o Viernes Santo?, presidía una procesión del Cristo del Perdón. Al enterarse, dejó la procesión, se fue al Ministerio del Ejército y solicitó el pase a la reserva. Desde entonces, no ha salido a la calle y dice que el aire de España está infectado por las banderas rojas, las hoces, los martillos y el aliento de los comunistas y es irrespirable para un hombre de honor. Siempre había querido que yo ingresase en la Academia Militar. Era su sueño de padre, y me pidió que no lo hiciera. Me dijo: «El Ejército es la salvaguarda de lo permanente, lo permanente es la Patria y la Patria es un destino en lo universal. ¿Qué es hoy la Patria? ¿Dónde está hoy la Patria? Nadie cree hoy en ese destino, en la unidad de sus pueblos y de sus hombres. Nadie piensa en nuestra historia y en nuestro imperio... Sin unidad de destino, no hay Patria. La han vendido en las plazas públicas, por un plato de lentejas, los mercaderes de la política. Y no queda un Caudillo que saque su espada para defenderla. La Patria se ha roto en mil pedazos. España ha tenido siempre caudillos que la guiaron, que abrieron el sepulcro del Cid, recuperaron las flechas de Isabel y Fernando, las apretaron en un haz y transformaron a los hombres en mitad monjes y mitad soldados, para que empuñasen la Cruz junto a la Espada, para que Dios y la Patria, unidos en un solo símbolo, nos guiaran hacia el Imperio. Sin Dios, sin Patria y sin la conciencia de cumplir una misión histórica. ¿Qué papel le queda al Ejército? En el Ejército ya no hay soldados, sino funcionarios. Yo he querido que fueses un glorioso soldado, nunca un funcionario gris que lleva ignominiosamente las sagradas insignias... No vayas a la Academia. El sitio para luchar por España está hoy en la calle, en la clandestinidad. Los verdaderos patriotas tienen que esconderse. La lucha debe seguir sin uniforme. Estamos rodeados de traidores, traidores que, muerto el Caudillo, dieron la espalda a su obra, traidores que dejaron solo a Tejero, ese día glorioso del 23 F. Contra estos traidores que han convertido a España en un basurero, es contra quienes hay que luchar.

Esos que permiten que se apoderen de nuestro suelo los herejes, los masones, los moros, esa escoria de gentes... No olvides esto: los defensores de la democracia dicen que son defensores de la libertad. Para nosotros, el hombre es portador de valores eternos, ¿qué más se puede decir del hombre? La libertad de la que hablan es la desunión, el anarquismo. Nosotros, al contrario, queremos la unidad de los hombres y de los pueblos, bajo el mando de los más capaces. Las urnas, ya lo dijo aquel mártir, no pueden decidir si Dios existe o ha muerto. Y las urnas, en España, han decidido el entierro de la Patria. Vuestra misión es resucitarla con la sangre si es preciso, con la muerte, si es necesario. Os ha tocado en suerte ser los defensores de una sagrada intolerancia y de una hermosa intransigencia. Que sean vuestras armas... Si las calles están sucias, limpiadlas. Que algún día vuestros hijos puedan respirar en una España mejor... La Cruzada debe seguir...»

LA PIJA.—¡Hay!, qué cosas más bonitas te dice el general.

WEBER.—Siempre, al final del discurso, se le ahoga la voz y se le nublan los ojos de lágrimas... Habló de mí a alguien de «Galaxia» y me dijo dónde tenía que presentarme... Y, por eso, estoy en el comando.

HIMMERT.—¡Soltáis el rollo como si estuvierais pidiendo perdón!... La Pija, por joder a la segunda dama, y tú, como quien tiene destinado un lugar en el cielo ese de mierda donde dicen que van los héroes... ¿Quién se ha cargado más basuras estos meses?... ¿Has sido tú, Weber, o yo?... Por el estilo... Pues mírame la cara y dime si lo que ves es la cara de un héroe o la de un maldito cabrón... ¿Tengo yo cara de héroe o de cabrón? Dilo... A mí no me va ya a afectar... Sé que tengo cara de lo que soy: un cabrón...

WEBER.—¿No puedes admitir que haya algo noble en lo que hacemos?... Nos arriesgamos... por nada. ¿Qué ganamos tú y yo?... Hacer las cosas porque uno cree que tiene que hacerlas es algo muy digno...

HIMMERT.—¿Por qué lo hago yo?... Porque estoy cabreado... Sí, cabreado... Estás cabreado: no te queda ni una pela, ni siquiera para un petardo... O la tía con la que has quedado no tiene gana de follar y te suelta el rollo ese de la sobrasada... ¡Cabreado!... Y lo paga el que lo paga... Pero tú, al estar cabreado, lo llamas ideología...

WEBER.—Todo es ideología. ¿Quién te ha dicho a ti que eres diferente? ¿Por qué lo sabes? ¿Has descubierto tú solito que los otros son basura? ¿Te lo has inventado tú?... Tú, yo y todos nos hemos cagado en los dodotis hasta que alguien nos dijo que eso era una guarrada... y dejamos de hacerlo... Pero nos lo dijo alguien... Y ésa es la ideología, la que te dice lo que no debes hacer y lo que debes hacer... Y, aunque tú no te des cuenta, la ideología se te ha metido bajo la piel y te manda lo que tienes que hacer... Y cuando salimos de comando, aunque no lo pienses, estás luchando por la Patria...

LA PIJA.—¡Ay, eso sí!... ¿Cuándo salimos de comando?

WEBER.—Cuando lo ordene El Duce...

LA PIJA.—Y yo voy con vosotros.

HIMMERT.—Tú, no.

LA PIJA.—¿Por qué?

HIMMERT.—Porque manchas el paisaje.

LA PIJA.—¿Manché el paisaje cuando lo de la puta?

WEBER.—No. Entonces no lo manchaste.

HIMMERT.—Y después ¿qué?... Cuando te entró la llantera...

LA PIJA.—Me sentó mal el peta.

(Entra EL DUCE. El mismo atuendo que los demás, pero algo, el exceso de metal en el cinturón o en las botas, o la proliferación de insignias en las ropas, le da un cierto aire de autoridad.)

LA PIJA.—*(Al verle.)* Duce, ¿mancho yo el paisaje, o no lo mancho?... Anda, dile a éstos que yo no mancho el paisaje.

EL DUCE.—No. Tú eres como nosotros.

LA PIJA.—*(Con toda la gilipollez que no sabe ocultar.)* ¿Y nosotros qué somos?

EL DUCE.—Patriotas... Una raza de hombres que está desapareciendo de España.

LA PIJA.—*(A WEBER y a HIMMERT.)* ¿Veis como yo no mancho el paisaje?

EL DUCE.—Los que manchan el paisaje son los drogatas, las putas, los maricones, los negros y la peste de los moros; sin olvidar a los sudacas y a toda la ralea...

WEBER.—¿Vienes de ver al Camarada?
EL DUCE.—Sí.
WEBER.—¿Qué te ha dicho?
EL DUCE.—*(Solemne, grave.)*... Aúna a ese grupo de valientes y sal con ellos a limpiar la mierda que infecta las calles para que puedan respirar los hombres de bien...

Escena segunda

Una calle. JARO *anda despacio como haciendo balance de un día que sí ha sido propicio.* EL DUCE, *acompañado de su «comando», le sale al paso.*

EL DUCE.—¿Has visto por aquí a un mono asqueroso?
JARO.—Mono... yo no ver...
EL DUCE.—¿Vendes espejos?
JARO.—No vender espejos...
EL DUCE.—Es para que veas la cara del mono por el que te pregunto.
JARO.—*(Tímido pero resuelto.)* Jaro no ser mono.
EL DUCE.—¿Habéis oído? Dice que no es un mono... ¿Qué eres entonces?
JARO.—Yo ser Jaro...

(Intenta marcharse.)

HIMMERT.—¡Eh!, tú, negro. ¿Dónde vas?
JARO.—A chabola... Jaro dormir.
EL DUCE.—Los monos no duermen en las chabolas, sino encima de los árboles. ¿Veis algún árbol por aquí para que pueda dormir el mono este?
TODOS.—*(Con grandes y exagerados ademanes.)* ¿Nosotros? No...
EL DUCE.—Se ha equivocado. Iba en busca de la selva y se ha perdido en la ciudad... Y eso, perderse en la ciudad, puede ser peligroso.

(Jaro *da unos pasos con la decidida intención de marcharse.*)

El Duce.—Por ahí no se puede caminar.
Jaro.—¿Prohibido?
El Duce.—Sí, prohibido.
Jaro.—¿Por qué prohibido?
El Duce.—¿Y pregunta por qué? ¿Y pregunta por qué?... ¡Nos está provocando!

(Jaro *no está dispuesto a discutir. Intenta marcharse por otro sitio.*)

El Duce.—Por ahí, tampoco...
Jaro.—Jaro sólo quiere ir a la chabola a dormir. ¿Por dónde chabola?
Himmert.—Por ningún sitio.
Jaro.—*(Comprendiendo.)* ¿Quedar aquí?
El Duce.—¡Tampoco!... ¡Aquí no se puede estar!
Jaro.—Jaro, ¿qué hacer?
El Duce.—Tú sabrás...
Jaro.—¿Todo prohibido para Jaro?
El Duce.—Prohibido que vayas por este sitio, prohibido por ese otro, prohibido que te quedes aquí. ¿Lo has entendido?
Jaro.—No.
El Duce.—Que esta calle, esta ciudad, este país está prohibido para los que huelen a mono, como tú.
Jaro.—Jaro legal, jaro tener papeles. *(Los saca.)*
El Duce.—¿Cómo dices que te llamas?
Jaro.—Jaro.
El Duce.—Pues oye, Jaro, esos papeles y los que te los han dado son basura de la misma clase...
Jaro.—Si no poder quedar, tener que ir...

(*Hace un último intento para marcharse.*)

El Duce.—No te muevas...
Jaro.—*(Firme.)* Si no quedar, ir.
El Duce.—¡Nos está provocando!... Se atreve a amenazarnos con que tiene papeles.

Jaro.—Jaro, no amenazar, Jaro amigo de todos... Lee, lee papeles, ellos decir Jaro legal...
El Duce.—¿Crees que tienes derecho a enfangar la calle con tu sucia cara?

> (El Duce *silba, salen el resto de los* Skin Heads *y rodean, amenazadores, a* Jaro.)

¡Negro de mierda!

> *(Empiezan a golpearle salvajemente, se oyen sus gritos de terror, brillan las navajas y crujen las cadenas.)*

Todos.—¡Negro de mierda! ¡Negro de mierda! ¡Negro de mierda!

> *(Quedan quietos, rodeando a* Jaro. *Silencio, silencio tenso y asfixiante.)*
> *(Penumbra que marca las sombras.)*

Epílogo

De alguna parte sale el AUTOR, *avanza seguro hacia el escenario.*

AUTOR.—*(Con firmeza al público.)* ¡La función ha terminado!... Aplaudan ustedes si creen que esto... esto..., lo que ha acontecido en el escenario, merece un aplauso. *(Pausa que da lugar a la reflexión. Dirigiéndose a los actores.)* Y ustedes... *(Da una palmada.)* Hagan mutis y diríjanse a los vestuarios y en el espejo que hay en los camerinos, al verse la cara, antes de comentar con sus compañeros cómo ha sido la representación, quítense, con todo cuidado, el maquillaje, que no les quede ni una leve sombra, para evitar que se les identifique con los personajes que han representado... Ya saben, por aquello de la catarsis, lo del horror y la piedad que afirman los eruditos que debe provocar la representación de muertes violentas... Si el horror y la piedad deben sentirlos el público, pudiera ocurrir que los sintieran también los actores y con gestos de horror y piedad no deben andar por las calles, sino con el gesto alegre de los que vivimos en un mundo feliz, justo, sin violencia.

(Los actores se separan, dejando ver a JARO *tendido.)*

(Al actor que haga de JARO.*)* Y, tú... *(Dice el nombre real del actor.)* Levántate que vea el respetable que tu muerte ha sido la falsa muerte de Jaro el Negro... Sólo teatro, magia, juego, mentira... ¡Teatro al fin y al cabo!... Sólo eso: teatro. Anda... *(Repite el nombre del actor.)* Date unas vueltas, que vean que

estás vivo... ¿Ven?... ¡No ha pasado nada!... *(Se dirige a una señora del público.)* Señora mía, ¿cómo no se ha puesto usted, para venir al teatro, el collar de perlas que le regaló su esposo cuando... *(A otra.)* Y, usted ¿ha traído el abrigo de visón, regalo de sus hijos por Navidades?... ¿A que lo ha dejado en el guardarropa?... ¿A que no me equivoco?... El teatro es un acto social, y a los actos sociales hay que venir muy pero que muy elegante... Y usted ¿con vaqueros?... ¿Y sin corbata?... ¡Ay!, ya no sé adónde vamos a llegar, si al teatro se viene de cualquier manera... ¡Al teatro hay que venir a lucir las joyas y las pieles!... *(A unos espectadores jóvenes.)* Y, vosotros, ¿a qué venís al teatro, qué buscáis en el teatro, qué os puede dar el teatro, cuando se viene vestido de cualquier manera?... *(Al negro* JARO.*)* ¿Todavía aquí?... ¡Vete de una vez al camerino!... ¿No comprendes que este amable público que ha sentido horror, mucho horror y piedad, mucha piedad por la desgracia que aquí se ha representado se merece olvidar tu historia, ir a cenar con la familia o con unas amistades, y tu presencia aquí les puede recordar todo lo que quieren olvidar?... ¡Vete!... Han venido al teatro a entretenerse, a disfrutar y tu presencia, tu historia, puede amargarles la noche... ¡Este público respetable no se merece eso... eso... lo que tu historia representa!... Su conciencia ya está tranquila, ¿qué más podemos pedirles?... También pudiera ser que tu historia, tu falsa muerte, les haya excitado y, cuando se encierren en su alcoba, sientan con furia los aguijones del deseo... para esto también puede servir el teatro. ¡A fin de cuentas, dicen los que de esto entienden que los dos grandes temas del teatro son el amor y la muerte!... ¿Por qué no el deseo? *(Al* NEGRO.*)* ¿Todavía sigues aquí?... Vete, márchate de una vez... *(El* NEGRO *le dice algo al oído.)* No. Eso tan bonito del tinglado de la vieja farsa no es de esta función... *(El* NEGRO *vuelve a insistirle al oído.)* ¡El gran teatro del mundo!... ¡Basta ya de tópicos, de lugares comunes y de pereza mental...! El mundo no es un teatro... aunque el teatro sí es un mundo... o debiera serlo.

(Hace un gesto imperativo y el NEGRO *se marcha.)*

(Al público.) Ya pueden ustedes aplaudir, si lo desean... El teatro, para vivir, necesita del éxito... para no morir... de la realidad, y ésta, a veces, no se merece un aplauso...

Alberto Miralles
El volcán de la pena escupe llanto

DRAMATIS PERSONAE

Maestro

Estamos en la memoria del protagonista; por lo tanto, el resto de los personajes, interpretados por un coro de tres mujeres y cuatro hombres, participa en la acción cuando es convocado por el recuerdo.

Actriz 1: Mujer 1, Conspirador 3, Militante 4, Paseante 2
Actriz 2: Mujer 2, Conspirador 4, Revisionista 2
Actriz 3: Esposa, Conspirador 5, Revisionista 4
Actor 1: Falangista, Alemán, Secretario, Revisionista 5
Actor 2: Masón, Serrano, Intelectual fascista, Estudiante 1, Conspirador 1, Militante 3, Revisionista 1, Paseante 4
Actor 3: Pintor, Ortigosa, Jefe del Movimiento, Estudiante 2, Conspirador 2, Militante 2, Revisionista 3, Paseante 3
Actor 4: Judío, Osorio, Comunista, Militante 1, Hispanista, Paseante 1

(Se oye un disparo. De las sombras surge una voz:)

MAESTRO.—Me dieron el paseíllo en una noche agosteña de escandalosas chicharras.

(Entra en la luz de la escena el MAESTRO y espera a que se oigan las chicharras que ha mencionado. Luego asiente y se dirige al público.)

La luz de la luna, amordazada por nubes sin prisa, apenas si alumbraba el miedo de mis pasos.

(Su entorno se ilumina tal y como lo ha descrito.)

Cuando me sacaron a rastras de mi casa, no opuse resistencia. Tampoco protesté cuando me insultaron. Después de todo, no sabía si era culpable. En una guerra civil nadie es inocente y mi inepta concepción del arte de vivir me hizo presunto.

(Se oyen las voces de su duda, que él escucha con aplicada atención.)

VOZ.—¿Acaso mostraste escepticismo ante los rumores de una victoria próxima?
MAESTRO.—Pues, no sé... yo me limitaba...
VOZ.—*(Interrumpiendo.)* ¿Enseñaste doctrina en vez de literatura?
MAESTRO.—Quizá alguna vez, pero sin intención...
VOZ.—¿Saludaste con desgana?

MAESTRO.—Ahora mismo no recuerdo si...
VOZ.—¿Hablaste con quien no debías?
MAESTRO.—Hombre, yo...
VOZ.—¿Dijiste algo inadecuado? ¿Callaste cuando no debías? ¿Hiciste un gesto equívoco? ¿Faltaste?...

(Hace un ademán de hartazgo y las voces callan de inmediato.)

MAESTRO.—*(Suspira con impotencia.)* La iba a diñar y sin saber la causa. Ignorante y tonto. ¡Vaya poderes!

(Pasea mientras oye portazos.)

A nuestro paso se cerraban los balcones desde los que caían cascadas de floridas enredaderas, cuyo dulce aroma parecía quitar amargura al dramatismo de mi fatídico paseíllo. Nadie quería ser testigo de mi muerte. Ni de la mía ni de la de nadie, por miedo a ser el próximo en recorrer el mismo camino.

(Portazo.)

¿Cómo reprochárselo? Cuando los hermanos luchan entre sí, no se puede ser primo. La noticia de mi muerte, convertida en medrosos susurros, correría como el aire de marzo.

(Al fondo, se ilumina a contraluz un friso en sombras del que salen dos MUJERES *que pasan delante del* MAESTRO, *cuchicheando.)*

MUJER 1.—Le han dado el paseíllo al maestro.
MUJER 2.—¿Era rojo?
MUJER 1.—Mujer, si era maestro no iba a ser falangista.
MUJER 2.—Pues parecía buena persona. ¿Y qué hizo?
MUJER 1.—A saber.
MUJER 2.—Mira tú.
MUJER 1.—Ya ves.

Mujer 2.—Quién lo iba a decir.
Mujer 1.—Pues lo que te digo.

(Un Falangista *las detiene.)*

Falangista.—¿De qué habláis?
Mujer 1.—¿Nosotras? De los geranios, que no hay manera de que cojan, ¿verdad, tú?
Mujer 2.—¡Verdad!

(Se cubren la cabeza con sus mantos y vuelven como bultos negros a las sombras de las que salieron. Luego, lo hace el Falangista.*)*

Maestro.—Al llegar a los arrabales culminó la certeza. En las afueras del pueblo aguardarían las zanjas abiertas dispuestas para borrar de la memoria a algunos hombres.

(Se oye el disparo presentido. Es una detonación irreal, por eso se acompaña de eco.)

Intenté reprimir el sudor frío que desde la nuca me regueraba hasta la cintura, mojando mi camisa. Tampoco quería temblar y mucho menos gemir patéticamente. No por dar una imagen última de dignidad, ni por evitarle a mis verdugos la satisfacción de mi miedo, sino por el recio convencimiento de la inutilidad de cualquier gesto.

(El Maestro *cierra los ojos y su mente convoca un nuevo disparo.)*

Al final, con o sin vómitos, perdida o no la dignidad, a rastras o con paso firme, rogando o imprecando, el destino del paseíllo era algo ineluctable. De puro rutinario, era todo muy vulgar. Antes que yo, otros, después de mí, más, y en las zanjas, todos. ¿Qué sentido tendría exclamar en el postrer instante una frase heroica que nadie iba a recordar? Y aunque fuese labrada en todos los muros, escrita en todos los libros y repetida hasta hacerse tradición,

¿qué me iba a importar a mí, ya diluido en el vacío de la nada?

(Sus pasos vacilan cuando vuelve a oírse el sonido mortal.)

Como nunca pensé en la muerte, morí de repente. A los cincuenta años se comienza a sentir el acecho tenebroso de la certidumbre. Pero a los cuarenta sólo se piensa en la vejez. Me faltaron diez años para acostumbrarme a la idea de que yo no iba a ser diferente a los que me precedieron.

(Se abren trampillas débilmente iluminadas. El Maestro *las va señalando y a medida que lo hace asoman por ellas sus ocupantes.)*

Antes que a mí, le dieron el paseíllo a un pintor comunista.

(El Pintor, *sonriente, levanta su puño como un saludo cotidiano.)*

Y en esa fosa enterraron a un judío...

(El Judío *niega con la cabeza.)*

... Bueno, no era judío, pero tenía la nariz larga. Para matar en una guerra, bastan los indicios.

(El Judío *se abre de brazos para expresar la sinrazón de su muerte.)*

Aquí, a un masón...

(El Masón *rectifica al* Maestro *señalando otro lugar.)*

Es decir, un poco más allá.

(El Masón *se traslada a la fosa correcta.)*

Y nadie entendía por qué en esta tierra sin consagrar comenzó a crecer un bosque frondosísimo, mientras que los árboles del sagrado cementerio eran cada vez más ralos.

(Todos desaparecen por sus trampillas y con ellos la luz que los iluminaba. El Maestro *avanza hasta un extremo en el que hay otra trampilla y la luz le sigue.)*

En la parte más oculta estaba mi previsible zanja, voraz y expectante.

(El Maestro *abre la trampilla y la mira como si fuera la fosa. De ella emerge una luz irreal.)*

La miré sin aprensión. Cuando me sacaron de casa ya me di por muerto y, ahora que iba a estarlo, contemplaba la tumba improvisada con la displicencia del que oye lo consabido.

(Una nueva detonación, que ahora suena más contundente, le hace cerrar los ojos.)

No esperaba otra cosa y acepté la propuesta.

(Se introduce en la fosa y desde ella, de pie, sigue hablando.)

Nadie se impacientaría por mi retraso ya eterno. Mi mujer había buscado pasión donde yo creaba ternura y encontró en otros brazos el exceso que no supe darle. La mesura era el molde de mi ser. Ni alto, ni bajo; ni grueso, ni delgado; ni pelón, ni hirsuto. Nunca mis sueños fueron pesadillas. Jamás tuve anhelos, me limitaba a tener deseos. Fui agnóstico para evitar el esfuerzo de creer. Y cuando ella, consecuentemente, me abandonó, sentí, incluso, alivio. Ya todo era sosiego y previsión. Mis afanes se convirtieron en rutina. Aunque un poco tarde comprendí que si no me asustaba la muerte era porque ya estaba muerto.

(Se oye el disparo definitivo. El Maestro *mima durante un segundo el gesto de la muerte: brazos al aire, doblados por los*

codos como un ala rota, cabeza ladeada, ojos en blanco y boca abierta en estupor breve.)

Gracias al disparo en mi nuca, por primera vez pude ver mis dientes sin la ayuda de un espejo. Eran como perdigones rojos buscando desconcertados un objetivo inexistente. Dolor, ninguno. Sorpresa breve, pero por el ruido. Caí de rodillas y así me quede, muerto y sin respeto por la estética.

(Se hunde en la fosa y al instante asoma de nuevo con un muñeco vestido como él que pondrá en la posición que ha descrito antes. Luego sale de la fosa y golpea con el pie al muñeco.)

De una patada me ladearon y caí en la fosa. Luego me cubrieron con tierra y comenzó la grosera descomposición, cumplida en el olvido. Hasta la resurrección de la carne.

(Se oscurece la fosa y el MAESTRO *cierra la trampilla, trasladándose al otro extremo del escenario. Cambia la luz. Se oyen lejanas las canciones de la victoria: «Prietas las filas», «Montañas nevadas» o «Cara al sol».)*

Pasaron los años y una dilatada posguerra evitó las reconciliaciones. El rencor y el miedo alimentaron más que las lentejas contadas o el cocido escueto. Y a partir de entonces, todo fue un asombro. El falangista que me sustituyó en la escuela hizo más patente mi forzada ausencia.

(Tres jovencitos vestidos de flechas se acercan al MAESTRO. *El* FALANGISTA *avanza y se dirige a ellos.)*

FALANGISTA.—¿Quiénes sois?
LOS TRES.—La Organización Juvenil.
FALANGISTA.—¿A quién queréis?
LOS TRES.—A España.
FALANGISTA.—¿Qué es España?
LOS TRES.—Una unidad de destino en lo universal.
FALANGISTA.—¿Por qué lucháis? *(Los alumnos dudan. Preguntando.)* ¿Serrano?

SERRANO.—Luchamos por... ahora mismo no me...
FALANGISTA.—¡Flexiones!

(SERRANO *se echa al suelo y las hace.*)

¿Ortigosa?
ORTIGOSA.—Luchamos por Dios.
FALANGISTA.—Bueno, sí, ¿pero además? *(A* SERRANO.) ¡No pare, Serrano, que le observo! *(Vuelve a preguntar a* ORTIGOSA.) ¿Luchamos por...?

(SERRANO *hace gestos imperiosos a* ORTIGOSA *para que acierte y él pueda dejar el castigo de las flexiones.*)

ORTIGOSA.—¡Por la patria!
FALANGISTA.—¡Sí! ¿Y qué más, Osorio?
OSORIO.—Por la patria, el pan y la justicia.
FALANGISTA.—¡Exacto! Arriba Serrano.

(SERRANO *se levanta incorporándose al grupo.*)

FALANGISTA.—¿En qué creéis?
LOS TRES.—En España y su revolución nacional.
FALANGISTA.—¿Nacional y...?

(SERRANO *se echa al suelo y comienza a hacer flexiones otra vez.*)

OSORIO —Nacional y... ¡Sindicalista!

(SERRANO *se vuelve a incorporar.*)

FALANGISTA.—*(Señalando a* ORTIGOSA.) ¿Cuál es vuestra consigna?

(ORTIGOSA *calla y recibe un bofetón.*)

(Señala a OSORIO.) ¿La consigna?
OSORIO.—¡Por el imperio hacia Dios!
FALANGISTA.—¿Qué os sostiene?

145

Los tres.—La sangre de nuestros caídos.
Falangista.—¿Quién os guía?
Los tres.—¡El Caudillo!
Falangista.—¿Cuál es vuestra disciplina?
Los tres.—¡La Falange!
Falangista.—¡Recreo!

(Cuando el Falangista se va, Serrano y Ortigosa golpean a Osorio.)

Maestro.—Mis alumnos, tolondrones y haraganes, que conmigo nunca aprendieron a pensar por sí mismos, comenzaron a hacerlo para criticar las contundentes y fatigosas clases del falangista, impregnadas de espíritu nacional.
Serrano.—Si el orden de los factores no altera el producto una unidad de destino en lo universal es lo mismo que un universal destino en la unidad.
Ortigosa.—O un destino universal unido.
Serrano.—Eso es lo que he dicho yo.
Ortigosa.—No, tú confundes el universo de la unidad de destino con el destino unido al universo y ambos destinados a la universal unidad.
Osorio.—Nos vamos a condenar por tomarnos a broma las cosas de la fe.
Serrano.—Así no hay manera de especular. Cuando llega la fe se acaba la alegría del pensamiento.

(El Maestro asiente aprobatorio y un tanto sorprendido.)

Osorio.—Esa frase, la del destino y tal, aunque no la entendamos, la ha dicho el Caudillo y no creo yo que el Caudillo, siendo nuestro invicto Generalísimo, diga tonterías, porque si fuera tonto no sería Caudillo y viceversa.
Ortigosa.—Pues no será tan buen Generalísimo si tardó tres años en derrotar a los rojos del *contudernio* de las narices.
Serrano.—¡Ésa es otra!
Maestro.—Y tanto esfuerzo les hizo añorar mis sosegadas clases con más recreos que deberes. Sus vocecitas enojadas corrieron la voz.

(ORTIGOSA *y* SERRANO *recorren el escenario susurrando su descontento.)*

ORTIGOSA Y SERRANO.—El falangista, no; el maestro sí. El falangista, no; el maestro sí. El falangista, no; el maestro sí.
OSORIO.—Pues a mí el falangista no me parece mal...

(SERRANO *y* ORTIGOSA *le golpean mientras se van al fondo y se cambian para representar a otros personajes.)*

MAESTRO.—Y los susurros mantuvieron mi nombre en la memoria. Pero sus disidencias las atribuyeron a mis lecciones calificadas a partir de entonces de...
FALANGISTA.—*(Entrando.)* ... corruptoras y masónicas, vomitadas con la execrable intención de animar a la indocilidad. Son sedimento de pastizara revolucionaria, campo de ateos y germen de herejes.

(Vuelve al fondo, marcando el paso.)

MAESTRO.—Y en medio de estos ires y venires, mi cuerpo siguió donde estaba, porque como no se concedió una amnistía y se ejerció la victoria, nadie pudo desenterrar a sus muertos.

(Suena de nuevo música de la época.)

Mientras, se tachó mi nombre de actas y cédulas, contribuyendo, como suele ocurrir, a expandirlo. Ya se sabe: las cosas lícitas son insípidas; lo que estimula sabrosamente es lo prohibido. De muerto necesario pase a víctima ejemplar y para que no hubiera otro mártir, intentaron denigrar mi memoria.

(El FALANGISTA *avanza acompañado del* JEFE DEL MOVIMIENTO *y un* INTELECTUAL FASCISTA. *Todos especulan.)*

FALANGISTA.—Maricón.
JEFE.—Está casado.

Falangista.—Pues cornudo.
Jefe.—Tampoco. Los cornudos dan pena.
Intelectual.—Y hay demasiados.
Falangista.—¿Pues entonces...?
Maestro.—Y sólo me atacaron por una ideología que nunca tuve por la pereza de reflexionarla.
Jefe.—Hay que insinuar que ha huido a la Unión Soviética con las 635 toneladas de oro de la República, privando a los españoles de los fondos necesarios para construir colegios...
Falangista.—... hospitales...
Intelectual.—... asilos...
Jefe.—... y mandangas de ésas. ¡Estupendo! La prensa del Movimiento se encargará de propagarlo.
Intelectual.—¿Y quién redactará la noticia?
Jefe.—Habla con Giménez Caballero.

(Hacen mutis.)

Maestro.—Y mientras, para evitarse represalias gananciales, mi mujer voceaba a tierras, mares y vientos que se había separado de mí porque, gracias a su intuición de afecta al Alzamiento, comenzó a adivinar mis «excrecencias ideológicas».

(La Esposa que va a hablar se detiene.)

Mi mujer no utilizó ese término.

(La Esposa corrobora negando con la cabeza.)

Pero el neomaestro falangista se lo apuntó, y desde entonces ella lo usaba con generosidad de conversa.
Esposa.—¿Mi marido? ¡Un excrecente!

(Y se va resolutiva.)

Maestro.—Con ese aval de iniquidades, los escuetos apuntes de mis clases corrieron en transmisión oral como la sabiduría del Paráclito. Mis errores se hicieron dogma.

(Unos Estudiantes *leen a escondidas copias de los cuadernos del* Maestro.)

Estudiante 1.—Aquí pone que el Guadalquivir pasa por Valladolid.
Estudiante 2.—¿Por Valladolid no pasa el Pisuerga?
Estudiante 1.—Eso es lo que nos dicen para que el maestro parezca un ignorante fluvial.
Maestro.—Mis juveniles poemas de amor, torpes y cursis, fueron reinterpretados como la munición poética de un escritor radical. Donde yo había escrito «el volcán de la pena escupe llanto», los agazapados leían...
Estudiante 1.—«Pueblo siempre y revolución ahora.»
Estudiante 2.—Más claro, el agua.
Estudiante 1.—¡Qué sensibilidad!
Maestro.—De la palabra «amor» se hizo una relectura.
Estudiante 2.—Amor significaba para el maestro el generoso deseo de una reconciliación nacional.
Maestro.—Y mi muerte fue...
Estudiante 1.—... el sacrificio laico de un Jesús nuevamente inmolado en el Gólgota tirano.
Maestro.—Fui el mártir silenciado...
Estudiante 1.—... el grito irredento...
Estudiante 2.—... la conciencia versificada...
Estudiante 1.—... la voz amarga que se lee en secreto.

(Se van sinuosos al fondo.)

Maestro.—Con mis versos se hicieron consignas, claves y contraseñas.

(Entran por diferentes lados dos Conspiradores *y miman logias.)*

Conspirador 1.—«¿Qué escupe el volcán?».
Conspirador 2.—«La pena del llanto.»
Conspirador 1.—Correcto. Pasa.

(Y hacen mutis ojeando suspicaces.)

MAESTRO.—No terminó ahí mi evolución *post mortem*, pues de víctima acabé en héroe: unos maquis le pusieron mi nombre a su grupo y, cuando fueron masacrados, todos creyeron que yo estaba personalmente al frente de sus acciones. Y de esa manera, el héroe comenzó a ser leyenda. Pero como mi cuerpo no fue hallado entre los muertos, pasé de leyenda a mito. Y yo, desde la tumba anónima, en pleno tránsito hacia la nada, asistía al usufructo de mi vida, lleno de admiración por la capacidad del ser humano para las campanadas. Violada la intimidad de mi muerte, mi vida fue mixtificándose hasta lo inverosímil.

(Entran banderas rojas, pancartas y carteles. Gran algarabía que se inmoviliza y silencia a un gesto del MAESTRO.*)*

Al Partido Comunista en París le llegaron noticias del exterminio del maquis bautizado con mi nombre y, siguiendo la costumbre, realizaron manifestaciones de protesta contra el régimen opresor, utilizándome como ejemplo de abnegación.

(Nuevo gesto del MAESTRO *y las banderas se separan formando un pasillo por el que pasa un camarada con rango, hablando sin que se le oiga la voz.)*

Desde la plaza Vendôme, el Secretario General lanzó la soflama de siempre, cambiando nombres y lugares. Pero aquel día decidió improvisar unas líneas, pues había leído recientemente a poetas rusos y se sentía inspirado. Con la potencia que dan a la voz las convicciones, se atrevió a especular...

COMUNISTA.—Como hubiera dicho el maestro al que hoy rendimos homenaje: «No hay estepa en los corazones, cuando la tierra es regada por la sangre de los héroes.»

(Exclamaciones. Ondean las banderas.)

MAESTRO.—Lo de la «estepa» añadió exotismo a mis orígenes, haciéndolos más confusos, pero aquello de «como hubiera dicho el maestro» fue un acierto oratorio porque se puso de moda y a partir de entonces me convirtieron en un venero inextinguible de referencias. Con el tiempo, la probabilidad del verbo «hubiera» se transformó en certeza y acabaron adjudicándome las frases.

(Los CONSPIRADORES *salen del grupo de manifestantes.)*

CONSPIRADOR 3.—Como hubiera dicho el maestro...
CONSPIRADOR 4.—Seguro que el maestro tenía razón cuando pensó aquello de...
CONSPIRADOR 5.—Tomad ejemplo de las palabras del maestro...
CONSPIRADOR 3.—El maestro dijo...
CONSPIRADOR 4.—El maestro escribió...
MAESTRO.—Y al final, no fue extraño el desvarío.
CONSPIRADOR 5.—Como dijo La Pasionaria, citando al maestro, «Más vale morir de pie, que vivir de rodillas».

(El MAESTRO *se encoge de hombros en gesto de cómica impotencia.)*

MAESTRO.—Mi exiguo poemario se fue ampliando y algunos llegaron a hablar de mi prolífica creación. El edificio de mi personalidad crecía con el abono de mil voces, repetidas en ecos. Y como mi oficio de maestro era pronunciado con exaltación, algunos acabaron escribiéndolo con mayúsculas, dándole valor mesiánico.

(Cambia la luz. Se oyen explosiones.)

Cuando se desató la locura de la Segunda Guerra Mundial, el Comité Central aprovechó el tirón de mi fama y me puso al frente de una fantasmal organización de la Resistencia, a la cual los alemanes temieron más cuanto menos podían verla.

(Un ALEMÁN *cruza con sigilo la escena.)*

ALEMÁN.—*Achtung mit dem Maestro!*

(Cambia la luz. Se oye una canción española.)

MAESTRO.—Los 50 tuvieron una grisura densa y rancia. Fue una década de repliegue, miseria y silencio. El Régimen —decían en Perpiñán— está al caer. Y esperando ociosos a que el fruto madurara por sí mismo, sestearon dejando al tiempo la labor de los hombres. Para entonces, mi fama estaba consolidada, pero tras el triunfo de los aliados, vencedores y vencidos ansiaron reposo para restañar heridas y los mártires cincelados en la desdicha fueron almacenados en los panteones ilustres de la memoria, no sin antes construir estatuas, pronunciar discursos y depositar flores. Sin la certeza de mi muerte e ignorado el destino de mi vida, me vi privado de tributos y glorias.

(Se forma un grupo de CONSPIRADORES.*)*

En Perpiñán el Comité Central despertó al unísono y se aprestó a crear nuevas estrategias. Había otros partidos a la espera y era necesario que el suyo tuviera más linaje. La petrificada sangre de los mártires debía licuarse para poder ofrecerla fresca y reclamante. El problema es que para ellos yo estaba vivo, y mientras que la muerte fija la vida y dispensa gloria sin riesgo, la vida evoluciona y vaya usted a saber.

SECRETARIO.—Hay que perpetuar la gloria del Maestro si queremos utilizarla como aval en el reparto de restituciones que se avecina cuando caiga la dictadura.

MILITANTE 1.—Entonces es imprescindible la certeza de su muerte...

SECRETARIO.—*(Acabando la frase.)* ... en condiciones de martirio.

MILITANTE 1.—¡Claro, claro!

SECRETARIO.—Propuestas.

MILITANTE 2.—«Desapareció liderando la sublevación contra los nazis en un campo de concentración polaco.»

SECRETARIO.—Que se propague. Otra.

MILITANTE 3.—«Murió al frente de la resistencia yugoslava.»

SECRETARIO.—Impropio: en España no saben nada de Yugoslavia. Otra.

MILITANTE 1.—«Se sacrificó intentando evitar el exterminio de las tribus edénicas del Mato Grosso.»
SECRETARIO.—Romántico. Me gusta. Que corra. Más.
MILITANTE 2.—Alabemos su heroica aportación a la independencia de Mauritania, aunque ello le hubiera costado la vida después de ser torturado.
SECRETARIO.—Pero no le arrancaron ni un nombre.
MILITANTE 2.—Por supuesto.
SECRETARIO.—No está mal, pero ¿Mauritania? ¿Por dónde cae eso? *(Se miran corridos e ignorantes.)* Buscadle destinos más asequibles.
MAESTRO.—Y mi cuerpo sin vida apareció en la *kasbah* argelina...
MILITANTE 3.—... en la bahía de Cochinos...
MILITANTE 2.—... en la barricada frente a la Casa de la Moneda chilena...
MILITANTE 3.—... en la plaza de Tianmen...
MILITANTE 4.—... en la fosa May Lai...
MAESTRO.—... y en otros lugares en los que la lucha por la libertad era atributo de nobleza. Certificada mi muerte, se aprestaron a crearme una presencia ausente.
SECRETARIO.—Publicaremos su biografía...
MILITANTE 1.—... varios ensayos sobre la pasión osada de su ideario político...
MAESTRO.—... y hasta publicaron mis *Obras completas,* que para aquel entonces ya eran voluminosas gracias al talento ajeno, que no a la pereza mía.
SECRETARIO.—Y unas memorias.
MILITANTE 2.—¡Buena idea!
MILITANTE 3.—¿Dónde están?

(El SECRETARIO *le mira con desaprobación.)*

SECRETARIO.—Deben aparecer milagrosamente conservadas en... en...
MILITANTE 2.—¡En una trinchera cavada con las uñas en la tundra moscovita!
SECRETARIO.—¡Me gusta!
MILITANTE 1.—¿Y quién puede escribirlas?
SECRETARIO.—Habla con Semprún.

(Entran jóvenes leyendo libros del Maestro.*)*

Maestro.—Mi vida pasaba las fronteras y se leía a escondidas con el regusto complaciente de quienes realizaban, a través de mí, la revolución que ellos no eran capaces de hacer. Mientras, el cementerio, al borde del cual reposaban mis restos, fue cerrado para construir otro mayor.

(Cambia la luz. Se oye música pop. *Los jóvenes bailan y van coreografiando las acciones sugeridas por el* Maestro.*)*

El desarrollo económico de los 60 permitió que los españoles viajaran al extranjero y conocieran países libres que les animarían a luchar para que el suyo también lo fuera. El Régimen —seguían diciendo en Perpiñán— está al caer; pero en Madrid, los bares estaban alfombrados de cáscaras de gambas y las condiciones objetivas se diluían entre la tapa y el chato. Un hispanista de la Universidad de Purdue (Pensilvania) analizó mis versos y llegó a la sabia conclusión de que en ellos subyacía un pansexualismo que me hacía cabalgar a pluma y a pelo.

Hispanista.—El transitado verso, «El volcán de la pena escupe llanto», es en realidad el orgasmo secreto de una pasión inconfesada. El mundo *gay* tiene un nuevo mártir.

Maestro.—Gracias a ese descubrimiento fui consigna y bandera de las reivindicaciones más peculiares. Una vez más, mi grito al lado de la marginación.

(Se oyen campanas tocando a muerto.)

Pero cuando, tras la muerte del dictador, en España se aceptaron los derechos democráticos, el pueblo, harto de un pasado en el que todos tenían mucho que callar, decidió cimentar su futuro sobre el olvido. Y, en la vorágine de la desmemoria, el recuerdo de mi vida se transformó en incómodo lastre.

(El Coro *se transforma en un grupo de* Revisionistas *que lee, tacha, arruga y tira hojas.)*

Revisionista 1.—¿Héroe? Sí, pero excesivo.
Revisionista 2.—No era genial, sino excéntrico.
Revisionista 3.—Sólo la locura podía animar su desprecio por la vida, poniéndola en juego, sin la virtud de la prudencia.
Revisionista 4.—Fue su desmedido orgullo lo que animaba su arrojo.
Revisionista 5.—*(Exaltado.)* ¡La soberanía del pueblo no necesita conductores!

(Todos aplauden.)

Maestro.—Mi obra literaria descendió los peldaños de la gloria y fue considerada...
Revisionista 1.—... abstrusa...
Revisionista 2.—... decadente...
Revisionista 1.—... e inane.
Revisionista 5.—«El volcán de la pena escupe llanto» es la prueba de un estilo tan ambiguo, como cursi e inmaduro.
Maestro.—Mis obras se saldaron en rastros y mercadillos y sin presencia constante, fui desapareciendo para las nuevas generaciones educadas en la saludable ausencia de conflictos.

(El Coro *se transforma en los participantes de una encuesta callejera.)*

Paseante 1.—¿El Maestro? Ahora mismo no sabría decirle...
Paseante 2.—Me suena.
Paseante 3.—Paso.
Paseante 4.—Yo es que no veo la tele.
Maestro.—Sobre el terreno del antiguo cementerio construyeron nuevos edificios. El hoyo de mi tumba fue removido y mis huesos expuestos al arquitecto, que se apresuró a sepultarlos de nuevo, esta vez bajo el cemento, para evitar que por tan inoportuno hallazgo se interrumpieran las obras.

(Entra la Esposa.*)*

Por esas fechas, viendo próxima su muerte, mi mujer confesó una culpa que la tuvo en pecado durante medio siglo de mentiras: el origen de mi fama residía en un vulgar crimen pasional.

Esposa.—*(En un grito de agonía.)* ¡El disparo en la nuca se lo dio mi amante, el falangista!

Maestro.—Y la espichó.

(La Esposa dobla la cabeza y hace mutis sin cambiar la posición corporal.)

Pero para entonces, ya no le importaba a nadie que mi vida fuera una estafa, porque la de ellos, confiando en las promesas de los políticos, también lo había sido.

(Suena música triste. La escena está vacía y la soledad del Maestro se acrecienta, hasta el dolor.)

Mi muerte perdió su eco y con el silencio pude gozosamente descansar para siempre a salvo de la memoria, en el ámbito de lo oscuro.

(El Maestro se mete en la tumba y con gran delicadeza deja caer sobre él la lápida en la que pone: «Supermercado. Próxima apertura» y el telón, lívido y ajado, cae moroso sobre la indiferencia.)

Jerónimo López Mozo

*Puerta metálica con violín
(Un escenario para Antoni Tàpies)*

PERSONAJES

Perlático
Joven
Sotapaja

Acto único

Oscuro. Ruido producido por un cierre metálico al caer. Sigue un largo silencio. Al cabo, el escenario se ilumina. El centro lo ocupa un cierre echado y en un lateral, cerca del proscenio, hay una silla de ruedas. Llama la atención la presencia de un violín desvencijado anclado en la parte baja de la superficie ondulada, a la derecha. Al lado izquierdo, a la misma altura, un hombre que viste elegante traje gris marengo y esconde los ojos tras unas gruesas gafas de cristales oscuros, pinta, con brocha gorda, una cruz marrón. Moja aquella en un cubo manchado con chorreones secos de otras pinturas. Cuando concluye, retrocede unos pasos y, como acostumbran los artistas, contempla su obra a cierta distancia. También lo hace un joven transeúnte que se cubre con una gabardina.

JOVEN.—Una cruz.
PERLÁTICO.—Una equis.
JOVEN.—Una cruz.
PERLÁTICO.—Es una equis. Un número romano.
JOVEN.—Insisto en que parece una cruz.
PERLÁTICO.—En las quinielas, se emplea para apostar por el empate entre los contendientes. ¿Le gusta el fútbol? *(El* JOVEN, *sin apartar la vista de los gruesos trazos, niega con la cabeza.)* Es el signo de la incógnita en los cálculos, si lo prefiere.
JOVEN.—Las dos líneas se cortan perpendicularmente. Eso no sucede en la equis.
PERLÁTICO.—Una equis o una cruz, ¿qué más da?
JOVEN.—La cruz evoca muchas cosas.

PERLÁTICO.—No tantas como la equis. Mírela bien. Esas dos líneas ¿no recuerdan los ejes de referencia de las coordenadas cartesianas?
JOVEN.—Si esa cruz tuviera que ver con la geometría, estaría trazada con tiralíneas, no con dos brochazos de pintura espesa.
PERLÁTICO.—No sé qué me irrita más, joven mancebo, si su curiosidad o su tozudez.
JOVEN.—Usted perdone. *(Señalando la brocha y el cubo.)* La pintada no es mía. El derecho a ponerle título es suyo. ¿Equis? ¡Pues equis!

(El JOVEN *se encoge de hombros y se aleja.* PERLÁTICO *derrama en el suelo la pintura sobrante. Luego, abandona cubo y brocha en un rincón. A continuación, saca un plano urbano, localiza un lugar y trata de orientarse sobre el trayecto más conveniente para llegar a él. Le distrae el sonido lejano de los pasos de alguien que camina a zancadas. A medida que se aproxima, el roce de los zapatos sobre el pavimento adquiere las resonancias metálicas que les proporciona el amplificador que las transmite. El autor de las zancadas es el* JOVEN. *Se para en seco ante* PERLÁTICO. *Los jadeos le impiden hablar.)*

PERLÁTICO.—*(Sin disimular su fastidio.)* ¿Y ahora?
JOVEN.—*(Sin llegar a recuperar la respiración normal.)* Hay cruces en muchas puertas. Es como si alguien las hubiera ido poniendo a su paso, construyendo un viacrucis lleno de estaciones. El barrio parece un cementerio.

(El JOVEN *despliega un papel ante* PERLÁTICO. *Es una hoja de periódico recortado en forma de cruz.)*

PERLÁTICO.—¿Y bien?
JOVEN.—Es la página necrológica del periódico. Mire. Esquelas y cruces.
PERLÁTICO.—Le obsesionan las cruces.
JOVEN.—¡Las hay por todas partes!
PERLÁTICO.—¿Qué esperaba encontrar en esa sección?

JOVEN.—No me refiero sólo a estas. También a las pintadas. Las hay de todos los colores y tamaños. Cruces rosas, blancas, negras, rojas... Cruces grandes que cubren la puerta entera, cruces diminutas, cruces dentro de cruces, grupos de cruces repetidas...
PERLÁTICO.—Sólo existen en su imaginación.
JOVEN.—¿Niega que las haya visto?
PERLÁTICO.—Sospecho que lo que ha visto no son cruces. Usted tiende a confundir las equis con las cruces. Cualquier tiznón que ve en una pared o en una puerta se le antoja que es una cruz. Puesto que la cosa va de cruces, desde ahora mismo, entre usted y yo, cruz y raya.
JOVEN.—¡Debajo de una de las cruces hay una mata de pelo!
PERLÁTICO.—Crines de caballo o un manojo de esparto cocido.
JOVEN.—¿No le dice nada que junto a otra cruz aparezca una enorme letra eme?
PERLÁTICO.—A mí no. Apuesto a que, para usted, es la eme de martirio.
JOVEN.—O de muerte. Es la eme que pintan en los árboles cuando van a ser abatidos. Por debajo de una de las puertas...
PERLÁTICO.—¡Basta!
JOVEN.—He observado que discurría un hilo...
PERLÁTICO.—¡De pintura roja!
JOVEN.—No me ha parecido que fuera pintura. ¿Cómo ha adivinado el color?
PERLÁTICO.—En su repertorio macabro faltaba la sangre.
JOVEN.—¿Qué sabe usted de esas cruces?
PERLÁTICO.—Nada.
JOVEN.—Las ha visto, como yo.
PERLÁTICO.—Cruces, no. He visto equis. Aquí y allá, tachones con forma de equis.
JOVEN.—En las puertas.
PERLÁTICO.—En algunas puertas.
JOVEN.—En su opinión, ¿qué significan?
PERLÁTICO.—¿Tienen que tener un significado? Supongamos que indican que se trata de casas deshabitadas y de comercios clausurados por cese de los negocios. ¿A usted qué le importa?

JOVEN.—Hace bien poco vivía gente en ellas y las tiendas permanecían abiertas. Esta misma, que hoy tiene echado el cierre. Detrás de cada puerta marcada con una cruz, se oculta algo. Algo oscuro, tal vez terrible.
PERLÁTICO.—Averígüelo, si tiene tanto empeño.
JOVEN.—Voy a hacerlo.
PERLÁTICO.—No hallará nada de interés. Era un establecimiento vulgar, una covacha inmunda.

(El JOVEN se dirige al cierre con intención de alzarlo. Todos sus intentos resultan infructuosos.)

JOVEN.—Tarea imposible.
PERLÁTICO.—E inútil.
JOVEN.—Ayúdeme.
PERLÁTICO.—Lo haría si el esfuerzo mereciera la pena.
JOVEN.—Necesitaría una ganzúa o una buena palanqueta.
PERLÁTICO.—No me lo imagino torturando con tales herramientas a una puerta cuyo único pecado es que está cerrada.

(El JOVEN pasa la mano por la superficie desgastada. Se diría que busca una grieta por la que asomarse al otro lado. De pronto se detiene. Escucha. Aplica el oído a la puerta.)

En los espacios vacíos no hay sonidos.
JOVEN.—Se oye la música de un violín.
PERLÁTICO.—El violín está apoyado en el cierre, callado.

(El JOVEN desprende el instrumento de la puerta y lo examina.)

Está roto. Le faltan dos cuerdas.
JOVEN.—Tal vez pueda arreglarlo.
PERLÁTICO.—No tiene arco.
JOVEN.—¿Es imprescindible?

(El JOVEN pulsa las cuerdas y arranca algunas notas. Como si respondieran a su reclamo, otras, quejumbrosas, apenas per-

ceptibles, llegan desde el interior. El JOVEN *continúa tocando el violín y su música desvaída se une a la otra, fundiéndose ambas como si procedieran de un solo instrumento. Se oye un crujido metálico y el cierre comienza a abrirse sin que nadie lo manipule.)*

De pequeño estaba convencido de que, en el teatro, era la música de la orquesta la que subía el telón cuando el director lo ordenaba con una señal de la batuta. Para eso se emplean cuerdas y contrapesos, me dijeron. Era verdad. ¡Pero también tenía razón yo!

(Los sonidos de otros instrumentos se van sumando hasta desembocar en un concierto en el que las notas van subiendo y subiendo hasta dar la sensación de que vuelan. El rostro del PERLÁTICO *se crispa. Corre hacia la puerta y se abalanza contra ella con ánimo de detener su apertura. La música puede más. El cierre alzado pone al descubierto un torso humano. Los brazos, mutilados por encima de los codos, en cruz. En el pecho, junto a las axilas, incisiones profundas. El vientre desgarrado, permite ver las entrañas, apenas contenidas con un trozo de arpillera ensangrentado. Un cuerpo agredido, violado, hecho jirones como un trapo inservible. Un objeto de dolor. Reproducción, con materia pobre —polvo de mármol, arena, barnices, látex—, de carne lacerada y rota.* PERLÁTICO *retrocede hacia la silla de ruedas, se acomoda en ella y la pone en movimiento. El* JOVEN *le cierra el paso.)*

¡Muéstreme las manos!
PERLÁTICO.—¡Apártese!
JOVEN.—¡Las manos!

(El JOVEN *se las coge y examina las palmas.)*

Sangre.
PERLÁTICO.—Las ruedas de la silla me producen llagas. ¿De qué me acusa? ¡Soy un inválido!
JOVEN.—Que, cuando quiere, se levanta y anda.
PERLÁTICO.—Dios sabe que eso no es cierto.

JOVEN.—Recorreremos juntos el barrio. Franquearemos todas las puertas marcadas con cruces. Tendrá que responder de sus crímenes.

(Alguien que acaba de llegar a tiempo de escuchar las últimas frases interviene.)

SOTAPAJA.—Perdonen que les interrumpa. Mi nombre es Sotapaja. No soy médico. Sólo un hombre ecuánime. Este caballero no está en condiciones de acompañarle en la exhumación de cadáveres mutilados. A simple vista se ve que el temblor que padece es debido a la debilidad muscular. ¡Claro que puede levantarse y andar! Pero ¿cuántos pasos daría sin derrumbarse? ¿Le ayudará a levantarse cada vez que caiga? Obsérvele bien. Salta a la vista que presenta un síndrome de deterioro multifacial con numerosos trastornos de la microcirculación subcortical cerebral. Es un anciano.

JOVEN.—Con muertes a su cargo. Las manos ensangrentadas le delatan.

SOTAPAJA.—La sangre está casi seca. ¿Quién se acuerda de sucesos tan antiguos?

JOVEN.—¡Delitos como los suyos no prescriben! No importa cuándo se han cometido. Son siempre recientes.

SOTAPAJA.—¿Qué espera obtener de él? ¿Qué sentido tiene ponerle ante esa materia carcomida? ¿Acaso quiere angustiarle?

JOVEN.—Quiero que le juzguen.

PERLÁTICO.—Me aburro. Me aburre el joven mancebo. ¿Puedo marcharme?

SOTAPAJA.—Cuando quiera.

(PERLÁTICO impulsa la silla y se aleja. SOTAPAJA frena sin esfuerzo el amago del JOVEN por impedirlo. Luego, echa el cierre metálico.)

Aunque no lo crea, mejor así.

JOVEN.—Esa cruz, las otras cruces...

SOTAPAJA.—Son equis. ¿Es qué no distingue las cruces de las equis?

(El JOVEN *mira atónito a* SOTAPAJA. *Desalentado, devuelve el violín a su sitio.)*

¿El violín?
JOVEN.—Está roto. Le faltan dos cuerdas. Y una clavija. También, el arco. No sirve para nada.
SOTAPAJA.—Tal como lo ha colgado, parece una llave.
JOVEN.—¿Para abrir qué?
SOTAPAJA.—Esa puerta, por ejemplo.
JOVEN.—Qué absurdo.

(SOTAPAJA *arranca el violín del cierre.)*

¿Qué hace?
SOTAPAJA.—Quedármelo. En depósito, naturalmente.

(SOTAPAJA *se despide con una ligera inclinación de cabeza y se va, llevándose el instrumento musical. El* JOVEN *le sigue con la mirada hasta perderle de vista. Inmediatamente, saca un spray del bolsillo de la gabardina y va llenando el cierre, como si fuera una página en blanco, de una menuda escritura jeroglífica. Con paso quedo aparece, por el lado opuesto al que se ha ido,* SOTAPAJA.*)*

Así que le gusta pintarrajear las fachadas.
JOVEN.—*(Sin mostrar sorpresa por el regreso de* SOTAPAJA.*)* No lo hago en todas. Sólo en las de edificios abandonados, en puertas y ventanas cerradas a cal y canto, en las tapias... Me gusta. Y no molesto a nadie.
SOTAPAJA.—*(Tratando de descifrar la escritura.)* ¿Qué pone aquí?
JOVEN.—Nada.
SOTAPAJA.—Parecen signos.
JOVEN.—Garabatos.
SOTAPAJA.—Que los lea quien los entienda.

(SOTAPAJA *sale definitivamente. El* JOVEN *contempla a los espectadores. A su espalda, los caracteres trazados van transformándose en palabras.* «*Esta puerta oculta la imagen de la tortura y de la muerte, la obra de un hombre déspota y san-*

guinario, que gozó de la complicidad de quienes, pudiendo evitarlo, le dejaron hacer y deshacer a su antojo. No es bueno que ocultemos ese espantoso testimonio de un tiempo de ignominia. Un tiempo semejante a otros anteriores. Un tiempo que volverá si cerramos los ojos y guardamos silencio. Hoy, esta puerta, al igual que otras muchas marcadas con cruces, está cerrada. Se han llevado la llave, mas para abrirla, para abrirlas, no es imprescindible. Basta con que tengamos la voluntad de hacerlo. Contemplémosla fijamente con ansias de mostrar la verdad. El calor de las miradas fundirá cerrojos, cadenas y candados.»)

Carmen Resino
Ultimar detalles

PERSONAJES

Lunarcitos
Señor Rueda

Una vieja corista pone en tela de juicio los principios de un caballero ortodoxo que, como condición para casarse, le exige una nueva conducta.

Interior. Cuarto de estar de un piso modesto.
En imagen LUNARCITOS, *mujer madura, un poco ridícula y como pasada de moda. Fordona.*
Va de un lado a otro, nerviosa, arreglándolo todo: coloca unas sillas, cambia unos ceniceros... El aspecto de la habitación parece preocuparle mucho. Fuma.
Se oirá una música revisteril estilo Celia Gámez, como esa que dice: «Si me quieres mirar, ¡mírame!», *que* LUNARCITOS *seguirá alegremente mientras se afana en sus trajines.*

LUNARCITOS.—No puedo negar que estoy nerviosa. Bueno, es para estarlo, digo yo. A una no le piden casarse todos los días. Ni todos los días ni nunca. Ningún hombre me pidió que me casara con él. Otras cosas, otras cosas, sí, ¡pero casarme...! Mira por dónde a la vejez... *(Ríe.)* ¡Qué absurdo! ¡Con lo bien que estaba yo hace unos años, y, ahora, precisamente ahora...! Y si el Sr. Rueda fuera un jubilado ramplón, con achaques, la cosa no tendría tanta importancia pero, mira por dónde, ¡una buena boda!: viudo, rico, sin hijos, con muy buenas relaciones, muy buena casa, ¡hasta cocinera!, ¡magnífico coche...! ¡Yo creo que está algo loco! Además, no es ninguna facha. Otoñal, ¡claro! No iba a tener encima treinta años, pero con buen porte, con distinción. En una palabra: la lotería. Llega siempre, más pronto o más tarde. Y por si fuera poco, me dice que me da unos días para pensarlo, como si hiciera falta.

(Sonríe satisfecha. Busca en la radio música. Ésta se oye en tono menor.)

Desde luego, me ha venido Dios a ver: ya no sirvo para la escena. Son muchos años ya, muchos kilos para esas agotadoras funciones diarias, para ese: «¡un, dos, un, dos, alce más la pierna! ¡A ver cuándo se jubila, Lunarcitos, que hay que moverse más...!». ¡Pues claro que voy a jubilarme! Y van a morirse de envidia esas tipas idiotas que se creen reinas por estar como esparragos y ese tonto que me mete en las filas de atrás haciendo bulto...

(Fuma. Vuelve a sonreír satisfecha. Se sirve una copa y se la bebe de un trago. Se oye el timbre de la puerta. LUNARCITOS *se coloca bien la falda, se retoca el pelo, se perfuma la boca con un* spray *y va a abrir.* LUNARCITOS *abre la puerta y entra el* SEÑOR RUEDA. *Tiene un aspecto impecable. Lleva sombrero y bastón. Se los da a* LUNARCITOS *junto con el abrigo que, después de quitárselo, ha doblado muy cuidadosamente. El* SEÑOR RUEDA *pasa al cuarto de estar.* LUNARCITOS *le ofrece una silla en la que se sienta muy estirado mientras observa escrutador alrededor.* LUNARCITOS, *después de dejar las cosas del* SEÑOR RUEDA, *se sienta a su lado muy modosa. Hay un silencio.* LUNARCITOS *se retoca el pelo con coquetería ridícula. Se estira la falda. Sonríe. Él carraspea.)*

Buen tiempo, ¿verdad...?
SEÑOR RUEDA.—Sí, sí... pero si mal no recuerdo, no estamos aquí para hablar de eso.
LUNARCITOS.—Es cierto... tú dirás...

*(*LUNARCITOS *juega a hacerse la vergonzosa: le mira sonriente como una niña ingenua. Él se engola: parece que va a hablarle de negocios.)*

SEÑOR RUEDA.—¿Pensó usted bien mi proposición?
LUNARCITOS.—¡Por Dios, señor Rueda! No tenía que pensarla. Y no me llame de usted... ¡a estas alturas...!
SEÑOR RUEDA.—Que me guste usted no es condición para faltarle al respeto...
LUNARCITOS.—*(Confusa.)* En realidad... no había pensado... tiene usted toda la razón... pero si me lo permite, preferiría

tutearle... se me hace más fácil esta situación... Comprenda, la costumbre...

SEÑOR RUEDA.—*(Con gravedad.)* Hablar ahora precisamente de sus costumbres, no me parece lo más indicado. Pero dejemos eso: siempre me gustó ir al grano, al fondo de la cuestión. De no haber sido así, no sería rico...

(LUNARCITOS *pone gesto de admiración. Le quita una mota de polvo de la chaqueta. Él se engola más. Ella le sonríe embelesada.*)

Por lo que veo, usted me dice que sí... *(Ella afirma.)* Bien, entonces, sólo queda ultimar detalles...

LUNARCITOS.—*(Desconcertada.)* ¿Detalles?

SEÑOR RUEDA.—¡Naturalmente que detalles! No vamos a casarnos así, por las buenas, diciendo sólo que nos queremos mucho. Hay que tocar algunos puntos, algunas circunstancias más o menos delicadas. Complicar esto tan sencillo aparentemente, pero que no lo es en absoluto.

LUNARCITOS.—*(Desinflada.)* Tú dirás...

SEÑOR RUEDA.—*(Se pone en pie. Pasea. Carraspea un poco. Con autoridad.)* Punto primero: ante todo, la vida artística, si es que levantar la pierna tiene algún arte, debe descartarse.

LUNARCITOS.—*(Contentísima.)* ¡Por supuesto! No sabe el favor que me hace... *(Se levanta nerviosa.)* ¿Una copita? ¿Un cigarrito?

SEÑOR RUEDA.—No me interrumpa y no cambie de conversación. Siéntese.

(LUNARCITOS *se sienta sumisa.*)

Reconozca: ya no tiene edad para esos saltitos ridículos.

(LUNARCITOS *se pone en pie entusiasmada. Casi le falta aplaudir.*)

LUNARCITOS.—¿Verdad que lo son? ¡Un, dos, un, dos! *(Levanta la pierna en un can-can algo patético.)*

SEÑOR RUEDA.—¡Siéntese!

(LUNARCITOS *vuelve a sentarse mansamente.*)

Continúo: desde ahora, tendrá que ser una señora. ¿Se hace idea de lo que es eso?

(LUNARCITOS *afirma.*)

Sigo: voy al punto tercero, que en realidad está incluido en el primero: nada de frecuentar antiguas amistades. El teatro y ese mundillo fétido, como si nunca hubieran existido.

LUNARCITOS.—*(Con alegría mal disimulada.)* ¡Como si nunca hubieran existido!

SEÑOR RUEDA.—Solamente mis amigos serán desde hoy sus amigos: gente importante y respetable.

(Rotunda afirmación por parte de LUNARCITOS.)

Sobre todo respetable. Nada de salidas nocturnas: excepto conmigo, se entiende, y como yo no salgo nunca... Usted decidirá si está o no dispuesta a aburrirse.

LUNARCITOS.—Le... le aseguro que no me aburriré en absoluto. Pe... pero ¿de verdad que no quiere una copita... ni un café?

SEÑOR RUEDA.—No me interrumpa, por favor... se me van las ideas y esto de hoy no es una chiquillada.

LUNARCITOS.—Desde luego que no.

SEÑOR RUEDA.—Bien, ahora vayamos al segundo punto que en realidad es el cuarto del primero. *(Se acerca a* LUNARCITOS. *La mira fijamente. Como si esto no fuera bastante, se pone las gafas y le coge la cara.)* Usted se pinta en exceso. Desde ahora, no puede pintarse así... *(Siguiendo con el dedo la línea de los labios.)* El perfilador la hace enormemente exagerada.

LUNARCITOS.—*(Disculpándose.)* Tienes razón, pero en la escena...

SEÑOR RUEDA.—*(Rotundo.)* Convinimos en olvidar la escena.

LUNARCITOS.—*(Con ensoñación.)* No deseo otra cosa.

(El SEÑOR RUEDA *se echa hacia atrás y observa a* LUNARCITOS *de arriba abajo.)*

SEÑOR RUEDA.—A ver: vuélvase... gire, gire... (LUNARCITOS *lo hace extrañada.*) Nada, nada en absoluto. No me gusta su forma de arreglarse, ni de peinarse, ni de moverse. A ver... ¡ande, ande...! (LUNARCITOS *pasea ante él con gesto entre desconcertado y meloso. Él niega con la cabeza y con fastidio.*) Fatal. Totalmente. Ahora diga: buenas tardes, señor Rueda.
LUNARCITOS.—¿Para qué?
SEÑOR RUEDA.—Déjese de preguntas inútiles. No me sobra el tiempo. Repita lo que le he dicho.
LUNARCITOS.—*(Intimidada.)* Buenas tardes, señor Rueda.
SEÑOR RUEDA.—¿Qué quiere que le diga? Tampoco me gusta su forma de hablar. *(Imitándola.)* Buenas tardes, señor Rueda... ¿Por qué tiene esa pronunciación tan horrible? Antes de casarnos, tendrá que haber variado todo esto. Le doy un mes, como máximo, para conseguirlo.
LUNARCITOS.—No se preocupe: quedará totalmente satisfecho.

(Breve silencio. El SEÑOR RUEDA *pasea intranquilo dándole a otro asunto.)*

SEÑOR RUEDA.—...También está, naturalmente, el asunto religioso... Usted, me imagino, no practica. ¿Me equivoco?
LUNARCITOS.—*(Medrosa.)* No... no se equivoca...
SEÑOR RUEDA.—Desde ahora tendrá que hacerlo.
LUNARCITOS.—¡Si no me importa! No pienses que soy una descreída. Una lo va dejando por pereza... pero...
SEÑOR RUEDA.—*(Cortándola violentamente.)* Sus sentimientos sobre el particular no me importan. Usted sólo tiene que considerar que se casa con un hombre de cierta importancia y que tiene que guardar las apariencias. Que usted sea más o menos sincera, no me importa gran cosa. Lo entiende, ¿no?
LUNARCITOS.—¡Naturalmente! ¿Un cigarrillo, ahora?
SEÑOR RUEDA.—No. He dejado radicalmente de fumar. Algo que, por supuesto, también dejará usted: no quiero vivir en un ambiente contaminado... Nada de tabaco, de bebidas, de café. Usted, tampoco. No voy a estar conviviendo en plena tentación. También sería injusto por su parte.

(LUNARCITOS *afirma con cierta tristeza. Aplasta contra el cenicero el cigarrillo que acababa de encender.*) Comprenda, a mi edad, si uno se cuida...
LUNARCITOS.—Es cierto. Si uno se cuida, pues... Verdaderamente es lástima que se muera uno igual, ¿verdad?
SEÑOR RUEDA.—Sí, una completa lástima. *(El* SEÑOR RUEDA *sigue paseando por la habitación.* LUNARCITOS *le observa.)* Bien, bien... claro, después de todo esto, se preguntará por qué me pienso casar con usted si no me gustan tantas cosas suyas, si quiero que cambie casi en su totalidad. *(Se para solemne.)* Reconozco que me he prendado de usted.

(LUNARCITOS *hace intención de ir hacia él entusiasmada.*)

No, no me diga nada: bastante lo siento yo. Pero como no estoy hecho para la renunciación ni para el sufrimiento, antes de apretarme el cinturón respecto a usted, prefiero que sea usted quien lo haga respecto a mí. ¿Entendido?

(LUNARCITOS *afirma.*)

Es sumamente fácil: Además, será usted la más favorecida... Claro que todavía queda otro asunto. Desde luego, el más espinoso.

(El SEÑOR RUEDA *se sienta. Tamborilea nervioso sobre la mesa.* LUNARCITOS *le mira preocupada.)*

... No es que lo anterior carezca de importancia, pero esta condición que voy a imponerle es la más fundamental y está fuera de toda discusión... Usted, si mal no recuerdo, tiene un hijo natural. No me lo niegue ahora. Usted misma me lo dijo...
LUNARCITOS.—*(Con infantil alegría.)* Sí, sí, Pablito... Un muchacho encantador...
SEÑOR RUEDA.—No me interesa que sea o no encantador.
LUNARCITOS.—¡Y guapo! Casi tan guapo como su padre.
SEÑOR RUEDA.—No me parece decente que hable usted de su padre en estos momentos.

LUNARCITOS.—*(Con ingenuidad)* ¿Por qué no? Es, al fin y al cabo, el padre de Pablito: un honorable funcionario. Una bellísima persona.

SEÑOR RUEDA.—Por muy honesto y bella persona que sea.

LUNARCITOS.—*(En su idea.)* Pero el chico también se parece a mí... sobre todo, cuando sonríe. Y es inteligente, muy inteligente.

SEÑOR RUEDA.—Bueno, las virtudes de su hijo no me interesan. Y, desde ahora, y esto es lo que quería decirle, tampoco pueden interesarle a usted. Yo no tengo inconveniente en correr con todos los gastos de su educación, pero nada de contactos, de visitas, de encuentros furtivos. En una palabra: usted no tiene hijo. No le faltará de nada, pero no tiene hijo. Puede comprender que no voy a aceptar a estas alturas un hijo de otro y no legal además, cuando no los he tenido propios ni espero tenerlos ya. Tiene que comprenderlo.

LUNARCITOS.—*(Con tristeza.)* Naturalmente que lo comprendo.

(El SEÑOR RUEDA *se acerca a* LUNARCITOS *insinuante.)*

SEÑOR RUEDA.—Entonces después de todo lo expuesto, aclarados todos lo puntos, creo que ya podemos considerarnos prometidos... Ana, Anita, ¿no estás contenta? Guapita mía, di que lo estás... Lunarcitos, nenita mía... te llamaré Lunarcitos por última vez...

(La abraza y besuquea. Ella le separa suavemente.)

LUNARCITOS.—Ya no me trata de usted...

(El SEÑOR RUEDA *intenta besarla nuevamente.)*

SEÑOR RUEDA.—Lunarcitos, guapa, tú dirás cuándo nos casamos... pon tú la fecha, bonita...

LUNARCITOS.—Me parece que será muy lejana...

SEÑOR RUEDA.—*(Poniéndose en pie.)* Pero ¿qué dices? Con un mes o menos corregirás todas esas imperfecciones, que en el fondo son las que me traen loco...

175

(Vuelve a intentar besarla. Ella le rechaza con suavidad.)

LUNARCITOS.—Hay una que es imposible corregirla en un mes. Usted ya sabe por dónde voy.
SEÑOR RUEDA.—*(Mimoso.)* No me trates de usted... anda, ven, dame un besito...
LUNARCITOS.—No puede ser. De veras. Pablito se moriría.
SEÑOR RUEDA.—No hay que dramatizar.
LUNARCITOS.—A usted sin mí, no le pasará nada.
SEÑOR RUEDA.—*(Tras ella.)* Por Dios, Lunarcitos, volvamos a la razón... No te enfades, tontina.
LUNARCITOS.—No, si no me enfado: simplemente, no me caso con usted.
SEÑOR RUEDA.—¿Por qué? Lo mismo te parezco un mal partido.
LUNARCITOS.—No, todo lo contrario, pero mi niño se moriría sin mí. A usted, no le pasará nada.
SEÑOR RUEDA.—No pretenderá que meta en casa al hijo de un querido suyo.
LUNARCITOS.—Entonces comprenda que será mejor no tomar por esposa a la querida del padre de mi hijo. Con Dios, señor Rueda.
SEÑOR RUEDA.—No irá encima a echarme a la calle.
LUNARCITOS.—Nada de eso. ¿Quiere ahora una copita? A los dos nos hará bien. *(Va hacia un aparador. Coge una botella y dos copas. Sirve.)* Ande, beba, un día es un día.

(Se sientan. Beben los dos.)

SEÑOR RUEDA.—De veras que lamento todo esto. No pensé que fuera a tomarlo a mal...
LUNARCITOS.—No lo tomo: usted ha propuesto sus condiciones y no hemos llegado a un acuerdo. Eso ha sido todo.
SEÑOR RUEDA.—De veras que lo siento: ¡es usted tan simpática! Y tiene una vocecita tan agradable a pesar del acento...
LUNARCITOS.—¿Es tan horrible de veras?
SEÑOR RUEDA.—Para no ir a ser mi mujer, no está del todo mal...

(Ríen los dos.)

Lunarcitos.—¿Le sirvo un poquito más? *(Vuelve a llenar las copas.)*
Señor Rueda.—Bueno, ya que no nos casamos... Verdaderamente he venido a complicar las cosas. Si no se me hubiera ocurrido esto del casorio... Pero comprenda: un hombre a mi edad tiene que casarse. Es lo malo. O lo bueno, que nunca se sabe. *(Poniéndose en pie y bebiéndose de un trago el vino que le queda.)* Estaba muy bueno el vino. ¡En fin! Muchas gracias. Siento que no haya podido ser: cuestión de principios.
Lunarcitos.—Exacto: cuestión de principios. Cada cual, los nuestros. ¡Qué se le va a hacer! Tengo que confesarle que me hubiera costado mucho dejar de fumar.

(Lunarcitos ayuda al Señor Rueda a ponerse el abrigo y, después de darle el sombrero y el bastón, se dirigirán hacia la puerta de la calle.)

Señor Rueda.—*(Ya en la puerta.)* Adiós, Lunarcitos. Nos veremos algún día. Que usted lo pase bien.

(Se dan la mano con cierta tristeza.)

Lunarcitos.—Igual, señor Rueda.

(El Señor Rueda se va. Lunarcitos cierra la puerta lentamente y vuelve pensativa al cuarto de estar. Enciende un cigarrillo. Echándose a reír después de un momento.)

Desde luego es necesario estar completamente loca. ¡Tirar por la borda un marido y millones, como si me sobrasen! ¡Si ya decía yo que no podía salir bien...! ¡Si no podía salir bien! ¡Y encima me río! Claro que esto o pegarse un tiro es lo que se hace cuando una pierde de golpe todas las posibilidades... ¡Que mi pobre Pablito se moriría! Sí, sí, morirse... *(Coge la botella. Bebe de ella y se sienta.)* ¡Seré bruta! ¡Un hombre como el señor Rueda! Un poco gruñón, quisquilloso, tiquismiquis: esto sí, esto no, casi todo no, ¡pero estropearlo por un hijo que es como nada...! ¡Morirse...! Lo mismo pensó que era una criaturita así... *(Baja la mano cerca del suelo.)* ¡No fuera malo! Pero, claro, la culpa es mía que no quiero reconocer que ha crecido, que es un tiarrón que mide casi dos metros, que tiene hecho el servicio militar, y que, según creo, se ha casado, que él no fue ni para decírmelo... que no me quiere, que le importo un pepino y hasta se avergüenza... Sí, sí, se avergüenza... En la última carta que recibí, hace ya mucho por cierto, me decía muy respetable, casi tanto como el señor Rueda: «Mamá, estoy muy bien colocado, me relaciono con gente estupenda...» ¿A qué llamará él estupenda? «Supongo que no se te ocurrirá aparecer por aquí... el que tú hayas cometido cientos de errores no es razón para que yo ahora me fastidie...» ¡Cientos de errores! ¡Fariseo! Sacrificarme por él y quererle y no dejarle por nada, ¡eso sí que fue un error! *(Con ensoñación.)* De chiquitito sí que me quería: mamá esto, mamá lo otro... Siempre le recuerdo así: como si los años no hubieran pasado. Y ése es el fallo... La última vez que le vi tenía ya una voz aterradora y me hablaba como a un criminal... Me dijo cosas feas: con muy poco estilo. *(Dándose con la mano en la frente.)* ¡Testaruda! ¡Que eres una testaruda! Bueno, también el señor Rueda lo es: él a lo suyo, erre que erre. Yo a lo mío. ¿Y por qué no? Cada uno defiende sus ideas, sus puntos de vista: no por ser millonario los va a tener mejor que yo... son otros, simplemente. También era mucha historia eso de andar como si a una le metieran un palo en la espalda, y no fumar, ni beber un vasito de vino de vez en cuando, con lo que alegra, que si no fuera por eso... *(Vuelve a beber. Ríe tristemente.)* ¡Tiene gracia! ¡Pensó que era un niño mi Pablo! Eso quiere decir que no me ve tan vieja... que no estoy del todo mal y que quizás, quizás, todavía encuentre a otro sin tantos miramientos...

(Breve silencio.)

¡Que no le viera más! ¡Nada más fácil! ¡Si no quiere saber nada de mí! Claro que todo esto podía habérselo aclarado y a estas alturas... Pero ¿para qué? ¿Qué diablos le importan al señor Rueda estas circunstancias? Aquí se ha hablado de principios y esto es un principio: lo mismo me lo exigía de haberme necesitado mi Pablo. *(Ríe.)* ¡Una lástima! Al final estaba hasta simpático, como todos los hombres que no se piensan casar, que el matrimonio los hace bastante insoportables... *(Se levanta con gesto cansino.)* ¡En fin! Y mañana otra vez al ensayito para no variar, y habrá que oírles cuando sepan que no me caso. *(Imitando.)* «Lunarcitos, ¿por qué no alza más la pierna? ¿Es que no puede...? Pero ¿no te casas por fin?» ¡Así reventaran!

(Pone la radio. Enciende otro cigarrillo. Se oirá una musiquilla que podrá ser la del principio. LUNARCITOS *se anima. Bebe otro traguito. Empieza a dar unos pasos de baile.)* Bien mirado, no lo hago mal... Es que soy perezosa y me falta entrenamiento.

(Escucha la música. La tararea.) Un, dos, un, dos, ¡vuelta! *(Lo hace.)* ¡Perfecto! Un, dos, un, dos, ¡alzar la pierna y vuelta! *(Lo hace. Se aplaude un momento.)* ¡Facilísimo! *(Coge la botella y empina.)* Otro poquito más. Ale, sigamos... *(Nuevos pasos de baile.)* No está mal, no está nada mal... ¡y mientras el cuerpo aguante! *(Se oirá más fuerte la música.)*

Ana Diosdado

La imagen del espejo

PERSONAJES

El Preso
El Otro

Primer encuentro

EL PRESO *está acurrucado, encogido sobre el banco. No se mueve ni emite sonido alguno al correrse el cerrojo de la puerta, mientras la música se va haciendo menos presente, hasta desaparecer.*
Al abrirse la puerta, EL OTRO *permanece un segundo enmarcado en ella, como si esperase algún recibimiento de labios de* EL PRESO. *Al comprender que eso no va a producirse, avanza un poco, se da cuenta de que la puerta sigue abierta y vuelve sobre sus pasos, hasta ella.*

EL OTRO.—Cerrad... He de permanecer mucho aquí con él...

> *(Él mismo ayuda a cerrar la puerta, desde dentro, se vuelve de nuevo, moviéndose a partir de ahora en una oscuridad supuestamente absoluta.)*

... ¿Dónde estás?... ¡He venido a ayudarte, hermano!

(EL PRESO *se mueve, arrastrándose.*)

... ¿Qué haces?... ¿Tratas de esconderte? ¿Aquí?... Es igual, sé que me oyes, y en cuanto mis ojos se acostumbren a la oscuridad, sabré dónde estás...

(EL PRESO *vuelve a arrastrarse.*)

... ¡No sigas, hermano, no voy a perseguirte! Me basta con que me oigas. ¡He venido a hablar contigo, he venido

183

a ayudarte!... ¿No dices nada?... Está bien. Pero vuelve allá. El suelo está húmedo y frío, ahí al menos tenías un montón de paja. ¡Vuelve!... ¿No quieres? No temas nada de mí, me alejaré de nuevo. Me sentaré... allá, en el último escalón, y prometo no moverme.

(El Otro *va a sentarse, tanteando, en el segundo banco.*)

... Vuelve. ¡Vuelve a tu lugar!... ¿No? ¿Pero qué puedo yo hacerte? ¡No te quiero mal alguno, he venido sólo para ayudarte! ¡Vamos, vuelve allá!...

El Preso.—¡No te acerques más!
El Otro.—¿Por qué?
El Preso.—No te acerques más.
El Otro.—¿Aún temes algo de mí, viéndome como me has visto, tan cobarde?
El Preso.—Por eso.
El Otro.—... Tienes razón. ¿No puedo ir a sentarme a tu lado sobre tu jergón de paja? ¡Vengo a traer la paz a tu espíritu, pero necesito que tú me ayudes!
El Preso.—No te acerques.
El Otro.—Está bien. Permaneceré lejos de ti, mientras mi alma se acerca a la tuya, medrosa para no asustarte, para que, poco a poco, tu desconfianza vaya cediendo y dejándole paso... ¡He venido a ayudarte, hermano!
El Preso.—¡Qué bien os enseñan!
El Otro.—¿Qué quieres decir?

(El Preso, *que se habrá movido e incorporado sobre su banco hasta ahora, se pone en pie para acudir hacia la derecha.*)

El Preso.—¡No te sientes, hermano! Si te sientas, volverán a intentar morderte. Si te mueves, es posible que te dejen en paz. A mí ya no me atacan, les asquea mi carne. O tal vez crean que soy uno de los suyos. Y a lo mejor lo soy. ¿No tienes miedo de que pueda morderte yo también?
El Otro.—Sigue. Prefiero tu mordacidad a tu silencio.

El Preso.—No sacarás nada de mí, puedes volverte por donde has venido. Díselo a los que te mandan y déjame en paz.
El Otro.—Me manda Dios, hermano,...
El Preso.—¡Nada menos!
El Otro.—... y no he de marcharme tan fácilmente.
El Preso.—No puedo hacer nada para impedírtelo, ¡pero pasea, hermano, pasea, las ratas quieren verte pasear!
El Otro.—Lo haré.

(Y efectivamente, El Otro *da unos pasos hacia el banco de la izquierda.)*

... Comencemos pues por el principio, dime tu nombre... ¿Otra vez vas a guardar silencio? ¿Crees que romperás mis nervios con esa actitud? Ya te he dicho que tengo paciencia.
El Preso.—¡Yo también, yo también! Y supongo que sabes mi nombre puesto que estás aquí. «¡He venido a ayudarte, hermano, he venido a ayudarte!» ¿Crees que es la primera vez que lo oigo?
El Otro.—¡No! ¡No caeré en tus trampas!

(El piano produce de nuevo el sonido de las ratas.)

¡Dios mío!

El Preso.—Al principio producen espanto, ¿verdad? Luego, no. Luego se convierte en algo normal, cotidiano. Siempre se agradece una presencia viva... Incluso la de una alimaña asquerosa como tú.

*(*El Otro *vuelve a avanzar, mientras habla.)*

El Otro.—Te ha endurecido el sufrimiento, pero yo te aseguro que yo no...
El Preso.—¡No te acerques!
El Otro.—Está bien, está bien.

El Preso.—No pases de ahí. Puedes pasear hasta esa zona. Sólo hasta esa zona.

(El Otro *sonríe, como para sí mismo.*)

El Otro.—¿Y cómo sabré hasta dónde, en esta oscuridad?
El Preso.—Se aprende pronto. Tú mismo lo dijiste, al entrar. «Cuando me acostumbre, te veré», dijiste... ¿Me ves ya?

(De espaldas a él, El Otro *vuelve a sonreír, fingiendo que aún ve muy poco.)*

El Otro.—No. Sólo puedo oír tu voz...

(Mientras los nombra, va señalando los lugares que finge vislumbrar apenas.)

... Y adivino los contornos de los muros. Y la escalera también... Allá al fondo, me parece que hubiera como un pozo.
El Preso.—Tu... pozo, es otra escalera. Baja a otra inmunda cloaca como ésta. Un poco más profunda y un poco más inmunda, simplemente. Es la letrina. ¿No te llega su pestilente olor, o es que se parece al tuyo?
El Otro.—*(Intentando bromear.)* Estoy muy lejos de allí.
El Preso.—¡Pues mantente lejos! O te arrojaré a ella de cabeza, si te acercas.
El Otro.—No creo que tuvieras fuerzas para ello.
El Preso.—¡Tú no me conoces!

(El Otro *va de nuevo a sentarse en el banco de la izquierda, mientras comenta.*)

El Otro.—He leído tantas veces el secreto y la sumaria de tu caso, hermano, que te conozco ahora mejor que tu propia madre.
El Preso.—¿Y qué te hace pensar que mi madre me conociera bien?...

(Reflexivo de pronto, casi como para sí mismo, EL PRESO vuelve a ir a sentarse sobre el banco de la derecha, recordando.)

... Pobre madre... No sé qué ha sido de ninguno de los míos. Es curioso, no sé nada de nadie, ni de nada. Un buen día... ¡un buen día!, unos hombres iguales a mí, me arrebataron del mundo de los vivos. Yo no había cometido ninguna acción reprobable, ¡pero no les gustaba mi mente!, no les gustaba lo que había en mi pensamiento y en mi corazón, y por más que le doy vueltas, no consigo entender quiénes son ellos para erigirse así en jueces de.. ¿de qué exactamente?...

(EL PRESO acude a enfrentarse al EL OTRO a quien parece recordar de pronto.)

... ¿Quiénes son ellos?, ¡di! ¿Quién eres tú, puesto que tú eres uno de ellos?
EL OTRO.—*(Incómodo.)* Sabes muy bien quiénes somos.
EL PRESO.—*(Acosándole.)* ¡No! Sé cómo os hacéis llamar, pero tanto me daría que os llamarais otra cosa. Vuestro nombre, vuestros distintos nombres —ahora, antes y siempre—, no son lo que me preocupa. ¡Me preocupa que hayáis nacido, que estéis ahí en medio del armonioso orden universal!

(No pudiendo soportarlo más, EL OTRO le huye, avanzando de nuevo hacia la izquierda.)

EL OTRO.—Desvarías. La soledad y el sufrimiento han dañado tu espíritu.

(EL PRESO acude a su lado para seguir acosándole.)

EL PRESO.—¡No! ¡No os hagáis ilusiones, yo sigo siendo yo! Incluso ha habido momentos, en medio de esta oscuridad, en que me he sentido más yo mismo que nunca. Cuando me arrebatasteis de mi propia vida, fuera, el mundo estalló para mí en pedazos, ¡pero yo seguí siendo yo! En aquel horror de los primeros tiempos, en aquel horror de no saber quiénes me habían acusado, ni de qué, ¡seguía siendo yo! Y en medio del tormento, bestias enfermas que utilizáis el nombre de Dios para martirizarlo de nuevo en sus criaturas, en medio del tormento, seguía siendo yo. ¡No habéis podido conmigo!

EL OTRO.—Calla, calla, calla.

EL PRESO.—¿Te turban mis palabras?

EL OTRO.—Me apena tu soberbia, que puede conducirte al infierno.

(EL PRESO *se aparta de él, divertido, y cruza el espacio escénico.*)

EL PRESO.—¿Al infierno, dices? Ya conozco el infierno, ya pasé esa barrera, ya no queda nada que pueda atemorizarme. Por eso soy fuerte. Y tú, débil.

EL OTRO.—¿Qué has dicho?

EL PRESO.—¡Que eres débil, débil...!

EL OTRO.—¿Porque grité hace un rato? ¿Porque tuve miedo de las ratas?

EL PRESO.—Porque pude verte un segundo, cuando abrieron la puerta.

EL OTRO.—*(Herido, defendiéndose.)* ¡Sin embargo...!

EL PRESO.—*(Con mucha sorna.)* ¿Sí?

EL OTRO.—... ¡fuiste tú quién tuvo miedo entonces, te arrastrabas, gemías! ¡Fuiste tú quien tuvo miedo al verme entrar!

EL PRESO.—Igual que las ratas. También ellas corrieron asustadas, pero ahora están dispuestas a saltar sobre ti al menor descuido, saben que eres débil. ¿A qué has venido?

EL OTRO.—*(Intentando recobrarse.)* Ya te lo dije.

(EL PRESO *continúa a partir de este momento su acoso cada vez más incisivo al* OTRO.)

EL PRESO.—«Quiero ayudarte, hermano.» No me has dicho a qué. ¿A qué vas a ayudarme, a salir de aquí? ¿Qué haría una ruina humana como yo en el mundo de fuera? Mi mundo es éste. ¿No has oído decir que uno se acostumbra a cualquier cosa? Mi mundo es éste, ya estoy acostumbrado a él... ¿No pensaste al atravesar la puerta que ibas a encontrarte en inferioridad de condiciones ante mí, verdad? ¡Cómo lo ibas a pensar!... «Baje a hablar con ese réprobo, Padre. Quizá su merced, como es joven y emplea un lenguaje distinto, consiga lo que nosotros no hemos conseguido de él. Fabriquemos un arrepentido, Padre. No queremos llevar inconfesos a la hoguera. Un auto de fe con inconfesos es siempre desagradable. Los inconfesos miran de distinta manera, a pesar de lo grotesco de su atavío, a pesar de que avancen tambaleantes, destrozados, infinitamente miserables, conservan la dignidad en los ojos. Y el pueblo los ve. Y aunque no los viera, Padre, nosotros sí los vemos y esa mirada, esa inquietante mirada que nos dice: "¡No tenéis razón. Tenéis la fuerza, pero no tenéis razón!", nos indigna, nos irrita, nos estremece y, a veces, ¿verdad, Padre?, a veces nos hace incluso vacilar...»

El Otro.—Calla...

El Preso.—«... porque no siempre estamos seguros de actuar según la voluntad de Dios, ¡porque a menudo nos preguntamos si no será mayor pecado nuestro pecado!...»

(Sin poder soportarlo más El Otro huye de El Preso precipitándose hacia la puerta sobre la que golpea con los puños, gritando con desesperación.)

El Otro.—¡¡Abrid!! ¡¡Abrid!! ¡¡Abrid!!...

(Apoyado de espaldas sobre la puerta, destrozado, El Otro espera llorando a que le abran mientras dice:)

... Que Dios te ayude, hermano. Que Dios te ayude al final, puesto que yo he sido incapaz de ayudarte.

(La puerta se abre y El Otro sale. Cuando vuelve a cerrarse, El Preso avanza hacia el «pozo», la zona del público, y habla en su dirección desde la izquierda, con rabia, pero absoluta entereza.)

El Preso.—¿Y ahora qué esperáis? Ya se ha ido. No resultó como queríais, ¿verdad? ¿Pues qué diablos esperáis para iros también? ¡Fuera de aquí! ¡Éste es mi dominio! ¡Las ratas y yo queremos estar solos, como siempre! ¡Fuera de aquí!... ¿Qué teméis? ¡Ni siquiera ha sospechado que pudierais estar aquí, la zona en que os halláis es la más oscura de esta tumba! Ya oísteis que no le dejé acercarse, no ha podido veros. Y estaba demasiado lejos para oír vuestra respiración. Por más que no sé siquiera si respiráis como los demás mortales. ¡Marchaos de una vez! Ya hice lo que queríais y no os ha servido.

(Dos HOMBRES DE NEGRO suben entonces por los escalones de ambos lados del espacio escénico y se encaminan lentamente hacia la puerta, uno de los dos pasando por delante de EL PRESO.)

...Como no resultó, no hay trato, ¿verdad? ¿O le haréis volver? ¡Hablad! No podéis salir así, sin una palabra, ¡hablad!... ¿No hay trato?

(LOS HOMBRES DE NEGRO ni le miran, ni parecen escucharle. La puerta se va abriendo.)

... ¡Hablad, hablad, hablad!... ¿Le haréis volver?

(LOS HOMBRES DE NEGRO salen y la puerta se cierra tras ellos, mientras EL PRESO se abalanza a golpear sobre ella, gritando:)

... ¿Le haréis volver? ¡Contestadme! ¡Quiero que le hagáis volver! ¡Quiero que le hagáis volver!

(Al cabo de unos segundos comprende lo inútil de sus gritos, y vuelve lentamente hacia el banco de la derecha.)

... Repugnantes ratas... mucho más repugnantes que las ratas.

(Mientras él se ha acurrucado hasta adoptar la misma postura del principio, ha empezado la música que marca el paso del tiempo y han cambiado las luces.)

Segundo encuentro

Mientras termina la música de transición, se oye el cerrojo de la puerta y las luces cambian de nuevo. EL PRESO *se incorpora en su banco, alarmado.*

La puerta se abre y entran de nuevo los dos HOMBRES DE NEGRO *con su mismo paso lento y solemne. La puerta se cierra tras ellos, y ellos avanzan, cada uno hacia los escalones de la derecha o de la izquierdo del espacio escénico que bajan a la sala del público. Ésta ha permanecido oscura durante la transición, no se trata de un entreacto.*

EL PRESO.—¿A qué debo tanto honor?... ¿Hoy no pensáis arrastrarme hasta ese otro calabozo tan de vuestro agrado? ¿No pensáis intentar, una vez más, arrancarme un falso arrepentimiento, una falsa retractación de mis pecados?... Veo que no. Veo que pensáis quedaros aquí. Eso es que no soy yo el que os interesa. Os interesa más el otro, ¿verdad?... Entonces, es que va a volver. Buscad refugio en las sombras, ése es vuestro lugar. Escondeos en lo más oscuro, en lo más viscoso. Acomodaos bien, buitres. Y no temáis. Cuando la víctima aparezca, la hiena que habéis domesticado estará preparada para devorar su carne muerta.... ¿Por qué seguís sin decir nada? ¿Temen vuestras mercedes contaminarse hablando con un réprobo?... ¡Qué bien sabéis que el silencio es vuestra mejor arma!... Cuando me volvíais loco con aquellos espantosos ruidos, sin parar, sin parar, sin parar y me decíais: «¿Quieres la paz, hermano? Confiesa tus pecados. Confiesa tus pecados. Confiesa, hermano, confiesa», no erais tan poderosos como cuando me devolvisteis al silencio. ¡El silencio! ¡Qué maravilloso don! Mi soledad, entre toda esta inmundicia, se me antojó un regalo del cielo. Pero era sólo porque, sorprendentemente, aún no apreciaba bien vuestra refinada maldad. «Háblame, carcelero. Dime algo, sólo "buenos días", insúltame, si quieres, pero que yo pueda oír tu voz»... Y nada, nada. Sólo el gotear del agua y los chillidos de las ratas. Sólo cada veinticuatro horas justas, el correr de los cerrojos, el rechinar de esa puerta, los pasos de un carcelero mudo y sordo, trayéndome puntualmente la peor de vuestras crueldades: un plato de alimento que no me permitiese morir. ¡Cuántos días, uno tras otro, fui lo bastante fuerte como para no tocarlo! ¡Cuántas veces, enloquecido por el hambre, logré vencerme y abandonarlo en el suelo para que lo devorasen las ratas! Pero de tanto perseguir a las criaturas de Dios, habéis aprendido a conocerlas bien y sabíais que un día me abalanzaría sobre mi plato de comida para defenderlo, sabíais que no me dejaría morir. «Ama demasiado la vida. Ningún sufrimiento lo doblegará, pero ama demasiado la vida, ése es su único punto débil. Ya que no podemos someterlo de otro modo, utilicémosle. Ya que no ha de confesar, que se venda, ya que no ha de humillarse, que se prostituya. Unos meses de silencio absoluto le sentarán bien. Si se vuelve completamente loco, será sólo un loco más que salga para la hoguera, de las cárceles de la Inquisición. Y si no enloqueciera, no daremos un mártir a nuestros enemigos, la sangre de los mártires es fértil. ¡No! ¡Puesto que no aceptó el trato, puesto que no quiso darnos su vida!»... ¿No fue así como planeasteis ofrecerme este asqueroso mercado, no fue así? ¡Hablad!... Tenéis razón, ¿para qué? Todo está dicho ya. ¿Por qué tarda tanto en llegar el otro?, ¡la oveja negra! ¿No teméis que el repugnante buitre repudiado por los buitres haya podido recelar algo?...

(Suenan los cerrojos de la puerta. Un poco sorprendido, El Preso *se aleja de ella.)*

¡Aquí está ya!... El inocente y dulce verdugo acude a su cita con la muerte... Escuchad nuestro diálogo con mucha atención, hoy os prometo que os gustará. Es mi última oportunidad, ¿no es cierto? Pero concertemos una señal. Una señal que me advierta cuando vaya por mal camino, que me advierta de lo que no debo decir, hoy no quiero equivocarme.

(EL HOMBRE DE NEGRO *que llevaba el bastón lo hace golpear sobre el suelo, una vez. Una nota en el piano lo acompaña.*)

... El bastón, está bien.

(Se abre la puerta y la figura de EL OTRO *se recorta en ella.* EL PRESO *finge huir, asustado, hasta el banco de la izquierda.)*

... Aquí está ya, recibámosle con todos los honores. ¡Finjámosle terror, debe ser el plato que más le gusta, el plato de la casa!

(Gime, acurrucado sobre el banco.)

EL OTRO.—¡He venido a ayudarte, hermano, no temas!... He venido a ayudarte.
EL PRESO.—*(Lastimero.)* ¡Cierra, cierra esa puerta! ¡Esa luz me ciega!
EL OTRO.—¡Cerrad! Yo llamaré cuando desee salir...

(La puerta se cierra definitivamente.)

... ¿Tan débil luz puede hacerte daño? ¿Tan enfermos están tus pobres ojos?
EL PRESO.—¡No pases de ahí!
EL OTRO.—Lo sé, lo sé. Pero ¿qué mal podría yo hacerte, indefenso y solo como vengo hasta ti?
EL PRESO.—Quién sabe...
EL OTRO.—Olvida tus vanas y pobres amenazas, hermano. Vengo a ayudarte en la medida de mis fuerzas.

El Preso.—¿Por qué has vuelto? ¿Por tu infinita caridad hacia las almas en peligro de condenación?
El Otro.—... No. Seré sincero contigo para ganar tu sinceridad: volví porque me lo mandaron.
El Preso.—¿Te lo mandaron? Entonces estás aquí por obligación, pero en realidad este despojo humano no te importa nada.
El Otro.—¡No, no es cierto!
El Preso.—¿Qué no es cierto, pues? ¡Cuéntame, cuéntame!
El Otro.—Quizá hubiera vuelto de todas formas, a intentarlo una vez más. El otro día me parecía que mi presencia te hacía más daño que bien. Gritabas que te dejara morir en paz y yo...

(El Preso *le interrumpe, poniéndose en pie y acudiendo a la izquierda.*)

El Preso.—¡Nunca grité tal cosa!... Ése, Padre, no fui yo. Sería tal vez otro condenado.
El Otro.—... Tal vez.
El Preso.—¡Visitas a tantos!, ¿verdad?
El Otro.—Sí. Tal vez no lo dijeras tú, pero yo creí que lo sentías y dudé...
El Preso.—*(Interrumpiéndole.)* ¡Dudaste, hermano! Dudaste... ¿Qué dudaste?
El Otro.—Dudé si no tendrías razón, dudé si no tendrías derecho a pasar tus últimas horas como mejor quisieras.
El Preso.—¿Mis últimas horas? No lo han sido... ¿Por qué crees que han aplazado mi muerte?

(Se oye un golpe del bastón, acompañado por el piano.)

El Otro.—¿Qué es eso?
El Preso.—No sé, ¡contéstame! ¿A qué quieres ayudarme? ¿A bien morir?
El Otro.—Sí, hermano.
El Preso.—Yo no abjuraré de mis creencias.
El Otro.—Lo sé.

EL PRESO.—¿Lo sabes?
EL OTRO.—Te dije que conozco la sumaria de tu proceso como mi propia vida. Te conozco bien.
EL PRESO.—No. Pero, fiel a tus costumbres, quieres atormentarme hasta el último instante para conseguir de mí una retractación.
EL OTRO.—Ya te he dicho que no.
EL PRESO.—Entonces, no entiendo, ¡habla!, ¡habla! ¿Qué significa ayudarme a bien morir? A mí, un recalcitrante, a un endemoniado hereje que piensa ir a la muerte sin dejar de serlo.
EL OTRO.—A ti, sí.
EL PRESO.—¿Y en qué modo, en qué modo? ¡Vamos, dime en qué modo!
EL OTRO.—Permaneciendo aquí contigo.
EL PRESO.—Déjame comprender. ¿Lo haces creyendo que tu santa presencia puede convertirme? ¿Esperando que ella, ¡por sí sola!, opere el milagro?
EL OTRO.—... Claro que no.
EL PRESO.—Entonces, ¿cómo vas a ayudarme?
EL OTRO.—Estando aquí contigo, en silencio.
EL PRESO.—No entiendo.
EL OTRO.—Sí entiendes.
EL PRESO.—¡No entiendo!
EL OTRO.—Sí entiendes. Lo sé. Te conozco.
EL PRESO.—¿Quieres decir que has venido... a hacerme compañía?
EL OTRO.—Eso es.
EL PRESO.—Tus motivos no están claros, explícamelos, ¡habla!
EL OTRO.—Estoy seguro de que mis motivos están muy claros para ti.
EL PRESO.—Hermano... Si es verdad lo que dices, quédate junto a mí en silencio mientras transcurren estas horas. Así sabré que no estoy solo en el mundo. ¡En silencio! El silencio será lo mejor entre los dos.
EL OTRO.—Será como tú quieras.

(El bastón, acompañado por el piano, golpea lentamente tres o cuatro veces.)

El Preso.—¡No!... ¡No, hermano, no podrá ser, no podrá ser! ¡No!
El Otro.—¿Qué te ocurre?
El Preso.—¡No! ¡No! ¡No!
El Otro.—¿Por qué? ¿Por qué no?
El Preso.—No, no podrá ser, no podrá ser.
El Otro.—¡Cálmate! Y, por el amor de Dios, deja ya de golpear! ¿Con qué golpeas?
El Preso.—Con... Con mi escudilla de madera.
El Otro.—Deja de hacerlo, cálmate. Yo no te importunaré. Si no quieres que permanezca contigo, me iré. Sólo vine a ayudarte, no quiero imponerte nada.
El Preso.—¡Sí! ¡Vete! ¡Vete ahora mismo y no vuelvas más! ¡No vuelvas más!

(Vuelven a oírse los golpes del bastón.)

... ¡No!... No te vayas. Quédate aquí conmigo, y háblame. Habla, habla sin parar. Necesito que hables sin parar.
El Otro.—¿Y de qué quieres hablar?
El Preso.—Pues... ¿Por qué he de ser yo quien elija el tema?
El Otro.—Porque yo he venido a ayudarte.
El Preso.—...Sí. ¿Y si yo quisiera ayudarte a ti?

(De nuevo, golpes del bastón.)

El Otro.—Hermano, ¿qué es eso?
El Preso.—Mi... mi escudilla.

(Busca la escudilla en el suelo y se la tiende.)

... ¡Tómala! ¡Tenla tú, y así no golpeará más! Así no podrá golpear más. Por lo menos eso.

(El Otro *recoge con extrañeza la escudilla y la deja a un lado.*)

Y ahora... puesto que estamos solos, puesto que me quedan pocas horas de vida, y que nadie, de aquí a mi muerte, ha de cruzar palabra conmigo, hazlo tú en entera libertad.

El Otro.—¿Qué quieres decir?

El Preso.—Quiero decir que... eres extraño, Padre.

El Otro.—Soy yo, ahora, el que no te entiende.

El Preso.—Explícame por qué un miembro del Santo Oficio no lucha para convertir el alma de un réprobo, de un pecador, de un hereje.

El Otro.—Yo no he dicho tal cosa.

El Preso.—¡Prácticamente, lo has dicho! Sabes que yo no he de retractarme y, sin embargo, estás aquí, me ofreces tu compañía. Me la ofreces sin esperar nada a cambio, ¿entendí mal?

El Otro.—No, hermano, entendiste bien.

El Preso.—¿Y por qué lo haces?

El Otro.—Cristo nos enseña a amar a nuestros semejantes, yo trato de seguir su ley.

El Preso.—*(Enfureciéndose de pronto.)* ¿Persiguiendo a tus semejantes, sigues su ley? ¿Acusándolos, sigues su ley? ¿Martirizándolos, sigues su ley?

El Otro.—¡Calla!

El Preso.—¿Por qué? ¿Acaso no es cierto?

El Otro.—Yo... yo nunca hice nada de lo que dices.

El Preso.—¿No perteneces al Santo Oficio?

El Otro.—¡Sí!, pero...

El Preso.—*(Interrumpiéndole.)* Entonces es como si tú mismo, con tus propias manos, lo hicieras.

El Otro.—... Tal vez tengas razón.

El Preso.—¿Qué dijiste, hermano? ¡Repítelo!

El Otro.—¿Por qué?

El Preso.—No... no pude oírte bien. ¿Dijiste que tal vez tenga yo razón?

El Otro.—Sí. Eso dije.

El Preso.—¿Razón alguna yo? ¿Un ser perdido, perdido, perdido, y sin remisión perdido?

El Otro.—Eso, ¿quién puede saberlo?

El Preso.—¿Cómo dijiste? ¡Más recio, hermano, más recio!

El Otro.—Digo que nadie puede saber si te has condenado o si tu alma está salvada. Solamente Dios es buen juez.

Sólo Él sabe quiénes son los inocentes y quiénes los culpables.

EL PRESO.—¡Padre! ¡Me asombra oírte! ¿Tú, investido de ese hábito, me hablas así?

EL OTRO.—Estamos solos, hermano. Puedo hablarte con toda sinceridad.

EL PRESO.—Pues hazlo. Desnuda tu alma. Habla, habla, que yo te escucho.

EL OTRO.—Yo fui, como tú has dicho, un perseguidor implacable. Pero hace ya tiempo que no estoy seguro.

EL PRESO.—¿No estás seguro, hermano?... O, por el contrario, ¿sí lo estás?

EL OTRO.—Tienes razón, ¡estoy seguro! ¡Estoy seguro de que ha de ser pecado, y un gran pecado, lo que hacemos!

EL PRESO.—Sigue, hermano. Sigue.

EL OTRO.—*(Enardeciéndose cada vez más.)* ¡La persona humana tiene derecho a escoger su propio camino, Dios mismo se lo ha dado! ¡La persona humana no puede ser obligada a cambiar su corazón y su mente por la fuerza!

EL PRESO.—Sigue, hermano. Sigue.

EL OTRO.—¡Dios ama a sus criaturas! ¡A todas por igual! ¡Y ninguna hay diferente a otra, ninguna que pueda erigirse en salvadora de la otra contra su inclinación y su albedrío!

EL PRESO.—¿Por qué me dices todo eso a mí? ¿O acaso no soy el único? ¿Hubo otros, Padre? ¿Hubo algún otro de esos condenados, que oyó tus palabras momentos antes de ir a la muerte?

EL OTRO.—*(Orgulloso.)* ¡Sí! ¡Varios!

EL PRESO.—¿Y por qué lo hacías?

EL OTRO.—Porque mi confesión podría confortarles, de algún modo.

EL PRESO.—¿Eso creíste? ¿O era a ti a quien confortaba?

EL OTRO.—¿Tan mezquino me juzgas?

EL PRESO.—¡Por qué, pues, lo que nos dices en secreto, a escondidas, ¿no lo gritas en las calles, no lo pregonas en las plazas?!

EL OTRO.—Hermano... tengo miedo. Ya viste que soy cobarde.

EL PRESO.—Sí que lo eres. Cobarde, y no prudente.

EL OTRO.—¿Aún te parezco poco prudente?

EL PRESO.—¿No pensaste que pudieran tener otra entereza, otra mirada, aquellos que iban a la muerte después de hablar contigo? ¿No pensaste que tal vez sólo ellos, los que hablaron contigo, la tuvieron? ¿No pensaste que alguien pudo notarlo? ¿No pensaste que pudieran sospechar de ti? ¿No pensaste que pudieran tenderte una trampa?

(De nuevo, los golpes del bastón.)

EL OTRO.—Hermano... ¿Qué es eso?
EL PRESO.—Una señal. Simboliza tu perdición.
EL OTRO.—¿Qué quieres decir?
EL PRESO.—Yo soy tu trampa, hermano. Sólo tenía que hacerte hablar. Condenarte para salvarme yo. Tu vida por la mía, tu confesión por mi libertad.
EL OTRO.—¿Qué... qué importa lo que dije? ¡Estamos solos!

(Los HOMBRES DE NEGRO suben los escalones que llevan al espacio escénico, cada uno por un lado.)

... ¡Estamos... solos!

(EL PRESO se encamina hacia la puerta.)

EL PRESO.—Que Dios se apiade de tu alma, hermano.

(EL OTRO se vuelve hacia él, horrorizado.)

EL OTRO.—¡No has podido hacer algo semejante! ¡Nadie podría hacer algo semejante!

(Los HOMBRES DE NEGRO se reúnen en la puerta con EL PRESO, y ésta empieza a abrirse.)

EL PRESO.—¿No?... Yo también soy cobarde.

(Sale el primero de LOS HOMBRES DE NEGRO, seguido por EL PRESO, y finalmente el segundo, cerrando la puerta tras de sí. EL OTRO estalla en una risa histérica.)

EL OTRO.—¡Es mentira! ¡Quieres asustarme! ¡No he visto nada, no he visto a nadie! ¡Estamos solos!... estamos solos... estamos solos...

(Desesperado, mientras la música de transición le acompaña y la luz empieza a cambiar, EL OTRO *va a dejarse caer sobre el banco de la derecha, en la mismo actitud que tenía* EL PRESO *al empezar el primer encuentro.)*

Tercer encuentro

EL OTRO.—¡Déjame morir! ¡Por tu propia Pasión te lo suplico, déjame morir al fin!... ¡Te he negado ya! ¡Una y mil veces han logrado que te negara! ¡He firmado una retractación de lo que llaman mis pecados, cuando mi pecado, mi horrible pecado, fue precisamente retractarme, negar tu verdad y tus enseñanzas! Sí, Padres, estaba equivocado, equivocado, mi vana soberbia me llevó a apartarme de vuestra tutela, vuestra guía. ¿Quién soy yo, pobre de mí, para pensar? Pero me arrepiento, me arrepiento... dejadme ya. ¡Déjame morir, Señor, tenme esa piedad que no merezco!...

(Al oírse los cerrojos de la puerta, EL OTRO se sobresalta, aterrado. Se arrastra, absurdamente, como para esconderse si ello fuera posible.)

... ¡Otra vez, no! No me llevaréis allá otra vez. ¡Antes me arrojaré al pozo y me romperé la cabeza!

(La puerta se abre y en el cono de luz se recorta la figura de EL PRESO.)

EL PRESO.—El pozo no está lo bastante alto, apenas cinco o seis escalones. Yo también lo intenté y sólo me quebré unos cuantos huesos. Fue peor.

(La puerta se cierra tras ellos. EL OTRO recobra una falsa entereza y le vuelve la espalda.)

El Otro.—¿Quién eres?

El Preso.—Ya sabes quién soy.

El Otro.—*(Enfrentándosele.)* ¡No! ¡No sé quién eres! Nunca lo he sabido. Yo... te inventé, y las invenciones son cosa del Diablo, del Tentador. Nos enseñan cómo es horrendo y pestilente, cómo todo en él produce náusea, horror, rechazo. Pero mienten, una vez más. Si así fuera, ¿cómo podría tentarnos? ¿Tan necios habíamos de ser para dejarnos subyugar por un ser repugnante y mezquino, tanto en su apariencia como en sus actos?

El Preso.—*(Extrañado.)* ¿Subyugar?

El Otro.—¡Era el Ángel de la Luz! ¡De todas sus legiones, el más hermoso, el más digno, el más encumbrado ante el trono de Dios! ¡Por eso! ¡Por eso alcanza a fascinarnos y a hacernos caer en sus mentiras y astucias!

El Preso.—¿Dijiste... «fascinar»?

(El Otro *estalla, casi como un niño que reprocha a su padre haberle abandonado.*)

El Otro.—¡¡Yo te admiraba!!... Sin conocerte. Leía con avidez los legajos y legajos que componen la sumaria de tu caso, como leen los niños a escondidas en los libros de caballería. Luchaba contra mi inclinación y mi asombro diciéndome: «No. Debes abominar de él, es un pecador, un hereje.» Pero a mi pesar, te admiraba. Me enardecían las palabras que escupías a tus jueces: «¿Los ritos? ¿Qué importan los ritos? No son sino formas, gestos de reverencia, distintos caminos de acercamiento a Dios. Los caminos pueden ser distintos, pero no Dios. Dios lo es de todos... o no es.» «Con insolencia», decían las actas, «con recalcitrante soberbia», decían. Mas yo traducía: «¡Con sabiduría y con coraje!» Bebía tus palabras como licor que me transmitiera tu fuerza. De ti obtenía el medrado, el mínimo valor que tuve alguna vez. Vivía temblando, pero hablaba. Al fin seguía la ley de Cristo, no la de ellos. Iba avanzando. A paso leve, con temor, pero sin retroceder jamás, sin una duda, con una confianza cada vez más fuerte, más segura. Y cuando al fin me mandaron venir a encontrarme contigo...

(EL Preso *le interrumpe con una triste, amarga ironía.*)

El Preso.—¿Encontraste un ángel de luz, el más hermoso, el más digno?
El Otro.—¡Sí! En tu voz. Más tarde en tus ojos. ¡Quebrado, humillado, no estabas vencido! En tu fiera mirada de luchador cabía toda la belleza del Universo. ¡Destrozado, doliente, aún eras libre! Pero no era sino vana ilusión del Tentador. Vana ilusión de mi mente estúpida y confiada. Tú resultaste ser el peor de todos. ¿Qué haces aquí, por qué has venido?
El Preso.—A decirte adiós.
El Otro.—¿Ha... llegado mi hora?
El Preso.—Puntualmente.
El Otro.—¿Cuándo ha de ser?... ¿Mañana?
El Preso.—... No, puesto que estoy aquí.
El Otro.—No quiero morir.
El Preso.—¿Por qué? ¿No es mejor así, no es mejor acabar de una vez?
El Otro.—¿Te atreves a decir eso? ¿Tú?
El Preso.—... Tienes razón.
El Otro.—¿Tus remordimientos te trajeron hasta aquí? ¿Qué te trajo?
El Preso.—El agradecimiento. Tú me ofreciste tu compañía, no lo he olvidado.
El Otro.—¿Por qué te han dejado entrar?
El Preso.—Los servicios prestados. Al fin y al cabo, me deben mucho, eras un gran peligro.
El Otro.—¡¡Estás maldito!!
El Preso.—Lo sé.
El Otro.—¡Arderás en mil infiernos por toda la eternidad!
El Preso.—Recuerda que sólo Dios es buen juez. Tú me lo dijiste.
El Otro.—Sí. Yo te lo dije... ¡Y aún lo creo! Pero vete.
El Preso.—Quiero quedarme contigo. No te molestaré. Permaneceré cerca de ti, en silencio, y así sabrás que no estás solo en el mundo.
El Otro.—¡Es que quiero estar solo en el mundo! ¡Y tú estás mintiendo, estás mintiendo!

El Preso.—¿En qué miento?

El Otro.—¡No viniste a decirme adiós, no viniste a visitarme, te han traído! Han vuelto a prenderte. ¡Contéstame!, ¿no es eso?

El Preso.—No. Yo pedí estar contigo, y me fue concedido.

El Otro.—¡Te fue concedido porque estabas aquí!

El Preso.—... Sí.

El Otro.—¡Pero tú sabías que había de suceder, ¿no es cierto?! ¡Cuando saliste de aquí, a la vida, a la libertad, ya sabías que, tarde o temprano, había de suceder! ¡Porque tú saliste a emprender aquello a lo que yo jamás me atreví, yo, el débil, el cobarde!

El Preso.—Calla...

El Otro.—¡Saliste a luchar en campo abierto, saliste a arengar a las muchedumbres, a gritar la verdad por calles y plazas!

El Preso.—Calla. Calla, hermano, calla.

El Otro.—¿Por qué? ¿Qué importaría ya, aunque pudieran oírme? ¿No me esperan hoy mismo el fuego y la muerte? Sigue, mientras, enardeciéndome con tu grandeza, con tu coraje, ahora al final. Acércate, cuéntame, ¿qué hacías, qué les decías?

El Preso.—Tus palabras, hermano.

El Otro.—¿Mis palabras?

El Preso.—«Sólo Dios es buen juez, el ser humano tiene derecho a escoger su propio camino, el ser humano no puede ser obligado a cambiar su corazón y su mente por la fuerza...»

El Otro.—Sigue, hermano... sigue.

El Preso.—Dios ama a sus criaturas, a todas por igual, y no hay ninguna diferente, ninguna que pueda erigirse en salvadora de las otras contra su inclinación y su albedrío...

(El llanto le impide continuar.)

El Otro.—¡Pero no llores! ¡Si tú eres grande, hermano, y valiente! Estás haciendo algo hermoso, devolverme un poco de esperanza, devolverme la fe en los demás. ¡Gracias a ti, voy a morir tranquilo!

El Preso.—¡Por el amor de Dios, cállate ya!

El Otro.—¿Todo es mentira?
El Preso.—Todo. Nunca salí de aquí, me engañaron. Te entregué por nada.
El Otro.—... Pensé que nunca me lo dirías.
El Preso.—¿Lo sabías ya?
El Otro.—Sí. Ellos me lo dijeron.
El Preso.—¿Ellos?
El Otro.—Yo les arrojaba tu nombre a la cara. Tu nombre era el conjuro de mi fuerza. A pesar de todo. «Me ha vendido, pero sólo para poder salir de aquí, para ocupar un puesto del que yo no era digno. ¿Qué importa que me despreciara, que me odiara incluso? Él se halla ahora cumpliendo un destino que debió ser el mío. Yo tomo, pues, su muerte, pero él toma mi vida. Yo fui cobarde. "Cobarde y no prudente"», ¿verdad, hermano?
El Preso.—Por favor...
El Otro.—¡Pero él es astuto, y valiente! ¡Nunca lo encontraréis! ¡Con otro nombre, pronto con mil nombres, por todas partes! ¡Os gritarán: «No tenéis razón, tenéis la fuerza, pero no tenéis razón»! ¡Y serán tantos, y tan esforzados, y tan valerosos como él! ¡Serán tantos, que no podréis con ellos! ¡Cuando ajusticiéis a diez, se levantarán cientos!
El Preso.—¡Calla! ¡Calla!
El Otro.—Por eso me lo dijeron. Y cuando lo supe, ya no tuve fuerzas para resistir. Ellos me creen un arrepentido y en realidad soy un apóstata. Yo también estoy maldito.
El Preso.—Ten confianza. Él es grande y misericordioso.
El Otro.—Mucho lo ha de ser para tan mezquinas y pobres criaturas.

(Vuelven a oírse los cerrojos y El Otro *se aterra.)*

¡Nooo!
El Preso.—¿Tienes miedo?
El Otro.—¡Sí!
El Preso.—No dejes que lo vean.
El Otro.—Ya lo saben.
El Preso.—¡No importa, no dejes que lo vean!
El Otro.—¿Tú me ayudarás?

El Preso.—¡Sí!

El Otro.—Sí... Sí. La gente creerá que vamos contentos a la muerte, la gente debe creer que no tenemos miedo, debe recordar nuestra mirada, y...

El Preso.—¿Qué gente, hermano?

El Otro.—¡Habrá gente en el camino, y habrá gente viéndonos morir!

El Preso.—No habrá nadie.

El Otro.—¿Qué quieres decir?

El Preso.—No quieren que nadie nos vea. No habrá nadie, no saldremos de aquí.

El Otro.—¡Dios mío!

El Preso.—Nos tienen miedo... aún.

El Otro.—Moriremos inútiles, ignorados, solos.

El Preso.—No. El ángel de la luz no es siempre Lucifer, hermano. Yo conocí a un ángel de la luz. Fue aquí, en esta misma mazmorra. Desde la primera vez que viniste a brindarme lo poco que tenías.

(Vuelven a oírse los cerrojos y empieza a abrirse la puerta.)

El Otro.—¡Por Dios, dame tu mano! ¡Dame tu mano y no me sueltes!

El Preso.—Si nos obligan a soltar nuestras manos, no te importe, mírame. Y cuando no puedas mirarme, recuerda que estaré allí. Yo también sabré que estás cerca.

El Otro.—¡Nos separarán! ¡Moriremos inútiles, ignorados, solos!

El Preso.—¡No! Si nos separan... Si nos separan, recuerda que nada fue inútil, puesto que ellos estarán allí.

El Otro.—¿Ellos?

El Preso.—¡Sí! ¡Nuestro interlocutor, nuestra meta, nuestra oveja perdida! ¡Nuestro testigo! ¡Son ellos, hermano! ¡Y estarán allí!

Ellos...

El Otro.—¡Estarán allí!

El Preso.—Estarán allí.

El Otro.—¡Estarán allí!

El Preso.—¡Estarán allí!

El Otro.—¡Estarán allí!

(Y lo repiten cuantas veces sea necesario hasta que las figuras en negro que han simbolizado a esos Ellos aparecen por fin por la puerta abierta y se dirigen ritualmente a cerrar las cortinas. Ha empezado a oírse la música final.)

Domingo Miras

La Tirana

PERSONAJES

María del Rosario Fernández, La Tirana
Voz de Luciano Francisco de Comella

La acción tiene lugar en el camerino de La Tirana, en el Teatro del Príncipe (hoy Español) de Madrid, a finales de diciembre de 1793.

El camerino de María del Rosario Fernández, La Tirana, *en el Teatro del Príncipe. Paredes tapizadas en tela con motivos florales o listados verticales, un gran espejo de dorado marco. Sobre una mesita tocador, otro espejo flanqueado por sendos candelabros aplicados a la pared. Un canapé, y numerosos ramos de flores. Junto a la cabecera del canapé, una mesita con algunos libretos y un candelero en el que arde una vela muy consumida. Se oyen voces confusas, y la tapizada puerta se abre precipitadamente para dar paso a* La Tirana, *que cierra tras de sí, apoyándose en ella en actitud de agotamiento, al tiempo que corre el pasador. Lleva una elegante túnica que puede ser griega o romana según la iconografía habitual en el siglo* XVIII, *un tanto arbitraria y concebida para realzar su belleza y arrogancia; peinado complicado y abundancia de joyas. Parece estar sumamente agitada.*

La Tirana.—*(Al tiempo que entra y cierra la puerta.)* ¡No! ¡No, no, no! *(Tose, con una tos seca y repetida.)* ¡Dejadme todos, que no entre nadie! *(Apoya la espalda en la puerta, al tiempo que se oyen golpes de nudillos sobre la madera.)* ¡No llaméis, que no voy a abrir! ¡Dejadme tranquila! *(Al otro lado de la puerta hay un confuso rumor de voces ininteligibles, a las que* La Tirana *presta atención, contestando a veces.)* No, no quiero un médico, quiero que me dejéis en paz, ¡necesito descansar, sólo eso! (...) ¡Pues que me sustituyan, que para eso está la sobresalienta! (...) ¡Que quiero estar sola, cómo tengo que decirlo! ¡No, no abro! (...) Don Luciano, lo siento mucho, pero no puedo salir a escena. Estoy enferma, ya lo han visto todos... (...) ¡Señor Comella, por Dios, pero qué está usted diciendo! ¡Le digo que estoy enferma!
Voz de Comella.—*(Perfectamente inteligible, con tono irritado.)* ¡Lo tuyo es un capricho de cómica consentida y nada más!

¡Vamos, sal a cumplir con tu obligación, si es que aún te queda un poco de vergüenza! ¡Los caprichos de las cómicas como tú son el veneno del teatro!

LA TIRANA.—¡Fuera de ahí! ¡Fuera, quítese de mi puerta! ¡El que usted haya escrito la obra de esta noche no le da derecho a insultarme! ¡A usted es a quien debería darle vergüenza, señor Comella! ¡Su obra es un horror! ¿Se entera? ¡Un engendro, para que lo sepa! ¡Vuelva usted a su oficio de secretario y deje en paz al teatro, no lo destroce más con esos endriagos que salen de su pluma! Don Luciano, ¿me oye? ¡Es usted el oprobio de los escritores dramáticos, es usted una vergüenza nacional! *(Tose de nuevo.)* Sí, Manolo, ya me calmo, ¿sigue ahí, Comella? (...) ¿Que se ha ido? Pues me alegro, antes o después se lo tenía que decir... *(Escucha.)* No, no puedo salir, te digo que no puedo, no estoy en condiciones... Descansando un rato, no sé, tampoco estoy segura... *(Escucha.)* ¿Un sainete, dices? (...) Bueno, podemos probar... Haced un sainete corto para que espere el público y, si entre tanto me repongo, seguimos con el *Asdrúbal*... Sí, yo mientras descansaré todo lo que pueda... No, no me hables de médicos, lo que necesito es tranquilidad... Sí, adviérteselo al público, voy a echarme un poco... *(Se dirige al canapé, y se deja caer en él. Se ha extinguido el rumor de las voces en la puerta. Ahora, el clima es de calma y silencio.)*

¡Un capricho de cómica consentida! ¡El hijo de la mala madre, decir que haga mi obligación si me queda vergüenza, cuando lo que no me queda es vida! Me la he gastado haciendo las tonterías que escribe ese miserable, y éste es el pago que me da... Yo misma no sé cuántas obras suyas habré representado, ni él tampoco lo sabe, desde la primera que hizo hasta la de hoy... Sólo en lo que llevamos de temporada, desde la Pascua de Resurrección, vamos a ver... *(Cuenta, con los dedos.)* La Jacoba, María Teresa en Landau, Doña Inés de Castro, Ino y Temisto, Medea Cruel, La escocesa Lambrún, El robo de Helena, y ahora, el *Asdrúbal*: ¡Ocho! ¡Ocho obras de don Luciano de Comella, en ocho meses! ¡Justo a una por mes, y así llevo cuatro años! ¡Desde que al buen señor le dio por escribir teatro! ¡Y qué teatro! He debido de estar loca, si no, no se explica... Pero ese hombre,

¿de dónde saca tiempo para escribir tanto? ¡Ni que fuera Lope de Vega! Claro, que así le sale... Si no fuera porque yo las interpreto, dónde irían a parar sus majaderías, y aún se atreve a tratarme de esa manera, cuando debería besar el suelo que piso... ¡Un capricho! No hubiera estado mal que fuera un capricho, es lo que te mereces...

Dios, qué me ha pasado, qué es lo que me ha pasado, que ni siquiera yo lo sé... Me dio el ataque de tos y el decorado y toda la escena pareció que daba vueltas y que subía y bajaba... Y aunque no me he dado cuenta, estoy segura de que he caído al suelo, me desperté cuando me sacaban entre cajas, qué vergüenza, madre mía, qué vergüenza... Me solté de aquellos manos y he venido corriendo aquí, a esconderme como un animal... Y ahora, con qué cara me presento yo otra vez delante del público, después de esto...

Pero qué hago yo pensando en el público, a mí qué me importa ya el público, cuando me voy a morir... Parece mentira que no me lo haya creído en los tres años que llevo enferma, los médicos diciéndome que si seguía en el teatro podía morirme, y yo sin hacer caso, cada vez peor, cada vez peor... Y ahora veo de pronto que me muero, que la Muerte está aquí ahora mismo, escondida en algún rincón o entre la ropa del armario...

Me voy a morir y en cuanto me haya muerto se olvidarán de mí, me olvidarán todos, Dios mío... Los que ahora me aplauden de pie mañana aplaudirán a otra y de mí no se acordarán, yo estaré en un agujero comida de gusanos... Los aplausos y la gloria serán para Rita Luna, Goya la retratará como a mí, que estaré muerta, muerta y olvidada, pudriéndome en la tierra... Cuando muera Goya quedarán sus cuadros y hasta cuando muera Comella quedarán sus tragedias, pero de mí no quedará nada, pondrán a otra en mi puesto y dirán que es la mejor, sin acordarse de cómo era yo... ¿Quién se acuerda ya de María Ladvenant, que decían que era más divina que humana? Me pusieron en su lugar y la olvidaron, y ahora van a poner a Rita en el mío y me van a olvidar a mí... Todo esto es injusto y cruel y, además, es demasiado pronto, yo debiera tener bastantes años por delante y no acabar de esta manera...

Los médicos dicen que si me retiro del teatro puedo curarme, así que si me retiro ahora y vuelvo cuando esté curada... dentro de unos años, no sé cuantos... Pero qué estoy diciendo, volvería hecha una vieja... No, no puedo pensar en eso, si me retiro es para siempre... Nada de retirarme, lo que tengo que hacer es trabajar menos, mucho menos, descansar ahora unos meses, reponerme, y trabajar luego sólo un poco cada año para no recaer... Así no puede pasarme nada, hasta iré mejorando poco a poco; al fin y al cabo, trabajar poco es como no trabajar... Lo primero será mi salud, eso antes que nada, y de vez en cuando, para entretenerme, una función, una función magnífica con una buena obra que me dé lucimiento, que vean todos quién es María del Rosario Fernández, La Tirana. Yo no estoy acabada, ni me voy a morir ni me voy a retirar, todo lo contrario: voy a cuidarme y voy a seguir en el candelero, aún tiene mucho que decir La Tirana, mucha gente que enterrar antes de que la entierren a ella. Sólo hay que ser prudente, tener cabeza para administrarse y no caer en la tentación de querer hacerlo todo...

Pero ahora tengo que hacer el *Asdrúbal*, no puedo dejar que parezca que no puedo con él... Y ya mañana, reposo absoluto para unos meses. Lo malo sería no poder actuar esta noche, aunque yo creo que estoy mejor... Hay que salir, Rosario, tienes que salir, ponte buena del todo... Otro poquito de sales... *(Aspira del frasco.)* Ánimo, ánimo, que ya está bien, querida mía, no lo pienses más y a escena, a darlo todo y salvar la función...

¡Y qué función, Dios mío, con esta obra tan horrenda! ¡Qué cosa más mala! ¡Vaya papelones que tiene una que hacer!... Yo creo que esto es lo peor que ha hecho Comella en su vida; ese hombre, cuanto más escribe, peor lo hace... Me da vergüenza representar esta obra y no sé por qué, al fin y al cabo a mí qué me importa, los cómicos hemos de hacer nuestro trabajo lo mejor que podamos, y si la pieza es buena o mala, ya lo dirá el público, que para eso está... Y, sin embargo, no lo puedo evitar, cuando la obra no me gusta, me siento peor y tengo más miedo que cuando me parece buena...

¡Si al menos hubiera cambiado Comella ese maldito verso!... Un verso que no se puede decir, que él sabe que el público se va a reír.. Toda la situación trágica se irá al diablo, me voy a quedar vendida, y él con su risita que eso no va a pasar, que si fuese otra cómica podría ser, pero siendo La Tirana no habrá quien se atreva, ¡cómo no se van a atrever, si la risa no se puede remediar!... Y justamente cuando ya faltaba bien poco para decirlo, que estaba llegando a él, me da el ataque de tos y el desmayo, como si me los hubiera mandado Dios... No faltarán compañeros que piensen que lo he fingido para escaparme de ese trago, pero no puede ser, todos saben que estoy enferma, aunque pueden pensar que aprovecho mi enfermedad para desmayarme cuando me conviene... No me extrañaría, no me extrañaría ni una pizca, sé de sobra que todos hablan a mis espaldas, da asco... Cuánta bajeza, qué gente más ruin, todos son lo mismo, basta que una esté arriba para que los envidiosos le minen la tierra bajo los pies, a ver si la derriban... Es asqueroso, dan ganas de dejarlo todo, de retirarse de una vez y marcharse a casa a vivir tranquila... Ahí os quedáis con vuestras miserias, vuestros chismorreos y vuestra sangre podrida... Aunque no voy a daros ese gusto, no os hagáis ilusiones, pienso seguir ocupando la cima mucho tiempo, vais a tener Tirana para rato, gusanos, que podáis seguir hablando de ella en voz baja y la envidia os pese en los hígados, que si no, no seríais vosotros...

Tendría gracia que me retirase ahora, precisamente cuando acaba de salir Rita Luna con tanta fuerza, para que todos piensen que le tengo miedo y le cedo el terreno... Yo no le cedo el terreno a nadie, y mucho menos a una muchachita recién salida del cascarón... Si ha triunfado con *La esclava del Negroponto* no me extraña, menudo lucimiento de papel tenía la criatura, con un papel como ése triunfa cualquiera... Me gustaría verla en este maldito *Asdrúbal* que me ha caído a mí encima, un morlaco como para echar a correr...

¡Maldito Comella, maldito poetastro, qué mal acostumbrado está! Las sandeces que escribe se las disimulo yo en la escena, y él se queda tan tranquilo, para escribirlas cada vez mayores... Aunque ese horroroso verso... yo no sé qué hacer con él, parece mentira que no se dé cuenta de que en un parlamento heroico no se puede decir una palabra tan vulgar, se arruina el efecto completamente, y menos mal si no hay chacota... El accidente me dio cuando estaba diciendo lo de «ese testigo de tu abatimiento», creo que sí, que ahí lo pasé... *(Recita, tras revolver los libretos de la mesita y escoger uno.)*

Ese testigo de tu abatimiento
primero que entregaste a la cadena,
¿tu valor no despierta con su ejemplo?
Deja esa estupidez...

Aquí está el escollo, en lo de la «estupidez»... Se van a reír, seguro. No tengo más remedio que cambiar esa palabra, y en lugar de «estupidez», decir otra, con el mismo acento y que me encaje en el verso. Eso es lo que necesito, otra palabra... En vez de decir «Deja esa estupidez y antes que Roma», puedo decir, vamos a ver... «Deja esa timidez y antes que Roma»... Está mucho mejor, muchísimo mejor, naturalmente, aunque luego Comella se enfadará conmigo cuando debería darme las gracias, pero bastante me importa a mí ese desgraciado...

Verdaderamente, tienen razón los ilustrados cuando dicen que ese hombre es un desastre... y cuando añaden que yo soy una burra por representar las comedias de semejante mastuerzo... Estas cosas a mí me revuelven por dentro, yo creo que es lo que me pone mala, y en cambio, Comella, tan fresco. ¿Que Moratín le crucifica cada vez que le nombra? Pues ahí se las den todas, mientras la gente le aplauda los engendros que yo le represento... Madre mía, Moratín, que ahora es una celebridad en toda Europa, y pensar que hace unos años escribía versos maravillosos en mi honor, me ponía en los cuernos de la luna, era como si estuviese enamorado, y ahora me desprecia porque hago las obras de Comella... ¡Y para colmo, Comella me trata a puntapiés! ¡Dios mío, pero qué tonta he sido! ¡He podido ser la musa de un gran hombre y soy la fregona de un cerdo! Eso es lo que soy, una fregona, limpiando en el escenario las basuras que él escribe en su casa... Y, claro, así me trata, mandándome a trabajar diciendo que mi enfermedad es un capricho de cómica consentida... Nunca me hubiera dicho eso Moratín, nunca... Ni siquiera ahora me lo diría, a pesar de que está mal conmigo. Él me sermoneaba por lo fino: Rosario, considera que eres la diosa de nuestra escena, y que tienes en tus manos la regeneración del teatro español, el público te adora sin condiciones y tú puedes educarle y conducirle hacia la dignidad y el buen gusto... ¡Sí, hombre, sí, hacia el teatro francés y hacia las tres unidades! Traducciones de Du Belloy o de Lemière, como cuando hice la *Celmira* o la *Hipermenestra*... Entonces me tenías colocadita en las niñas de tus ojos, todo eran zalemas y arrobos para tu Rosario, pero cuando empecé a hacer dramas españoles torciste el gesto, sí, desde el principio te molestó, y después saqué a Comella y ya te pusiste imposible, se acabó la amistad y se acabó todo, ¡te comían los celos, hijo, ni más ni menos! Tu Rosario tenía que hacer lo que tú dijeras, tenías que manejar mi carrera según tus propias ideas sin molestarte en escuchar las mías, aunque fuesen tan claras como la necesidad de que tengamos nuestro propio teatro sacado de nuestra propia tradición, ayudar a que aparezcan escritores de aquí que devuelvan al teatro español la importancia que tuvo... Si no han aparecido, mala suerte. He jugado la carta de Comella, y en lugar de escribir obras cada vez mejores, lo ha hecho al revés. Yo no tengo la culpa, yo he hecho lo que debía, sí, aunque tú no lo hayas entendido, cabezota, que nunca tuviste la humildad de pensar que yo puedo tener razón, y eso no es más que soberbia, esa maldita soberbia que tenéis todos los hombres, que hasta el burro de Comella piensa que vale más que yo. Y eso sí que no, hasta ahí podíamos llegar. ¿También tú, poetastro? ¿Tú también? Pero ¿quién te has creído tú que eres, pobre hombre? ¿Dónde estarías, si no fuese por mí? Me tratas así porque ves que admiro a Moratín, que vale más que tú, y como con él no te atreves lo pagas conmigo, pero eso se ha terminado, amigo, tú a mí no me conoces... Pues no está mal, resulta que soy yo la que sufre la mala bilis de los dos celosos, como si no pudieran ellos partirse la cabeza el uno al otro y dejarme a mí tranquila... ¿Pero es que habéis pensado, Luciano y Leandro y Leandro y Luciano, que yo soy vuestra esclava en cuerpo y alma? Decid, caballeretes, ¿es que tengo yo que hacer y que pensar lo que a vosotros os dé la gana? ¡Podéis iros al cuerno cogiditos de la mano, que los dos sois iguales!... No, la verdad es que iguales no son, qué estoy diciendo... Comella es un mal poeta y un grosero, y Moratín... yo con Moratín me porté mal, el tiempo le ha dado la razón... No hay que darle vueltas, el caso es que me equivoqué con la mejor intención del mundo, pero me equivoqué, y ha tenido que llegar esta situación de angustia para darme cuenta...

¡Dios mío, esta situación de angustia, y yo aquí, pensando boberías! El sainete debe de andar ya por las últimas, a ver si miro a lo que importa... Yo creo que ya estoy bien, no noto nada más que un dolorcillo muy pequeño en el fondo del pecho, que no parece que importe para la voz... *(Prueba la voz.)* ¡Ah-a! ¡Aaah! *(Recita.)*

> Hijos queridos,
> míseros sucesores, tristes nietos
> de aquel Asdrúbal que en España
> abatió del romano el ardimiento...

(Tose ligeramente.) Dios mío, pero esto qué es... *(Vuelve a toser, con una tosecilla suave, pero tenaz.)* Yo no puedo salir así, tengo que contener esta tos, aguantármela a toda costa... *(Hace esfuerzos por no toser.)* Así, así... Ahora me duele más, mucho más... Aunque el dolor no importa tanto, con el dolor se puede estar en escena, lo peor es la tos, cuidado con ella, tengo que estar pendiente de no toser, y la voz que salga, que salga bien... Hay que salvar la función de hoy como sea, salir de este trance, salir con dignidad... No pueden verme otra vez como antes, hecha una miseria, ni tampoco puedo quedarme aquí, cuando me están esperando... ¡Señor, si hace un momento estaba repuesta! ¡Qué hago yo ahora, qué va a pasar!... Si en lo poco que falta me pusiera mejor, sólo un poco mejor... Me parece que ya no

tengo tos, no tanta como antes... Me arreglaré un poco, van a avisar enseguida y estoy descompuesta... *(Se sienta ante el espejo.)*

Qué cara, Dios mío, más pálida que la de una muerta... si no parezco yo... Esa que me mira desde el espejo, ¿quién es? ¿Quién eres tú, di? ¿Quién eres tú? ¿Eres María del Rosario o eres la Muerte que te has disfrazado de mí? ¿Por qué me miras así? Desde el fondo de esas ojeras, que estás mirando como se mira a un muerto, con tu cara de ceniza... ¡Ah, no, no, no! *(Se aplica colorete en las mejillas.)* Hay que subir, subir estos colores, encenderlos, que se venga la vida por la cara y se vaya la Muerte del espejo... ¿Cómo está ahora? Más linda y mejor, ¿verdad? Casi bien, diría yo. *(Se levanta.)* Deseando ya salir a escena, a triunfar otra vez... Voy a resplandecer, hoy va a arder el teatro, se va a incendiar de aplausos... *(Declama, con voz potente, mientras la vela del candelero, consumida, intensifica su llama con un efímero resplandor, antes de apagarse.)*

¿Discurres oponerte a mis proyectos?
A la mujer de Asdrúbal no conoces...

Esa vela... Me viene la tos, me viene otra vez y no la puedo sujetar... *(Sin embargo, no tose.)* Esa vela... apagada... Me estoy mareando... otra vez... *(Se tambalea, suelta la tos contenida, intenta sujetarse en algo, y cae. La luz, que disminuyó al apagarse la vela, se oscurece más. Pausa corta. En el suelo,* LA TIRANA *se mueve, en estado de semiinconsciencia.)*

¿Quién es? ¿Quién hay ahí? *(Silencio.)* Diga qué quiere, ¿quiere algo de mí? *(Una sombra humana se proyecta sobre la pared.)* ¿Quién es, quién... por qué no contesta?... *(Comienza a sonar la hora en un invisible reloj. Antes de que acaben las campanadas, las ahoga el ruido de un carruaje de caballos que se acerca velozmente con estruendo de cascos y ruedas, y se detiene de pronto, como si esperase tras el decorado, oyéndose piafar sobre un empedrado suelo a unos corceles impacientes y difíciles de sujetar.)*

No, yo no quiero irme... ¿Para quién es ese coche? ¿Dónde debo ir? ¿Y por qué? No quiero ir, no, no... *(Van desvaneciéndose los ruidos, al tiempo que la luz aumenta gradualmen-*

te.) No quiero irme, no quiero morir, Dios mío, no quiero morir... *(De manera insensible, está volviendo en sí al tiempo que crece la luz.)* No quiero pudrirme bajo la tierra, no quiero estar muerta, corrompiéndome sepultada mientras los demás siguen viviendo, ¿por qué he de ser yo, por qué?... *(Se endereza poco a poco, se está riendo visiblemente, aunque sigue en el estado depresivo en que la ha dejado la pesadilla.)* ¡Qué angustia, qué horror! ¡No, no, yo no me moriré! ¡Yo me tengo que curar! No trabajaré más, ni poco, ni mucho, ni nada, lo primero es vivir, vivir yo, lo mismo que viven todos, ya le he dado al teatro más de lo que merece, se acabó... Está decidido, no hago el *Asdrúbal*, que se vaya el público a su casa, y yo a la mía. Ni una palabra más, lo tenía que haber hecho en el primer momento, no sé cómo he podido pensar en hacer la función esta noche, si me estoy muriendo... *(Se oyen unos golpes en la puerta.)*

¿Eres tú, Manolo?... ¿Dices que si me encuentro bien? Pues... *(Con asombro.)* Pues... sí, en este preciso momento, sí, pero hace un instante... ¿Que si puedo hacer la función? No sé... quizá sí, si no se repite lo de ponerme peor.. Yo creo que sí, que la puedo hacer si llevo cuidado... Espera, que te abro. *(Se dirige a la puerta. Al inclinarse ligeramente para descorrer el pasador, la acomete repentinamente una fuerte tos. Aterrada, corre a sentarse en el canapé, donde continúa tosiendo.)*

No... *(Entre toses.)* No puedo... salir... a escena... No, no, no saldré ya... ni hoy, ni nunca... Está decidido, díselo... al público... Despídeme... diles que se acuerden... de mí... Corre, díselo... *(Mirando la vela apagada.)* Una vela consumido... ya no puede arder más... Me he quedado sin cera que quemar... la he gastado muy deprisa... y, al final, no sé... no sé si ha valido la pena... *(Tose con fuerza reclinándose sobre el canapé, mientras decrece lentamente la luz hasta el oscuro.)*

Madrid, abril-julio de 1982

Jesús Campos

Danza de la última pirámide

PERSONAJES

Doña Carolina, Marquesa de Tejón
Administrador

Salón de palacio, con muebles de distintas épocas. En pie, DOÑA CAROLINA, *Marquesa de Tejón, con sus setenta años bien erguidos, viste un vestido antiguo muy escotado. Frente a ella, su* ADMINISTRADOR, *de avanzada edad, enjuto, encorvado y un punto siniestro, se cubre con un abrigo grueso y ciñe al cuello una bufanda.*

DOÑA CAROLINA.—No me replique. *(Pausa.)* No me replique. Le digo que hay que hacerlo y hay que hacerlo. La demolición debe comenzarse de inmediato. Y no le dé más vueltas. En el momento en que estén instaladas las cruces y veletas, al instante, debe comenzarse el desmantelamiento. Yo... agradezco, digamos, su interés, pero no es asunto de su incumbencia. Sé que mi marido habría tenido en consideración su consejo; me consta que gozó usted de la confianza de su familia, como goza hoy de la mía... en cierto modo. Pero al igual que en las veces anteriores, vuelve usted a oponer resistencia. Y sé perfectamente lo que ocurre. Conozco sus temores. Estoy al corriente del riesgo que comporta la situación; soy consciente de las dificultades, y aun así, estoy decidida a afrontarlas.

(El ADMINISTRADOR *sube unos peldaños y se acerca al arcón, lo abre, coge un lienzo blanco y camina hacia una silla.)*

Tengo muy presentes los servicios que, tanto usted como su familia, han prestado a esta casa. Huelga, por tanto, toda consideración sobre lealtad, desinterés, abnegación y demás cualidades que le honran y que nadie le discute. No dudo de la buena intención de su consejo; lo que ocurre es, simplemente, que no se lo he pedido. Su puesto de Administrador de Vidas y Haciendas le faculta para eso, para administrar; pero nada más. Así que téngalo en cuenta: no estoy dispuesta a consentir que discuta mis decisiones; máxime cuando, como en este caso, se trata de una decisión irrevocable. Y le advierto que su comportamiento está empezando a incomodarme, pero que muy seriamente. En todo este asunto, su actitud ha sido reticente, nada considerada. Siempre puso objeciones al proyecto; ha estado continuamente entorpeciéndolo, obstaculizándolo: en cada detalle, a cada momento. Y no sólo durante las distintas fases de la construcción, sino también, y muy especialmente, durante su demolición y desmantelamiento. No crea que no lo he notado.

(El ADMINISTRADOR, *que ha desdoblado el lienzo, lo extiende parsimoniosamente sobre la silla y vuelve hacia el arcón.)*

Tanto las veces en que le ordené reemprender las obras, como en las ocasiones en que consideré más conveniente su demolición, usted siempre encontró el modo de mostrar su disconformidad. Sí, ya, ya conozco sus argumentos y entiendo que desde su punto de vista eso sea lo lógico, pero no es su punto de vista el que tiene que prevalecer, sino el mío. Sus objeciones son técnicamente impecables; usted enjuicia el asunto desde su óptica y partiendo de unos supuestos estrictamente económicos, y ahí, precisamente ahí, es donde radica su incapacidad para opinar sobre este tema. Sus motivaciones están faltas de altura, de visión política.

(A través de las paredes inexistentes, observamos un paisaje nevado. El ADMINISTRADOR *se detiene y la escucha.)*

Y no pretenda ver en esto ninguna connotación peyorativa, pero su opinión corresponde con justeza al razonamiento que puede esperarse de un administrador. Sus puntos de vista están faltos de grandeza, de generosidad, de sentido histórico. Lo que para usted es una cuestión que se resuelve en libros de contabilidad, para mí es la antesala de la Historia. Mi visión del problema va más allá de la simple conservación del patrimonio familiar. Y no crea que no me resulta doloroso desprenderme de fincas y regalías, de rentas y usufructos, de todo lo que durante siglos ha pertenecido al Marquesado.

(El ADMINISTRADOR *toma dos nuevos lienzos del arcón.)*

Le consta que cada vez que ha sido necesario pasar por el trámite humillante de la venta, he sufrido el ultraje en lo más íntimo, sin escatimar generosidad ni sacrificio de ningún tipo. Y no sólo al vender los cotos de Sierra Morena o al subastar los regadíos del Guadiana, por citar los expolios más dolorosos; usted sabe muy bien que cada pequeña huerta de hortalizas sacrificada al proyecto, cada propiedad desgajada del patrimonio las he sentido en mi cuerpo como una amputación. Mientras usted se limita a reflejar en asientos contables el avance implacable de mi ruina, yo la sufro en lo más recóndito de mi ser. Y entiendo, claro que entiendo su preocupación; usted, por el contrario, nunca podrá entender la naturaleza de mi dolor. ¿Sabe lo que significa...?

(El ADMINISTRADOR *deja un lienzo en la banqueta.)*

¿Puede imaginar el infinito vacío que se produce en lo más íntimo del joyero cada vez que se pignora una esmeralda o un camafeo, teniendo la certeza de que el final de tan arriesgada operación financiera será malvender la papeleta entre usureros y comerciantes de rapiña? ¿Se figura lo que supone decir adiós para siempre a una diadema que llevamos siglos asegurando que nos la regaló la emperatriz de las Rusias Occidentales? ¿Puede imaginar la humillación que soporto estoicamente, al verme reducida a manipular los alimentos con cubertería de acero inoxidable? ¿Acaso cree que no me preocupa saber que sanguijuelas y prestamistas me acechan y me espían desde todos los horizontes y otras lejanías de ocultarse?

(El ADMINISTRADOR *cubre un «tú y yo» de brazos torneados.)*

Sé perfectamente qué es lo que puedo esperar de su comprensión: nada. Su único desvelo es recordarme, como una afrenta, la alarmante situación financiera. Fíjese, fíjese en su indumentaria; podría presentarse ante mí sin ese engorroso abrigo, sin ese impertinente abrigo lleno de... de... de insolencias y acusaciones. Podría ir a traje descubierto, pero no: usted procura recordarme a cada momento que estamos en invierno; que estamos en invierno y sin paredes. Si hay algo que jamás me ha perdonado, es que vendiéramos las paredes. ¿Se imagina que para mí las paredes no significan nada? ¿Cree que soy insensible al rigor del invierno? Pero aquí me tiene: escotada, heroicamente escotada como si anduviéramos sobrados de calefacción. No quiero, no puedo, no estoy dispuesta a renunciar a la compostura por haber tenido que prescindir de las paredes. Bastante doloroso fue desmontar la cantería, desgajar los sillares, descuartizar los emblemas, malvender la heráldica de los sobreportales; para también tener que admitir que nos penetra el frío y el ojo del curioso. ¡Me niego! ¡No soy vulnerable a las miradas transeúntes! Y si gentes de a pie se acercan a observarme, no advertirán en mí desdoro ni titubeo. A usted, en cambio, le falta tiempo para sonreír, para saludarlos con la mano, para permitirse familiaridades que me avergüencen y me confundan. No sólo hace evidente que estamos expuestos a la mirada campesina, no sólo posa para los turistas, sino que además, camina por las estancias de palacio con la bufanda y el sombrero, tiritando y estornudando, con una insolencia inadmisible. Es más, los días de lluvia, sepa que lo he visto, se permite abrir el paraguas; sí, abrir el paraguas a mis espaldas. Su comportamiento es una acusación. Ni entiende ni perdona el amor, la dedicación, el éxtasis con que invierto todo mi esfuerzo, todo mi entusiasmo, y lo que para usted es, sin duda, mucho peor, todo mi dinero, en la construcción del glorioso mausoleo, del mausoleo inmortal. Abierta o taimadamente, de su gestión sólo se han derivado torpezas cada vez que he requerido el concurso de artistas y artesanos exóticos. Estoy enterada de que me tiene en lenguas, que me difama en la taberna, que seguro usted frecuentará; sé que critica el que haya vendido cañerías y sanitarios para pagar al artífice que esculpió las nervaduras de la cúpula celestial. ¿Pero qué suponen cuatrocientos cincuenta kilogramos de plomo al lado de un festoné de piedra en arcos conjugados a cero coma setenta y siete kilómetros quince centímetros sobre el nivel del mar? No, su opinión no me sirve, porque usted ni ama el mosaico bizantino ni se deja iluminar por las vidrieras emplomadas; usted es insensible a la talla policromada, a la plata repujada, al bronce pavonado. Sí, al bronce pavonado. Yo levitaré a hombros de ángeles fundidos en bronce pavonado, ángeles voladores que me elevarán en triunfo sobre la muerte devastadora.

(Sobre la contrariedad en el rostro del ADMINISTRADOR, DOÑA CAROLINA *se abre triunfante dominando la situación.)*

No, no se sorprenda, sé todo lo que piensa, siempre lo he sabido. Usted odia el glorioso mausoleo porque sabe que el destino de los administradores, su destino, es desaparecer; mientras, por el contrario, los aristócratas, y yo entre ellos, permaneceremos. Lo entiende, ¿verdad?, hasta ahí lo entiende; no lo aprueba, pero lo entiende. Lo que escapa a su lógica, lo que le sobrepasa, no es la construcción del mausoleo invencible, sino mi decisión de destruirlo cada vez que la obra llega a su fin. No puede comprender que agote mi fortuna en erigir, una y otra vez, el monumento histórico de mi muerte, y que al culminar con la coronación de la veleta, comience, sin pausa y sin descanso, el desmantelamiento de la obra. Le desconcierta que invierta el signo del esfuerzo y ponga toda mi energía en la devastadora demolición hasta dejar el terreno rasante y desolado.

(El ADMINISTRADOR *continúa cubriendo los últimos muebles.)*

Me consta que, entre los visitantes y turistas, entre las gentes de excursión que me contemplan, ha corrido la voz de que estoy loca. Todos los visionarios de la Historia oficiaron de locos, así que no me importa. Nada como la locura para pisar con firmeza los caminos de la eternidad. Otros, mejor intencionados, piensan que tanta construcción y destrucción es un pretexto para dar de comer a los obreros, que soy la aristócrata generosa que construye y destruye su privadísima iglesia-catedral alentada por motivos socioeconómicos. ¿De verdad me cree tan marxista-leninista? Frío, frío, frío. No, no es por ahí. Nadie sospecha —y usted menos que nadie—, nadie imagina, nadie acierta a entender por qué alto motivo arruino mi hacienda en este frenesí de la albañilería. ¿Quiere saber por qué? *(Ríe.)* ¿Le intriga?

(El ADMINISTRADOR *detiene su tarea.)*

¿Qué daría por saberlo? ¿Dejaría por fin la letanía de los números rojos y deudores? ¿Sería capaz, al menos, de dejar el abrigo colgado en el perchero? Por tener la certeza de que jamás volverá a estornudar, sería capaz de explicárselo todo. Me agota su reproche incesante, su acusador escalofrío. Tiene que prometerme que jamás me dará consejos negativos y sólo por un segundo le mostraré el secreto; un segundo sólo, y deberá olvidarlo de inmediato. Chis... Nadie debe saberlo; yo misma me lo oculto para mayor seguridad.

(El ADMINISTRADOR *se acerca, dando a entender que se aviene al acuerdo.)*

Recuerde: nada de nada a nadie. Un pacto de silencio. Entra usted en el secreto y cesa en la discordia. Ni a mí debe decírmelo. *(Juntos, antes de hacerle la confidencia, miran a todos los lados.)*

Tejiendo y destejiendo mausoleos, convertida en la Penélope de la piedra, voy burlando la muerte durante el transcurso de los siglos. ¡Me sobrevivo en la continua transformación! ¿No ha visto sus sudarios cómo acechan?, ¿cómo extienden helada su lámina de nácar?, ¿no siente cómo el viento convierte las rendijas en puñales?

(Los muebles quedan cubiertos por los lienzos.)

Sus uñas, sus punzones, sus agujas, desde el primer momento, me persiguen, me acosan, me atenazan. ¡El océano blanco! ¡No! ¡Me niego a naufragar! Cuando la muerte llegue y me visite, yo estaré entregada a mi tarea. Tengo que estar tejiendo y destejiendo sin descanso. Nunca desprevenida. No me sorprenderá en el desaliento. Desalentar sería... como ofrecer la herida para que se acomode la enemiga.

(DOÑA CAROLINA *acusa el cansancio y se sienta en el canapé.)*

Apremia destruir. Colocar la veleta y sin que gire, sin dejar que señale la dirección del viento y de la muerte, destruir sin descanso. Desmantelar la Historia. Demoler la memoria. Arrasar el pasado. Dejar la vida en blanco, desnuda y por hacer.

(El ADMINISTRADOR *toma un lienzo.)*

¿Lo entiende? Ya sabe mi secreto ¿Quiere aún que repare en medios de fortuna? Conmigo se consume mi riqueza. ¡Incendios! Incendios necesito para escapar del frío, y usted va y se entromete con sus cuentas contables presagiando ruinas donde sólo hay victorias.

(El ADMINISTRADOR *desdobla el lienzo. Se aproxima a* DOÑA CAROLINA.*)*

Usted me desmorona los impulsos, me agrieta las ideas. Usted me maniata, me reduce. Con usted la ruina es un cuchillo.

(Doña Carolina *se recuesta.*)

Antes de que se hinque la veleta en los cuatro dolores cardinales. Antes de que se quiebren el equinoccio de marzo y el de septiembre. Antes que la paloma y el jazmín asesino. Antes que atesorar los arrayanes. Alfileres de agua...

(Y el Administrador *extiende el lienzo y cubre su voz quebrada.)*

José Luis Alonso de Santos

Breve encuentro

PERSONAJES

Él
Ella

Apartamento-habitación de un hombre solo, en el que reina un gran desorden. Una cama, un sillón, una televisión, una mesa y sillas, un armario y una estantería. Al lado opuesto, una pequeña cocina con un mostrador, llena de cacharros sucios. Unos cuadros absurdos y sin sentido adornan las paredes. La única ventana da a un callejón sin salida donde se ven altos edificios, y una línea de cielo por donde entra la primera luz de la mañana. En la cama un hombre y una mujer de mediana edad. Él fuma sentado en la cama. Ella, tumbada a su lado. Él habla, de pronto, rompiendo el silencio.

Él.—*(Mirando al techo de la habitación.)* A un amigo mío le pilló un camión.
Ella.—¿Un camión? ¿Cuándo ha sido? ¿Está grave?
Él.—Se murió. Le pasó el camión por encima. Puede pasarnos a cualquiera. Vas andando tranquilamente por la calle un día, y viene un camión enorme, se sube a la acera y te lleva por delante. Yo lo vi desde la ventana de mi casa.
Ella.—Sí, pasan cosas terribles...
Él.—No, si no me importa, fue hace mucho y casi ya ni me acuerdo. Fue en mi barrio, cuando éramos pequeños. Era amigo mío, y venía a traerme unos cromos, creo. Yo estaba malo y no podía salir. Entonces llegó el camión..., y le aplastó.
Ella.—*(Se incorpora en la cama y le mira fijamente.)* Oye..., ¿tú estás tarado, o qué? Me traes a tu casa y me metes en tu cama para contarme esa jodida historia de tu infancia...

(Se levanta de la cama y empieza buscar su ropa.)

La culpa la tengo yo, por irme a follar con el primer borracho que me encuentro... ¿Has visto mis bragas?

(Levanta las sábanas de la cama, recupera sus bragas y sigue vistiéndose.)

ÉL.—Sólo te he contado una cosa que me ha venido a la cabeza de pronto. Anoche parecía que estabas estupendamente conmigo...

ELLA.—Anoche estaba borracha. Ahora estoy jodidamente serena, y tengo resaca además, y me duele la cabeza, y no quiero que me cuenten gilipolleces de camiones que aplastan a niños en la calle al levantarme por la mañana. Bastante tengo yo ya con lo que tengo.

ÉL.—Pues por eso te he dicho lo del camión. Como anoche todo el tiempo decías que la vida era una mierda, es una prueba de que tenías razón. Vas tan tranquilo y te pasa un camión por encima, como a mi amigo...

ELLA.—No me lo irás a contar otra vez..., porque ésta es una conversación de mierda para tenerla a estas horas. Te has pasado la noche soñando en voz alta, sin dejarme dormir, hablando de túneles y de arañas gigantes que te comían. ¿Siempre tienes pesadillas por la noche?

ÉL.—Sólo si bebo. Me encontraba fatal. No me sienta bien la bebida... He estado toda la noche a punto de vomitar. Debe de ser del hígado.

ELLA.—A nadie le sienta bien, y no nos ponemos a pegar gritos en mitad de la noche, ni a decir «¡que vienen las arañas!». Y ahora te pones a contarme la jodida historia esa del camión. Pues sí que eres alegre tú...

ÉL.—Oye, te pones la ropa, y te vas a la puñetera calle, así no tienes que escuchar mis historias, si no te gustan.

ELLA.—Me pondré la ropa cuando la encuentre. Como lo tienes todo así de desordenado, no hay quien encuentre nada...

ÉL.—Esto tiene gracia también, que vengan a quejarse de cómo tienes tu casa. A ti qué huevos te importa cómo tengo yo mi casa..., digo yo.

ELLA.—*(Vistiéndose.)* Qué amable y educado. No te pareces en nada al de anoche... Se ve que sólo estás bien si has bebido, si no, no hay quien te aguante, guapo. El lavabo está ahí..., ¿no?

(Entra en el lavabo, deja la puerta abierta, y sigue hablando. Oímos el ruido del grifo y de la cisterna.)

¿Sabes por qué me he venido contigo esta noche? Porque no tenía dónde ir. Si no, no me hubiera metido en la cama con el primero que me encuentro. No soy una cualquiera.

ÉL.—*(En voz alta, para que ella le oiga desde el lavabo.)* Oye, a mí no tienes que darme explicaciones, ni meterme rollos, ni chorradas de si eres una cualquiera o no eres una cualquiera...

ELLA.—*(Desde el lavabo.)* Ah, para ti son chorradas... ¿Y lo del camión de tu amigo no son chorradas?

(Sale del lavabo, terminando de ponerse la ropa.)

Voy a volverme loca, necesito beber algo... ¿Tienes algo de beber?

ÉL.—Si quieres un café... Aquí no tengo nada...

ELLA.—Pues dame un puñetero café. Si no tienes otra cosa...

(ÉL se pone a hacer el café. ELLA se sienta en una silla y se pone a llorar.)

ÉL.—¿Qué te pasa?

ELLA.—*(Agresiva.)* Tengo ganas de llorar, ¿pasa algo? A ver si no va a poder una ya ni llorar cuando le dé la gana.

ÉL.—No me gusta que la gente venga a llorar a mi casa. Lloras en tu casa lo que te dé la gana, pero aquí no.

ELLA.—¿Pero tú eres imbécil, tío? Anoche me vine contigo porque cuando te acercaste en el bar y me invitaste a una copa eras amable y simpático conmigo, y ahora te pones así, sin razón. No me gusta la gente que trata mal a los demás. Somos personas, no animales. Todos necesitamos un poco de cariño, y que nos comprendan, y que nos dejen llorar si queremos llorar. ¿Es que ya no queda ni un poco de humanidad en este mundo?

(Sigue hablando de forma compulsiva, y ÉL la mira sin moverse, paralizado con la cafetera en la mano.)

235

Yo he tenido muchos problemas en la vida, ¿sabes? Me han pasado cosas horribles que no te puedes ni imaginar, y he tenido que aguantar lo que no se sabe, y eso no es justo, digo yo. Las cosas siempre quieres que sean de una forma y acaban siendo de la contraria, para que salgan mal y nos jodan bien. Lo menos que podemos pedir en esta vida es que no nos traten como basura. ¿Qué es lo que pasa? ¿Es que no puede una vivir tranquilamente, en paz?

Él.—Y a mí qué me cuentas... ¿Soy tu padre yo acaso? No te jode, el rollo que me ha metido...

Ella.—¿Qué pasa? ¿Es que no puede una ya ni hablar? No puedo llorar..., no puedo hablar..., me vas a tener que dar una lista de las cosas que no puedo hacer, tío. Pareces la policía.

Él.—Puedes hacer lo que te dé la gana, pero en tu casa, no en la mía. ¿Te echo más café?

Ella.—Te he dicho que no tengo casa. Sí, échame más maldito café. La taza entera.

Él.—Yo no te cuento mi vida, ¿no? Pues joder, no me cuentes tú la tuya. No podemos ir por la calle contándole nuestra vida a los demás, quieran o no quieran oírla. Si quieres empiezo yo desde el principio la mía, para que te enteres: «Yo era pequeñito y no me querían, y mi padre me pegaba...». ¿Quieres azúcar?

Ella.—¡No, no quiero tu puñetero azúcar!

(Pausa. Toman el café un tiempo sin hablar.)

Él.—¿Y dónde vives? Porque en algún sitio vivirás, digo yo. ¿O duermes en la calle...?

Ella.—Vivo en casa de mi hermana, pero no quiero vivir allí. Mi hermana no es mala persona, pero no la aguanto, ni ella a mí. De vivir juntas hemos ido odiándonos. Y a mí me gusta beber, lo reconozco. No soy una de esas personas que se mienten a sí mismas. Y ella me martiriza con eso. Por eso no quiero seguir viviendo con ella.

Él.—¿Y dónde quieres vivir?

Ella.—*(Pausa. Ella le mira un momento fijamente.)* Aquí, contigo.

ÉL.—¿Aquí conmigo? Tú, desde luego, estás mal de la cabeza. Era lo que me faltaba a mí ya. ¿Pero cómo vas a vivir aquí conmigo? No me conoces de nada, no sabes ni cómo me llamo. ¿Cómo me llamo? A ver.
ELLA.—El nombre es lo de menos. Tú tampoco sabes cómo me llamo yo.
ÉL.—Eva.
ELLA.—Ya, y tú Adán. Y esto es el Paraíso.
ÉL.—¿Y eso a qué viene ahora? No comprendo tu forma de hablar, te lo juro. Tú me dijiste que te llamabas Eva.
ELLA.—Era por decir algo. No voy a decirle mi nombre al primer desconocido que se acerque.
ÉL.—¿Ah, sí? ¿Te podías acostar conmigo, pero no podías decirme tu nombre?
ELLA.—Sí. ¿Pasa algo?
ÉL.—¿Y si yo llego a ser un asesino, como los del cine, y te estrangulo esta noche mientras estás durmiendo, qué?
ELLA.—Tú no tienes cara de estrangular a nadie.
ÉL.—¿Y cómo son las caras de los que estrangulan? Pues me he cargado a más de una, para que lo sepas.
ELLA.—Ya. También te podía haber hecho algo malo yo a ti..., pero si no confiamos en nadie, no sé qué va a pasar.
ÉL.—¿Y cómo te llamas? Cómo te llamas de verdad.
ELLA.—Ana.
ÉL.—Ana... Eva... Son parecidos. Cortos los dos. Yo, Diego. Te lo dije anoche, pero no te acordarás... Con la curda que llevabas...
ELLA.—No tienes cara de llamarte Diego... Bueno, entonces..., ¿me quedo aquí contigo, Diego?
ÉL.—La última mujer que vivió conmigo me dijo un día «me voy», cogió sus cosas y se fue. Estaba sentada ahí, donde estás tú... Ahora vienes tú y dices «me quedo»... ¿Yo qué soy? ¿Una silla, para sentarse y levantarse?
ELLA.—Ayer hablamos muchas horas, y me gustó lo que contabas de tu trabajo y de tu vida. Me dijiste que te sentías un topo conduciendo los metros, y que cantabas canciones en la oscuridad para no sentirte solo. Te pregunté que de qué eran las canciones, y me dijiste que de amor. Me gustaba imaginarte por los túneles del metro cantando canciones amor...

Él.—Ésas son las tonterías que se dicen por la noche cuando uno toma una copa. Me sentía solo..., te vi allí..., las cosas que pasan.

Ella.—Yo también me siento sola muchas veces...

Él.—Sí, pero tampoco tienes que ir repitiendo por ahí lo que te dije, ni lo que me pasa... Cuando tomas una copa siempre habla uno de más...

Ella.—¿Por qué me trajiste aquí anoche, contigo?

Él.—Y yo qué sé. Ya te lo he dicho, había bebido, y estaba harto de estar solo. Tenía ganas de compañía...

Ella.—Sí, pero allí había más mujeres. ¿Por qué te acercaste a mí?

Él.—¿Quieres que te diga la verdad? Por tus tetas. Sí, por tus tetas. Soy conductor de metro, te lo dije. Me paso el día con las manos agarrotadas en los mandos de hierro. Me duelen hasta los dedos. Pensé que me gustaría poner mis manos en tus pechos... redondos y grandes.

Ella.—¿Te fuiste conmigo para poner tus manos en mis tetas? ¿Y te gustó? Después, que si te gustó... Te dormiste pronto.

Él.—Sí, me gustó. Hacía muchos días que no dormía... Pero sí, me gustó.

Ella.—También me gustó a mí cuando tú me acariciabas. Hacía mucho tiempo que no estaba con un hombre, y fue muy agradable... Lo pasé muy bien contigo.

Él.—Yo también lo pasé muy bien..., pero eso no quiere decir que te tengas que quedar a vivir aquí.

(Él *ha ido con su taza de café en las manos hasta la ventana. Fuera cae la lluvia.*)

Está lloviendo... Anoche, cuando te abrazaba, con los cuerpos pegados, juntos, tan unidos... Y hoy, discutiendo aquí contigo como si nos conociéramos de siempre... Hay momentos en que me da la impresión de llevar la vida entera contigo..., y eso que te acabo de conocer..., pienso que este momento tiene sentido, y lo demás no. Pero otras veces te miro y sé que no te conozco, ni te conoceré nunca.

(Pausa. Se separa de la ventana.)

Hay algo que no te he dicho: estoy enfermo.
ELLA.—¿Estás enfermo? No tendrás el Sida, o algo así...
ÉL.—No, no... No me encuentro bien de aquí... *(Se toca la cabeza.)*
ELLA.—¿Estás loco?
ÉL.—¡No, joder... no estoy loco! Pero me encuentro mal. Tengo depresiones. Tengo que tomar una medicación...
ELLA.—Yo también tengo depresiones. Todo el mundo tiene depresiones. Cómo no vamos a tener depresiones en un mundo como éste. Nadie quiere a nadie.
ÉL.—No es eso, pero déjalo. Es lo mismo.

(ELLA *se acerca a* ÉL.)

ELLA.—¿Ya no te apetece tocar mis tetas?
ÉL.—Sí, pero si te toco, te vas a querer quedar, y no quiero que te quedes. No es por ti, de verdad, es que no aguanto a nadie. Bastante tengo con aguantarme a mí mismo.
ELLA.—Podíamos intentarlo..., unos días... Si luego no funciona...
ÉL.—No puede funcionar, y luego sería peor. Las personas como tú y como yo no queremos amor, ni nada de eso. Sólo necesitamos alguien al lado para que nos cuide, y nos quite la soledad. Una botella hace el mismo efecto, y cuando se termina se tira a la papelera.
ELLA.—Más o menos como yo...
ÉL.—No quiero más problemas en mi vida. Si quieres te doy algo de dinero, para el taxi, o para un hotel unos días, si no quieres ir a casa de tu hermana...
ELLA.—¿Ahora me vas a pagar, como a una puta? Soy una mierda, y una borracha..., me tiran a la papelera cuando terminan conmigo, como tú..., pero regalo que me toquen y que me besen. Mis tetas son gratis, fíjate. ¿Sabes la diferencia entre tú y yo? Yo estoy viva. Llena de jodidos problemas, amargada, bebiendo, perdida, sin tener dónde ir..., pero viva. Tú estás muerto. Muerto y enterrado. No se notará nada cuando te mueras de verdad. Pensarás y sentirás lo mismo que ahora: nada de nada.

ÉL.—No te has quedado y ya me estás echando broncas, así que imagínate si te quedas.

ELLA.—Pues nada, yo me voy. Quédate aquí solo, en tu cueva. Que sigas con tus canciones de amor, y tus pesadillas. Los topos no saben lo que se pierden, porque sólo entienden de lo que hay debajo de la tierra. El cielo no es para ellos.

(Recoge sus últimas cosas y va hacia la puerta. ÉL no se mueve.)

Quizá algún día nos volvamos a ver. ¿Trabajabas en la línea circular, me dijiste, no? Cada vez que monte en ella me acordaré de ti. Estaré atenta a ver si entre el ruido de las vías escucho tus canciones.

ÉL.—Lo siento..., así son las cosas. Yo también me acordaré de ti.

(ELLA *le mira un momento, sonríe con tristeza, abre la puerta y sale.* ÉL *levanta los ojos y se queda perdido, mirando al infinito.)*
(Oscuro.)

José Sanchis Sinisterra

La puerta

... Al fin y al cabo, ¿qué me importa? ¿No he estado siempre solo? ¿No estaba solo ayer, y el mes pasado, y todos estos años? Ellos conmigo, sí, cerca de mí, aquí mismo, compartiendo mis días y mis noches... Sí: mis noches también... Y, sin embargo, tan lejanos, tan extraños, tan ajenos a mí y a mis anhelos... Ya estaba solo ayer, y el mes pasado, y todos estos años. ¿Qué importa que se vayan, que se hayan ido todos? Yo me fui mucho antes, me desterré en silencio, y allí, tras esa puerta, nutrí de soledad mi largo exilio. Así pues, nada ha cambiado. Se han ido un poco más, eso es todo... Yo seguiré luchando solo ahí, tras esa puerta, recordando tal vez, como en un sueño, sus voces y sus pasos...

(Al público:)

Hay un pequeño problema... Yo salgo por esa puerta, efectivamente, y la obra se acaba. Es un final muy bello y muy triste. La luz va descendiendo lentamente, excepto la que sale por mi puerta. Empiezan a oírse voces y pasos apagados, lejanos... «como en un sueño», sí... y va cayendo despacio, «muy despacio», dice el autor, el telón...

Pero hay un problema... Para mí, claro: no para ustedes... Ustedes aplauden, o no, depende, se limpian las lágrimas, se suenan... los muy sentimentales, claro... se levantan y se van. Salen a la calle y se van a sus casas... o a tomar algo, depende. Pero no les pasa nada. Quiero decir que siguen siendo ustedes, los mismos que entraron aquí hace un rato, los mismos que han estado presenciando la obra... y que ahora me están mirando desde ahí, tan tranquilos, quizás un poco extrañados, o no, cualquiera sabe...

Mientras que yo... si salgo por esa puerta... Quiero decir: cuando salga por esa puerta... Porque tendré que salir, más pronto o más tarde, eso está claro: no voy a quedarme aquí eternamente... ¿Qué iba a conseguir con eso? Cuando ustedes se vayan... porque es seguro que se irán, más pronto o más tarde, no faltaría más... Cuando ustedes se hayan ido, ¿qué hago yo aquí, me lo quieren explicar? ¿Qué sentido tiene que yo me quede aquí, como un... como un...? Bueno, ya me entienden.

Pues, como les decía: cuando salga por esa puerta, se acabó. Se acabó todo. No me refiero a la obra, me refiero a mí. O sea que, cuando salga por esa puerta, me acabé... si me permiten la expresión. C'est fini. Finish. Finito. Non plus ultra.

Sí, claro: queda el actor. El actor que interpreta mi papel. O sea: este que ven ahora aquí, y que les está hablando como si fuera yo. Pero él no soy yo. Por favor: no vayan ustedes a confundirnos. El actor es el actor... y yo soy yo, algo muy distinto. No tengo nada en contra suya, al contrario... Si no fuera por él... Pero las cosas como son: al César lo que es del César y etcétera, etcétera. Él ha interpretado mi papel, es cierto, y no del todo mal, hay que reconocerlo... Por otra parte, nadie menos indicado que yo para juzgar su talento artístico... si es que lo tiene. Cosa que no pongo en duda, desde luego... Sólo que, claro, un papel tan complejo como el mío, tan profundo, tan rico en matices...

Pero a lo que íbamos: quien les ha interesado con su drama, quien les ha mantenido en vilo —vamos a suponerlo— durante las dos últimas horas, quien les ha conmovido con su humilde tenacidad, con su discreta rebeldía, con su callado sacrificio... he sido yo. Yo, y no él.

Por favor: no me interpreten mal. Estas palabras, dichas por mí, pueden sonar a inmodestia, a vanidad, a orgullo...

Nada más lejos de mi manera de ser: ustedes lo han podido comprobar. Si algo me caracteriza es, precisamente, lo poco que me gusta alabarme, lo poco que valoro mis méritos....

Porque, al fin y al cabo, tales méritos no son míos, sino del autor que ha tenido la amabilidad de adjudicármelos. Yo, bien lo sabe Dios, no he hecho nada para merecerlos. Me he encontrado con esas... digamos, sí, virtudes —aunque me esté mal el decirlo—, sin comerlo ni beberlo. Ahora bien: el autor es el autor, y si él ha querido hacerme así, ¿quién soy yo para enmendarle la plana? Sus razones tendrá... que yo desconozco, naturalmente. Bastante me cuesta ya formular... ¿qué digo formular?: imaginar siquiera... que sólo soy el fruto del talento de un autor. Y digo talento sin considerarme tampoco capacitado para juzgar sobre el Arte Dramático, arte del cual no soy, al fin y al cabo, más que una insignificante criatura...

Les decía, pues, que yo no soy el actor... aunque es indudable que un ambiguo parentesco nos une. Incluso, me atrevería a decir, algo más que un parentesco, pero... ¿cómo llamarlo? ¿Qué nombre dar a nuestra... simbiosis? En fin: dejemos este espinoso problema para los teóricos del teatro. Doctores tiene la Iglesia, etcétera, etcétera. Y a mí me preocupan problemas más concretos, más prácticos. Tan concretos como esa puerta. Tan prácticos como cruzarla... o no cruzarla.

Porque el actor, claro... o sea: este señor que tan amablemente me está prestando su cuerpo y su voz, sus innegables cualidades artísticas... El actor, digo, no tiene problemas. O, al menos, sus problemas son, con toda seguridad, de índole muy distinta. Y seguro que, si quiere darles publicidad, puede disponer de otros medios para ello. Mientras que yo... si cruzo esa puerta... si la hubiera cruzado cuando debía...

El actor, sí, sale por ahí, deja la puerta abierta para que entre la luz, respira hondo y... ¡tan feliz! A esperar que baje el telón, que suenen los aplausos... Porque seguro que suenan, a la gente le gusta aplaudir: después de dos horas sin apenas moverse... Y entonces, ¡qué gran momento para el actor! Libre de mí, desembarazado al fin de esta engorrosa identidad advenediza que, durante dos horas, ha compartido sus zapatos, vuelve a entrar en escena sonriente, bañado por la luz. Y esa clamorosa crepitación de manos, ese cálido trueno que le acoge, esas miradas fervientes puestas al fin en él, en él, sin duda alguna ya, sin espejismos...

Algo más tarde, en su camerino, sudoroso aún, agotado y feliz, qué de abrazos, de besos, apretones de manos, palmadas en la espalda... Puedo imaginarlo, sentirlo casi, verle también, sentado ante el espejo, borrándose del rostro mi color, mis facciones, mi edad... las huellas de mi paso por la tierra...

Y mientras tanto, yo, ¿por dónde ando? ¿Qué habrá sido de mí? Esta presencia lúcida, anhelante, viva —aunque, debo reconocerlo, herida ya por un atisbo de agonía—, esta especie de ser que se aferra a vosotros para seguir siendo, ¿qué edad tendrá, cuál será su color, qué facciones verá... y ante qué espejo?... Y en cuanto a los zapatos, más vale ni pensar: me sobrepasa...

¿Es esto justo? ¿Puede admitirse alegremente tamaña falta de equidad? Dentro de unas horas, ustedes dormirán tranquilamente en sus casas, el actor saboreará las mieles del éxito entre los brazos de una dulce amiga... o amigo, allá cada cual con sus gustos... Y en cambio, un servidor de ustedes, y mi sacrificio, mi rebeldía, mi tenacidad, mis anhelos, mi lucha... toda esta red sutil de virtudes, de gestos, de palabras tan laboriosamente urdida por el autor —a quien quiero aprovechar la ocasión para felicitar públicamente no sólo por el éxito que, sin duda, va a obtener esta noche, sino también y sobre todo por el primor y el rigor con que me ha creado a mí y, debo reconocerlo, a los demás personajes de esta obra, en especial a Víctor, mi falso cuñado, y también al anciano mayordomo, cuyo soliloquio del segundo acto es un prodigio de... Pero ¿qué estaba diciendo?

Sí, sí: ya lo sé... Hablo y hablo y hablo para retrasar lo inevitable: mi salida por esa puerta y, con ello... mi total disolución, mi repentina podredumbre, mi naufragio en el polvo del teatro.

Pero es humano, ¿no? ¿Qué harían ustedes en mi lugar? ¿Qué harían ante la puerta inexorable que les ha de aniquilar un día u otro, si pudieran recurrir a esta torpe, absurda, ridícula, sí, y precaria estratagema... para retrasar siquiera unos minutos su fatal travesía?

Es humano, sí. Demasiado humano. Y yo, por suerte o por desgracia, también lo soy. A mi manera, claro, que no es como la suya. Que no es como la de nadie, ni siquiera como la del actor, que esta noche ha mezclado su vida con la mía para darles a ustedes...

¿Esta noche? ¿He dicho esta noche? Sí, claro... Pero quien dice esta noche, dice también mañana... Y quien dice mañana, dice pasado mañana, sí... y el otro y el otro y días y semanas y meses... Decenas, centenares de noches como ésta, conmigo aquí, tenaz, rebelde, víctima y vencedor del sacrificio... Y, quién sabe, tal vez, luego, otro actor y otras noches, otros días, y así durante meses, años, quizás siglos... Y todos ustedes habrán cruzado ya la puerta... Y también este efímero actor, y su dulce amiga... o amigo, qué más dará ya... E incluso... incluso... me duele decirlo... el autor... El autor, sí: también él... también él.

Mientras que yo... yo, a mi manera, claro, a mi manera, que no es como la suya... pero yo, al fin y al cabo... al fin y al cabo, yo...

(Sale, resuelto, por la puerta.)

Ignacio Amestoy

*El seguidor lo sabe
(Documento escénico)*

PERSONAJES

EL CANCERBERO, treinta y cinco años
EL PERIODISTA, cincuenta años

El espectador estará rodeando el espacio escénico. Tras apagarse las luces de la sala, EL CANCERBERO *entrará en escena, iluminándose el lugar. Traerá una bolsa, de la que extraerá una cámara de vídeo, un trípode y un foco con su correspondiente pie. Tras hacer las conexiones pertinentes para poner los aparatos en marcha, colocará un taburete ante la cámara y comenzará a hablar mirando hacia el objetivo de la misma. Quizá interrumpa la grabación en más de un momento, parándola con el mando a distancia y volviéndola a poner en marcha. Detrás de* EL CANCERBERO *habrá una pantalla de grandes dimensiones en la que se irá viendo lo que se graba en la cinta de vídeo.*

EL CANCERBERO—*(En tono de intimidad, dirigiéndose a alguien con el que tiene una gran confianza.)* Admirado Carlos María. Depués de veinte años en esta profesión, hoy he decidido poner fin no sólo a mi carrera futbolística... Te hago llegar un vídeo con mi confesión sobre este mundo tan criticado por ti desde los medios de comunicación con tanta razón. Como paladín que eres de la verdad, dejo en tus manos esta declaración. Que sepas que te he respetado siempre. Y que, tras algunos de mis errores, como te darás cuenta por esta grabación, había otras razones que confío hagas llegar a tus millones de televidentes. Al seguidor. He sido el más grande de los mentirosos. Un gran abrazo de tu amigo José Ángel... *(Leve silencio.)* Por favor, compréndeme. Sólo eso. No pido tu perdón. No sé si algún día, en algún lugar, nos volveremos a encontrar. Si así fuera, hasta entonces. Si no, gracias por tu amistad.

(EL CANCERBERO *para el vídeo. Hace una pausa. Sale del espacio escénico. Vuelve con un vaso de agua. Bebe. Se sienta en el taburete, dejando el vaso a sus pies. Se prepara para comenzar la prometida confesión. Tose. Bebe otro poco de agua. Pone la cámara en marcha...)*

Esta es una declaración para el seguidor. Tengo que hablar al seguidor. Tengo que hablarle a usted. Buenas noches... Hablar, hablar ante las cámaras, no es mi fuerte. Fuera de las cámaras, tampoco es mi fuerte. El seguidor lo sabe. Yo lo único que sé hacer, más o menos bien, el seguidor lo sabe, es ponerme bajo los palos de una portería y defender mis colores. Algo por encima de mí. De todos. De usted también, seguidor que me está viendo y escuchando. Los colores, el escudo, la bandera, son algo por encima de nosotros. Gracias a los colores dejamos de ser lo que somos, algo insignificante, casi nada. Lo supe desde muy pequeño. Desde aquel sábado en que mi padre me llevó por primera vez al fútbol, a ver un partido del Atlético Club... Yo había visto muchos partidos por la televisión, pero nunca había ido en persona a un partido. Por la tele, no lograba identificarme con ningún equipo. No, ni siquiera con el Atlético. Fue a partir de aquel sábado en que mi padre me llevó al estadio cuando yo me sentí identificado con los colores del Atlético. Aquel año pedí por Navidad que me regalaran una camiseta del que luego sería mi primer equipo como profesional. En la carta de petición, que escribí con mi mejor caligrafía, no vaya usted a creer que fue fácil, pedí la camiseta con un cinco detrás, porque a mí me gustaba ser defensa central. Nada más... No sólo me regalaron la camiseta del Atlético, sino todo el equipo, con calzón, medias, botas y... unas rodilleras. Fue mi mejor Navidad. Pero no dejaron de ser misteriosas para mí dos cosas: la primera, que en la camiseta que me regalaron figurara el número nueve en vez del cinco, y, la segunda, lo de las rodilleras... Lo del nueve se podría explicar porque mi padre quería que yo fuera delantero centro. Pero lo de las rodilleras no tenía ninguna explicación. A no ser que mi madre hubiera sido la que se encargara de las compras por orden de mi padre y, en vez de pedir unas tobilleras, pongamos, le hubiera parecido más adecuado unas rodilleras, que ya para entonces yo había roto más de un pantalón por la rodilla, y eso a ella la enfurecía. La enfurecía. Pero no entré en averiguaciones. El regalo había sido fantástico, de sueño... De todas formas, lo de las rodilleras, más que cosa de mi madre, fue cosa del destino, estoy seguro. Lógicamente, si tenía unas rodilleras no iba a dejar de ponérmelas. Así que, durante algún tiempo, yo me empeñé en jugar en los recreos del colegio y en la calle de delantero centro, que para eso llevaba siempre la camiseta del Atlético, con el nueve a la espalda, y, siempre, también, eso sí, claro, con las rodilleras puestas... No era mal delantero centro, la verdad. Pero resulté un sensacional parador de penaltis. ¿Me tiraba sin miedo por el balón en los penaltis porque llevaba las rodilleras? Todo pudo ser. Total, que cuando llegó el momento en que los pequeños entrábamos en las competiciones deportivas del colegio, el maestro que hacía la alineación de la clase me puso de portero, con un éxito que me sorprendió a mí mismo. Y ahí empezó todo. Desde entonces, no he salido de entre los palos de una portería. Por supuesto que bajo el jersey de portero, con el uno a la espalda, durante mucho tiempo llevé mi camiseta del Atlético, con el nueve. La camiseta del Atlético. Mis primeros colores... En mi larga trayectoria profesional, tres han sido mis colores. El seguidor lo sabe. Tres equipos. Más la camiseta de la Selección que he defendido, he defendido con pasión, el seguidor lo sabe, en tantas ocasiones. Defendido. El honor nacional... ¡El honor nacional! La patria metida en una camiseta. La patria..., bueno. Defendido a la patria. Yo he sido uno de los jugadores que más veces he defendido a la patria... Y más que muchos generales... Más que muchos políticos... Con más responsabilidad, en muchas ocasiones. En los penaltis, por ejemplo. La final de una copa de Europa, y que el partido y la prórroga acababan en empate... Y se llegaba a la tanda de los penaltis. Y tú, allí, solo, defendiendo los colores. Tú, solo. Y desde tu padre hasta el rey, pasando por un bombero, una enfermera, las putas, los curas, todos los periodistas y todos los especuladores de tu país pendientes de tus reflejos. Allí estabas tú, defendiendo el «honor» de todos. De los honrados... y de los sinvergüenzas. Que si te lo piensas un poco... ¡Cómo he defendido los colores de la patria! Cómo he defendido los colores de mis equipos, de mis tres equipos. El honor de tres entidades. El honor. El seguidor, que me conoce bien, lo sabe. Tres equipos. Hasta hoy. Esta tarde. Hoy... Hoy ha sido mi último partido... Esta tarde, sí. Por eso estoy haciendo esta declaración ahora, esta declaración que usted, seguidor, verá cuando yo haya dejado todo esto... Cuelgo las botas... He colgado las botas... Definitivamente... No hay vuelta atrás. Aunque algunos quieran que siga... Porque algunos querrían que siguiera. Ahí están las ofertas. Pero me voy. Definitivamente. Y voy a decir por qué. Para eso estoy aquí, ante esta cámara. Tengo que decirlo. Tengo que hablar. Voy a decir por qué lo dejo. Por qué me voy. El seguidor tiene que saberlo. Yo no puedo defraudar al seguidor. Todavía me quedaban un par de temporadas, o tres, o más... Y, sobre todo, el mundial... El mundial, sí. El seguidor lo sabe. Para mí, otro mundial era el broche de oro a mi carrera. ¡Mi cuarto mundial! Pero no lo voy a jugar. Cuelgo las botas. He colgado las botas. Es definitivo. Y voy a decir por qué cuelgo las botas. Por qué me retiro. El seguidor tiene que saberlo. Yo se lo debo todo al seguidor. También le debo contarle mi verdad. No voy a volver a pisar nunca más un terreno de fútbol. Nunca más. Tampoco pisaré nunca más un estadio. Ni la hierba, ni la grada. Adiós al fútbol. Para siempre. Es mi determinación. Adiós. Para siempre. Y cuando digo siempre es siempre. El seguidor sabe lo que vale mi palabra. Todo. Cuando yo comencé en esto, con apenas doce años... Se lo debo a mi padre, y a aquel ojeador que fue después mi primer representante. Desde el patio del colegio, pasé al infantil del Atlético Club. Con doce años recién cumplidos, yo aprendí lo que es una bandera, un escudo, los colores... Y un equipo, y una afición, y el papel que uno debe asumir en el conjunto, en el engranaje... ¡El engranaje! La responsabilidad ante el seguidor. Ante usted. Esa gran responsabilidad. Con doce años... ¡El engranaje! Porque en el campo no eres tú, en el campo eres tu seguidor... Yo soy usted, seguidor que me está viendo y oyendo... En el campo soy usted, ustedes, decenas de seguidores, cientos de seguidores, miles, cientos de miles de seguidores, millones... En el campo no soy yo, en el campo no eres tú, fulanito de tal, en el campo tú estás dentro de unos colores... En el campo tú eres responsable del honor de esos millones de personas... Esos seguidores que ondean las banderas... Y que gritan desde los fondos... Tú eres uno de ellos... Tú eres su honor... El honor nacional... ¡Cuánto ha cambiado en poco tiempo este oficio! La patria... Aunque el honor es lo único que no ha cambiado. En veinte años. Y lo que no cambiará... ¡Este es el meollo! Aquí quería yo llegar. Por eso tenía que hablarle, seguidor. Por eso hablo... A lo largo de mi carrera he defendido el honor de todos... Por eso hablo esta noche... Cuando yo comencé en esto, el seguidor lo sabe, el fútbol ya empezaba a cambiar. Todavía para muchos el fútbol era sólo un juego. Incluso para mí. No para mi padre, lo supe después. Para mí, todo el tiempo que estuve en el Atlético Club, fue un juego... De los infantiles pasé a los juveniles. Y de los juveniles al filial y, de la noche a la mañana, al primer equipo. Y en todas las categorías me seleccionaron. Desde niño sé lo que es vestir la camiseta nacional. Al principio, no le di demasiada importancia a estar en la Selección. Luego, sí. Es lo que quería decir. De todas formas, ya en el Atlético, supe que estaba en el engranaje. Que yo era un profesional. El club era la empresa. Y la Selección..., otra empresa, pero más complicada. Y yo era un profesional. Es la profesión. Tú eres profesional en tu club. Te vas acostumbrando a la profesión. Eres un profesional. Por eso dejé el Altético Club. Yo era un profesional. Mi padre... Yo era un profesional. Un profesional. Y el seguidor lo comprendió. Agradezco al seguidor su comprensión... Nunca podré agradecérselo bastante... Fiché por la Unión Deportiva, quería decir, porque soy un profesional. Como podía haberme ido al extranjero, como otros. El seguidor lo sabe. Soy un profesional. Un profesional. Y, como profesional, di el que hoy he sabido que fue mi último paso: llegar al Real Sport, la culminación de mi carrera: con el Real Sport he tenido los grandes triunfos; las grandes ilusiones; algunas derrotas sonadas, sí... Aquel gol en Múnich. Que no se me olvida, no. El seguidor lo sabe. Me ha perdonado siempre. Yo lo sé, me lo ha dicho. Yo se lo agradezco. El seguidor sabe que yo he sido honrado... Por eso estoy aquí... Yo me debo a él. A sus colores. Que han sido los míos. Atlético, Unión y Real. Tres colores, y el de la Selección. Aunque, bueno, la Selección es algo que aquí no funciona bien. Hace mucho tiempo me di cuenta; mi padre me lo decía, que aquí, más que en ningún sitio, que ya es decir, nosotros somos profesionales... Como un ingeniero de coches o un cirujano, que les contratan en el extranjero. Pues van y se marchan al extranjero. Y todos encantados. Nosotros, lo mismo. ¿O no? Yo he tenido ofertas de fuera, pero nunca las he aceptado. Primero, mi padre era el que no las aceptaba; luego, yo. Decíamos lo de la patria... La patria. No, ante todo yo era un profesional. Mi padre... Si viviera mi padre, yo no estaría haciéndoles esta confesión. Nunca me hubiera dejado, no. Pero ya no está. Tampoco está conmigo mi mujer, que se fue con quien usted sabe. En fin, pero mi mujer, mientras lo fue, no era como mi padre. Mi padre... Mi padre me enseñó lo que era el honor del seguidor, y también lo que era la profesión... Sobre todo, lo que era la profesión, que yo era un profesional. ¿Pero cómo hacer que no se peleen dentro de ti el honor y la profesionalidad? Sólo si tienes claro el engranaje... *(Pausa larga.)* ¡Hoy yo he sido el engranaje! Es lo que quiero confesar, sin más tardanza, que tampoco me puedo extender mucho... ¡Hoy yo he sido el engranaje! Esta es la cosa. ¿Como en Múnich? No, lo de Múnich fue diferente. Aquella salida fue un fallo mío. No tenía que haber salido. El engranaje me pedía que no saliera. El seguidor, también. Generalmente, el engranaje y el seguidor son la misma cosa, aunque no se sepa. ¡Nadie habla del engranaje! Yo, con estas palabras, estoy rompiendo un código no escrito que dice que no se puede hablar del engranaje. Yo no seré testigo del escándalo que se va a formar con esta declaración mía, pero usted sí, seguidor... ¡Toda esta mierda! *(Le cuesta seguir.)* Bueno, quería decir que en Múnich el engranaje y el seguidor eran uno. Yo no tenía por qué hacer aquella salida equivocada. Yo no soy un cancerbero de esos que andan haciendo el número de estadio en estadio; pintándose el pelo de rojo y poniéndose un jersey fluorescente... No me gusta hacer el gilipollas, el seguidor me entiende. La prensa me llama el «caballero imbatible». No he sido imbatible, pobre de mí; pero, eso sí, sobre todo, yo siempre he querido comportarme como un «caballero», dentro y fuera del campo... En Múnich, desgraciadamente, no fui un caballero. Aquella salida fue una payasada. Y lo pagué. Me salí del engranaje. El seguidor, aunque me lo ha perdonado, no lo comprendió. Yo, tampoco. Pero lo de hoy, querido seguidor, ha sido diferente... El seguidor tampoco lo habrá comprendido... Pero era el engranaje. Hoy, sí. En ese sentido, tengo la conciencia tranquila. Era el engranaje. He sido un profesional. El profesional de siempre. Como profesional, digo, tengo la conciencia tranquila. En otro sentido, no. Por eso estoy haciendo esta grabación. Esta confesión. El Real hoy tenía que perder. Por la patria. El engranaje lo había decidido. ¿Se explican el porqué de mis dudas sobre lo de la patria? ¡El engranaje lo había decidido! Y yo soy un profesional. Que hagas esto así y así, y lo haces. Yo, hoy, como deportista, qué palabra, no me gusta, no existe, como deportista, decía, no tenía que haber salido, ni tirarme a los pies del delantero, ni derribarlo... Ni, luego, cuando lanzó el penalti, tampoco tendría que haber hecho la estatua, dejando que el balón entrara sin yo hacer el más mínimo esfuerzo... Un penalti mal tirado, por otra parte. Pero el engranaje es el engranaje. El deporte ya no existe, seguidor. El Real hoy tenía que perder. La patria necesitaba que el Real perdiera. El Estado, el Estado. Yo he cumplido. Frente a la ilusión de los seguidores... Por ellos estoy hablando y digo que nunca más volveré a pisar el césped. El seguidor me culpabiliza hoy, sí, con razón..., en el teléfono hay algunos mensajes..., y no tengo más que poner las radios y las televisiones para comprobarlo... Pero, junto a esas censuras, quiero decir que he recibido felicitaciones de las más altas autoridades... Quiero que se sepa. Yo he cumplido con la patria. Como siempre. Como en las tardes más gloriosas. Y por eso el engranaje me ha felicitado. El engranaje es así. Y dentro del engranaje, mi propio presidente; el presidente del Real Sport, sí...

Es el engranaje. Que está en todo. Que, mires donde mires, allí está el engranaje... ¡Esto es lo que el seguidor no sabe! Y esto es lo que el seguidor debe saber. Y esto es lo que condeno en este momento y lo que quiero denunciar públicamente, para que el seguidor lo sepa. Aunque sea un escándalo. Quiero que el seguidor me recuerde no como el héroe que ha podido fallar una vez, como fallan todos los héroes, quiero que me recuerde como un ser humano más, un profesional que en muchas ocasiones, más de las que el seguidor pueda imaginar, tuvo que tragar... En verdad, lo de hoy ha sido una auténtica desgracia... Pero, al mismo tiempo, un gran éxito profesional. Durante veinte años, desde que entré en el engranaje, he vivido engañado y engañando... No soy el «caballero imbatible» que dicen los periodistas. No me puedo engañar por más tiempo... Ni puedo seguir engañando a los seguidores... No soy el «caballero imbatible»... Pero tampoco soy nada más que eso; no soy nada más que esa falsedad. Por eso me voy... Que el seguidor lo sepa... Y esta es mi despedida... Sólo un ruego en mi marcha: que el seguidor sepa que su «caballero imbatible» era un farsante. Un farsante más del engranaje. El seguidor tiene que saber la verdad. El seguidor ya lo sabe... Adiós.

(Oscuro. El actor que representaba a EL CANCERBERO *puede transformarse en Carlos María Sánchez, estrella de la televisión deportiva.)*

EL PERIODISTA.—Buenas noches, queridos telespectadores. Una triste noticia estremece al mundo del deporte. El portero del Real Sport y de la Selección Nacional, José Ángel Iriondo, ha sufrido hace tan sólo media hora un mortal accidente en la M-30 de la capital madrileña. El trágico acontecimiento se produce a las pocas horas de haberse celebrado el partido en el que el Real Sport ha dejado escapar la liga de este año al perder por un tanto a cero con el Club Deportivo. La derrota del Real Sport, como saben muchos de nuestros televidentes, se había producido tras un penalti realizado, en arriesgada salida, por el propio Iriondo, a los pies del delantero centro del Club Deportivo; una falta que, en su ejecución, el histórico cancerbero no pudo retener. No es el momento de hacer suposiciones sobre el estado de ánimo de Iriondo después de la derrota, pero este periodista, que se honraba con su amistad, puede decirles que, a través de unas palabras que ha cruzado con él en los vestuarios, acabado el encuentro, ha podido apreciar que la derrota de hoy había sido una de las más amargas de su vida. Fruto de ello, ha sido su decisión, adelantada a este periodista en ese momento, nada más concluir el partido, de colgar las botas. Una decisión que también ha quedado reflejada en un vídeo que Iriondo ha podido grabar antes de su muerte, y que portaba en su automóvil al producirse el accidente. Las imágenes facilitadas por la policía a todos los medios de comunicación ya están dando la vuelta al mundo. Desde la amistad y la admiración que me unían al deportista impecable y ejemplar que era José Ángel Iriondo, no puedo sino mostrar mi desolación ante su pérdida. Estas son sus últimas palabras. Oigámoslas con el respeto que merece el «caballero imbatible», nombre con el que este humilde periodista le calificó un ya lejano día, y que ha quedado, no por mí sino por él, como rúbrica de su honrada persona en la historia del deporte. Descanse en paz José Ángel Iriondo, el «caballero imbatible».

(En la gran pantalla se ha visto la intervención de El Periodista *deportivo, que enlazará con el «montaje» —¡editado sobre la marcha!— de las imágenes que se acaban de grabar de* El Cancerbero.*)*

El Cancerbero.—*(En las imágenes de vídeo, vistas por el espectador con anterioridad a través de la gran pantalla.)* Buenas noches... Hoy ha sido mi último partido... Cuelgo las botas... He colgado las botas... Definitivamente... No hay vuelta atrás... Todavía me quedaban un par de temporadas, o tres, o más... Y, sobre todo, el mundial... El honor nacional... La patria... A lo largo de mi carrera he defendido el honor de todos... Agradezco al seguidor su comprensión... Nunca podré agradecérselo bastante... Yo no soy un cancerbero de esos que andan haciendo el número de estadio en estadio; pintándome el pelo de rojo o poniéndome un jersey fluorescente... En verdad, lo de hoy ha sido una auténtica desgracia... No me puedo engañar por más tiempo... Ni puedo seguir engañando a los seguidores... No soy el «caballero imbatible»... Por eso me voy... Que el seguidor lo sepa... Y ésta es mi despedida... Adiós...

(Oscuro final.)

Concha Romero

¿Tengo razón o no?

PERSONAJE

Carlos

Acto único

Salita de estar de un piso modesto. Teléfono y una mesita mueble-bar. Dos puertas, a izquierda y derecha, comunican con el exterior y con las habitaciones interiores.
La luz está encendida. Suenan doce campanadas de un reloj imaginario.
CARLOS, *de unos cuarenta años, entra con gabardina y maletín por la izquierda.*

CARLOS.—¡María, María...!

(Al no obtener respuesta entra por la puerta derecha llamando a María. En off.)

¡María..., María...!

(Entrando en escena de nuevo.) ¡Y para esto he venido tan pronto! ¡Si llego a saber que no estaba...! *(Quitándose la gabardina.)* ¿Adónde habrá ido? Seguramente a alguna de sus tías le ha dado un jamacuco. ¡Es que no se pueden tener tantas tías ni preocuparse tanto por ellas! En fin, cada uno tiene sus *hobbys* y, dentro de lo que cabe, éste es de los menos malos. (CARLOS *se sirve una copa.*) No debería molestarme, pero el caso es que me molesta, no sé muy bien por qué. Misterios de la vida. Aunque lo que realmente me molesta no es que vaya a cuidar a su tía sino que no esté en casa cuando yo llego, sobre todo si he venido corriendo para que no se enfade. ¿Tengo razón o no? No sé

si acostarme o esperarla. Sueño no tengo. Me tomaré otra copa.

(Se sirve otra copa y pone la radio. Da un sorbo. Marca un teléfono.)

¿Te he despertado?... ¿Estabas en la cama?... No, estoy solo... Sí, en casa... María ha salido... Ja, ja, ja. ¡Y con lo calentitos que estábamos! Hoy me ha dado verdadera pereza salir. Hacía tanto frío en la calle... Tres bajo cero. Trabajo me costó quitar el hielo del coche... Si, el tiempo está muy raro...

Lo mismo pienso yo, debería haberme quedado un rato más, pero ya sabes cómo es mi mujer, si no llego a cenar, se enfada y si dan las doce y no he aparecido, se pone histérica... ¡Cenar, cenar! ¿Qué más te da cenar que almorzar?... ¿Al cine? Al cine podemos ir a las cuatro, a las siete. Es mucho mejor, hay menos gente... No sé de qué te quejas, si paso contigo más tiempo que con ella... ¿Que si te quiero? ¡Vaya pregunta! ¿Es que lo dudas?

¿Que la deje y me vaya a vivir contigo?... Sí, claro que me ha sorprendido. Es la primera vez que me lo dices... Creí que eras una fanática de la soltería. ¡Como siempre hablas pestes del matrimonio!... Tienes razón, yo tampoco hablo demasiado bien, pero lo hago con conocimiento de causa, en cambio tú siempre has vivido sola... Bueno, algunas ventajas tiene aunque, claro, bastantes más inconvenientes... ¿Cuáles? Pues no sé..., te sientes como vigilado, como un niño pequeño teniendo que dar cuentas de dónde has ido y de dónde has venido... pero, vamos, con un poco de imaginación y unas excusas bien preparadas, no es muy grave la cosa, acabas haciendo lo que quieres. Las mujeres se tragan bien las bolas. Es fácil... ¡No, mi vida! A ti nunca te mentiría... ¿Que te han entrado unas ganas irrefrenables de casarte? No me asustes. ¿Para qué? ¿No estamos bien así...?

(Mientras escucha la larga réplica de la mujer, CARLOS *hace gestos de contrariedad. Es evidente que no quiere problemas.)*

Perdona un momento, he oído el ascensor. Debe de ser María. Te cuelgo. Hasta mañana.

(CARLOS *cuelga el teléfono aliviado.*)

¡Ya se me estropeó el rollo! ¡Otra que se quiere casar! De sobra sé por experiencia que después de esta proposición no puede venir nada bueno. Y yo no quiero problemas, bastantes tengo ya. Así que monada, adiós, adiós para siempre, adiós. Y a otra cosa, mariposa.

(CARLOS *apura la copa.*)

Me pregunto qué tendré yo para gustarle tanto a las mujeres. ¿Ustedes lo comprenden? Tampoco yo. Pero es así, ¡qué le vamos a hacer! Se chiflan por mí. Y eso que no soy banquero, ni político, ni artista, aunque algún arte digo yo que tendré, y si no que se lo pregunten a ellas, ja, ja, ja... Susi decía que era muy tierno y Maruchi que muy duro. Encarnita me llamaba «ángel» y Celia «demonio». ¡A ver quién entiende a las mujeres! Lo que decía mi padre, ¡quien las entienda que las compre! Ja, ja, ja. La que tenía gracia era Casilda dándoselas de importante, de segura, de mujer de mundo experimentada. ¿Sabéis qué me decía cuando acabábamos de hacer el amor? «Carlos, macho, funcionas muy bien, pero que muy requetebién.» Y se levantaba de un brinco. «Te lo has ganado, tío, voy a servirte una copa; ¿qué quieres, lo de siempre?» Se desplomó la pobre cuando dejé de verla. Tuvo una gran depresión y ya no levantó cabeza, ¿ustedes lo comprenden? Pues yo tampoco. Otro misterio de la vida.

¿Y Amalia? ¿Qué habrá sido de Amalia?

(Dándose un golpe en la frente.) ¡Pero Carlos, burro, ¿cómo has podido olvidarla, si se suicidó por tu amor?! ¿Es que ya no recuerdas la carta que te escribió antes de tomarse las dos cajas de Valium? «No puedo vivir sin ti.» ¡Pobrecilla! Parece que la estoy oyendo. ¡Qué macabro! Y yo que recibo la carta un mes después. ¡Qué barbaridad, cómo está el correo! Y eso que vivía a tres manzanas de aquí. ¿Por qué

haría una cosa así, la idiota? ¡Con lo buena que estaba! De verdad que no entiendo a las mujeres. ¿Por qué sufrirán tanto? ¿Por qué se lo tomarán tan a pecho? Nada, que me lo voy a tener que creer. Que no me va a quedar otro remedio que pensar que soy único, insustituible, superdotado, un *superman*, un *todo-terreno*, un Rodolfo Valentino, un gran seductor, un verdadero don Juan. No, don Juan no. Don Juan a mi lado se queda chico. Todavía está por ver que yo persiga a una tía. A mí se me rinden. A mí me conquistan todas. Me miran, se acercan, sonríen, me hablan y ya está, ya me enrollaron. ¡Si es que soy débil, qué le voy a hacer! ¡Si es que me lo ponen en bandeja! ¡Si es que está tirado!... Con lo salidas que están las mujeres, uno no da abasto.

Lo malo es que de vez en cuando tengo que cumplir con mi legítima y cada día me apetece menos. Se ha estropeado mucho. En muy poco tiempo se ha vuelto vieja. Con la pulmonía que tuvo dio un bajón y no se ha recuperado. Claro que tiene más de cuarenta y en una mujer los años no pasan en balde. En cambio a mí, nada. Parece que tengo treinta. Cada día estoy más en forma y estas canas hasta me hacen interesante.

Lo que no me explico es por qué antes de casarme no me comía una rosca, es que no ligaba nada, pero nada de nada, y en cuanto me casé, sin saber por qué, por arte de birlibirloque, ¡así las tengo, así, detrás de mí como moscas! ¿Ustedes lo comprenden? Yo tampoco. Otro misterio al saco. ¿Será que mi mujer me sirve de amuleto?, ja, ja, ja. ¡Tendría gracia que el *sex appeal* me lo diera ella!

¡Y lo pesada que se ha puesto con lo del piso! Nada, que se le ha metido en la cabeza comprar un piso. ¡Y como están los pisos en Madrid! ¡Que no compro yo un piso, que no! Que no hipoteco mi vida. ¡Si esto no puede seguir así! ¿Quién puede comprar un piso hoy día? La gente corriente, desde luego que no. Tiene gracia..., venía yo en el coche oyendo la radio..., le estaban haciendo una entrevista a un banquero, Alberto me parece que se llamaba y decía el tipo que los pisos iban a seguir subiendo hasta el año 2000. ¡Qué listos! Para que la gente se lo crea y siga comprando como loca y ¡hala, hala! Los precios para arriba... El caso es que cambio de emisora cabreado, y oigo a una adivina que decía todo lo contrario, que los pisos iban a bajar en picado a partir de julio. Yo, la verdad, entre el banquero y la adivina me quedo con la adivina y, si todo el mundo hiciera lo mismo, los pisos bajaban, ya lo creo que bajaban.

Así que, se ponga como se ponga, por el momento no hay piso. ¡Y que se fastidie, por lo puñetera que es! Siempre protestando, que si no me ayudas en casa..., que si has dejado los calcetines debajo de la cama, que si yo no soy tu criada. ¡Vamos, anda! ¡Si debería dar saltos de alegría por el hombre que tiene! ¿He faltado alguna noche a dormir a mi casa? ¿He llegado muchos días después de las doce? Con los dedos de la mano se podrían contar. ¡Y que no se me ocurra, porque el numerito que puede montar la señora es fino! ¿De qué se quejará? Si hasta me está entrando complejo de Cenicienta, si en cuanto suenan las doce echo a correr y no paro... hasta miedo le tengo. ¿Qué más querrá la hija de su madre? Nunca mejor dicho, la hija de su madre, porque es igual, igualita que mi puñetera suegra. Como se le meta una cosa en la cabeza, hasta que no lo consigue no para. Es tipo gotera. Ahora, que el piso no lo compro. Se ponga como se ponga. ¡No sé cómo la he aguantado tanto tiempo! No sé cómo no he cogido la maleta de una puñetera vez, porque lo que son ganas, la verdad es que muchas veces no me faltan.

(CARLOS *mira el reloj*.)

La una. La una y sin dar señales de vida. ¡Claro, ella puede entrar y salir sin contar con nadie porque como es una santa, como siempre está haciendo obras de caridad...! Y que no se me ocurra desconfiar, porque ¡madre mía!, un día que le dije algo medio en broma, ¡cómo se puso! Y es que no hay derecho, no hay derecho a que uno tenga que llegar antes de las doce, mareándome encima por encontrar una excusa, y ella, con el rollo de la familia, ni viene ni se le ocurre avisar siquiera. «Pero Carlos, si he ido a casa de mi tía Angélica que no se podía mover de la cama con el lumbago..., yo que culpa tengo si a ti nunca se te puede localizar, como tu trabajo es de calle...»

«¡Yo qué culpa tengo! ¡Yo qué culpa tengo!» El que no tengo culpa de nada soy yo. ¿Crees que a mí me gusta estar todo el día de un lado a otro? ¿Crees que me gusta vender corbatas de tienda en tienda? Pues no señora, no me gusta un pimiento, me toca las narices y si lo hago es porque no me queda otro remedio, porque de algo hay que vivir, como me decías cuando me obligaste a coger el empleo. ¡Si hubieras tenido un poco de paciencia...! Pero no, tú erre que erre, «Carlos que no tenemos para el alquiler... Carlos que el teléfono... Carlos que la lavadora... Carlos que no puedes quedarte en casa sin hacer nada...». ¡Con lo que a mí me gusta no hacer nada! Pero ella, a lo seguro. Y lo seguro eran las corbatas. Lo seguro era entrar en el negocio de su tío y tenerme bien cogido en el clan familiar. ¡Y menudo clan, menuda familia tiene! Todos como una piña. Todos preocupadísimos por mí hasta que me pusieron a vender corbatas. Hasta entonces no descansaron los malditos padres.

(CARLOS *se sirve otra copa y cambia de emisora.*)

¡Ay! Si hubiera sabido el éxito que me esperaba con las mujeres no me habría casado nunca. Casi sin trabajar podía haber vivido. Total, con desayunar con una y comer con otra me hubiera apañado. ¡Si yo no tengo ambiciones! Pero no pudo ser. Me cazó esta lagarta, la primera que me miró, y yo como un imbécil caí en sus garras. Son casi las dos. ¡Ay! Me ha dado una punzada en el pecho, aquí en el lugar del corazón... y se me baja por el brazo izquierdo..., ¿será un infarto? ¡Qué injusticia tan grande! A mí me está dando un infarto solo en casa y ella con su tía que apenas tiene un dolorcito de lumbago...

Ya se pasó. Habrá sido nervioso.

¿Por qué no me habrá llamado por teléfono? Claro que también podía llamarla yo. ¿Y si no está en casa de su tía? No son horas de despertar a nadie.

Bueno, me voy a la cama. Estoy agotado y mañana hay que madrugar. Le dejaré la luz encendida.

(Carlos *sale por la puerta derecha. Pasados unos segundos vuelve a la escena en pijama y leyendo una carta.*)

Carta.—«Querido Carlos: Te escribo porque hubiera sido muy violento decírtelo cara a cara y estoy harta de discusiones. Esta vez es de verdad. Me voy, o mejor dicho, cuando leas la carta ya me habré ido. Me separo de ti para siempre.»

Carlos.—¿Pero qué dices? ¿Qué bicho te ha picado hoy, vamos a ver?

Carta.—«Hace ya tiempo que no sentía nada por ti. Bueno, miento, sentía malestar, frustración, agresividad y un vacío tan grande que me preguntaba que si esto era la vida, no quería seguir viviendo.»

Carlos.—¡Pero se ha vuelto loca de repente! Ayer tan normal y hoy me sale con éstas.

Carta.—«Seguro que ni te has dado cuenta. Vuelves tan tarde y tan cansado y te fijas tan poco en mí... Pero no creas que soy tonta, ni que me he chupado el dedo, ni que me he tragado todas las bolas que me metías. No, para nada. Estaba al corriente de la situación y de lo que no tenía pruebas lo imaginaba.»

Carlos.—Mentira. No sabe absolutamente nada. Es una zorra. Lo dice a ver si saca algo en limpio, pero si se ha creído que voy a picar en el anzuelo, va lista. Además, aunque supiera, ¿qué es lo que puede saber? ¿Que he salido con algunas chicas? ¡Y eso qué tiene de malo! Pues, anda, que como están los tiempos... ¡Y como están las mujeres... que tienen más libertad que los hombres!

Yo hago lo que todo el mundo. Bueno, lo que todo el mundo no, porque la mayoría se separa y dejan a la mujer plantada con lo hijos y sin pasarle un duro. No tenemos hijos pero nunca los abandonaría. Como no abandono a mi mujer. Es cuestión de principios.

Carta.—«He sufrido mucho a tu lado. Sólo los dos primeros años fueron buenos, pese a los problemas económicos. Entonces me querías, pero después... no sé lo que pasó.»

Carlos.—¡Qué va a pasar! Nada, que no se puede estar siempre como el primer día.

Carta.—«Lo cierto es que en los últimos años hasta me había olvidado de que era una mujer. Me sentía como un mueble, como un robot que se levantaba, arreglaba la casa, preparaba la comida, lavaba, planchaba y esperaba con ansiedad que regresaras. Y siempre para nada. Mantuve la esperanza demasiado tiempo pensando que cambiarías, que me mirarías como a una mujer, que me besarías con ardor. ¡Lo deseaba tanto! Pero el milagro no se producía. Tú ya venías harto de besos nuevos, frescos y excitantes.»

Carlos.—*(Tirando la carta al suelo.)* ¡Si piensas que voy a seguir leyendo tonterías, estás pero que muy equivocada! Vamos a ver, ¿qué quejas puedes tener de mí? ¿No te doy dinero bastante para la casa y para todos los caprichos que se te antojan? Hasta un lavaplatos te he comprado. ¡La falta que nos hará un lavaplatos para dos personas que somos y yo que casi nunca como al mediodía! ¿Y la lavadora-secadora que vale cuatro veces más que la corriente? Total, ¿para qué? Para secar cuatro camisas... Y el año pasado se te antojó un abrigo de pieles, ¿te puse algún impedimento para que lo compraras? La verdad, María, no sé lo que quieres de mí, no te entiendo. Cualquier mujer estaría encantada y tu siempre insatisfecha, siempre de morros, con la cara larga haga lo que haga.

Además, ¿sabes lo que te digo? Que no me creo que te vayas. ¿Adónde vas a ir con la edad que tienes? ¡Y con lo vieja que estás! ¡Como no te vayas con alguna de tus tías...! ¡Pues vaya cambio! Dejas tu casa, tu marido y veinte años de matrimonio sin motivo ninguno, por puro capricho, porque te da la vena, porque te aburres, porque ya no es como antes. Olvídate de romanticismos, mujer, que los tiempos no están para bromas.

Nunca debí dejarte que te pusieras a trabajar. Si no tuvieras un trabajo no me montarías estos números. Pero, claro, allí las amigas te calentarán la cabeza. Seguro que hay muchas separadas y tú, tan inocente, no has querido ser menos. Pensarás que es más moderno separarse. Volverás. Ya lo creo que volverás. Y quizás esta misma noche. No es la primera vez que das la espantada y te vas a dormir con tu tía del alma. Voy a llamar. Seguro que está allí.

(Marca el número del teléfono.) ¿Está María? Perdone que la moleste a estas horas, pero no me ha dejado ninguna nota y empezaba a preocuparme... ¿De viaje? ¿Que se ha ido de viaje...? No, no me ha dicho nada... Buenas noches, adiós.

(CARLOS *cuelga el teléfono.*) ¿De viaje? Esto me mosquea un rato. *(Vuelve a coger la carta del suelo y continua leyendo.)*

CARTA.—«Hace unos meses conocí a un hombre en una cafetería. Él también se encontraba solo desde que murió su mujer.»

CARLOS.—¡Un viudo! Tendrá ochenta años y hasta le parecerías joven.

CARTA.—«Es más joven que yo, le llevo casi siete años, pero no le importa.»

CARLOS.—¡Qué extraño! Aquí hay gato encerrado. Será un listillo. Habrá pensado que tienes dinero. Como irías con el abrigo de pieles. La culpa es mía. Soy un imbécil. ¿Por qué te lo regalaría?

CARTA.—«Al principio creí que se estaba riendo de mí. ¡Fíjate, me encontraba atractiva!»

CARLOS.—Ese viudo debe estar ciego o cuando menos tiene cataratas.

CARTA.—«El caso es que a partir de ese día nos seguimos viendo. Hace ya seis meses.»

CARLOS.—¡Vaya con la mosquita muerta! ¡La fiel esposa, la que se indignaba cuando me permitía la más mínima broma! Seis meses poniéndome los cuernos y yo sin enterarme. ¡Sinvergüenza, puta, ramera!

CARTA.—«Al principio me sentía culpable.»

CARLOS.—¡Vaya, es un consuelo!

CARTA.—«Pero después, pensando en los dieciocho años que llevas engañándome tú, me pareció una tontería.»

CARLOS.—No es ninguna tontería. ¡Qué va a ser una tontería! ¿Acaso piensas que es lo mismo el engaño de un hombre que el de una mujer? ¿Pero estás en la luna, o qué? ¡Si estuvieras aquí no sé lo que te haría!

¿Te das cuenta de lo que has hecho? ¿Te das cuenta de lo que estás haciendo de mí? Primero vendedor de corbatas y ahora un cornudo. A ver, dime, dime con qué cara me presento mañana en el trabajo. Vamos, habla... Tú lo que quieres es hacerme un desgraciado.

Un hombre tiene que dar buena imagen, seguridad, ¿y qué seguridad voy a transmitir lleno de cuernos y abandonado? Ninguna, ninguna. No venderé una sola corbata. La seguridad es muy importante en la vida.

CARTA.—«El caso es que he recobrado la seguridad en mí misma, no sólo como mujer sino en todo, ya no me dan miedo los coches, ni los perros, ni nada.»

CARLOS.—Muy bonito, has recobrado la seguridad a costa de la mía.

CARTA.—«Hasta me veo guapa. ¡No te rías, es de verdad! Me desea más que a ninguna otra mujer. Debe de ser porque está enamorado. He vuelto a creer en el amor, Carlos, y es maravilloso. Te deseo la misma suerte.

CARLOS.—¡Mierda, mierda, mierda! *(Arrugando la carta entre las manos.)* ¿Sabes lo que te digo? Que me alegro de que te vayas. Que estaba de ti y de tus caprichos hasta la coronilla. Que eres fea, vieja y no vales nada, que prefiero estar con cualquier chica de la calle que contigo, que si no te he dejado antes es porque soy un hombre de bien, con principios, y sobre todo porque me dabas lástima.

CARTA.—«A ti no te será difícil rehacer tu vida con una o con varias, como te apetezca.»

CARLOS.—Desde luego que no, mañana mismo si quiero.

CARTA.—«Este encuentro ha sido un milagro que nos puede liberar a los dos. La verdad es que no comprendo cómo has podido estar conmigo tanto tiempo gustándote tan poco.»

CARLOS.—El que no lo comprendo soy yo.

CARTA.—«En el fondo es posible que te diera lástima dejarme después de tantos años.»

CARLOS.—No me daba lástima. ¡Me daba rabia! ¡Rabia de sentirme atado, rabia de necesitarte para toda la vida! Sería la costumbre porque ¿qué otra cosa podía ser?

Bueno, veamos cómo acaba la novelita rosa.

CARTA.—«Nos vamos a vivir fuera. Es extranjero. Puedes quedarte con todo. Él tiene una buena posición y yo trabajaré. Nunca dejaré de trabajar.

»Adiós y que todo te vaya bien. Sinceramente. María.»

CARLOS.—¿Al extranjero? ¿Se va al extranjero? No, ni que lo piense, a mí no me hace una tía esto. Se va a enterar de lo que vale un peine.

(CARLOS *marca nervioso un teléfono.*)

¿Policía...? Buenas noches. Oiga, por favor, me encuentro en un gravísimo apuro, le ruego que me ayuden... Es una situación desesperada... De mi esposa, se trata de mi esposa... No, no ha tenido ningún accidente... no, desgracia tampoco. ¡Pues por qué va a ser! Porque se ha largado con otro... Gracias, pero el que lo siento soy yo... ¿Que qué quiero que hagan? Pues que la busquen y que me la traigan a casa... Morena, de estatura normal, ni alta ni baja... cuarenta y dos años..., ni guapa ni fea, corriente, una mujer vulgar y corriente... Puede que lleve un abrigo de pieles, pero no estoy seguro... ¿Una denuncia? No hay tiempo para denuncias. Piensa irse de viaje..., al extranjero lo más probable, y tienen que impedirlo. Si logra coger el avión no volveré a verla jamás. La conozco muy bien, es cabezota como ella sola y cuando toma una decisión... ¿Que qué avión va a tomar? ¡Y yo qué sé! Si lo supiera no estaría perdiendo el tiempo en el teléfono... ¿A qué país? Tampoco lo sé... Por una carta que me ha dejado... No, no dice nada del avión, sólo que el tipo que se la ha enrollado es extranjero. Extranjero y viaje, pues está claro... Él debe tener unos treinta y tantos años... No, viudo... Sí, más joven que ella y ¡también tiene más dinero que yo!... Perdone, estoy muy excitado... No, no tengo idea de la nacionalidad. ¡Ni me importa un rábano!... Perdone otra vez... Lo del avión me lo imagino, es más rápido para quitarse de en medio, pero puede que usted tenga razón y se vaya en tren o en coche... Sí, tendrán que vigilar también las estaciones y las carreteras... ¿Que no pueden? ¿Cómo no van a poder?... ¿Complicado?... ¿No lo hacen cuando se escapa un terrorista?... ¿La seguridad del Estado? ¿Y mi seguridad? ¿Es que mi seguridad no le importa a nadie? Si pudiera verme..., estoy tan inseguro que hasta me tiemblan las manos... No, nunca la he maltratado... Le he dicho que no, que nunca le he

273

puesto la mano encima... ¿Que no puede hacer nada? ¡Tienen que ayudarme, me encuentro tan mal!... No necesito ningún médico y menos un psiquiatra. ¿Qué se piensa, que estoy loco?... Oiga usted, yo pago mis impuestos y tengo derecho como el que más. Les hago una llamada de socorro y están obligados a ayudarme. ¿Me oye? ¿Me oye? ¡Mierda, me ha colgado!

(CARLOS *se toma de un trago otra copa y marca de nuevo un teléfono.*)

Angélica, ¿dónde está María?... Sí, usted lo sabe, claro que lo sabe. María no da un paso sin consultar a su familia... De viaje, sí, pero ¿adónde?... Aunque me lo jure por sus muertos no la creo... Se arrepentirá de esto, se arrepentirá toda la vida si no me lo dice. Soy su marido y tengo derecho a saberlo... ¿No me lo dice, eh? Pues yo sí que le voy a decir unas cuantas cosas. ¿Sabe lo que es usted y toda su familia? Unos hipócritas y unos traidores encubridores, y su sobrina, ¿sabe lo que es? Una zorra, una ramera, una grandísima puta. ¿Angélica? ¿Angélica...? ¡Mierda! Otra que no quiere oír. ¡Pues me van a oír aunque no quieran! ¡Ay, la punzada! *(Echándose la mano al pecho.)* Tengo que relajarme..., respirar hondo..., porque me va a dar el infarto. Y lo que siento no es morirme. Lo único que siento es que esa hija de su putísima madre se salga con la suya. «El amor... He vuelto a creer en el amor y es maravilloso»... ¿Qué sabrás tú lo que es el amor? ¡Vuelve, María! No me dejes solo. Yo te quiero, a mi manera, pero te quiero. No me importa que seas vieja, ni fea, ni que fueras ciega, coja o jorobada. No me importa nada de nada. Tu sitio está aquí, no seas loca, aquí, en tu casa, con tu marido. Necesito verte al volver del trabajo o de donde coño sea. ¿Qué te importa de dónde venga si al final éste es mi puerto, donde quiero dormir y despertar? No me hagas un desgraciado. Te lo prometo, María, voy a cambiar. Cambiaré por ti. Ya verás, todo será como antes, como cuando nos conocimos. Te mimaré, te haré caricias, te sacaré al cine y al teatro, iremos a cenar. Te juro que será distinto pero, por lo que más quieras, vuelve.

Lo que siento por ti no se puede expresar, no tiene nombre, es algo muy fuerte, más fuerte que yo, más poderoso que el sexo y que el amor. Te necesito, María. Por última vez te lo pido. ¡Vuelve!

¿No vienes, eh? Pues ya me he cansado, ya no te suplico más.

(CARLOS *se sirve una copa y se la toma de un trago.*)

¿Qué crees, que no hay mujeres en el mundo? Pues estás muy equivocada. Y cualquiera vale más que tú. A ver, ¿qué tienes de especial? Nada, de especial no tienes absolutamente nada. Para colmo, ni siquiera eres atractiva, por mucho que lo diga ese extranjero. Eres vulgar, del montón y en una edad difícil, no me lo irás a negar. ¡Veremos a ver lo que haces cuando ese tipo te deje! A mí no se te ocurra buscarme.

(CARLOS *se sirve otra copa y la bebe pausadamente saboreándola.*)

Parece que la estoy viendo. En el aeropuerto. El extranjero la lleva cogida por los hombros del abrigo de piel que le regalé yo y que le sentaba tan bien. La besa. La besa una y otra vez en la mejilla, en la oreja, con ternura, con pasión, con promesas. Ella se deja hacer, pero de pronto se acuerda de mis besos. Se retira... Se aleja. Él se inquieta. «¿Qué te pasa?», le pregunta. «Nada», responde ella. Él vuelve a preguntar, nervioso. Ella tarda en contestar. «Nada, que no puedo olvidar a mi marido, lo siento, me vuelvo a casa.»

(*Suena un timbre imaginario y potente.*)

Ahí está. ¿Tengo o no tengo razón?

(CARLOS, *dando tumbos, abre la puerta. Puede ser cualquiera de las dos. Nadie entra.*)

Pasa, pasa, estás en tu casa. Siéntate, ¿quieres tomar una copa? Lo suponía, nunca bebes, es igual, aunque deberías aceptarla por hacerme compañía. ¿Qué, te lo has pasado bien con ese pollo? Muy bien no estarías cuando has vuelto tan pronto. Si es lo que yo te digo, ¿adónde vas a ir tú con esa pinta y esa edad? ¿Y dónde vas a encontrar a un marido más atractivo que yo? ¡Así, así las tengo a todas, locas por mí, porque soy un superdotado, un *superman*, un *todo-terreno*, un don Juan, un Rodolfo Valentino, un macho ibérico.

(CARLOS, *que con dificultad por la borrachera ha pronunciado las últimas palabras, se desploma redondo dejando caer la copa al suelo.*)

TELÓN

Pilar Pombo

Sonia

PERSONAJES

Sonia, peluquera de unos diecinueve años que ya ha aprendido a plantarle cara a la vida
Mustafá, gato callejero, apenas un cachorro

Decorado

Pequeña peluquería de barrio.

SONIA *está barriendo la peluquería después de una dura jornada. En el radiocasete suena una cinta. ¿Puedo sugerir algo aflamencado o rumboso como Los Chichos o similar? Gracias.* SONIA *canta; ni bien ni mal. Simplemente canta. Todavía lleva puesta la bata de trabajo. Al tiempo recoge y coloca cosas.*

> *(Se escucha un trueno horripilante y desgarrador.* SONIA *se sobresalta.)*

SONIA.—¡Mi madre, pues vaya un susto que me he llevado! ¡La que va a caer!

> *(Recoge unas toallas de encima de los secadores de pie, las echa en un cubo de ropa sucia. Se mira al espejo y se retoca el peinado con un gesto de poco convencimiento. Tararea, se separa del espejo cuando otro trueno descarga con toda su furia.)*

Pues sí que estamos buenos...

> *(Se asoma a la puerta y se estremece por la bocanada de frío. Se frota los brazos. Los cristales están empañados.)*

¡Anda que no se ha puesto negro el cielo!...

> *(Habla con alguien que pasa lejos.)*

¿Qué hay, señor Manolo? ¡¿Qué, a tomarse el chispazo de por la tarde?!... Sí, el último, para usted todos son el último... Sí que nos va a caer una buena, y a usted también en cuanto su señora le huela el aliento... Nada, nada, que le va la marcha... Sí, ya ha salido... Ya lo creo que estoy contenta... De su parte... Me voy para dentro que me estoy quedando helada... ¡Hasta luego! *(Le despide con la mano y se sonríe.)* ¡Qué hombre éste! Hay que ver lo que le gusta pimplar, y luego se queja porque su mujer le zumba cuando llega a casa...

(Cuando va a cerrar la puerta se escucha un débil maullido. SONIA baja la mirada.)

Pero bueno, ¿qué es lo que tenemos aquí?...

(Se agacha y recoge a un gato callejero y chiquitillo.)

¿Y tú de dónde has salido, eh? *(Cierra la puerta.)* ¡Ah, ya! Te has escapado de tu casa y has decidido ver mundo, pues vaya un día que has elegido... Pero si estás temblando como un flan. Claro que no me extraña porque hace un biruji que corta el aliento.

(Coge una toalla del cubo de la ropa sucia y lo envuelve. Lo mira con atención.)

Que no hombre, que hoy no hace día como para irse por ahí de bureo... ¡Imagínate que te pilla el chaparrón, ¿qué hubieras hecho entonces?!... No, si todavía no llueve, pero lloverá; va a caer una de cuidado, ya verás... Y con lo chico que tú eres... Sí, señor, que eres muy chico todavía... Y no me mires con esa carita de pena porque te mereces unos buenos azotes en el culete... ¿No has pensado en lo preocupada que estará tu mamá buscándote?... ¡Anda, claro! Y estará llorando... *(Parodiando.)* ¿Dónde está mi gatito, dónde estará mi chiquitín?... Y tú por ahí, creyéndote ya un hombre... ¡Claro, hombre! Y, además, eres un bichejo muy feo... Muy feo... Pero feo, feo. *(Le hace juguetonas carantoñas.)* ¿Y qué voy a hacer yo contigo?... Pues vaya un problema que se me plantea, porque no te voy a dejar en medio de la calle para que te dé un pasmo o venga un perrazo grandote y... ¡Aum! Te coma... Aunque con lo pequeñajo que tú eres y lo esmirriado que estás ni de aperitivo sirves...

(Lo deja envuelto en la toalla sobre el mostrador o sobre alguna butaca.)

Mientras pensamos qué vamos a hacer contigo, te vas a quedar aquí quietecieto hasta que yo termine la faena, porque va a venir el Jose a buscarme y no quiero que me pille con todo por hacer, que luego se pone muy nervioso y no hay quien lo aguante... *(Vuelve a su tarea mientras sigue hablando.)* Y luego, cuando vaya a dejar las llaves a Francisco le decimos que te ponga un poquillo de leche en un plato, porque tendrás gazuza. ¿A que sí?... ¿O todavía hay que darte el biberón?...

(SONIA recoge lo barrido y lo echa en la basura.)

Te tendré que poner un nombre, porque no te voy a llamar gato... *(Llamando.)* ¡Gato, gato!... Y todos los gatos del barrio detrás de mí, y no es plan... Te voy a llamar... Te voy a llamar... Porque te tendré que poner un nombre bonito... *(Mientras piensa sigue haciendo su faena.)* ¡Ya está! Te voy a llamar... ¡Mustafá!... No me digas, pero es un nombre la mar de molón para un gato... ¿Y sabes por qué te voy a llamar Mustafá? *(Como si le contara un cuento.)* Porque el Jose cuando era pequeñajo tuvo un gato que se llamaba Mustafá. *(Gesticula.)* Era un gato grande que vivía en la calle y que se hizo amigo del Jose porque le bajaba todos los días de comer, y se puso gordo y lustroso. Era de color negro y con una gran mancha blanca que le cruzaba el lomo... Y, como era más listo que el hambre, pues todos los días esperaba al Jose para que le diera el rancho. Pero de pronto un día Mustafá desapareció, se esfumó como el humo... El Jose lo estuvo buscando por todo el barrio... *(Haciendo bocina con las manos.)* ¿Mustafá, dónde estás? ¡Mustafaaaá!... Pero como si nada. Mustafá ya no volvió más... Y unos dicen que simplemente murió porque ya era muy viejo; otros, que le atropelló un coche al cruzar la Gran Avenida; y los más, que se fue por los tejados en busca de amores porque quería sentar la cabeza. Entonces el Jose cuando se convenció de que Mustafá ya no volvería más, lloró toda la noche de tan solo que se había quedado... *(Transición.)* ¿Te ha gustado el cuento? Bueno, la mitad es verdad y la mitad es mentira... Y es que a mí me gusta mucho contar cuentos... A mis hermanos chicos, los gemelos, les cuento cada uno... Y casi todos me los invento, me gusta mucho inventarme historias... Bueno, en casa todos somos muy cuenteros, porque anda que mi viejo se inventa también cada una... Pero ¿a que te gusta el nombre que te he puesto?

(Vuelve a la faena recogiendo rulos, colocando cestillos.)

Ya verás cuando te vea el Jose lo contento que se va a poner, y es que él es muy bichero, ¿sabes? (SONIA *tararea contenta. De repente.*) A lo mejor, el Jose se quiere quedar contigo... Cuando venga se lo preguntamos, ¿vale? Porque a mi casa no te puedo llevar... ¡Uf! Pues lo único que nos faltaba porque ya somos una tropa y mi vieja ya tiene bastante con los gemelos, ¡y que no son revoltosos ni nada!... Ésos sí que son unos bichos, son más malos que un dolor de muelas... Ahora, que te partes de la risa con ellos, pero claro como mi vieja los tiene que aguantar todo el día pues está de ellos hasta la coronilla... Así que imagínate tú que encima aparezco yo contigo; salimos los dos por la ventana... (SONIA *se pone a limpiar el lavadero.*) Y aquí tampoco te puedo dejar, porque la dueña tiene un caniche que se lo trae todos los días y no creo que te gustara porque es un perro muy esmirriado y muy tiquismiquis... Y es que la dueña le da todos los caprichos y, además, está loco... Le dan unos ramalazos... Fíjate que cuando yo entré aquí a trabajar cogió la manía de morderme los tobillos y es que me tenía machacá, hasta que un día le arreé una patada en todos los hocicos sin que me viera la dueña... ¡Uy! Si me llega a ver me echa a la puñetera calle... Porque eso de que se metan con su Trueno... Porque también hace falta echarle imaginación para llamar Trueno a un perro tan canijo... Y están los tiempos como para quedarse sin curro por una chuminada de éstas, y con la falta que hacen las pelas en casa... Que éstas, las que me dan aquí, son pocas pero menos da una piedra... Pero en el fondo la dueña es una tía legal, un poco repollo, pero legal.

(Termina de limpiar el fregadero y de colocar cosas en su sitio.)

Bueno, pues ya sólo me queda darle un agua al suelo... *(Se estira con pereza.)* Estoy echa polvo, y es que hemos tenido un día que no te quiero contar. Además, que se han juntado aquí todas las pécoras del barrio y, chucu-chucu-chucu, no han parado de hablar en todo el día, y me han puesto la cabeza como un bombo.

(Se sienta frente a MUSTAFÁ. *Le hace un cariño que no se puede aguantar y se pone a cantar y bailar como si fuera una mora.)*

¡Ay, Mustafá, Mustafá!... ¡Mustafá!... ¿A que estoy más zumbá que el pandero de Sitting Bull, como dice el Jose?... Y es que estoy muy contenta, muy contenta... *(Con los brazos extendidos, da vueltas.)* ¡¡Contentísima!! *(Se choca contra algo. Riendo.)* ¡Uy! ¡Qué mareo! *(Cantando.)* Va a venir el Jose a buscarme y nos vamos a ir a la discoteca a bailar... ¡Y que yo no tengo ganas ni nada de echarme un bailongo bien agarrao para pegarle dos achuchones que le voy a dejar loco!... Y es que le tengo unas ganas...

(Empieza a llover con fuerza.)

¡Ya descargó!... De buena te has librado, ¿eh, Mustafá?... Espero que sea sólo un chaparrón, porque si no, mañana me veo jugando al bingo en casa, y figúrate qué domingo más chachi nos espera... Esto sí que es tener mala pata... Y no sólo por lo de mañana, sino porque me he pasado toda la tarde con los rulos puestos para nada... *(Se mira al espejo.)* Porque ¿sabes qué pasa en cuanto caen dos gotas? Pues que se me quedan todos los pelos relamíos... *(Se los aplastuja contra la cara.)* Tiesos como alambres... *(Hunde las mejillas y se vuelve andando como una zombi.)* Y entonces parezco el monstruo de los pelos intergalácticos... *(Y lanza una risa terrorífica.)* Y las madres esconden a los niños en su casa porque me los como con patatas... Ñam, ñam...

(Se da una vuelta por toda la peluquería haciendo de monstruo y emitiendo extraños sonidos, hasta que termina otra vez en el espejo y entonces cambia por completo.)

De todas maneras, la Nines no se ha esmerao mucho que se diga... Y es que hoy, como es sábado sabadete, tenía unas ganas de pirarse... Así que en cuanto ha podido ha salido escopetá... Yo no sé qué líos se trae, pero en cuanto se la mete una cosa en la cabeza o la entran los nervios... Porque anda que no es cabezona y terca... Como el día que se la metió en la mollera que tenía que cambiar de «luk»... Era un día que yo estaba así como muy atufá y muy hecha polvo por el disgusto que me había dado el Jose y tenía un muermazo de mucho cuidado... Entonces la Nines me cogió por banda y me dijo:

—«Mira, tía, o nos agarramos un melocotón de los de vomitar, o te cambio ahora mismo de "luk"; pero como andamos fatal de pelas y no tenemos un maldito talego para cepillárnoslo, pues mejor nos quedamos aquí y en menos que canta un gallo te pongo de moderna que no veas...»

Oye, Mustafá, dicho y hecho. Empezó que si un mechón para acá, otro para allá... Un toque de tijera por aquí... (SONIA *acciona mientras habla.)* Que si ahora un reflejo verde por allá... Yo, cuando vi que cogía las tijeras, me entró un susto, pero cualquiera le decía nada... Cuando me dejó mirarme al espejo, ¡mi madre! El estropicio que me había hecho la desgraciá... Yo es que alucinaba... ¡Pero, tía, qué me has hecho, que parezco la bruja Piruja!... *(Divertida.)* ¡Ese día se despachó bien la Nines! Tan satisfecha que estaba con su obra... Lo que nos pudimos reír, bueno hasta me hice pis en las bragas, porque la Nines no paraba de imitar a la dueña, y lo hacía tan bien que en un golpe de risa, ¡zas! Me meé patas abajo... Tres meses me duró la judiada que me hizo en la cabeza, porque ya no eran los colorines

que me puso en el pelo, sino el corte que me había hecho...
Y la Nines empeñada en que saliera así a la calle.
—«¡Pero, tía, que si salgo así a la calle se van a creer que han llegado los del circo!»
Y ella tan satisfecha... ¡Mi madre!, si llego a aparecer así por casa, el viejo me arrea un soplamocos que me pone los ojos en el cogote... Todavía me acuerdo cuando empecé yo en esto de la peluquería, que un día me traje a mi hermano Tomás, que tiene un año menos que yo, y me puse a practicar con él y le hice una permanente, y la verdad es que le quedaba muy bien, y Tomás tan contento porque es muy presumidín y eso de que le toqueteen le encanta y se le pone cara de bobo y sólo dice:
—«Sigue, sigue...»
Pues, cuando apareció por casa con toda la cabeza llena de rizos, a mi padre se le atragantó la sopa y nos puso a todos perdidos y encima los gemelos palmoteaban y decían:
—«Otra vez, papá, hazlo otra vez.»
Y el Tomás y yo quietos como estatuas, y mi viejo con una cara rarísima sólo dijo:
—«Hijo, pareces Estrellita Castro.»
Al día siguiente mi viejo le regaló a mi hermano unas castañuelas y una peineta de plástico... Y es que mi viejo tiene a veces unos detalles que te descacharras...

(SONIA *se sienta sujetándose la tripa de la risa. Se tranquiliza y suspira profundamente.*)

Oye, Mustafá, ¿no te irás a dormir ahora? El Jose ya estará al caer... A ver si le corto el pelo porque me ha venido con unas greñas asquerosas y es que está muy descuidado... Y no es de ahora, ni porque haya estado en chirona, sino ya de antes, desde que vino de la mili...

(SONIA *se queda pensativa. Después se levanta para llenar un cubo de agua.*)

Cuando vino de la mili estaba como inquieto... Saltaba a la mínima de cambio. Yo le decía: «Jo, tío, dime qué te pasa...» Porque antes de irse a la mili me contaba todo lo que le pasaba y estaba todo el día gastando bromas, pero fue volver y estar todo el día como apagao, como tristón... No sé, no sé, muy raro... Me vino de la mili muy cambiao... Y es que debió pasarlo muy mal porque cada vez que le preguntaban por la mili se agarraba unos mosqueos de mucho cuidao... ¡Uy! Y que no le dijeran aquello de que en la mili se forjan los hombres porque entonces se ponía muy violento... Y antes el Jose no era así... No, no era así... Y por si fuera poco el taller del Raúl, que era donde curraba el Jose, tuvo que cerrar y eso sí que fue una cagada... Y el Jose se quedó sin tajo y con pocas ganas de buscarse otro, y es que está la cosa muy chunga, Mustafá, pero que muy chunga.

(SONIA, *despacio, comienza a pasar la fregona.*)

Luego empezó a juntarse con unos tíos que tenían un careto muy malo y que a mí me daban muy mala espina... «Jose, tío, a ver si te vas a meter en algún fregao, que a mí esa gente con la que te juntas ahora me da muy mal rollo»... Entonces el Jose me cogía la cara con las manos y me miraba muy fijamente a los ojos y me decía:
—«Sonia, tía, que yo sé lo que me hago y a ver si de esta tiramos p'alante de una puta vez.»
Pero yo veía algo en sus ojos que no me gustaba nada, y el Jose que insistía:
—«Va, tía, que no pasa ná.»

(*Súbitamente enfadada para disimular una congoja.*)

¡Que no pasa ná! ¡Que no pasa ná!... ¿Y sabes, Mustafá? ¡Él sabía lo que se hacía!... (*Se pasa el dorso de la mano por la nariz.*) Si llego a saber yo antes en el lío en que se estaba metiendo le agarro por las orejas y le monto una bronca que no olvida en su vida... Pero estaba tan raro, le veía tan poco... Y es que desde que vino de la mili ya no era el Jose que yo conocía, era otro... Y es que algo muy malo le debió pasar allí...

(SONIA, *con una nueva energía, termina de pasar la fregona. Vacía el cubo y se va a sentar poniéndose a hojear una revista distraídamente.)*

Parece que no para de llover, esto sí que es tener mala pata... *(Centra su atención en la revista.)* ¿Has visto qué vidorra se dan éstos, Mustafá?... Ya me gustaría tener a mí un piso como el de ésta, aunque el salón es un pelín hortera, pero ya me cambiaba yo por ellos... Lo que no molan nada son esos líos que se traen de si ahora me arrejunto y luego me separo, que si hoy con uno y mañana con otro... Demasiado para mi *body*... Claro que también mucha de esta gente vive de eso... Y encima cobran por salir en las revistas, eso sí que es tener morro, ¿eh, Mustafá?... Pues ¡anda que yo no tendría exclusivas con el Jose! ¡Un mogollón! Porque su vida sí que es para sacarla en los libros, y como es tan pánfilo que encima le pillan en todos los fregaos... Mientras los demás, en cuanto se huelen el pastel, salen de naja y ahí te pudras; el Jose se queda como embobao y, claro, es al primo al que enganchan... Y mira que se lo tengo dicho:

—«Jose, tío, tú a lo tuyo, que no sé cómo te las apañas pero al final tú eres el único que apenca con los marrones.»

Pues nada, al primero que empapelan es al Jose... Como cuando le pillaron con un chinorro así de gordo... Y es que no se entera, no distingue a un madero así le maten... ¿Sabes, Mustafá, por qué le cogieron *in fragante*?... *(Se ríe.)* Si es que en el fondo es de chiste... Pues porque no se le ocurrió otra cosa que ofrecerle chocolate a uno de la bofia que iba vestido de persona... ¿Tú te imaginas la estampa, Mustafá?... Cuando me enteré de que le habían empapelao por esa tontería le monté una... ¡Y con el disgusto que yo tenía encima!... que no le arreé un par de guantadas que le vuelvo la cara del revés de puro milagro... Y porque yo no sabía que se había metido en esos negocios, que si yo lo llego a saber antes... Aunque ya me tenía a mí muy mosqueá, porque sin dar palo al agua, el Jose parecía que andaba bien de pelas, siempre llevaba algún talego en el bolsillo... Y como luego estaba tan raro, pues no había manera de sonsacarle...

(SONIA *se queda pensativa unos instantes. Deja la revista.*)

Pero lo peor de toda esta historia fue el personal, que siempre se tiene que meter en donde no le llaman, y empezaron a decirme que dejara al Jose... que si no me convenía... que vaya un futuro que me esperaba... que si acabaría mal... que si hay que ver qué amigos se había echado, y esto lo decían por los socios que tenía... Bueno, socios, a cualquier cosa se le llama socio... Bien que le dejaron en la estacada «El Romántico» y «El Antenas»... El día que me los eche a la cara... Pues me ponían al Jose como si fuera un delincuente... ¡Me tenían ya hasta las tetas con tanta recomendación! Y yo venga a defender al Jose como una fiera... pero toda su afición era que yo dejara al Jose... Además, ¿cómo le iba a abandonar cuando más falta le hacía? ¿En qué cabeza cabe eso?... No sería honrao de mi parte darle la espalda cuando más necesitaba cariño... ¡Y que yo al Jose le quiero! ¡Qué hostias! Y el Jose me quiere a mí, que yo lo sé, que me lo ha demostrao cantidad de veces, y que siempre ha sido legal conmigo, ¡y con todo el mundo!... Si no, no le habrían pillao... Porque si él hubiera querido se habría ido de la lengua y hubiera metido en el mismo saco al «Romántico» y al «Antenas». Pero no se fue de la lengua ni tanto así... que mi Jose no es ningún chivato... Y, sin embargo, esos dos hijos de... su madre... Bien que se dieron el queo sin dar la cara, porque son gente chunga... pero que muy chunga.

(SONIA *aplaca sus iras.*)

Los únicos que se pusieron de mi parte fueron los viejos, que se portaron de puta madre, ¡hasta nos dejaron pelas para que el Jose tuviera un buen abogado! Que no sé de dónde las sacarían porque siempre estamos a la cuarta pregunta... Hasta el Tomás arrimó el hombro, que se buscó un curro de mensajero y todo lo que ganaba me lo daba para el Jose... Y es que el Jose para el Tomás siempre ha sido como un hermano mayor...

(SONIA *vuelve a encenderse tras una breve pausa.*)

Pero el personal, que tiene muy mala follá, no hacía más que meterse conmigo y decirme que dejara al Jose porque me pasaría la vida llevándole tabaco a la cárcel... Sobre todo la Tina que está todo el día agriada; claro, como la hicieron un hijo una noche de mal fario, porque si no, no se explica con esa cara de asco que tiene, y luego la dejaron sola con la criatura, que desde luego no ha salido a su madre por lo simpático y lo risueño que es... Y es que esta mujer parece que se desayuna con hiel... siempre al acecho de las malas noticias... disfrutando con las desgracias de los demás... Claro que para una vez que la... *(Hace un gesto a propósito.)* y que no se debió de enterar, y encima se queda preñá, pues para qué te voy a contar, Mustafá, la amargura que tiene esa mujer metida en el cuerpo... Y no sólo eso, sino que se piensa que los demás somos gilipuertas, porque se ha empeñado en decir que es viuda... Y es que debe andar algo tocada del coco... Pues cuando se enteró de que iban a enchironar al Jose empezó a inventarse unas historias de terror, que claro, no había dios que se las tragara, pero ahí estaba ella brujuleando todo el día de acá para allá y poniendo al Jose como un trapo... Hasta que un día, la cogí por banda y la puse... Bueno, la llamé zorrón, la llamé bruja, la llamé... de todo. *(Triunfal.)* ¡Y no sólo eso! Además, se fue bien servida porque estuvo una semana sin salir de su guarida porque la puse un ojo a la funerala... *(Casi triste.)* Y es que la envidia es muy mala, Mustafá... Y es que como ella no tiene un hombre que la quiera y la defienda... pues eso la revuelve la bilis, y así está ella, que está amargada todo el día y como loca por sacar los trapos sucios de los demás... Yo ya se lo he dicho a la Nines, que cualquier día que se pase por la peluquería le voy a arrancar los cuatro pelos que tiene, como me pille un día con el cuerpo p'allá... Y es que el Jose tendrá muchos defectos, pero a mí me quiere y eso es lo que esa tipa no perdona, porque como está más sola que la una...

(SONIA *se atusa los pelos frente al espejo. Luego consulta el reloj.)*

Parece que el Jose se retrasa... A ver si se ha enrollao por ahí con algún colega...

(Sale a la puerta y se asoma al exterior.)

Nada, que sigue lloviendo. *(Cierra la puerta.)* Se ha levantado un biruji... ¡Brrr! *(Se acerca a* MUSTAFÁ.*)* ¡Anda que, si no te llego a encontrar, ahora estarías como un polo de fresa!... *(En un arranque de alegría.)* ¡Ay, Mustafá, Mustafá! Que va a venir el Jose a buscarme para irnos a la discoteca y nos vamos a desquitar de este tiempo que hemos estao separados... ¡Se me está poniendo el cuerpo de sólo pensarlo que ni te quiero contar! Y, si encima te adopta, pues fíjate qué bien... Así tú me lo vigilas para que no se meta en líos, y estando ocupado contigo no tendrá necesidad de estar por ahí haciendo el chorra. Y con un poco de suerte le encontramos un curro decente y, cuando nos compremos un piso, a casarnos y así le podré atar corto, y luego, ¡hala!, a tener muchos niños... Que a mí me gustan mucho los niños... Bueno, cuando mi vieja tuvo a los gemelos, eso fue la repanocha... A mí se me cae la baba con ellos, y ellos están conmigo que no me dejan un minuto tranquila... «Sonia, ven»... «Sonia, cuéntanos un cuento»... Sonia por aquí, Sonia por allá... *(Se sonríe encantada.)* Y al Jose también le gustan los chavales, aunque no lo demuestre, pero siempre que va a verlos les lleva alguna chuchería... ¡Y gatos! También tendremos gatos... Porque tú, Mustafá, cuando seas grande te echarás novia y tendrás gatitos... ¿Tú te imaginas, Mustafá?

*(*SONIA *saca del bolso una carterita y le enseña una foto a* MUSTAFÁ.*)*

Mira, Mustafá, éste es el Jose... ¿A que es guapo? ¿A que es el tío más guapo que has visto en tu vida? *(Le atiza un par de besos a la foto.)* Para mí es el más guapo del mundo, porque si para mí no fuera el más guapo, ¿a ver qué hacía yo juntándome con un chavea que yo no pensara que es el más guapo y el más todo?... Entiendes lo que te digo, ¿ver-

dad, Mustafá?... *(Se queda mirando la foto con arrobo.)* Esta foto se la hizo antes de que se fuera a la mili, y se la hizo porque yo le obligué. Le cogí un día de las orejas y le dije:
—«Mira, chaval, ahora mismo te vas a hacer un retrato para llevarte siempre conmigo y, ya que me voy a privar de ti, por lo menos me quiero quedar con una imagen tuya.»
¿No ves, Mustafá, la cara de circunstancias que tiene? ¿A que parece que se ha tragao una percha? Ahora me ha venido de chirona con una pinta de guarro y unas greñas que en cuanto entre por esa puerta le voy a dejar la cabeza como una bombilla... Ya verás, Mustafá... Eso y un par de cocidos de los que hace mi vieja y en dos patadas le pongo como una moto, porque entre la mili y la trena me lo han dejao que parece el espíritu del silbido... Y es que el pobre las ha debido pasar más putas que canutas... ¡Y cómo le voy a abandonar yo con todo lo que ha pasao y siendo lo único que tiene!... Y es que gente chunga como la Tina la hay a puñaos... Gente que para alzar el puño contra los demás siempre están dispuestos... *(Como* SONIA *se está empezando a cabrear decide cortar por lo sano.)* ¡Bah! ¿Sabes qué te digo, Mustafá? Que a toda esa gente de mala entraña les den mucho por donde amargan los pepinos... *(Se embelesa otra vez en la foto.)* Pero ¿a que es guapo mi Jose?

(Le da otro par de besos a la foto y la guarda. Pasea algo inquieta. Recoloca algún secador, algún cestillo de rulos. Mira otra vez el reloj.)

Eso es que se ha encontrao con algún colega y como hace tanto que no los ve... Además, el Jose, habiendo cañas de por medio, no se corta un pelo... Pero, como me venga colocao, se entera de quién es la Sonia. ¡Vaya que si se entera!

*(*SONIA *se sienta, hojea otra revista, enseguida la deja a un lado. Se levanta. Se acerca a la puerta, con la mano limpia un trozo de cristal. Mira al exterior.)*

Sigue lloviendo, pero con menos fuerza... ¡Vaya una gaita, Mustafá!

(Se separa de la puerta, enciende la radio. Busca en el bolso y saca un paquete de tabaco que inmediatamente arruga y tira a la basura.)

¡Con lo que me apetecía echarme un pito!

(Se acerca a MUSTAFÁ *y le hace una carantoña.)*

¿Y tú no dices nada, cara fea? *(Lo pone en su regazo y lo acaricia suavemente, distraídamente.)* Si se ha enrollao con algún colega podía haber llamado por teléfono... Estará en las nubes... Pues verás tú cuando venga, le voy a montar un pollo de mucho cuidao... Se le va a caer el poco pelo que le pienso dejar.. *(Pausa.)* Y es que, Mustafá, aquellos dos tipos, «El Romántico» y «El Antenas», eran mala gente... Bien que se la jugaron al Jose y fue el que pagó el pato... Pero ya verás como ahora encuentra un buen curro y se me hace un hombre de ley... Esto ha sido sólo un mal rollo, que salió descontrolao de la mili y se equivocó de camino..., además, el Jose sabe que a mí esos rollos de los canutos no me van, porque se empieza por ahí y a saber cómo se termina, que luego te enteras de cada cosa que se ponen los pelos de punta...

*(*SONIA *canturrea alguna nana. Después mira a* MUSTAFÁ*.)*

Si te vas a dormir ya no te canto más... *(Deja a* MUSTAFÁ *a su lado y se levanta.)* Me voy a acercar donde Francisco a ver si me da un pito que me está apeteciendo cantidad... Si viene el Jose le dices que me espere, que no tardo nada, ¿vale, Mustafá?... Enseguida vuelvo.

(Besa a MUSTAFÁ *y sale. La radio, que está emitiendo noticias, se oye ahora más claramente.)*

LOCUTOR.—«Y pasamos ahora a las noticias locales. Ha resultado gravemente herido un joven de veintidós años a consecuencia de las puñaladas recibidas de dos individuos que, inmediatamente, se dieron a la fuga. Se cree que el motivo de la agresión está relacionado con un ajuste de cuentas. Testigos oculares identificaron a los agresores como Gustavo Adolfo Rodríguez, alias "El Romántico" y Juan Francisco Gómez, alias "El Antenas", ambos con antecedentes penales. La víctima, José Fernández García, había salido recientemente de la cárcel en donde había cumplido condena por un delito relacionado con la droga.»

(En ese momento entra SONIA.*)*

SONIA.—No les quedaba ni un mísero pito...

(SONIA *presta atención a la radio.)*

LOCUTOR.—«Autoridades competentes han declarado, a raíz de estos hechos, que el problema de la droga está tomando dimensiones alarmantes y que pondrán todos los medios posibles para que sucesos como los antes mencionados no se vuelvan a repetir. Ahora información meteorológica. Una fuerte borrasca se aproxima...»

SONIA.—*(Apagando la radio.)* Nos van a decir ahora que va a llover... ¿Has oído, Mustafá?... Menos mal que ahora vamos a tener bien vigilado al Jose...

(Truena y un rayo ilumina la escena.)

¡Mi madre! Este sí que ha sido gordo. *(De pronto, decidida.)* ¿Sabes qué te digo, Mustafá? Que no espero más, porque va a empezar a caer un chaparrón de espanto y nos vamos a poner como sopas, así que nos vamos a casa, tú y yo... No te preocupes que por una noche los viejos no te van a echar...

(SONIA *se quita la bata y se pone el abrigo. Se guarda a* MUSTAFÁ *dentro del abrigo.)*

Eso, tú ahí bien calentito, que, con que uno de los dos se moje, basta, y no estás tú como para cogerte un resfriado, que todavía eres muy chiquitajo... Pues ¡hala, Mustafá! Que nos vamos en busca del Jose perdido.

(SONIA *apaga las luces de la peluquería y sale cerrando la puerta tras de sí.*)

TELÓN

Madrid, 8 de enero de 1988

Ernesto Caballero

*Solo para Paquita
(estimulante, amargo, necesario)*

Dedicado a Maruchi León

I

me llamo Paquita y estoy... enamorada... ya lo dije... pensé...
que me iba a resultar... más difícil... pero no ha sido así...
lo he dicho... como si tal cosa... no debo avergonzarme...
tampoco sentirme culpable... es una enfermedad... nada más que eso...
una enfermedad que se puede superar... vosotros lo sabéis mejor que nadie...
una enfermedad que se supera... con la comprensión... y la solidaridad...
de los que han pasado por lo mismo... como vosotros... por eso estamos aquí... por eso por fin me he decidido a venir... porque necesito ayuda...
vuestra ayuda... porque no puedo más...

yo no sé quién tiene la culpa de que ocurran estas cosas...
creo que la sociedad no hace nada por evitarlas... todo lo contrario...
las fomenta... tantas peliculitas... tanta literatura... y ese derroche de cinismo... y crueldad... del día de San Valentín... eso es terrorismo...
o como se quiera llamar... no hay derecho... qué os voy a contar a vosotros... que habéis tenido el valor de rebelaros... bajo

el lema de esta asociación... SÍ A LA VIDA, NO AL AMOR... muy bien dicho... eso es llamar a las cosas por su nombre... SÍ A LA VIDA, NO AL AMOR... claro que sí...

está muy bueno este cafetito... un sabor muy agradable... aunque algo frío... ha sido un detalle por vuestra parte... muy bueno... me gusta... lo necesito para hablar... no es fácil... pero debo hacerlo... la primera prueba... sincerarme... relatar mi experiencia sin pudor... sin tapujos... sin culpabilidad... después de todo no somos apestados... sólo enfermos... enfermos... necesitamos una atención especial... no sé bien qué clase de atención... centros de desintoxicación... seguimientos psiquiátricos... pastillas... algo... algo que nos ayude a superarlo... la sociedad tendría que hacer algo... si no ha hecho nada ha sido porque los afectados... nos hemos reconcomido en silencio... sin saber siquiera... que nuestro mal podía tratarse... sin saber... que sus síntomas podían desaparecer...

pero todo esto es teoría... doy muchos rodeos para evitar entrar... en mi caso concreto... sé... que vuestro silencio trata de ayudarme... sois muy amables... pero es que... este silencio también impone lo suyo... aunque claro... tiene que ser así... ya lo creo... pero es que ahora... por unos instantes... gracias a este cafetito en vuestra compañía... he creído... me había parecido que había logrado... olvidar... por unos momentos... mi situación... ha sido una ráfaga... un espejismo de liberación... o... mejor dicho... y así lo espero... una premonición de que pronto me recuperaré... sí... estoy a gusto entre vosotros... y ahora sé... que debo hacerlo... debo hacerlo... debo hacerlo... debo hablar... de él...

por dónde empezar... un bingo... eso es... no recuerdo cómo fui a parar hasta allí... a las seis de la tarde... aburrimiento... nada más salir del ministerio... quería evadirme... ver gente... relacionarme... es muy gratificante juntarse con otras personas... para hacer algo en común... tachar números... no sería lo mismo quedarte sola en casa... tachando números... ya lo creo que no... por eso acudí al bingo... me sirvieron un cafetito... eso también me tiene bastante atrapada... soy toda una experta en cafés... si no fuera por ellos... me dan valor... este que me habéis servido debe ser el undécimo del día... el undécimo... gracias... muchas gracias... no sé qué hacer con la taza... dónde dejarla... mejor así... me da seguridad tener algo en las manos... agarrarme a esta pequeña asita... tan pequeñita...

volvamos al bingo... nadie se había sentado a mi mesa... nadie... desde las seis de la tarde... a esa hora abren... llevaba allí sentada desde entonces... tachando números... sin cantar... no sé cuanto tiempo... no sé cuántos cartones... no sé cuánto dinero... allí se pierde la noción... llegó de repente y se sentó a mi mesa... quedaban otras muchas mesas desocupadas... por qué tuvo que sentarse allí... por superstición... en la mesa quince... su mesa... su día... encendió un extraño cigarro rubio americano... extralargo... en una pequeña boquilla... para no tragar tanta nicotina... todavía la conservo... la boquilla... aquí... veis... lo oscuro es la nicotina... un veneno... dicen... nada comparado con lo otro... con lo que ya sabemos... o no

pidió un cartón... comenzaron a salir los números con mucha rapidez... me distraje mirando la boquilla... de todas formas no acertaba ni un solo número... él en cambio no hacía más que tachar y tachar... tachar y tachar... tachar y tachar... me falta el once... dijo... el once... el once... el once... cerré los ojos y repetí ese número... definitivamente me había desentendido de mi cartón... el once... el once... salió el veinticinco... y nada... salió el treintaiocho... y nada... el sesentaiuno... y nada... de pronto... una corazonada... antes de verlo en pantalla ya lo había visto en mi interior... aquí... los dos unitos... juntos... los vi... y sin pensarlo dos veces... BINGO... cante por él... él se había distraído... y eso que sólo le quedaba un número... un número... me miraba... fue un verdadero flechazo... así nos conocimos... le traje buena suerte... creí... había algo magnético... muy... muy... paranormal...

me invitó a otro cartón... y a otro cafetito... hablábamos... cuando no teníamos que tachar... claro... hablábamos... de repente me obligo a decir tres palabras... que yo asociara con la idea del café... qué ocurrencia... vamos... bien... ahí van...

ESTIMULANTE... AMARGO... Y NECESARIO... eso es para mí el café...

bien... según me explicó... esa pregunta tenía su intríngulis psicológico... ya que lo que uno piensa del café... viene a ser lo mismo que lo que se piensa... de la propia sexualidad... qué barbaridad... qué vergüenza... y él qué de cosas sabía... se le veía con muchos conocimientos... con estudios... un autodidacta... dijo... así que ESTIMULANTE AMARGO Y NECESARIO... vaya vaya vaya...

después de unos cuantos cartones abandonamos la sala... me invitó a su casa... un apartamento de soltero... fuimos a celebrarlo... y ya lo creo que lo celebramos... a base de cafetitos... se comprende que no pegáramos ojo... ESTIMULANTE AMARGO Y NECESARIO...

y así empezó el asunto... siempre empieza de la forma más tonta... te invitan y caes... caes a un pozo sin fondo... por eso no hay que fiarse... hay que saber verlas venir... debieran enseñarlo en los colegios... prevenir de los peligros... sobre todo entre los adolescentes... decirles lo que sucede a quienes juegan con fuego... con fuego... con...

más de tres meses viéndonos... una tarde llegué al apartamento... muy pequeñito... sólo una cama plegable... y una mesa con muchas boquillas... también revistas de temas... sobrenaturales... y de otros temas... había logrado escaparme del ministerio... salir antes de la hora... subí... puerta quince... como su mesa... tenía esas manías... así son las personas esotéricas... yo también ahora me he vuelto un poco esotérica... puerta quince... me abrió una persona de color que sólo llevaba encima un extraño bañador... se presentó como el nuevo inquilino... acababa de alquilar el apartamento para un negocio de masajes... me vio tan contrariada... no le quedó más remedio que invitarme a pasar... me sirvió un café... un cafetito...

enseguida tuve que marcharme... llegó un señor que había quedado con esta persona de color para que le diera un masaje... estaba de más allí... y en cualquier lado... pasaron los días... sin noticias... sí... cada vez más... sentía que estaba de más...

he perdido mucho dinero desde que desapareció... todos los días me instalo en la mesa quince... desde las seis de la tarde hasta que cierran... no sé por qué lo hago... me lava el cerebro... algo... tacha que te tacha... cafetito tras cafetito... tacha que te tacha... y cuando sale el once... los dos unitos... me da un vuelco el corazón... y tentada estoy de cantar... de cantar... BINGO BINGO BINGO... pero no lo hago... me lo trago... dejo que pasen... los otros números... así hasta que cierran... y me vuelvo sola... sin dinero... con insomnio... un desastre... qué imagen... patética...

pensé que podía salir por mí misma... por eso no he acudido antes a esta asociación... qué ilusa... siempre en estos casos una se engaña... lo he intentado todo... todo... hasta lo más inimaginable... lo más terrible... yo he sido capaz de... de todo... lo he intentado todo... antes de... llegué a seguir lo del refrán... un clavo sale con otro clavo... qué expresión... sí... incluso he probado ese sistema... quedé un domingo con el conserje de la planta baja... en el asiento de atrás de su coche... está casado... no quiso pagar una habitación... suciedad... ahora me saluda con una risita estúpida... qué bochorno... además tengo la impresión... de que lo va contando por todo el ministerio... también sonríen los guardas de la puerta... lo debe saber todo el mundo... que más da... lo he perdido todo... la dignidad y todo... todo... lo he intentado... todo... pastillas... televisión... juego... y nada... hasta que la otra noche...

la otra noche en el bingo me asaltó la idea... debía estar volviéndome loca... una idea absurda... disparatada... monstruosa... deliraba... más de quince cafés... quince... su número... de nuevo esas coincidencias... era la única forma de librarme de su influjo... estaba trastornada... pero incomprensiblemente eufórica... eufórica... y tachaba... tachaba... era mi día... sólo tres números por tachar... el setentaiocho... el veinticuatro... y

el once... cómo no... los dos unitos... salieron pronto... los tres... seguidos... eso sin duda quería decir algo... una premonición... o algo parecido... algo... el setentaiocho... siete ocho zas... tachado... el veinticuatro... zas... tachado... un silencio... de pronto... allí... junto a la puerta... esperando que alguien cantara para pasar... no podía ser... reconocí su silueta al otro lado del cristal esmerilado... no podía ser... era él... el once... el sesentaicuatro... el sesentaitrés... el nueve... el veintiuno... el sesentaiséis... BINGO... alguien cantó... se me había pasado la vez... estaba atónita... ahora se acercaba hacia su mesa... la quince... se sentó como si tal cosa... me saludó con naturalidad... pidió un cartón... y se puso a fumar con una de sus boquillas esos cigarros americanos... extralargos... como si no hubiese pasado nada... como si nos acabáramos de despedir...
quince semanas... quince... desde la última vez... se disculpó... por no haberme avisado... se había tenido que ausentar apresuradamente... negocios... guardaba un buen recuerdo... me tenía aprecio... y además... le daba buena suerte...

esa noche cantó tres veces... como el gallo... desafortunado en amores... comentó... había conocido a una prestigiosa adivina... acaudalada... extranjera... una bruja... le tenía torturado... no sabía qué hacer... si me hablaba de ello era para desahogarse... me consideraba como a una amiga... y los amigos están para eso... para aconsejar... apestaba a alcohol... consejo... le aconsejé... le dije que lo que padecía era una enfermedad y una lacra social... afortunadamente se habían empezado a tomar cartas en el asunto... se había creado una asociación... ésta... le dije que viniera... puede que venga... puede que ya esté aquí... lo presiento... está... está... está...

abandonamos la sala juntos... deja que te meta en un taxi... soy un caballero... no está bien que a estas horas vaya una mujer sola por la calle... te pueden dar un susto... te pueden atracar... a mí... si estaba desplumada... él sí que era un plato apetitoso... con tres bingos en el bolsillo... y borracho... él sí corría peligro... en mi bolso tan sólo unas monedas para el autobús nocturno... boquillas... bolsas de azúcar... las guardo... el café lo tomo solo... amargo... y ese día... por un descuido... por una fatalidad... me había llevado de mi mesa de trabajo... las tijeras...

en la calle no había taxis... no había nadie... me pidió fuego... había olvidado el mechero en la mesa quince... fuego... fuego... eso sentía por dentro .. me abrasaba... era una fuerza sobrenatural... sólo tenía que dejarme llevar... era el momento... abrí el bolso... y... BINGO... lo juro... me salió del alma... eso... qué absurdo... calló desplomado... con las tijeras como un once clavado en el pecho... los dos unitos plateados... manchados... mordió la boquilla de plástico... la partió en dos... trató de levantarse apoyándose en un cubo de basura... el camión de la basura se oía... se acercaba... qué hacer... quitarle el dinero... un atraco... eso debían pensar... le quité los tres bingos y regresé a casa en el autobús nocturno...

ha pasado una semana... ya os dije que lo había intentado todo... era lo último... pero... es terrible... tampoco eso ha resultado... todo lo contrario... lo siento más presente que nunca... está cerca... lo siento... lo siento... por favor... tenía que contarlo... por eso he venido... prefería hacer esta primera confesión ante vosotros... para deciros que ésa no es solución... que no sé cuál es la solución... estoy dispuesta a todo... ya lo sabéis... a todo... no le tengo miedo a nada... sólo a él... ahora tenéis que ayudarme... aunque sólo sea sirviéndome cafetitos... aunque sólo sea creyéndome... aunque sólo sea encerrándome... donde no pueda penetrar... su presencia paranormal...

II

sí... así fue cómo me confesé públicamente... después... ya sabéis... llegaron los enfermeros... y me acompañaron hasta este lugar... con vosotros... también recluidos en este centro de salud... donde... según nos ha explicado el doctor Ceballos... estamos obligados... para lograr una óptima recuperación... estamos obligados... decía... a exponer... ahora también como entonces... sin complejos... sin miedo... sin culpabilidad... los

303

hechos tal y como sucedieron... por eso por fin... me he decidido a hablar... porque no puedo más...

el doctor Ceballos es una buena persona... desde el primer día de mi ingreso percibí... capté algo en él... que no tenía el resto del personal sanitario... él... desde el primer día... se mostró comprensivo... él... decía... el doctor Ceballos fue la única persona que pareció hacerse cargo de mi situación... el único que no se dedicó a reprocharme abiertamente... el incidente del bingo...

vosotros también... imagino... habéis sido tratados por el doctor Ceballos... él es el que ha impulsado... el que ha ideado estas charlas abiertas... para expiar nuestra carga... sin complejos... sin miedo... sin culpabilidad... nuestra pesada carga de desequilibrio... sí... él mismo... qué casualidad... ha llegado a decir de este acto de comunicación... que para una adecuada terapia... resulta... ESTIMULANTE AMARGO Y NECESARIO... qué cosas...

pero ya os he relatado las razones que me han traído hasta aquí... hasta vosotros... y ahora... os preguntaréis... y ahora... por qué permanezco aquí... frente a vosotros... usurpando el turno del siguiente compañero paciente... y ahora... ahora... de nuevo este silencio... ahora... debo hacerlo... debo hablar... de él... del doctor Ceballos...

me gusta la montura de sus gafas... se parece mucho a la mí... a mi montura... aunque la suya... claro... es más ancha... todo en él es extremadamente ancho... su frente... sus espaldas... su montura... pero... sobre todo... su corazón... sí... le estoy muy... muy agradecida... porque él me ha dispensado una atención poco frecuente... y además... ha tenido la delicadeza... de obsequiarme con esta pequeña agenda que aquí veis... en esta agendita... me ha dicho... cada mañana debo apuntar... nada más despertar... debo escribir... todo cuanto sea capaz de recordar... de mis sueños... todo... y eso he venido haciendo regularmente desde entonces... aquí... en esta pequeña agenda... en esta agendita está encerrado mi inconsciente...

que es... según me ha dado a entender el doctor Ceballos... muy... pero que muy... enrevesado...

así que todo... absolutamente todo... lo he ido anotando... sin... según me ha exigido Pablo... ése es el nombre de pila del doctor Ceballos... sin... decía... inhibirme a la hora de manifestar cualquier aspecto... a mi juicio escabroso... incluso... insiste Ceballos... Pablo... algún detalle que yo considere... de más que dudosa moralidad...

y yo... decidme... yo... qué reparos puedo ya conservar si he sido capaz de... de todo... si he sido capaz de confesar públicamente algo tan atroz como... el asunto de mi... bueno... ya sabéis... lo del bingo... las tijeras... los unitos... y la boquilla para no tragar tanta nicotina...

por eso hasta el momento... no había sentido ningún reparo a la hora de apuntar mis recuerdos nocturnos para luego... en consulta con Pablo... el doctor Ceballos... charlar amistosamente... abundando en ese galimatías que es mi propio psicoanálisis mental...

sin embargo... esta mañana... esta mañana... sí he sentido una especie de rechazo... de pudor... de... según la terminología de Pablo Ceballos... de mecanismo de autocensura... a la hora de referir... en esta pequeña agenda... el motivo central de mi último sueño... un sueño del que me he sentido poseída... aproximadamente... yo calculo... desde las cinco y media de la mañana... hasta las siete menos cinco... que es cuando... sobresaltada... me he despertado... antes de que en el pabellón sonara el timbre de las siete...

sí... me he despertado con una extraña sensación... provocada como digo... por el motivo central de mi último sueño... y que no es otro... como ya habréis imaginado que... que el propio doctor Ceballos... Pablo...

Pablo... sí... esta mañana esas cinco letras es lo único que he sido capaz de escribir en mi diario onírico... y con ese nombre... con esas cinco letras... en mayúscula... me he presentado a la consulta... con la incertidumbre de no saber cómo podía... reaccionar... nuestro común analista... sin saber tampoco... si yo estaba dispuesta a profundizar... con el doctor Ceballos... en la naturaleza de este sueño en el que... ahora os puedo confesar... el doctor Ceballos y yo no hacíamos otra cosa más que... tomar y tomar... tomar y tomar... café...

y en la consulta... finalmente... cuando logré superar la vergüenza... y el doctor Ceballos pudo hacerme evocar esta relación onírica con él y con los cafetitos... el doctor Ceballos... Pablo... me explicó... qué casualidad... casi las mismas palabras... me explicó... que ese sueño del café tenía mucho que ver con mi propia sexualidad... qué barbaridad... no podía ser... otra vez... y además... de nuevo otra increíble coincidencia... me obligó a decir... lo primero que me viniera a la cabeza y que yo asociara... con el motivo central de mi sueño... y yo... como también podéis imaginar... sólo fui capaz de soltar esas tres palabras... esas... ESTIMULANTE AMARGO Y NECESARIO...

Vaya vaya... comentó... con que eso... eso es lo que te inspira tu doctor... y a continuación me ayudó a... tumbarme en el diván en una posición... decumbente... eso dijo... y yo ante eso no supe... reaccionar... nunca nadie me había pedido una cosa así... nunca antes me habían dicho esa palabra... decumbente... pero yo obedecí... me dejé llevar y me tumbé en el diván... sin saberlo había logrado... al tumbarme sobre el diván... adoptar la tal postura... decumbente...

después me obligó a cerrar los ojos y a relajarme... me hizo pensar en cosas agradables... pensé en los quince días que pensaba pasar en las islas Canarias antes de... bueno... antes de que se complicaran las cosas... pensé en todos los *pepitos* de ternera que me había comido en el bingo y que no pueden compararse a los *pepitos* que sirven en la cafetería del ministerio y mucho menos a la carne que nos sirven en este centro de salud... todo hay que decirlo...

pero volvamos al diván... os decía... comentaba... las cosas agradables en las que pensaba para relajarme... bien... bien... abundemos en los placeres... comentó... y a mí... pensé... ya se me había agotado el repertorio de placeres... sólo contenía la sensación del sábado por la mañana... la sensación de remolonear en la cama... sin tener que ir al ministerio... esa sensación... le dije al doctor Ceballos... a Pablo le dije... espero Pablo... recuperarla algún día cuando tú... Pablo... consigas recuperarme... y de ese modo hacerme regresar... a mi vida civil y corriente...

pero Pablo seguía empeñado en revolverme... la caja de los placeres ocultos... que decía... mi... mecanismo... de... autocensura... impedía... aflorar... y... de nuevo una palabra... una palabra que más tarde escribiría en mi agendita... un momento por favor... por aquí debe de estar... sí... ya está... LIBIDO... esa palabra Pablo... me cerró absolutamente la caja de los placeres ocultos... pero él... Pablo... no reparó en ello... y cuando más seguro estaba de mi regodeo malsano... entonces... entonces... decidió dar un paso más en su... en mi... tratamiento especial...

especial... también recuerdo esa palabra... una paciente especial... así... muy cerca del oído... susurrando persuasivamente esas palabras... decumbente... libido... especial... autocensura... placeres ocultos... sueño erótico... complejo de castración... desinhibición... café... café... café... y sobre todo... cómo no... naturalmente... ESTIMULANTE... AMARGO... NECESARIO...

y así empezó el asunto... siempre empieza de la manera más inesperada... así distraídamente... con los ojos cerrados... confiada en el tratamiento... pero cómo podía imaginar que el tratamiento fuera a terminar en ese revolcón sobre el diván... en ese impetuoso arrebato del responsable del tratamiento... en esa súbita enajenación mental... que ahora se había apoderado del hasta entonces... pacífico doctor... del que hasta entonces también... debo confesar... había comenzado a sentir una simpatía especial... especial... ya sabéis... verdad...

pero ahora... ahora en cambio... era peor que aquel doctor que se convertía en un monstruo por las noches... sólo que ahora... ahora era de día... las diez de la mañana... hora de consulta... a esa hora además... cómo podía esperar una cosa así... así que me resistí... le arañé... le escupí... grité... acudió una enfermera al otro lado de la puerta... pasa algo doctor... nada... nada... déjenos... es la terapia... es la terapia...

de modo que estaba sola... con toda su terapia encima... y cada vez más desesperada... y más impotente... y más resignada... a que ese día el tratamiento del doctor Ceballos... a quien había llegado a llamar Pablo... a que el tratamiento de ese... facultativo... iba a comportar su violenta... desatada... y repugnante... LIBIDO...

al finalizar la... terapia... yo permanecía allí... tendida en el diván... en posición... decumbente... ahora más decumbente que nunca... sin poder reaccionar... sin saber muy bien... qué había sucedido... tan sólo escuchando lejanas... las palabras de Ceballos... entre las que distinguí... algo parecido a una justificación de su... acto terapéutico... una necesidad... explicó... de provocar un choque traumático... que me hiciera evocar... revivir... mis propios momentos de... efervescencia erótica... efervescencia erótica... qué barbaridad... así que se trataba de eso... de revivir experiencias especiales... vaya vaya...

me incorporé como una robot... qué haces... nada... estoy en la calle... en la calle... sí de noche... de noche... está loca... sí... por eso estoy aquí... vamos... vete... la consulta ha terminado... y la señal... qué señal... la señal... era la señal... sólo tenía que dejarme llevar y... BINGO...

volví a hacerlo... lo juro... fue una fuerza que no pude controlar... volví a cantar... en el mismo momento que... en ese mismo momento había percibido la señal... en el mismo momento en que reparé... allí... en el despacho... sobre su mesa... aquellas tijeras... tan parecidas... sí... cayó desplomado... sobre el diván... con la bata blanca manchada de sangre... y las tijeras clavadas en el corazón...

después... hace nada... lo obligado... su recomendación... este testimonio abierto con el resto de los internos... con vosotros... como todos los días... relatando mi caso sin pudor... sin tapujos... sin culpabilidad... después de todo sólo somos enfermos... necesitamos una atención especial... pero ahora... en cuanto descubran al decumbente doctor Ceballos tendido en el diván... me imagino que me alejarán de vosotros y querrán encerrarme lejos de vosotros... en algún siniestro lugar donde espero... al menos pueda... de vez en cuando... tomarme algún que otro cafetito...

III

esa música... esa música... basta ya... basta ya...

yo... no sé... he estado... hasta ahora he estado... haciendo... representando a Paquita... yo... quiero ser Paquita... quiero seguir siendo Paquita... aunque... aunque... no puedo más...

no... no puedo continuar... aunque tampoco puedo... abandonar este lugar... este pequeño rectángulo de madera... este rectangulito... no puedo marcharme al camerino ya que este silencio... debo seguir siendo... representando Paquita a pesar de... me cuesta...

por dónde empezar... debo concentrarme... como dice mi director... debo relajarme... pero es que antes... y también durante la representación... como habéis visto... he abusado de los cafetitos... y claro... ahora estoy algo nerviosa... y algo alterada... como el personaje... Paquita... pero ahora yo...

no... definitivamente no puedo... no quiero... salir de este escenario... y ahora sé que debo hacerlo... debo hacerlo... debo hablar... de...

estoy a gusto entre vosotros... aunque lo haya perdido todo... mi personaje... mi... todo... ya no soy un personaje... no... ya no...

perder un personaje... como si de un caniche se tratara... o del autobús nocturno... bromea Wilfried... mi director... cuando le confieso mis temores de actriz... los personajes no se pierden... se pierden los actores... sí... ellos se quedan en blanco como náufragos de la escena... siempre repite con su acento de alemán oriental... el actor... comenta... debe saber aferrarse a lo más pequeño... como Paquita se aferra a la... pequeña asita de su tacita... y a su pequeña agenda... a su agendita... aprende de Paquita...

y ya lo creo que he aprendido... pero yo... ahora... dónde puedo agarrarme para sentir seguridad... ya no me sirve ni la pequeña asita... tan pequeñita... ni la pequeña agenda... la agendita del infortunado... Pablo... sólo tal vez mis pasos en este pequeño rectángulo de madera... y las palabras... y las palabras... y las palabras...

no... ahora me siento desnuda... aquí... sola... y él... Wilfried... no está aquí... perdonadme pero es que...

todavía recuerdo cómo se presentó el primer día de ensayos... me dijo... un buen actor... me dijo con su acento germano-oriental... es aquel que sabe sacar todo lo que detesta de sí mismo... y yo... no sé que hay de mí en Paquita... ni de Paquita en mí... solo sé que a veces la comprendo... demasiado.. ahora tal vez... pero otras veces en cambio... no sé... he naufragado sobre la escena... como dice Wilfried... otras veces no sé... tengo la sensación de que no puedo pronunciar ni siquiera las palabras... de Paquita... un bloqueo... comenta Wilfried... exceso de responsabilidad... el monólogo... ya se sabe... es una dura prueba... y yo entonces... como Paquita... sólo quiero meterme en un bar... y tomar y tomar... café...

y eso es precisamente lo que he estado haciendo antes de salir a escena... y Wilfried se ha enfadado cuando me ha visto allí... en el bar... dale que te dale... cafetito tras cafetito... vestida de Paquita... mirando distraídamente un debate de políticos en la televisión...

vaya... vaya... así que ésta es la manera de concentrarte en tu personaje... ése es tu *Koncept* de Paquita... *Koncept* quiere decir concepto en alemán... y es una palabra que Wilfried utiliza mucho... *ja Koncept ja*... y a mí me gusta mucho cómo lo dice... con su acento germano-oriental... si al menos pudiera escucharle ahora... aunque es posible... está... está... *ja... Koncept... ja*...

me queda un poco pequeño este anillo... un amuleto que el propio Wilfried me ha regalado antes... porque él... a pesar de su *Koncept* germano-oriental... también es bastante supersticioso... así que antes me ha obligado a salir a escena con él... con este pequeño anillo... con este anillito...

y a mí... debo confesar... ese detalle... me ha emocionado mucho... porque yo... a lo largo de este breve pero intenso periodo de ensayos... yo... he sentido por él... por su voz germano-oriental... una especial atracción... más allá de la lógica admiración que cualquier actor debe dispensar a quien... con tanta sabiduría utiliza esa expresión tan... tan esotérica y teatral... *Koncept... Koncept... Koncept*...

así que antes... emocionada en los camerinos... paralizada... con los nervios a flor de piel... como ahora.... le he dicho a Wilfried que no... que no podía salir a hacer este solo para Paquita... que estaba a punto de perder... el *Koncept* de mí misma...

pero él... él... de repente... muy serio... con una seriedad germano-oriental que nunca había visto en él... ha sacado de su pitillera alemana... un cigarrillo rubio americano... extralargo... y con una pequeña boquilla... una boquillita muy parecida a la de aquel amigo de Paquita... se ha puesto a fumar... y con mucha serenidad me ha persuadido... para que salga a escena diciéndome... tú eres una actriz y tú... no me puedes defraudar... porque si así lo haces yo... que no soy actor... tendré que salir a dar explicaciones con mi acento germano- oriental... *ja*

pero es que yo... vamos... yo... vamos... no puedo... por qué... no puedo... por qué... por qué... por qué... por qué... porque se me ha descosido un botón de la camisa...

sí... ese pequeño botón... ese botoncito... ha sido lo único que he tenido a mano para agarrarme... para poder afrontar esa incómoda... situación...

así que ése es el problema... yo te voy a ayudar... veo que ahí... junto a la caja del maquillaje tienes... tienes... una caja de... una caja de coser... un costurero... Wilfried desconoce esa palabra en nuestro idioma... desconocía... *ja*... un costurero... y en este costurero hay... botones... y de todo lo demás... de todo... y yo... yo te voy a coser el botón de tu camisa... para que tú... para que tú puedas ser... Paquita...

y así... cogida de la manga de esta camisa... punzada tras punzada... me ha ido envolviendo... con su voz germano-oriental... muy... pero que muy cerca... y yo poco a poco... he ido entrando en situación... transportada por su destreza... como cosedor... como director de actores... y también... por qué no decirlo... por el olor de su loción *after shave* germano-oriental...

no sé cuánto tiempo... hemos estado así... él cosiéndome... y yo dejándome coser... la manga... de mi... camisa... él me ha dicho... ahora... según se une este botón a tu manga... así... Paquita... se te mete en el cuerpo... y en el alma... sí... cada vez más sentía... que estaba... *empaquitada*...

y él... entonces... como el doctor Ceballos... Pablo... al oído... muy cerca... susurrando persuasivamente sus palabras germano-orientales... me ha convertido en el personaje... y además... además... me ha confesado... me ha declarado la atracción que siente... por este personaje... Paquita... una incontrolable atracción por el personaje... Paquita... todo lo que... ha recalcado... todo lo que... por la actriz... yo... la percha de Paquita... según me ha definido... todo lo que por mí... la percha de Paquita... todo lo que por mí... no siente...

y al personaje... a él... él... sólo al personaje... le ha rozado los muslos... y al personaje... a él... él... sólo al personaje... le ha mordido la nuca... y al personaje... a él... él... sólo al personaje... le ha cogido del pecho... y a... *ja ja... ja... ja... ja...* ya... ya... ya...

y el personaje... sólo él... el personaje... Paquita... no yo... yo
no era una persona... ya no... sólo el personaje... el personaje...
Paquita... percibió... captó... la señal... la señal... y... BINGO...

y él... Wilfried... antes de caer desplomado... me ha mirado
como aceptando los hechos... y con su acento germano-oriental... ha soltado sus últimas palabras... ésas... ESTIMULANTE...
AMARGO... NECESARIO... qué cosas...

tenía que hacerlo... tenía que decirlo... confesar públicamente que... ahí está... Wilfried... decumbente... en el camerino...
con las tijeras de la caja de costura... como un once clavado
en el pecho...

qué hacer ahora... qué hacer... no quiero... no quiero... salir de
este rectángulo de madera... no quiero salir... de esta accidentada... fatal... representación... esa música... Dios mío... esa
música... me llamo Paquita... me llamo Paquita... esa música...
esa música... esa música... me llamo Paquita... me llamo Paquita... me llamo Paquita... café... café... un café... por favor...

Paloma Pedrero

*Yo no quiero ir al cielo
(Juicio a una dramaturga)*

Una MUJER *de unos cuarenta años está sola tendida en el suelo. Se oye una música celestial. Después un aplauso.*
La mujer, como si hubiese sido besada por el Príncipe de «Blancanieves», comienza a despertar de su sueño profundo. Mira alrededor y se sorprende. De pronto notamos que escucha algo.

MUJER.—*(Mirando hacia arriba.)* ¿Eh? ¿Que me levante? Pero si no puedo, si estoy fatal. *(Escucha.)* ¿Que lo intente? ¿Y si me caigo? Oiga, ¿quién es usted? *(Escucha.)* ¿Que ya lo descubriré? ¿Pero dónde está? *(Escucha.)* Bueno, está bien, espere, voy a intentarlo. *(Se levanta como si estuviese muy enferma, hasta que se da cuenta de que está en perfecto estado.)* ¡Dios mío, estoy bien, me he curado! Pero ¿dónde estoy? *(Mira a su alrededor y ve al público.)* ¿Es esto un teatro? *(Escucha.)* ¿No? Entonces, ¿esto qué es? *(Escucha.)* ¿Un juicio? ¿A mí? ¿Me van a juzgar a mí? *(Escucha.)* Pero ¿me van a juzgar ya? Si sólo tengo cuarenta y cuatro años. *(Escucha.)* ¿Cómo? ¿Que tengo que elegir entre pasar a la historia de la literatura o ir al cielo? *(Escucha. Después asiente con reconocimiento.)* Ah, ya entiendo. Claro. Pues mire, la verdad es que depende de cómo sea eso del cielo. Yo estoy muy cansada, ¿sabe? Llevo mucha vida encima, mucho amor, mucha lucha, muchos palos y... A mí lo de la vida eterna no me hace mucha gracia, ¿sabe? *(Escucha.)* Sí, sí, me siento muy bien, pero no me fío. Uno está bien y de pronto le empieza a doler una muela, o le diagnostican un cáncer, o le da un ictus cerebral y se queda en Babia. *(Escucha.)* Ya, le entiendo. Pero yo, si no le importa, prefiero dormir para siempre. Sin soñar, eso sí se lo pido. Sólo quiero estar como cuando me duermo profundamente y no pasa nada más. *(Escucha.)* ¿Cómo?

¿Y por qué no puedo elegir? Pero si yo no quiero ir al cielo... *(Escucha.)* ¿A quién? *(Yendo hacia el público.)* Ah, que tengo que convencer a estos señores. *(Escucha.)* El jurado, sí. *(Escucha.)* Dígame. Sí, sí, le escucho. *(Escucha.)* Ya. Pues mire yo prefiero pasar a los libros. No, no es una cuestión de vanidad, es que no quiero ir al cielo. De verdad, se lo juro, no se lo tome como un desprecio. Yo es que ya he estado en muchos paraísos, en muchos infiernos también, y verá, estoy un poco escéptica. No quiero seguir luchando, ¿entiende? Y si no lucho me aburro. Así que, después de lo que he vivido, morirme para aburrirme, pues no me seduce. ¿Lo entiende? *(Escucha.)* Sí, mire, yo prefiero pasar a la historia con alguna de mis obras y olvidarme ya de todo. *(Escucha.)* ¿Que convenza al jurado? De acuerdo. *(Mira al jurado.)* Buenos días. La verdad es que no les veo bien, pero supongo que ustedes serán de los que se quedaron en... el limbo, ¿no? Yo es que no sé cómo va esto del Juicio Final. Supongo que a cada uno, según su vida, le tocará defender cosas diferentes, ¿no? *(Le hablan.)* Está bien. ¿Y defenderse es contar la vida de uno? *(Escucha.)* La vida y la obra. Oiga, ¿y cuánto tiempo tengo? No, es para no irme por las ramas. Vale, de acuerdo. *(Al público-jurado, después de una pausa.)* Señores y señoras, yo soy dramaturga. O sea, una escritora de obras de teatro. *(Escucha.)* ¿Cómo? Sí, ya sé que ahora no soy nada. Vale. *(Al público.)* Les decía que soy, bueno, que era dramaturga. No sé por qué. Mi abuelo materno era campesino, el paterno cantinero, las dos abuelas madres de veinticuatro hijos entre ambas. Mi padre contable, mi madre... bueno mi madre era especial. Si mi madre hubiera podido habría sido... habría sido mucho; mi madre era una artista sin público, una canallada. Pero... Bueno, mi abuelo el cantinero sabía escribir, y me contó mi tío, su hijo pequeño, que de joven escribía obras para representar en la pista de baile de su cantina, que escribía obras cómicas y las montaba con los mozos del pueblo, que hasta título les ponía. Así que, fíjense, resulta que mi vocación teatral debe venir por mi abuelo el cantinero, que le daba al lápiz para descansar de los vasos. A lo mejor mi vocación es propia, sin genética. A lo mejor mi vocación de dramaturga es un karma por haber sido mala en otra vida. Ay, perdón que aquí no es lo de las reencarnaciones, ¿no? Bueno, lo que yo quería decirles es que comenzar a escribir teatro en el año 84 del siglo XX, y siendo mujer, es como si una mala mano, y no me refiero a nadie, le hubiese puesto a una un castigo. Miren, ahí abajo —o arriba, que no sé dónde estamos—, al menos en mi país, todo se ha convertido en un gran mercado. Se venden desde cremas para el clítoris, hasta caras postizas, cargos públicos... hasta la inspiración quieren venderte, fíjense. Todo menos teatro escrito por autores vivos. Por cierto, ahora que me he muerto seguro que me representan en el Centro Dramático Nacional. Pues saben lo que les digo, que me importa un bledo, que ya me importaba un bledo cuando estaba viva, que para qué tanta ansia de llegar al María Guerrero si luego te hacen cuatro días y van a verlo cuatro monos. *(Escucha.)* ¿Por prestigio? Qué va. Ya desde que lo invadieron las termitas y la mafia rosa el María Guerrero perdió el prestigio. Ya estoy hablando más de la cuenta. Si es que ni muerta aprendo a ser correcta con los mamarrachos. Sí señores, mamarrachos, que el mundo del teatro está lleno de machitos, mariquitas y mamarrachos. Una pena, de verdad. Pues imagínense qué lugar más grato para ser dramaturga y encima buena. Porque, perdonen ustedes, pero a mí la falsa modestia no me va. Además ya hay otros por ahí que se encargan de ponerme a caldo. Bueno, ahora dejarán de hacerlo. Ay, me encantaría, me encantaría de verdad, leer las necrológicas que me han escrito algunos de esos mamarrachos. ¿Por cierto, podría enviarles desde aquí alguna puñetita? No sé, una piedra, una macetita pequeña sobre su cabeza. *(A Dios.)* Que no, señor, que era una broma. De todas formas, ya le he dicho que yo no quiero ir al cielo. *(Escucha.)* Vale. Vale. Bueno a lo que íbamos, que no sé de dónde me viene a mí esta vocación para escribir dramas. Azares de la vida, casualidades. De pequeña ya me fijaba mucho en las cosas. Y a los dos años caí en la perplejidad. Estuve así, perpleja, hasta los dieciocho más o menos. A esa edad me enamoré, me besó el príncipe y desperté. Claro que el día que le vi desnudo por primera vez volví a caer perpleja. Qué chico, qué potencia, Dios mío... *(A Dios.)* Perdone, lo de nombrarlo es una costumbre... *(Escucha.)* Ah, que no se había dado por aludido. No, es que todavía estoy un poco despistada. *(Por el público.)* Pero ¿éstos quienes son? ¿Son muertos especiales que han tomado el poder? ¿O es un jurado popular de muertos? *(Escucha.)* Sí, ya, perdone, es que siempre he sido una ansiosa. Siempre lo he querido saber todo, llegar a todo antes de tiempo. Por eso me he muerto joven, ¿no? *(Escucha.)* De acuerdo, continúo. Bueno, pues que de pequeña ya vivía asombrada. No entendía por qué el mundo era como era, ni por qué no salían mujeres en los telediarios, ni por qué mi hermano, que era un ñoño, tenía una paga dominical mayor que la mía. No entendía para qué me enseñaban matemáticas si luego mi padre llegaba a las tantas de la mañana y mi madre le echaba de casa a gritos. No entendía esas pequeñas cosas... Así que cerré los ojos. Sí, empecé a no ver. Total, para lo poco que me servía ver tanta injusticia y no poder hacer nada. A los cuatro días lo notaron. Notaron que no veía y me pusieron unas gafitas de montura negra. «¡Ostris!», pensé, «en este mundo no hay forma de librarse de los problemas.» Unos pocos meses después aprendí a leer, tenía unos cinco años, aprendí a leer y encontré una poesía. ¡Dios, por fin una respuesta! Sí, ese día descubrí que había gente que juntando palabras con emoción, explicaba a los humanos el porqué de lo inexplicable. La poesía era para mí, no sé, era como cuando te duele el pecho y tu mamá te da una sopa calentita. Esa sensación tenía yo cuando leía poemas. En fin, que a los cinco fue el poema, a los dieciocho mi novio desnudo, y a los veinticuatro mi primera obra. Esos son los tres momentos de mi vida que me hicieron más persona. Son los tres eslabones de mi cadena de plata.

Sí, en 1984, después de bastantes años como estudiante de Arte Dramático, como actriz también, como auxiliar de clínica en un hospital también, un día me senté en la mesa del salón de mi casa de casada, y me puse a escribir teatro. Y dejo claro que fue en el salón porque les juro que no conseguí un cuarto para escribir hasta diez años después. Diez años en los que ya me había divorciado, arrejuntado y casado de nuevo con otro, por supuesto. Con un hombre extraordinario que en vez de competir conmigo se dedicó a luchar por lo mío. Que amó y soportó con coraje y talento la vida al lado de una dramaturga neurótica, o sea yo. Es que mi vida privada sí que ha sido de teatro. Pero en fin, eso es otro asunto. A lo que iba, que me pongo en la mesa del salón y escribo *La llamada de Lauren,* mi primogénita. Como yo no le di demasiado valor, me sorprendió muchísimo lo que ocurrió. Los amigos del teatro decían que estaba muy bien. Y encima, de pronto, plaf, me dan un premio. Uno de los pocos premios que me han dado en mi vida artística. Y fue el accésit, eh, que el primero se lo dieron a una autora muy seria que escribió sobre Hitler. Yo no, yo escribí sobre una pareja que se hace un lío con quién es el hombre y quién la mujer de la casa. Yo escribí, aunque no lo parezca leyendo la obra, sobre lo que a mí me pasaba. Porque yo me preguntaba a menudo: «¿Pero quién soy yo aquí?» Pues en esta obra era Pedro, el hombre que se viste de Lauren Bacall y le pide a su mujer que le penetre. Perdonen, no sé si me siguen. Es que tengo que ir deprisa porque, verán, he escrito unas veinte obras y sólo me han dado treinta minutos para declarar. Pero si quieren, yo, si ustedes quieren, acabo ya. Si yo no quiero ir al cielo. *(Escucha.)* Ah, que continúe. Vale. ¿Que sintetice? Eso es más jodido, con perdón, que luego el jurado entiende lo que le da la gana y me absuelve. Que no, si yo por mí... *(Escucha.)* Está bien, sintetizo. Pues eso, que montar *La llamada de Lauren* fue... Miren, esta obra ya sirve como ejemplo. Les cuento cómo pude ponerla en escena y me ahorro las otras quince. *(Pausa.)* Me dieron el premio ese en Valladolid y me invitaron a recogerlo. Yo llegué y me encontré con la ganadora, con el jurado, con unos periodistas... Cogí mi placa, que dinero no había para el accésit, y me sentí feliz. Completamente feliz. Pero de pronto, en la cena, que también nos invitaron a cenar, va y se me acerca uno de los miembros del jurado, ya un poco borrachito, y me dice: «Me gusta mucho más tu obra que la ganadora, pero...» Pues sí, señores, aunque no se lo crean, uno a uno, todos los miembros del jurado de Valladolid, me fueron diciendo lo mismo: «Me ha gustado más tu obra, pero...» Ese día entendí que todo consistía en el pero. Que en el teatro siempre había un pero con el que me chocaría sin cesar. Pero les juro que en toda mi vida no he conseguido descubrir en qué consiste ese pero. Si era que mi teatro no era histórico, o que se entendía, o que tenía emoción, o que decía cosas, o que no era mariquita, ni machito, ni mamarracho. O tal vez es que los peros están en todas las partes. Son la otra cara de la moneda en cualquier profesión o en cualquier existencia. Pero en el teatro, en el teatro escrito por una mujer joven, auténtica, bronca y española cosecha del 57, el pero ha sido de campeonato. Pero, y perdonen la redundancia, a pesar del pero, me ha ido de puta madre. *(Pausa.)* Ya me estoy empezando a relajar. Sí, si lo comparamos con cómo les va a mis colegas, pues a mí me ha ido genial. Tengo una bio-bibliografía, que me hizo el otro día un académico, de veintidós páginas. Y no está todo, ¿eh? Pero, un momento, ¿yo de qué les tengo que convencer a ustedes? Es que he perdido el objetivo. No sé qué hago aquí, ni quién soy, ni qué quiero. ¿Es posible que después de muerta tenga que seguir angustiada por esas preguntas existenciales? *(A Dios.)* Oiga, que me he perdido, que no sé para qué estoy soltando este rollo sobre mi vida. *(Escucha.)* ¿Y no hay otra opción? Es que verá, yo lo que quiero es dormir. Sí, no estar. No soñar. No ser. Yo no quiero una vida eterna. Ni en el cielo, de verdad. Ni aunque me esté muriendo de gusto las veinticuatro horas. Yo quiero acabar con este rollo, con tantas preguntas. Deje quedarse a los que tengan ganas, ¿no? *(Escucha.)* Pero que les convenza de qué. *(Escucha.)* ¿O estar en los libros o estar en el cielo? *(Piensa.)* Señores del jurado: ¿se valora el esfuerzo? Porque verán, yo me he matado a trabajar. Me he matado a escribir, a vender mis obras, a interpretarlas, a dirigirlas, a amarlas. Me he matado de amor, y eso está en mis textos. Y yo no quiero ir al cielo. *(Escucha.)* ¿Que el esfuerzo se valora? Pues, escuchen, les decía que con un solo ejemplo pueden entender cómo han volado todas mis obras de mis manos. *La llamada de Lauren,* la primera. Me pongo a dirigirla con dos amigos actores, buenos. Sin un duro. Año 1985.

Problemas y más problemas y yo, hala, adelante, a comerme el mundo, a estrellarme de pasión. Y sola. Porque recuerden que en 1985 no había prácticamente mujeres dramaturgas. Lo hice: escribí, interpreté y produje *La llamada de Lauren*. Me ayudaron otros. Porque, señores del jurado, a mí también me han ayudado mucho. Porque sí, sin un polvo. Porque juro por mi muerte que jamás he echado un polvo para conseguir un favor profesional, que me lo he hecho con dos ovarios de hembra, pero en su sitio. Seducir sí, convencer sí, pero con los folios por delante. Y me han apoyado, vive Dios que sí. *(Hacia arriba.)* De nada. Estrené esta obra en el 85. Noviembre, inolvidable noviembre en el que un aluvión de críticos se me echó encima como si quisieran.... bueno, no sé qué querían. Los hombres, algunos hombres, no soportan la inteligencia de una mujer desnuda. Y yo salía desnuda en esa obra. Desnuda de cuerpo y de alma. Vulnerable hasta el infinito. Y aprovecharon para echarme encima palabras feas. Como si con las palabras pudiesen llegar a mi cuerpo. Era mucho pedir a la crítica, a todos esos hombres ceñudos, que aceptaran mi opinión sobre su masculinidad. Era mucho pedir. A todo esto no les he contado lo que fueron los ensayos. Es que me da la risa recordarlo. Y conseguir un teatro, bueno, conseguir un teatro...

Pero yo estaba imparable. Escribía y escribía después de ese despertar del asombro. Era como si me hubieran dado una varita mágica con la que transformar la experiencia en arte, la observación de la calle en arte. *(Hacia arriba. Con emoción.)* Yo te estaba, te estoy, muy agradecida. *(Pausa.)* Así que mirando y mirando la calle se me ocurrió *Invierno de luna alegre*. El protagonista, un torero fracasado de cincuenta tacos. La antagonista una chica de veinte, rebelde y artista, salida de un correccional. Yo era los dos. Sí, yo ahí estaba hablando de mis orígenes humildes, de mi miedo a no matar el toro el día que me lo pusieran delante. Estaba, porque entonces ya sabía lo que era el drama, defendiendo a los dos personajes por igual.

En *Invierno de luna alegre* tuve que lidiar con torazos de más de quinientos kilos, empresarios teatrales de esos que me veían como a una niña rubita y sensible de la que se podían gastar el dinero de su premio. Sí, señores, porque *Invierno...*, ha sido mi única obra que ha tenido un gran premio. Supongo que gracias a Buero Vallejo, mi tierno Buero, que estaba en ese jurado del Tirso de Molina. El único gran premio por la que creo que es una de mis peores obras. Ya ven, señores muertos del jurado, qué malamente está hecha la vida. *(Mirando hacia arriba.)* Con perdón.

Pues eso, que la niña rubita resultó ser una leona preñada. Y cuando me quisieron abortar el niño, metí unos zarpazos... que a más de uno puse en su sitio. Después de mil batallas por fin pude estrenar en el teatro Maravillas. Y fíjense, terminé tan cansada que tuve que irme a una casa de reposo a reponerme de las fieras. Ah, por cierto, Fernando Lázaro Carreter me dedicó tres páginas en un periódico. Él, sin conocerme, me hizo la crítica más hermosa a ese duro *Invierno*. Él fue mi ángel vengador, dijo todo lo que yo hubiera querido decir y nadie hubiese creído. Por cierto, ¿los hombres también tienen que pasar este juicio final? *(Escucha.)* Ah, no sé, lo mismo para ellos aquí, como en la tierra, también había otro método. *(Escucha.)* Sí, ya sigo. Pero, oiga, no me va a hacer hablar de todas las obras, ¿no? Se lo suplico. Mire, si no le importa, me centro en alguna de esas que yo pienso que me salió mejor. *(Escucha.)* Gracias, muchas gracias, pero me lo podía haber dicho antes porque... *(Escucha.)* Sí, sí, no se enfade, que ya sigo.

Una de mis obras favoritas era *El color de agosto*. Esa de las dos mujeres pintoras que se encuentran después de ocho años y mantienen una pelea sobre el arte y el amor. El fracaso y el éxito. Esta obra se me ocurrió en la escuela de teatro. Tenía yo una compañera muy talentosa con la que competía a lo bestia en las clases. Las dos éramos las favoritas del maestro. Y entre las dos nos inventamos el argumento para hacer una improvisación. Fue increíble lo que pasó: nos besamos, nos golpeamos y... sí, hasta nos pegamos un chicle en el pelo. Fue una improvisación apoteósica. Si una se arriesgaba, la otra más. Cuando acabamos, exhaustas por cierto, yo pensé: «¡Aquí hay un obrón, un obrón!» Y me puse a escribirla al siguiente verano. Justo el verano en que me divorcié de mi primer marido.

Los avatares del montaje ni se los cuento. Los de siempre: poner dinero, buscar teatro... El día del estreno me pasó una cosa muy graciosa. Resulta que a las actrices no se las oía bien. Yo tenía tal sufrimiento con la acústica que decidí salirme. Ya en la puerta se me acerca el acomodador, un chaval joven de sala alternativa, y me dice: «¿A ti tampoco te gusta?» Le miré desolada. «Yo es que no entiendo nada», me dice, «entre que la historia es rara y que hablan tan bajito... ¿Tú la entiendes?». «No», le contesté. «Yo tampoco entiendo nada.» «Pues oye, nos echamos un cigarrito aquí y esperamos a que se acabe este rollo.» Glup. Es que a mí en las puertas de los teatros me han pasado unas cosas... Una vez, estaba esperando para actuar en una de mis obras. Yo entraba por el patio de butacas. Así que estaba ahí, concentrada, aterrorizada por el estreno, cuando se me acerca un señor con corbata y me dice que es de la *esgae,* que si yo sabría por casualidad si esa obra que estaban estrenando llevaba música. «Sí, ¿por qué me lo pregunta?», le dije más aterrorizada si cabe. «Es para ver qué porcentaje descontamos al autor del texto. ¿Sabe usted cuántos minutos más o menos suena la música?» «Muy pocos. Uno, uno o dos», le dije tirando para casa. «Oye, pues muchas gracias. Así no me tengo que quedar.» Y se fue. Fíjense cómo está el mundo. Y de la *esgae* ni hablarles. Bueno, esta vez, gracias a ese vago, apenas me descontaron un duro de mis derechos. Ademas la música era de Frank Sinatra, así que ni se inmutó. Como podrán apreciar ustedes, señores del jurado, los dramaturgos somos muy conocidos para el gran público en la tierra. Ni el acomodador, ni el de la *esgae,* ni Dios me conocía. *(Mirando hacia arriba.)* Lo siento, es una forma de hablar. Es que, como les decía, el mundo ahora es un gran mercado. Sólo se conoce lo que se muestra en el escaparate. Y el escaparate es la televisión. Y en la televisión tienes que ser o muy... o muy tonto o muy puto para salir. Hombre, hay excepciones, claro, pero vamos, que a los dramaturgos no nos sacan casi nunca. Debe de ser que no tenemos *glamour,* o que parece que follamos poco. Perdonen las palabras, pero yo creo que es verdad, que follamos poco. Ahora, que si yo les contara... Si yo les contara lo que me pasó a mí, no se lo podrían creer. Es que no lo he contado nunca en mi vida. Es que me da hasta vergüenza ajena. *(Escucha.)* ¿Que lo cuente? Pero ¿se valora aquí la sinceridad, o es como en la tierra, que no está de moda? Es que yo no quiero ir al cielo. *(Escucha.)* Bueno, vale, no se enfade que lo cuento. Pues que en el 87, estaba yo muy bue... muy joven por aquel entonces, y cuando me dieron el prestigioso premio Tirso de Molina, me llamaron de *Interviú*. Sí, me llamaron para pedirme una portada en *topless* para su revista. Como lo oyen. Un millón de pesetas me ofrecieron. Pasmada es poco de cómo me quedé. «No tiene que contestarnos ahora, piénselo y mañana le llamamos», me dijo el tipo. Yo empecé a pensar en los titulares que se les ocurrirían: «Desnudamos al Tirso de Molina de este año.» Madre mía, qué cosas he tenido que vivir. Y luego dicen que España ya no es machista. Pero ¿se imaginan, se imaginan ustedes hacerle a Arrabal, a Sastre o a Alonso de Santos esta oferta? Qué mundo asqueroso, ¿no? Sí, ya sé que no estoy muy académica en el lenguaje, pero es que estos recuerdos todavía me sublevan. Es que tener que contar estas cosas para no ir al... *(Escucha.)* ¿Cómo? Perdone, perdóneme usted pero todavía no han pasado los treinta minutos y yo, ya muerta, digo lo que me da la gana. ¿O es que tengo que seguir midiendo mis palabras? Lo siento, pero es que me han dicho tantas veces que me callara en la tierra... Eso sí, no me he callado. Así me han puesto de golpes... Golpes por hablar. En el siglo XXI y lo de toda la vida... El que dice lo que piensa que se prepare. *(Escucha.)* ¿Cómo dice? ¿Que hable de *Una estrella*? Ah, esa es de las que más me gustan. *Una estrella* la escribí para reconciliarme con mi padre. Por cierto, ¿dónde está? Ese en el cielo ni de coña, ¿verdad? ¿Y hay también infierno? Es que del infierno no me han dicho nada. ¿Y adónde van los canallitas? No, no lo digo por mi padre. Mi padre era borrachín pero buena gente. *(Escucha.)* Pues eso, que *Una estrella* la escribí para saber quién era ese hombre ausente que me engendró. Es mi obra más autobiográfica. Yo soy Estrella, claro. Pero me salió mucho más bonito el personaje de Juan Domínguez. Cosas que pasan con las obras autobiográficas, que tu personaje te sale tonto: de tanto defenderlo, tanto defenderlo, resulta lineal, sin contradicciones, con poca alma. No hay que identificarse nunca con un solo personaje, lo haces ñoño, como a un hijo mimado. Pues eso, que *Una estrella* la escribí un verano, en una casita de pueblo, acompañada de muchas moscas... Fue un buen parto. Después la puesta en escena, ay, la puesta en escena fue una de las experiencias más hermosas que me ha regalado el teatro. La dirigimos, a medias, Panchika Velez, mi directora francesa del alma, y una servidora. Aunque yo lo tenía muy claro: si no había acuerdo la última palabra era suya. Y suya fue. La cosa fue viento en popa, y yo pude ver mi obra como la había soñado. No, mejor. Vi algunos ensayos en que la ficción superaba cualquiera de mis fantasías. Con ese actor cubano, Pancho García, que de bueno nos hacía temblar. Que, fíjense lo que es la magia, acabó pareciéndose a mi propio padre. Bueno, mi madre cuando lo vio casi se desmaya. A mi madre, por motivos obvios, nunca le gustó *Una estrella*. *(Escucha.)* ¿De amor? ¿Que pregunta el jurado que si he escrito obras de amor? Claro, todas, si la vida es eso nada más, si la realidad es eso, amores buenos, amores malos, amores buenos que se convierten en malos, hombres y mujeres que se encuentran y desencuentran. Eso son las *Noches de amor efímero,* mis obras más representadas. Seis, siete, no sé cuántas terminé en vida. Porque aquí no se puede escribir, ¿no? *(Escucha.)* Oiga, entonces qué aburrimiento. Con lo que yo he luchado en la vida no pueden ustedes ahora condenarme al aburrimiento eterno. Yo, si no le importa a los señores del jurado, prefiero, como Hamlet, morir, o sea dormir. *(Escucha.)* Mire, lo de la posteridad tampoco me importa mucho. Si no me voy a enterar. *(Escucha.)* Bueno, sí, claro, por mi hija Candela sí, para que cobre algún dinerito por mis obras. Sí, la verdad, es que cobrar por las obras de una madre muerta es un puntazo. *(Rotunda.)* Sí, señores, prefiero pasar a la posteridad y olvidarme del cielo, decididamente me confieso culpable. *(Escucha.)* ¿Qué dice? ¿Que todavía no les he convencido? Por Dios, ni muerta la dejan a una decidir... Está bien, les convenceré. Señores del jurado: he escrito obras de amor, noches de amor efímero, porque nunca he conseguido saber amar de otra forma. Como lo oyen, no nací con ese talento, y me he ido siendo una pobre aprendiza. Por eso me dediqué al teatro, porque es conflicto, ¿entienden? Escribir teatro es soltar a tus fieras. Poner a dos frente a frente y darles un corazón y una inteligencia. Soplarles el aliento y dejarles ver hasta dónde llegan. Eso es el drama, señores. Eso es lo más difícil para un autor, engendrar criaturas vivas. Porque hacer entes, Hombre 1, Aspirante 2, y ponerles a filosofar, o a decir frases poéticas, o a hacer acciones estéticas, eso no tiene arte, arte dramático, por muy de moda que esté entre los intelectualoides de la cultura. Eso es simple y llanamente, un rollazo. Pajas mentales que se hacen algunos, con mucho gusto propio. Vaya, ya estoy ofuscándome otra vez. Lo siento, señores, si es natural que haya de todo, si ha sido así siempre. Si de todo tiene que haber en la viña del Señor. Pero, Señor, ¿por qué hay tanto incompetente en el mundo del teatro? Sí, que ya me callo. Además, como dicen los críticos y demás mafia gris, de lo que hay que preocuparse es del hambre en el mundo y no de estas tonterías. Tienen razón, ellos sí que se merecen el cielo cuando se mueran. O se suiciden, que los del Tercer Mundo se mueren de hambre y los de aquí de pena. Vaya, ya estoy metiendo la pata otra vez. Por cierto, ¿es verdad que los que se suicidan no van al cielo? Está bien, perdone, no hace falta que me conteste.

Oiga, ¿cuánto me queda? *(Escucha.)* ¿Ya poco? Pues nada, voy acabando, si me lo permiten. La última obra mía que no me aburre, uy, perdón, quería decir que me parece importante, así como posible candidata a la posteridad, sería: *En el túnel un pájaro*. Qué curioso, es mi situación actual. Yo estoy viviendo algo parecido a lo que vive el protagonista de esta obra. Así que, sin saberlo, es otra obra autobiográfica, o sería mejor decir autotanatográfica. Vaya, esto sí que suena académico, ¿no? Y él, el protagonista, también se murió. Y también era dramaturgo. Y también era vehemente. Y también decía lo que pensaba y le gustaba la verdad, aunque supiese tanto de dudas y miedos. Pues eso, señores del jurado, que esta obra habla del arte y la muerte, muy a tono para terminar este juicio. Y que mi protagonista moría en brazos de una desconocida mientras ella le recitaba versos de San Juan de la Cruz, los que hablan de las condiciones del pájaro solitario. Que son cinco. La primera que se va a lo más alto. La segunda que no sufre compañía, aunque sea de su naturaleza. La tercera que pone el pico en el aire. La cuarta que no tiene color determinado. Y la quinta que canta suavemente. ¿Es aquí donde llegó mi personaje? ¿Estamos ya en lo más alto?

Señores del jurado, esto ha llegado a su fin. *(Escucha.)* Sí, claro que le escucho. ¿Que me levante y avance un poco hasta el jurado? Sí, señor. *(Lo hace.)* ¿Me van a dar el veredicto? *(Escucha.)* Ah, que si se quedan en silencio durante un minuto significa que no voy al cielo. *(Avanza otro paso.)* Por favor, señores del jurado, soy inocente. Les ruego, les suplico, un minuto de silencio. *(Asiente ante la voz que da el tiempo de salida. Pausa. La dramaturga, conteniendo la respiración, espera mirando el reloj. Pasa el tiempo.)* Tiempo. Eso es. *(Feliz.)* Gracias. Muchas gracias.

Agosto de 2002

Antonio Onetti

La puñalá

PERSONAJES

El MALACARA. Chorizo mal encarao como su propio nombre indica. De espaldas a la justicia y la fortuna se busca la vida como puede, principalmente a costa de los turistas. Anda mucho, roba cuanto encuentra en su camino y duerme donde le coge la noche. Basa su actividad delictiva en su innata facultad de caerle bien a la gente, pero ¡cuidado!, es cobarde y traicionero, y hasta puede que acabe sus días de ministro de algún país sudamericano. Otras características: alergia a las flores, sobre todo a los jazmines, y fuma rubio (cuando puede, claro)

La WINSTON. Travesti rechoncho y cincuentón regente de un carrito ambulante de tabaco, globos, globitos y otras baratijas de consumo rápido. En sus tiempos dio mucho que hablar pero ya no tiene más remedio que hablar de los demás por las esquinas de la noche. Como buena mariquita sevillana chapada a la antigua, conserva verdadera pasión por la Virgen, sobre todo en la Semana Santa y el Rocío, tanta que le costará la vida. Aún no sabe lo que es el SIDA y no se le conocen otros vicios que los propios de su sexo

La acción, aunque parezca mentira, en Sevilla y en la actualidad.

(Una plazuela sevillana durante la madrugada del Miércoles Santo. Un banco de piedra, una papelera y un diario.
Entra el MALACARA, ocultando un bulto bajo la chamarra. Se sienta en el banco resoplando y con prisa. Disimula mirando a todas partes. Cuando se cerciora de que nadie le sigue, se tranquiliza y saca un bolso de señora, vuelca el contenido en el banco, lo examina y estalla.)

MALACARA.—¡Mardita sea tu estampa, Malacara! ¡Ná de ná! Un lápiz de labios, una caja compresas, chuminás de la Carlota, una jartá de mierda y tres tarjetas crédito... Pero de guita, ni un duro. ¡Ni uno! ¡Valientes turistas roñosos los que vienen a Sevilla a vé las cofradías!

(Con rapidez lo guarda todo en el bolso y lo arroja lo más lejos que puede.)

¿Dónde está la riquesa der turismo, los dólares y las divisas? En los bancos y los hoteles por curpa las dichosas tarjetitas. Pero pa ti, Malacara, ni un paquete rubio. Pos ná, otra vez a dormí en la calle como un sereno. Con la rasca que hase y este pestaso a jazmines que no hay quien lo aguante.

(Resignado, prepara su cama sobre el banco cubriéndose con las hojas del diario.)

¿Será posible, hombre? ¡Y que un tío tan bien plantao como yo no tenga sien duros en er borsillo pa pagarse la pensión, ni haya una titi grasiosa que le cubique en su camastro! ¡Ay, na más te farta que llegue un nasareno borracho y se líe a latigasos contigo en mitá der sueño!

(De repente, cuando está a punto de taparse la cara, un titular le llama la atención.)

¡Cooooñó! «Expolio en La Puñalá.» ¿Qué es esto? «Sevilla, conmosioná. La Santísima Virgen der mucho Doló, popularmente conosida como La Puñalá, de la sevillana cofradía der Tormento, fue víctima durante la noche de ayé de un sacrílego robo a tan sólo dos días de su salida en prosesión en la madrugá der Viernes Santo, lo que... tararí que te vi... tal y cuá... Además der valioso puñá de oro y piedras presiosas que lusía la imagen en er pecho, los malvados ladrones se llevaron la corona de plata y rubíes, los collares de diamantes, los broches de esmeraldas, los anillos y cuantas joyas adornaban a la Virgen, cuyo baló se considera incarculable...» ¡Er palo der siglo! ¡Vaya arte! ¡Ese sí que tiene pa pagarse la pensión! «...La corona, los collares, er puñá.» ¡Si con uno de esos anillitos vivía yo toa la vía como er Marajá de Majarani!

(Recoge una colilla del suelo y la enciende con una cerillita.)

Y mira que lo había pensao veses... ¡Como to er mundo! Pos ná, ya se adelantó un espabilao. Y tú mientras corriendo detrás de las guiris pa quitarles er borso. ¡Mardita sea tu estampa, Malacara, que estás alelao! «Mientras los Hermanos Puñaleros se hayan reunidos pa desidí sobre una posible suspensión de la salida, debido a la convocatoria de huerga prosesioná para er Jueves Santo decretada por la Confederación de Cofradías Confederadas, en protesta por la inseguridá eclesiástica, fuentes polisiales han declinao hasé comentarios en torno ar caso ya que por er momento caresen de pistas que conduzcan a la detensión de sospechosos...» ¡Qué demasiao! ¡Pos como no se espabilen van a tené que sacarla con un cuchillo de cosina! Con rasón estaba hoy Sevilla tan revuerta, con la pasma poniéndolo to boca abajo y entalegando a to er que se reía por la calle, que no había manera de sacá provecho ni en la bulla La Campana. ¡En fin! ¡Otra vez será! Tú a dormí, Malacara, que mañana hay que trabajá pa sacá a la Mari Puri de paseo por la madrugá.

(Se acomoda para dormir.)

¡Ojú, qué rasca! ¡Y qué pestaso! Ya podía vení la Virgen de los Desamparaos a sacarte de este apuro.

(Aparece la WINSTON por su espalda arrastrando un carrito ambulante lleno de tabaco, chucherías, globos y baratijas.)

WINSTON.—Ya será menos, pedaso de choriso.

(Sobresalto de MALACARA creyendo en una aparición y sin atreverse a mirar.)

MALACARA.—¡Ay, la Virgen, que me ha escuchao! ¡Perdóneme, señora, que yo lo desía de guasa! ¡Y si viene por lo del otro día, me arrepiento, que yo no quería robá er sepillo, que fueron los duros que se me pegaron a los deos! ¡Me arrepiento, pero ya me lo he gastao...!
WINSTON.—Conque ahora te dedicas a reventá las sacristías y haserte cargo de las limosnas. No te creía yo tan beato.
MALACARA.—¡Que no es lo que usté se figura que yo...! *(Descubriendo el equívoco.)* ¡La Wiston! ¿Pero eras tú?
WINSTON.—¿Tengo yo tipo de ange de la guarda?
MALACARA.—(¡Ojú, la que fartaba pal lote! Esta se pega como una lapa y nos da aquí er Domingo de Resurresión.)
WINSTON.—¿Y qué hase un magnate como tú durmiendo a la interperie? ¿Penitensia por tus pecaos?
MALACARA.—Pos no señora, que estoy cogiendo sitio pa vé pasá los Armaos de la Macarena, que me gustan mucho.

(La WINSTON *se dispone a sentarse.)*

WINSTON.—Anda, quita las patas que vengo reventaíta de dá güertas toa la noche y traigo los juanetes moraos de pisotones. ¡Qué jartura de carrito, de niños, de globos y de nasarenos!

(Se sienta y se quita los zapatos.)

MALACARA.—Buen negosio habrás hecho con tanto pateo.
WINSTON.—¡Una barbaridá! ¡Pa jubilarme!
MALACARA.—Pos enróllate con el menda y pásame un paquetito rubio, que estoy aburrío de fumá colillas.
WINSTON.—¡Ay, Malacara! ¿Tan mal estás?
MALACARA.—Boquerón. Desesperao. Pa tirarme ar río.
WINSTON.—Y si yo te fiara er paquetito, ¿que me dabas en prenda...?
MALACARA.—Las grasias y va que chuta.
WINSTON.—¿Nada más, corasón...?

(Intenta meterle mano con disimulo.)

MALACARA.—¡Eeéh! ¡Las manos quietas, no vayamos a tené dijustos!
WINSTON.—¡Huy, qué machito se ha güerto de pronto!
MALACARA.—¿Qué quieres desí?
WINSTON.—Que no es eso lo que disen las lenguas viperinas...
MALACARA.—¿Y qué lenguas son esas?
WINSTON.—Lenguas que juran conoserte bien... Bueno, lenguas y más cosas...
MALACARA.—¡Mentiras y calumnias!
WINSTON.—Sí, sí... Lo sé todo.
MALACARA.—¿Qué sabes tú? Déjate de misterios y dime quién ha sío er maricón que te ha ío con er cuento.
WINSTON.—Uno...
MALACARA.—¡La Perola! ¡Seguro que ha sío la Perola! ¡Como lo coja, la mato!
WINSTON.—Pos no, que ha sío Juanita Manicura...
MALACARA.—(Ya he metío la pata.) ¿Y qué te ha dicho ese fantasma?

336

Winston.—Naaá... El otro día que me la encontré viendo la Borriquita y venía cantando aquello de...

«Tengo un novio que la tiene
como er palo una cucaña...»

Malacara.—¡Será mamón!
Winston.—Como somos tan amigas...
Malacara.—¡Mardita sea tu estampa, Malacara! ¡Como coja a esa maricona la machaco, le arranco la lengua, le saco los riñones a pellizcos...! ¿Pero qué es lo que te ha contao?
Winston.—Ya te digo, todo. Lo der Café Madrí, lo der Prado, lo de Chapina...
Malacara.—¡Fantasías de ese buitre reprimío que no se come un rosco y se inventa lo que no tiene!
Winston.—Hasta lo der yogú...
Malacara.—¿También lo der yogú? (Esto es la ruina.)
Winston.—Si por lo visto soy la única a la que no has invitao ar banquete...
Malacara.—¡Pos no te hagas ilusiones porque to eso se ha acabao! (Si esto te tenía que pasá tarde o temprano.) Y, claro, con lo cotilla que tú eres ya lo habrás ío contando por toas las esquinas del barrio...
Winston.—¿Yo? No.
Malacara.—¡Menos má!
Winston.—Entoavía.... no.
Malacara.—¿Cómo que...?
Winston.—Anda, fúmate un pata negra y guárdate er paquete.

(Coge un paquete del carro y se lo da.)

Malacara.—¿Pa mí?
Winston.—Te lo regalo, a vé si te tranquilisas, carita de ange, rosa de mayo...

(Vuelve al ataque.)

Malacara.—Vale, vale... Corta el rollo.

Winston.—¿Es que no vas a sé amable con la Wiston?
Malacara.—Mira, mariconerías ni una, que no está el horno pa bollos.

(Saca un cigarro y lo enciende mosqueado y nervioso.)

Winston.—¡Huy, qué arisco, de pronto! ¡Qué desagradesío! Con la de sigarritos que yo te he fiao...

(Malacara no le hace ni caso.)

Y hablando de otra cosa... ¿Qué tal anda esa novia tuya tan guapa? ¿Cómo se llama?
Malacara.—¿Mari Puri? Hase un rato la dejé en su casa... ¡Eh! ¡Eeéh! ¿No serías capaz?
Winston.—¡Qué mona es la chiquilla! ¡Tan larga! ¡Y con ese tipo...! ¡Qué envidia!
Malacara.—Mira, Wiston, que Mari Puri es una novia pa quererla y no pa hasé guarrerías, y si llegara a enterarse, ya me puedo despedí de la vía, porque yo sin Mari Puri no soy ná.
Winston.—Pos no farta er día en que me compre er paquetito de Fortuna.
Malacara.—¡No me hagas esa faena, por lo que más quieras! ¡Y menos ahora que se va a colocá en la Junta y me va a sacá de la miseria pa viví por tó lo arto!
Winston.—¡Ay, pero qué imaginasión tienes, lusero de la mañana, terronsito de asúca...!
Malacara.—¡Haré lo que tú quieras, pero no le digas ná!
Winston.—Eso ya es otra cosa, chiquillo. Con la de veses que he suspirao yo por lo bajini por esa boquita y esos ojitos y esa...

(Le mete mano al paquete.)

Malacara.—¡Coño, Wiston, aquí no, que nos pueden vé!
Winston.—¡Si no hay nadie! Deja de haserte el estrecho, corasón...
Malacara.—Está bien. Tú ganas. Pero una cosita rápida, y después me pagas la pensión y se acabó.

Winston.—¡El Arfonso XIII te pago yo esta noche!

Malacara.—Y ni una palabra a Mari Puri, ni a nadie, que si mañana se lo cuentas a la Perola, luego viene con la misma historia, y pasao la Manicura, y la otra, y la otra... y esto es el cuento de nunca acabá... Y una cosa es salí de un apuro... ¡Y otra que me va a acabá gustando...!

Winston.—Ver aquí, que me hierve la sangre y tengo una montaña de amó sobre mi cabesa.

Malacara.—(Agggh.)

(Malacara *regresa al banco y la* Winston *se le arroja encima cual moza apasionada y dispuesta a todo, cuando de repente,* Malacara *siente algo muy duro y muy frío en el pecho de la* Winston.)

¡Ay! ¿Qué es esto tan duro y tan frío que llevas en er pecho?

Winston.—¿Er qué? ¡Nada! ¡Er crusifijo de mi madre!

Malacara.—Pos me lo estoy clavando. Sácalo.

Winston.—¡Suerta!

Malacara.—¡Qué crusifijo más grande!

(*Forcejean* Malacara *consigue sacar, oh, sorpresa, el sagrado puñal de la Virgen que la* Winston *guardaba en su pecho.*)

Pero esto no es una cruz...

Winston.—Degüérvemelo ahora mismo que a ti no te importa.

Malacara.—Es un puñá incrustrao de pedruscos de colores...

Winston.—¡Trae acá te digo!

Malacara.—Pero, Wiston... ¡Este es er puñá que le han birlao a la Virgen!

Winston.—¡No!

Malacara.—¡Has sío tú! ¡La Wiston ladrona de guante blanco!

Winston.—¡Mentira! ¡Me lo encontré en la basura por casualidá!

Malacara.—Mira que callaíto se lo tenía...

(La WINSTON *intenta quitárselo.)*

WINSTON.—¡Dame er puña enseguida o...!
MALACARA.—¿O qué? ¿Todavía te vas a chivá a la Mari Puri? ¡Pero qué joía la tía hipócrita, guarra y julandrona que me quería hasé chantaje con er cuento der yogú!

(La WINSTON *cae de rodillas invocando al cielo.)*

WINSTON.—¡Ay, qué vergüensa, madresita! ¡Perdóname! Con lo cristiana que yo soy. Perdóname y te prometo que voy en peregrinasión a Jerusalén resando, de rodillas, con los brasos en cruz y una Biblia en cada mano.
MALACARA.—(Diamantes, rubíes, esmeraldas... Este puñalito vale una milloná, y si averiguo donde esconde el resto der tesoro... ¡Estoy sarvao...!)
WINSTON.—Malacara. Tienes que guardarme er secreto...
MALACARA.—Eso está hecho.
WINSTON.—Hasta que lo degüerva.
MALACARA.—¡¿Devorverlo?! ¿Pero tú estás majara o qué?
WINSTON.—Escucha, niño, que no es lo que tú piensas. Lo mío no ha sío un robo...
MALACARA.—¿Ah, no?
WINSTON.—¡No! Ha sío un delirio, un arrebato, una cosa que me dio de la cabesa a los pies y no lo pude evitá.
MALACARA.—¡Con ataques como ese me curaba yo la enfermedá de la pobresa!
WINSTON.—Déjame contarte. Yo siempre he sío mu devota de la Santísima Puñalá, que ella lo sabe porque me ha visto ca madrugá seguirla a empujones por toa la carrera pegaíta a su manto de la salida a la entrada. Y es que cada vez que la veo con ese cuchillo clavao en er corasón, se me abren las carnes y parese que floto de pensá en lo que esa mujé ha tenío que sufrí por tós nuestros pecaos. Pero el lunes, que fui a resarle a la capilla, er demonio se apoderó de mí y me metió en la cabesa que yo tenía que sentí er frío de esa daga sobre mi pecho. Así que ayé por la noche me vestí de hombre, después de cuarenta años, pa que nadie me pudiera reconosé. Llené un termo de café mezclao con asuca y un

bote entero de pastillas pa dormí, y me dirigí a la capilla. Allí estaba la Santísima con cuatro cofrades que velaban er paso. Todos bebieron der termo sin sospechá y todos cayeron redondos. Cogí la escalerilla, subí ar paso y con manos temblorosas le saqué er Santo Puñá. ¡Qué sensación, tanta grasia en mis manos! Yo sólo quería tenerlo un ratito y dejarlo otra vez en su sitio, te lo juro, Malacara, pero, viendo tanta joya y tanta relumbre al arcanse de la mano, me vorví loca y no me pude contené. Y la Virgen paresía que me desía: «Llévatelo, Wiston, si a mí no me hase farta...»

MALACARA.—Vamos, que te lo llevaste por haserle un favó...

WINSTON.—Es la verdá, Malacara. ¡Que me parta un rayo si miento!

MALACARA.—No tientes ar sielo que tiene que está echando chispas. Tú has saqueao a la Virgen con nocturnidá, alevosía y premeditasión...

WINSTON.—¡No! ¡No! ¡No!

MALACARA.—... Y en esta historia el único favó es er que tú me vas a hasé ar convertirme en millonario.

WINSTON.—¡¿Cómo?!

MALACARA.—Hasiéndome tu sosio en el reparto der tesoro.

WINSTON.—¡Eso nunca, Satanás! Tengo que devorverlo pa descargá mi consiensia.

MALACARA.—¡Hipócrita! Lo quieres pa ti sola. ¿Te crees que estoy lila? Pero este puñá te condena. O me partisipas der botín, o me voy a la Gavidia, te denunsio y te pasas el resto de tu vía sacando brillo a los barrotes.

WINSTON.—No me arrancarás ni una palabra. No tengo miedo a la carse.

MALACARA.—Eso habrá que verlo.

WINSTON.—Malacara, quédate con er carrito si quieres. Te pondré un piso, trabajaré pa ti, seré tu esclava, pero aleja esa idea de tu mente.

MALACARA.—¡No, Wiston! Rasona y apresia este milagro. Con lo que vale esa mercansía tú y yo nos retiramos de la calle... ¡Y a viví!

WINSTON.—¿Tú y yo?

MALACARA.—Dime dónde lo escondes y te daré la cucaña...

WINSTON.—No me fío.

Malacara.—¡Entonses te mataré, bruja der demonio!
Winston.—¿Serías capaz?
Malacara.—¡Se me acaba la pasiensia!
Winston.—¡No tengo miedo a la muerte!
Malacara.—¿Ah, no?

(Hace ademán de cargársela.)

Winston.—¡Ay, sí que tengo!
Malacara.—¡Pos habla, o te corto la pescuesa!
Winston.—¡Está bien! ¡No me mates! Me rindo. Quédate con er puñá que ya vale una fortuna y yo degüervo el resto der tesoro y me refugio en un convento.
Malacara.—No hay trato.
Winston.—¿Pos qué quieres?
Malacara.—Mitá y mitá.
Winston.—¿Estás demente?
Malacara.—Tú me has trastornao y no asepto otro reparto. Dime dónde guardas la corona y me conformo.
Winston.—¡La corona es lo más rico!
Malacara.—Tú te quedas lo demás. Y si no...
Winston.—De acuerdo, canalla. Pero me robas er sielo.
Malacara.—Menos cháchara y canta de una vez.
Winston.—Antes, la daga.
Malacara.—¡Qué dises! Primero la corona, y después ya hablaremos.
Winston.—¡Ojalá te pudras en el infierno!
Malacara.—Eso espero.

(La Winston *abre una portezuela lateral del carrito que deja ver en su interior la corona y el resto de las joyas con mucho destello.)*

Winston.—Ahí la tienes.
Malacara.—¡Qué demasiao! ¿Y has estao paseando er cargamento por toa Sevilla?
Winston.—Estaba fuera de mí y no se me ocurrió otro sitio.
Malacara.—¡Valiente bruja ladrona! ¡Y querías comprarme por unos cuantos pitillos!

Winston.—Ya tienes lo que querías. Entrégame la daga y acabemos.
Malacara.—Tú lo has dicho. ¡Acabemos!
Winston.—¿Por qué me miras así?
Malacara.—¿Aún quieres er puñá?
Winston.—Lo que pactamos.
Malacara.—Pos toma puñá... ¡Y toma puñalá!

(Le clava el puñal en el pecho. La Winston *cae de rodillas.)*

Winston.—¡Ay! ¡Canalla! ¡Asesino!
Malacara.—¿No querías sentí el frío der cuchillo en er pecho? Pos toma y que te aproveche. Así no podrás delatarme. Hasta la vista, carita de culo. ¡En el infierno nos encontraremos!

(Guarda las joyas en el carrito y sale.)

Winston.—¡Ay! ¡Socorro! ¡Polisía! ¡Me han matao! Me muero. Ay, Virgen Santísima, acógeme en tu seno que me arrepiento de tós mis pecaos.

(La Winston *se muere, pero antes del último suspiro alucina y sueña con redobles de tambor y música de semana grande, bajito primero, en crescendo después, apoteósica al final. La escena se nubla y un foco divino la ilumina. Le tocan los campanilleros. También sueña que dos arcángeles se le acercan. Uno le pone el manto, la corona y el rosario; el otro le coloca delante una bandeja de cirios encendidos. A medida que avanza el sueño la embarga una felicidad infinita que la hace olvidar su tragedia.)*

Pero... ¿Qué estoy oyendo? ¡Música! ¡Redobles y tambores! ¿Qué cofradía pasa por aquí a estas horas? ¿Y estos sirios ensendíos? ¿Y estos vapores de insienso? ¡Mi manto! ¡Mi corona! ¡Mi rosario! ¡Y arcángeles a mi vera! No es posible. ¿Es realidá o es un sueño? No. Es de verdá. ¡Es a mí a la que mesen! ¡Y me tocan los campanilleros! ¿Y esta calle? ¡Es la Avenida! Y aquella iglesia tan grande... ¡La catedrá! ¡Y toa esa gente mirando...! ¡Ay, qué momento más grande! ¡Esto es lo que yo quería! ¡Entrá en carrera ofisiá! ¡Grasias, Dios mío! ¡Grasias! ¡Grasias! ¡Grasias! (Aaay.)

(Con la sonrisa de oreja a oreja, expira la virgen WINSTON *y en la negrura de la muerte sueña que entra en capilla al compás de la marcha que ataca la apoteosis...)*

FINAL

Noviembre de 1986

Ignacio García May

Últimos golpes de Butch Cassidy

Introducción

Cuando la ley y el orden llegaron al *far-west*, aquellos que se habían ganado la vida como forajidos se vieron en la tesitura de abandonar su lucrativa carrera, alistarse en la policía o el ejército, o bien emigrar en busca de horizontes más favorables.

Seguramente los más famosos exiliados del bandolerismo fueron Butch Cassidy y el Sundance Kid, siquiera por la encarnación que de ellos hicieron Paul Newman y Robert Redford en *Dos hombres y un destino*. El destino que esos dos hombres eligieron fue la Patagonia chileno-argentina, tan similar en tantas cosas a las praderas de Wyoming, aunque también se les vio en Uruguay y Bolivia. Según algunos rastreadores de su pintoresca historia, dos pistoleros llamados Evans y Wilson se unieron a Cassidy y el Kid en su exilio; pero Bruce Chatwyn, en su libro *En Patagonia,* defiende que Evans y Wilson eran, en realidad, Cassidy y su socio, escondidos tras dos falsas identidades.

Todo, en torno a esta pareja, constituye un enigma; y sobre todo su muerte. Se les dio por muertos en media docena de lugares diferentes. La agencia Pinkerton conserva tres archivos distintos sobre la muerte de Cassidy. La versión más aceptada, que William Goldman utilizó para su guión de la película, es que fueron emboscados por el ejército en un pueblo boliviano. Pero hay quien asegura que su tumba está cerca de Montevideo, o en algún lugar de Alaska, o en Cholila, Argentina, como defiende Hugo Pratt. Según Chatwyn, la hermana de Cassidy afirmaba de él que pasó un tiempo en México, vendiéndole armas a Pancho Villa, y luego murió en EEUU, en su propia cama, bajo la identidad de un honesto ferroviario. El Kid habría muerto en las cercanías de Río Pico, en la Patagonia, en compañía de otro pistolero a quien las autoridades confundieron con Cassidy. Como sucedió con otro bandido famoso, el mexicano Joaquín Murrieta, de California, durante un tiempo se mostraron por las ferias unas cabezas cortadas y conservadas en alcohol que supuestamente pertenecían a Butch Cassidy y el Sundance Kid.

Ninguna de estas variaciones sobre el relato puede considerarse como definitiva, pero ya se sabe que la única verdad aplicable al *western* quedó formulada por John Ford en *El hombre que mató a Liberty Valance: Cuando la leyenda supere a la realidad, imprime la leyenda*. Quizá la mayor leyenda de todas sea el hecho mismo de que recordemos a Butch Cassidy como feroz pistolero: porque lo cierto es que jamás supo manejar el revólver.

PERSONAJES

UN MEJICANO (MELITÓN) EL VIAJERO (CHONETTI)
EL JEFAZO (VILLA) EVANS
OTRO SOLDADO

Hermosillo, territorio de México: calor y lagartos a dos pasos de la Baja California.

Corre la segunda década del siglo y, por montes y cañadas, se agigantan las sombras de Villa y Zapata, de Madero y John Reed. Tiempos revoltosos y cucaracheros, escenario turbulento de la penúltima Gran Aventura.

Hermosillo, en el calor de la digestión. Siesta y silencio pasean de la mano como chamaquitos embobados por el éxtasis amoroso.

En la Casa de Viajeros de Abelardo Martínez, un gringo duerme su cansancio panza arriba. Viste ropa interior larga de pieza única y ha olvidado descalzarse las botazas yankis. Junto al cabezal del lecho cuelgan su sombrero, sus ropas, y un pedazo de cuchillo que no es común en esos lares pero sí al sur del Río de la Plata: un facón gauchesco.

De pronto revienta el silencio con la entrada violenta de un puñado de machos: salta la puerta de sus goznes, explosiona la ventana en millares de cristalitos, y siete u ocho pares de manos montan a la par sus rifles de contrabando.

UN MEJICANO.—¡No te muevas, gringo cabrón, o te pongo los sesos por las paredes!

(El yanki perpetúa su descanso sin mover una pestaña.)

EL MISMO MEJICANO.—¡Que no te muevas, digo!

(Otro soldadote, grande y bigotón, con las trazas del JEFAZO, *se acerca al lecho con un punto de mosqueo en su mirada temible.)*

EL JEFAZO.—Pues, ¿y qué pasa?

EL MEJICANO DE ANTES.—Quel interfecto, de acuerdo con las órdenes recibidas, renuncia a su derecho a moverse.

EL JEFAZO.—Di «mi general», burro.

EL MEJICANO.—Sí, mi general. *(Pausa.)* ¿Y ahorita qué hacemos?

EL JEFAZO.—Dile que ya puede moverse, pero a poquitos.

EL MEJICANO.—Y'as oído, gringo. Abre primero un ojo y aluego el otro.

EL JEFAZO.—¿Y ahora?

EL MEJICANO.—Este caniche insurrecto no se da por enterado, mi general.

EL JEFAZO.—¿Y cómo es eso? ¿Está sordo?

OTRO SOLDADO.—Con el permisito del señor general: igual está muerto. A los gringos les sienta mal este calorazo.

EL JEFAZO.—¡Qué va a estar muerto! *(Al MEJICANO del principio.)* Melitón, me lo espabilas, al gringo.

MELITÓN.—¡A las órdenes de mi general! *(Se lo piensa un momento.)* ¿Y qué le hago, mi general?

EL JEFAZO.—Menéalo a ver qué pasa.

MELITÓN.—Sí, mi general. ¡Buena idea! *(Deja su rifle cuidadosamente apoyado contra el borde de la cama. Luego busca la postura más cómoda para agarrar al gringo y lo menea tan fuerte como puede.)* ¡Ya está!

EL JEFAZO.—No veo yo que mero, mero reaccione.

(Los otros soldados han ido perdiendo progresivamente su gesto de amenaza y se colocan en torno a la cama y al cuerpo inerte con curiosidad cuasi-gatuna.)

EL SEGUNDO SOLDADO.—A mí me da que se'a muerto.

EL JEFAZO.—¿Estás menso o qué? ¿No te he dicho yo que no?

EL SEGUNDO SOLDADO.—Con el perdón de mi general, pero es que el yanki no...

EL JEFAZO.—¡A callar! Melitón, ¿qué hay?

MELITÓN.—Yo lo meneo to lo quiusté quiera, mi general, pero, así como quien dice, yo creo queste compadre anda como así nomás.

EL JEFAZO.—Prueba con un cubo de agua.

(Y MELITÓN *va a proceder a la solución húmeda, pero entonces llaman cortésmente a la puerta destrozada. Los soldados reaccionan a una y encañonan ferozmente al visitante, que es un hombre delgado y medio calvo con ropas de* VIAJERO *de larga distancia.)*

EL VIAJERO.—*(Con inconfundible acento porteño.)* Lamento molestarles, caballeros, pero ando buscando a un ciudadano norteamericano de nombre Evans. ¿No es ésta su habitación?
MELITÓN.—*(Violentísimo.)* ¡Arriba las manos, compañero, o te distribuyo las tripas por la escalera!
EL VIAJERO.—*(Imperturbable.)* No tengo ningún inconveniente en alzar las manos si es tan importante para vos. Ahora, dejame que te diga que no me parecen maneras...
MELITÓN.—¡Quieto o te fulmino!
EL JEFAZO.—¡Híjole! ¡Un poco de calma!
MELITÓN.—Sí, mi general. Mis disculpas.
EL JEFAZO.—¿Quién es usted, forastero?
EL VIAJERO.—Mi nombre es Aníbal Ernesto Battista Chonetti, con dos tes en ambos casos, y radico, usualmente, en Buenos Aires de la Argentina. Recién vine para Hermosillo en asunto de negocios y me encargaron recado para el señor Evans. ¿Pudiera ser el que duerme plácidamente en esa cama?
EL SEGUNDO SOLDADO.—No duerme: 'ta muerto.
EL JEFAZO.—¿Pero qué te dio con que está muerto?
EL SEGUNDO SOLDADO.—Pues así tan como que no se mueve me recordó a mi primo Anacleto Morones, que falleció de indigestión. Pero lo decía nomás por platicar, y sin segundas.
MELITÓN.—Si vuelves a decir questá muerto te restriego el cerebelo por las paredes.
EL JEFAZO.—Melitón, un poco de comedimiento. ¿Y qué recado era ese para Evans?
CHONETTI.—Me temo que es de índole absolutamente personal, señor. Si me permiten un momento a solas con él le transmitiré la nota y me iré a lo mío después, para que puedan ustedes continuar con su boluca.

Melitón.—¡Pero cómo, juilón! ¿Es que no sabes con quién estás hablando? ¿Cómo te atreves a negarte a una orden del general?
El jefazo.—No ha sido una orden, Melitón, sino una cuestioncita.
Melitón.—¿Es que quieres que te arranquemos las vísceras, miserable? ¿Quieres que te enterremos en el desierto hasta la cabeza p'a que te saboreen las hormigas?
El jefazo.—Melitón, aligera la retórica...
Melitón.—Aquí, p'a que te vayas enterando, aquí mi general es el magnífico Pancho Villa, el héroe de los tiempos que corren, la mano salvadora de la libertad mejicana...
Villa.—¡¡¡Melitón, mil serpientes, cuando quiera que me escriban las memorias ya te daré aviso, pero ahorita cierra la boca!!!
Melitón.—Con perdones, mi general. Es que me dejo llevar por el entusiasmo.
Otro soldado.—¡El gringo se ha movido!

(Todos se vuelven hacia el lecho. Evans, en efecto, ha cambiado claramente de posición, pero continúa retenido en el reino de Morfeo.)

Villa.—¡Eh, cabrón, hijo de la chingada, mamagallos! ¿Me oyes? ¿Me estás oyendo, Evans?
El segundo soldado.—Yo creo questá muerto.
Villa.—¡A este hijo'e puta que me lo fusilen!
El segundo soldado.—¡Piedad, mi general! ¡Tengo dos mujeres y dieciséis chamacos a los que alimentar!
Villa.—¡La culpa es tuya! ¡Al paredón!
Melitón.—¡Te lo advertí, conciudadano!
El segundo soldado.—¡Perdón, mi general! ¡Soy un idiota, un imbécil y un mamarracho!
Chonetti.—*(Mirando a Evans.)* Está pálido de veras. ¿Seguro que no murió?
Villa.—¿Estás de guasa, compadre?
Chonetti.—Pero ¿qué le pasó?
Villa.—Lleva así desde que llegamos.
Chonetti.—¿Y ustedes también le traen recado?

Villa.—¿Qué recado ni qué moscas? Este gringazo mal parido prometió entregarnos un cargamento de rifles Winchester hace seis meses, pero todavía lo estamos esperando. El muy marrano se llevó la plata, pero para gastársela en todos los burdeles de aquí a Tejas. Uno de mis muchachos lo vio acampando por el río Yaqui y me mandó aviso, así que hemos venido dándole caza hasta Hermosillo. Pero el muy cretino no despierta ni a cañonazos.

Chonetti.—¡Linda historia! Pero ¿y tenía rifles o no tenía rifles?

Villa.—¿Y qué sé yo? ¡Los que no los tenemos somos nosotros, y así, estará usted de acuerdo conmigo, no hay forma humana de revolucionar nada!

Chonetti.—Pues ¿y cómo se fió del pájaro? ¿Era amigo suyo?

Villa.—¡Ay, no! Pero nos lo habían recomendado muy, muy. ¡El tipo tenía una reputación caliente!

Melitón.—Dicen que se robó él solito todos los bancos al otro lado del Río Grande. ¡Él solito! ¡Es un tío macho! ¡Cabrón, pero macho!

Villa.—Anduvo con la gente de Butch Cassidy. ¿Oyó hablar?

Chonetti.—Algo. También deambularon por mi patria.

Villa.—Imposible. Debe usted confundirlos con otros.

Chonetti.—No, en serio. Me resulta familiar el nombre.

Villa.—En cualquier caso, ya ve cómo andan las cosas. ¡Hoy día no pue' uno fiarse ni de la propia madre!

Chonetti.—¡Qué razón tenés, compañero!

Villa.—Y ahora que caigo, hermano, ¿qué negocios lo traen por este territorio?

Chonetti.—Soy un artista. Vine con una compañía itinerante de artes dramatúrgicas.

Melitón.—¡Ándale y entónate algo!

Chonetti.—Me temo que mi especialidad no es precisamente la canora. Soy quiromántico, adivinador, y profesor de ciencias ocultas, swedemborguiano de corazón y de espíritu, mesmerista de primera y además, en ratos libres, rosacruz y masón. En fin, un consultor de la humana conciencia y de los poderes que habitan en la otra orilla del Leteo.

Villa.—¡Híjole!

Melitón.—¿Le arranco la lengua, mi general?
Villa.—¡Dentro de un minuto! Compadrito, o te explicas sin hipérboles o te fusilo por extranjero y por espía a sueldo de los tiranos.
Chonetti.—¡Calma, ché! Mirá, flaco, yo salgo entre la *vedette* Peggy Langtry y el bailarín Big Bill Bangle. Mi número consiste en adivinar lo que piensan algunos espectadores elegidos al azar, les pongo en contacto con sus muertos y predigo su futuro.
Melitón.—Yo sí que te vi'a mandar con tus muertos y con los de la madre que te parió...
Villa.—¡Aguanta, Melitón! ¿Y puedes leer de verdad el pensamiento de cualquiera? ¿Hasta de uno ques'tá dormido?
Chonetti.—Nunca lo probé con un catatónico, pero es cuestión de intentarlo.
Melitón.—¿Con un cataqué? ¿Me deja que le espachurre la riñonada, mi general? ¡Se lo ruego!
Villa.—¿Quién es el catacuando? ¿El gringo?
Chonetti.—Catatónico, viejo. Dejá que te lo aclare. Un catatónico es uno que duerme en estado tal de profundidad que le resulta imposible volver a la consciencia hasta que el cuerpo astral decide, por propia iniciativa, o bien por la intervención de fuerzas electromagnéticas originadas en la naturaleza, tornar a su estado primigenio. En el ínterin, la apariencia del catatónico es similar, en todos los aspectos, a la de un cadáver.
El segundo mejicano.—O sea que yo no andaba errado.

(Villa y Melitón *fulminan con la mirada al* Mejicano *charlatán. Luego vuelven su mal humor hacia el porteño.*)

Villa.—Traduciendo a cristiano, ¿quieres decir que el buitre este no se va a despertar hasta que no se le ponga en los bigotes?
Chonetti.—Aproximadamente. Aunque también podría ser que no despertara nunca jamás.
Villa.—¿Jamás?
Chonetti.—Jamás.

VILLA.—¡Mis rifles! ¡Mi plata! ¡Gringo chingón! *(A* CHONETTI.*)* Dime, ¿puedes leerle por dentro y descubrir dónde ha metido mis rifles?

CHONETTI.—Intentémoslo. No se pierde nada. *(Se sienta junto al gringo; pedante, declama.)* Este es un momento relevante en el estudio de las Ciencias Ocultas. Quizá pasemos a la Historia ahora, ruego un poquitito de silencio. Es fundamental para la buena marcha del experimento. *(Muy concentrado.)* ¡Señor Evans! ¡Señor Evans!

VILLA.—Su nombre'e pila es Roberto.

CHONETTI.—¡Señor Roberto Evans! *(Presumiendo de idiomas.)* ¡Mister Robert Evans!

EVANS.—*(Muy requetedistante.)* Síííííí...

(Terror entre la banda mejicana. Cruces, sustos, oraciones a la virgencita de Guadalupe para que mantenga lejitos al diablo y a sus peligrosísimas huestes.)

CHONETTI.—¡Extraordinario! ¡Nos ha contestado! *(A los mejicanos.)* Por favor, señores, guarden ustedes silencio. Con este bochinche no hay modo de entender al paciente. Señor Evans, ¿me escucha usted?

EVANS.—Nooooooo...

CHONETTI.—Señor Evans, soy un amigo que conecta con usted desde la Tierra, Méjico, para más señas, que es donde ha abandonado usted su cuerpo físico. Mi nombre es Aníbal Ernesto Battista Chonetti, con dos tes en ambos casos.

EVANS.—Encantadooooooo...

CHONETTI.—Un placer. *(Al generalote* VILLA.*)* ¡Bárbaro! ¡Está saliendo mejor de lo que esperaba!

VILLA.—Dígale que despierte o le descerrajo un tiro en la sesera.

CHONETTI.—¡Se lo ruego, mi general! La catatonia es una enfermedad grave. Si nos sobrepasamos podemos provocar la muerte del señor Evans y su espíritu se perdería en el éter para toda la eternidad. *(A* EVANS.*)* Señor Evans, ya sé que le cuesta mucho trabajo responderme, dada la distancia cósmica entre el lugar que su mente ocupa ahora y el que acoge a sus restos mortales. Pero precisamos una información que solamente usted puede proporcionarnos. ¿Está dispuesto a dárnosla?

EVANS.—Síííí...
CHONETTI.—¡Macanudo! Pregunte, mi general, pero con delicadeza. Con extrema delicadeza...
VILLA.—¿Le hablo? ¿Así, nomás?
CHONETTI.—Proceda cuando guste.
VILLA.—Eh... Gringo... ¡Gringo! Soy Villa. ¿Te acuerdas de mí?
EVANS.—Noooooo....
VILLA.—¡¡¡¿Cómo que no?!!! Eh... Gringo... Te llevaste mi plata para comprar rifles Winchester, pero no me trajiste ni una cosa ni otra.
EVANS.—Fui a Zacatecas, a casa de María la Lindaaaaaa...
VILLA.—¡¡¡¿No te digo yo?!!!
MELITÓN.—¡Será marrano!
CHONETTI.—¡Señores, punto en boca! No descuidemos ni un instante la delicadeza. Permítame, general, tal vez prefiera hablar conmigo, puesto que soy quien conectó en primer lugar con su espíritu. *(A* EVANS.*)* ¡Señor Evans! Sigo siendo Aníbal Ernesto Battista Chonetti. Ya sabe, con dos tes.
EVANS.—¿Qué pasaaaaa?...
CHONETTI.—Señor Evans, ¿puede usted decirme dónde están los rifles del general Villa?
VILLA.—¡O en su defecto la plata!
EVANS.—Los rifles... Los rifles...
CHONETTI.—¡Parece que conectó!
EVANS.—Los rifles... tengo los rifles escondidos...
VILLA.—¡Melitón, toma nota!
EVANS.—Los rifles guardados para revenderlos...
VILLA.—¡Eh, gringazo, hijo'e tu madre, dime dónde están! Si lo haces estoy dispuesto a no cortarte la nariz.
EVANS.—Los rifles... en una pulpería vieja, cuarenta millas sur suroeste de Chihuahua.
VILLA.—¡Chihuahua!
EVANS.—Tengo que recogerlos... Muy buenos rifles... munición, cuarenta cajas bajo el árbol del patio...
VILLA.—¡Gringo! ¡Óyeme, gringo! ¿Oye?
CHONETTI.—¡Ha vuelto a quedarse dormido!
VILLA.—¡Desgraciado! Pero al menos sabemos dónde están las armas. Melitón, échale un ojo al mapa y prepara la retirada, que nos vamos p'al sur.

MELITÓN.—¡A toda mecha, mi general! ¿Qué hay del chingado? ¿Le corto las orejas? ¿Le arranco un brazo y se lo meto por la boca? ¿Le introduzco el cañón del rifle por las posaderas?

VILLA.—¡No merece el gasto de munición! Y además tampoco tiene gracia cargárselo si no se entera. ¡Ya despertará, y entonces le daremos lo suyo!

CHONETTI.—Lo dudo. Como ya le conté, la mayor parte de los catatónicos no despiertan: ingresan en el mundo de los fantasmas. De todos modos, ¡qué lindo experimento, ché! ¡Estoy contento, caramba!

VILLA.—Hermano: le has hecho un gran favor a la Revolución. Sabremos pagártelo en la hora de nuestro triunfo. ¡Pondremos tu nombre a una calle, incluso a una plaza si lo prefieres!

CHONETTI.—Prefiero la calle, es más recoleta. Ahora, no olvidés que Battista se escribe con dos tes, y Chonetti lo mismo.

VILLA.—¡Pronto habrá en Ciudad de Méjico una calle con tu patronímico, es cosa hecha! *(A su banda.)* ¡Compañeros, volando p'a Chihuahua! ¡Esta noche hacemos tiro al blanco con fusilería de última generación!

(Salen los revolucionarios, ruidosos y alegres como los niños al final de la clase. Disparan dos o tres tiros y gritan el viva Villa con entusiasmo. Luego, la habitación queda silenciosa como si nunca hubieran pisado por allí.
El argentino se sienta un momento para encenderse una pipa. Al cabo, EVANS *abre un ojo, constata que el peligro se ha esfumado y salta de la cama.* CHONETTI *se pega el susto de su vida.)*

CHONETTI.—¡Carajo! ¡Casi me saltás el corazón, flaco!
EVANS.—Lo siento. *(Mira por la ventana.)* Por ahí van...
CHONETTI.—¡Nunca vi a un catatónico recuperarse tan de pronto! ¡Es formidable!
EVANS.—¿Catatónico? ¿Catatónico yo? ¡Venga hombre!
CHONETTI.—Pero, y... ¿No estabas dormido, vos?
EVANS.—¡Ni soñando! Les vi venir y me hice el loco para que no me descuartizaran. Entonces llegó usted, y debo decir

que me vino al pelo, porque si no, no sé qué habría pasado. Por cierto, gracias.
CHONETTI.—¿De modo que no hiciste un viaje astral? ¿Esto no ha sido un triunfo de la Ciencia Hermética?
EVANS.—No seré yo el que se lo eche en cara.
CHONETTI.—*(Desilusionado.)* ¡Vaya broma! Aunque, a decir verdad, no sé de qué me extraño. En el escenario siempre hago trampa. *(Pensativo.)* Aun así, por un instante pensé que lo había conseguido. Un amigo mío, europeo, me dijo que estas cosas suceden de verdad. Dijo que hay por ahí ciertos garufas capaces de levitar, y leer la mente de otras personas, y conectar con espíritus y cosas por el estilo. Pero la realidad, ¡qué asquerosa! La vida, en el fondo, es una macana. Y yo me he comportado como un otario.
EVANS.—Sí... Perdone pero tengo que recoger mis pantalones.
CHONETTI.—Ya me veía contando la historia en Buenos Aires. ¡Qué milonga!
EVANS.—Desde luego... Disculpe, mi sombrero... ¿No me traía usted un mensaje?
CHONETTI.—¿El mensaje? ¡Perdón! ¡Con toda esta boluca se me pasó el asunto! Dejá que lo busque... *(Se busca en los bolsillos del traje.)*
EVANS.—Uno de esos chamacos me ha birlado el tabaco... ¡Vaya por Dios! ¿Me deja que le tome prestado?
CHONETTI.—Por supuesto... *(Le alcanza una bolsita con tabaco y papel para liar.)* ¡Acá está el papelito! ¿Se lo leo?
EVANS.—Sí, gracias. Así mientras tanto me lío el cigarro.
CHONETTI.—*(Se cala unas antiparras.)* Dice: «a la atención de míster Robert Evans». Y, también, «de parte de míster Gibbon». Este gringo está casado con la prima de un cuñado mío, que fue quien me dio la nota cuando supo que venía para Méjico. Buena familia, por cierto. De Rosario, Santa Fe.
EVANS.—Ya, ya. ¿Y el mensaje?
CHONETTI.—Procedo. *(Lee.)* «Querido Bob: mataron al Kid en Río Pico. La policía también te da por muerto a ti. Quédate por allá un tiempo.»
EVANS.—*(Tras una pausa.)* ¿Y algo más?
CHONETTI.—No. Parco en palabras, mi pariente. ¿Le fue de utilidad el mensaje?

Evans.—Sí.
Chonetti.—Bueno, pues servidor queda cumplido. Si le gustá el teatro, pásese esta noche y le dejo boletos gratuitos. ¡Invito yo! *(Se levanta para irse, va hacia la puerta, se detiene y se dirige a* Evans.) Ché, decime una cosa.
Evans.—¿Sí?
Chonetti.—Sólo es curiosidad, pero... ¿por qué no te liaste a tiros con los mejicanos, en vez del timo de la dormida? Me dijeron que sos un tipo de miedo, un bravo, bandolero y eso.

(Evans *reflexiona un instante. Luego.)*

Evans.—Disparo fatal.
Chonetti.—*(Le da la risa.)* ¡Mirá qué cosa! ¡Y decían estos que andabas con los de Butch Cassidy!
Evans.—Hoy en día no puede uno fiarse ni de la propia madre.
Chonetti.—¡Qué razón tenés, compañero!

(Oscuro.)

Juan Mayorga

El buen vecino

PERSONAJES

Hombre bajo
Hombre alto

HOMBRE BAJO.—¿Puedo sentarme con usted?
HOMBRE ALTO.—Precisamente estaba a punto de pedir la cuenta.
BAJO.—¿No me reconoce? No me ha reconocido.
ALTO.—¿?
BAJO.—Nos vemos todos los días.
ALTO.—¿¿??
BAJO.—Cada mañana, en la escalera. Yo salgo cuando usted regresa.
ALTO.—Ah, sí. Sí.
BAJO.—«Bueenoos diíaas.» ¿Reconoce mi voz?
ALTO.—Sí, ahora sí.
BAJO.—Aunque no suena igual a estas horas, y en domingo, que a las seis de la mañana un día de trabajo.
ALTO.—Perdone que no lo haya reconocido.
BAJO.—No hay nada que perdonar, es comprensible. Con su permiso, voy a tomar asiento. Es comprensible. Vuelve usted hecho una sombra y otra sombra se le cruza en la escalera. «Bueenoos diíaas», oye que le dicen, y usted contesta, «Bueenoos diíaas», pero no es más que eso, el cruce de dos sombras en una escalera.
ALTO.—Es verdad.
BAJO.—Tiene que ser duro. Trabajar de noche, me refiero. Como tener la vida cabeza abajo, ¿no?
ALTO.—Me va a perdonar, pero tengo un poco de prisa.
BAJO.—Acabo de pedir esta botella, y dos copas. Me gustaría compartirla con usted.
ALTO.—Lo siento, no bebo.
BAJO.—Tengo algo que celebrar y había pensado que querría acompañarme.

Alto.—Me están esperando.
Bajo.—Sólo una copa, hombre.
Alto.—Ya le he dicho que no bebo.
Bajo.—¿No va a tener ni un ratito para mí? Sólo diez minutos. Tengo algo que celebrar y no quiero hacerlo solo.
Alto.—Diez minutos, está bien. Si tiene algo que celebrar, no puedo negarme.
Bajo.—Cosecha del 98. No me tome por un conocedor. Sólo es que me he informado para la ocasión. Me he preparado.
Alto.—Y dice que le ha pasado algo bueno. Algo que merece celebrarse. Qué suerte.
Bajo.—¿No es formidable? Dos sombras se cruzan cada mañana en la escalera y, durante meses, no intercambian más que saludos mecánicos. «Bueenoos dííaas»; «Bueenoos díías». De pronto, esas dos sombras comparten mesa, cara a cara, en una celebración.
Alto.—¿Durante meses? ¿Nos conocemos desde hace meses?
Bajo.—No tengo queja, usted siempre ha sido amable conmigo, su saludo nunca me ha faltado, y no crea que puedo decir lo mismo de todos nuestros vecinos. Pero hasta hoy, no éramos más que dos sombras que se dicen «Buenos días» antes de volver a alejarse. Sin embargo, ahora estamos aquí, cara a cara, celebrando como si nos conociésemos de toda la vida.
Alto.—Pero todavía no me ha dicho qué estamos celebrando.
Bajo.—¿No se lo he dicho? ¿No paro de hablar y todavía no le he dicho...?
Alto.—Todavía no.
Bajo.—Me resulta curioso estar aquí, con usted, pero dentro del bar. ¿Sabe a qué me refiero? Cada domingo, después de arreglar la cocina, salgo a dar una vuelta. Siempre lo veo a usted aquí, en esta mesa. Lo veo desde allí, desde la calle, desde el otro lado del cristal. Lo habré visto cien veces sentado en esta mesa. Usted, ¿no había reparado en mí?
Alto.—No.
Bajo.—No se lo reprocho. No suelo hacerme notar. Seguro que en la casa nunca habrá oído hablar de mí. No soy de esos vecinos que dan que hablar. Eso sí, tengo a gala ser un

buen vecino. Cualquiera que llame a mi puerta sabe que yo siempre...
ALTO.—No me gustaría irme sin saber qué he estado celebrando.
BAJO.—La ley tres siete cinco cuatro.
ALTO.—¿?
BAJO.—¿No la conoce?
ALTO.—¿Ha dicho «ley tres cinco siete cuatro»?
BAJO.—Tres siete cinco cuatro. La llaman «ley de extranjería». Es así como la llama la gente.
ALTO.—No me había dado cuenta de que usted...
BAJO.—No lo soy. No soy extranjero.
ALTO.—¿Entonces?
BAJO.—Usted sí lo es. Extranjero.
ALTO.—¿Yo?
BAJO.—No sé mucho de usted, pero eso sí lo sé, lo fundamental.
ALTO.—Ahora sí me va a disculpar. No quiero que se me haga tarde.
BAJO.—No se levante, se lo ruego. Se lo ruego, siéntese. Gracias. Escúcheme, no tengo nada contra los extranjeros. Nada, vengan de donde vengan. No sé por qué ha venido usted a este país. ¿Trabajo? ¿Política? ¿Una mujer? Cualquiera de esas razones me parece buena. En cuanto a esa ley, yo no la redacté. Pero, tan pronto como oí hablar de ella, supe que iba a cambiar mi vida. No se me ocurrió de buenas a primeras, fui madurándolo poco a poco, y hasta hoy no me he decidido a poner en práctica mi idea. Pero le repito que no tengo nada contra ustedes. Tampoco es nada personal, simplemente he pensado que debía concentrarme en un solo caso, y el suyo es el que conozco mejor.
ALTO.—No sé si le estoy entendiendo bien, me parece que no, pero tengo que advertirle algo: no soy extranjero.
BAJO.—¿No?
ALTO.—Claro que no. ¿Qué le ha hecho pensar que lo soy? ¿Sólo porque trabajo de noche? Mucha gente trabaja de noche.
BAJO.—¿No es extranjero?
ALTO.—Desde luego que no. ¿Parezco extranjero?

Bajo.—No, no parece extranjero.

Alto.—No tengo nada en contra de ellos, siempre y cuando no vengan a crear problemas. He conocido gente estupenda de todos los colores. Gente que no viene a darte lecciones sobre cómo vivir en tu propio país. Por desgracia, parece que abundan más los que...

Bajo.—No siga, ya es suficiente. ¡Aplausos! Le felicito. Su acento es mejor que el mío, y su modo de usar mi idioma. Y también el cuerpo, su modo de moverse... Qué disciplina. Admiro a la gente con autocontrol. No tema, no ha cometido ningún error, yo no habría sospechado, sólo fue una corazonada. Hice algunas indagaciones, cualquiera puede hacerlas, basta tener un poco de tiempo, y yo lo tengo. Mi corazonada se confirmó: no tiene usted papeles. Es un «sin papeles».

Alto.—Eso es falso.

Bajo.—Muéstremelos. Sus papeles.

Alto.—¿Qué le muestre...? ¿Quién se cree que es? Ya le he aguantado bastante.

Bajo.—¿Qué va hacer? ¿Ponerse a chillar delante de toda esta gente? ¿Llamar a la policía? ¿Por qué no la llama? Relájese, hombre. No le he llamado «hijodeputa». Sólo he dicho que es un extranjero sin permiso de residencia. Nada grave, salvo que, en aplicación de la ley tres siete cinco cuatro, usted podría ser devuelto inmediatamente a su país de origen. ¿O es la ley tres cuatro siete cinco?

Alto.—¿Está borracho?

Bajo.—Todavía no he bebido una gota. No me gusta beber solo. No vuelva a levantarse sin mi permiso, por favor, no me obligue a hacer lo que no quiero hacer. Estoy intentando ser amable. No es nada personal, ya se lo he dicho. Yo no redacté esa ley, pero ella ha cambiado nuestra relación. Dos sombras se cruzan cada mañana en la escalera hasta que un día...

Alto.—Es una broma.

Bajo.—No me sobrevalore, yo no sé bromear. No, no es una broma. Como se dice vulgarmente... Si yo fuese alguien vulgar, se lo diría así: «Lo tengo por los huevos.»

Alto.—Está realmente borracho.

BAJO.—No me enfade, ¿no ve que estoy intentando ser respetuoso con usted? Podría insultarlo. Podría ponerlo de rodillas...
ALTO.—¿Qué quiere de mí? Suéltelo ya. ¿Dinero?
BAJO.—¿Dinero?
ALTO.—¿Qué es lo que quiere?
BAJO.—Poca cosa.
ALTO.—¿Qué?
BAJO.—No lo sé todavía. En serio, todavía no lo sé. Por ahora, sólo que beba una copa conmigo. Será bastante por hoy. Mañana, quién sabe. Algo se me ocurrirá. Pero esté seguro de que nunca le pediré nada vergonzoso. Y, por supuesto, nada relacionado con el sexo. Usted ha tenido suerte conmigo. No voy a obligarle a trabajar para mí, ni a cometer ninguna fechoría, no voy a ponerle la mano encima. Un día le pediré un rato de conversación; otro, que me acompañe a dar una vuelta. Nada feo, nada humillante. Que me lea un poema, que me cuente un chiste... Nada humillante. A veces le pediré algo incómodo o desagradable, pero no con ánimo de ofenderlo, sino para comprobar su disponibilidad. Eso es, en definitiva, lo que me importa: estar seguro de su disponibilidad. Algunos días dejaré que se olvide de mí, pero siempre reapareceré. Entonces le pediré que recite una oración o que me cante un canto de su tierra, no por molestarle, sino para recordarle la naturaleza de nuestro vínculo. Para humillarlo, nunca. Por otro lado, quizá usted consiga sus papeles algún día. Entretanto, vivamos. Mañana, a la misma hora que de costumbre, nos cruzaremos en la escalera y nos desearemos buenos días. Quiero que esté usted allí, no intente escapar, voy a estar vigilándolo. Y nunca intente nada contra mí, lo tengo todo dispuesto para esa eventualidad, soy un hombre detallista. No le pediré nada humillante, ya lo verá. Empezaremos ahora mismo. Empezaremos por compartir esta botella. Permítame que haga un brindis. Por usted. Por su vida en este viejo país.

(Pausa. El HOMBRE ALTO *bebe.)*

Raúl Hernández Garrido

La persistencia de la imagen

PERSONAJES

El Cliente
El Cuerpo

Una sucesión de fotos fijas, imágenes robadas, probablemente resultado de un reportaje de una agencia de detectives —tomadas con teleobjetivo, insuficientemente iluminadas, faltas de definición, con mucho grano; una voz fría y masculina, impersonal, describe —la suciedad del registro del aparato magnetófono—; entre frase y frase, pausas agónicas: ruido electrónico; la presencia del cuerpo de la actriz en el escenario en su radicalidad de cuerpo; efecto sonoro: la ciudad; el dolor en el ojo por alternancia de flashes y oscuros, de la foto proyectada, la oscuridad, el flash dirigido al fondo de la retina.

Su teléfono suena a las 20:26. Ella viene de la ducha. Tiene una toalla alrededor del cuerpo y el pelo mojado. La conversación es breve. Ella anota algo y sale de la habitación.
Se pierde contacto visual.
A las 20:39 aparece en el portal. Se cruza con un matrimonio de edad media. Anochece rápidamente.
Descripción: estatura media, unos veinticinco años, delgada. Vestida de forma llamativa, falda corta de vinilo rojo, blusa escotada verde de licra, medias de rejilla. Botas altas que le suben hasta la rodilla. Muy maquillada, con colores chillones, rasgos muy marcados. Pelo largo, cepillado y suelto. Un bolso de plástico negro de forma circular y dos palmos de diámetro.
Atraviesa la calzada sin tomar precauciones. Un coche da un frenazo brusco y la advierte con el claxon, pero ella no le presta ninguna atención. Las farolas se encienden. Camina en dirección a la plaza. Sus pasos son regulares, metódicos. Dos chicos con los que se cruza se la quedan mirando y le dicen algo. Antes de llegar a la plaza ella toma uno de los taxis que esperan en la parada. El taxista la desnuda con la mirada. Ella se sienta en el asiento trasero. Saca un papel y le dicta al taxista una dirección. Extrae un espejo del bolso y se retoca el maquillaje de los ojos. El coche arranca: son las 20:44. Ella permanece en silencio.

Se pierde contacto visual a las 20:46.

Oscuro, cambio de clima, de decorado. Poco a poco, el ojo se va acostumbrando a las penumbras de la casa. El Cliente *espera, sentado en un amplio sofá. En medio del salón, un paño de terciopelo oscuro cubre, ocultándolo, un objeto alargado que se yergue a un metro cincuenta aproximadamente de altura. Suena el timbre.*

El Cliente *se levanta sin ninguna prisa. Sabe quién llama a la puerta de su casa. Recorre el espacio hacia ésta con total soltura. Enciende la luz de la casa antes de abrir.*

Parte del comienzo de la conversación se puede oír fuera de escena.

Cuerpo.—¿Eres...? ¿Has pedido tú...?
Cliente.—Sí. Aquí es.
Cuerpo.—Siempre temo equivocarme de puerta.
Cliente.—Me hiciste repetir las señas más de tres veces.
Cuerpo.—Aun así. A través del teléfono, no hay manera de saber quién es el que llama. ¿Puedo entrar?
Cliente.—Por favor.
Cuerpo.—Una casa bonita.
Cliente.—Gracias.
Cuerpo.—No eres supersticioso. Otro espejo roto. Con el del recibidor son dos.
Cliente.—Una vieja herencia. Algún día los tiraré a la basura.
Cuerpo.—Me gustan. Tienen encanto. Muy *demodé*, ¿no? Decadente.
Cliente.—Pensaré en ti cuando me deshaga de ellos.
Cuerpo.—¿Y cómo me vas a encontrar?
Cliente.—Tengo tu número de teléfono. Del periódico, el anuncio.
Cuerpo.—Ya. Qué listo.

(Silencio.)

¿Vives solo?
Cliente.—¿Te importa eso?
Cuerpo.—No pareces ser de la clase de personas que viven solas.
Cliente.—¿Eso es bueno o malo?

Cuerpo.—Me resultas muy joven como para contratar un servicio.
Cliente.—Tú también eres muy joven.
Cuerpo.—Tengo los años justos, mayor de edad. ¿Quieres ver mi carnet?
Cliente.—Me fío.
Cuerpo.—No estás nada mal... ¿No tienes novia?
Cliente.—No sabía que tuviera que contestar a tantas preguntas.
Cuerpo.—No, claro que no. Soy demasiado curiosa. Quizá es que me inspiras confianza.
Cliente.—Demasiada...
Cuerpo.—Puedes llamarme Naomí. ¿Cómo quieres que te llame?
Cliente.—Jaime.
Cuerpo.—Jaime, qué exótico...
Cliente.—¿Tampoco te gusta mi nombre?
Cuerpo.—Me encanta...
Y yo, ¿te gusto yo, Jaime?
Cliente.—Sí. La verdad, es mejor de lo que me había imaginado.
Me gusta cómo hueles.
Cuerpo.—No me digas.
Cliente.—Y me gusta de lo que estás hecha.
Cuerpo.—Quieto. Poquito a poco, ¿vale? Déjame que sea yo la que lo lleve.
Cliente.—Sólo estaba comprobando cómo eres.
Cuerpo.—Tocar para creer, ¿verdad?
Cliente.—No te molestará.
Cuerpo.—Claro que no. Pero me gusta tomarme mi tiempo. Al final acaba siendo mejor para los dos.
Cliente.—¿Cuánto dura el servicio?
Cuerpo.—Yo no tengo prisa. ¿Y tú?
Cliente.—No.
Cuerpo.—¿Seguro?

(Ella le toca, por encima del pantalón, en la entrepierna.)

Y a ti, no te molestará que te acaricie, ¿verdad?
Cliente.—No...
Cuerpo.—Te gusta, ¿verdad?

CLIENTE.—Sí.
CUERPO.—No lo dices muy convencido.

(Él se separa, nervioso. Ella se desabotonará la blusa.)

CLIENTE.—¿Quieres que ponga música?
CUERPO.—Si quieres...

(Él se retira de su lado. Elige un disco. Lo levanta ostensiblemente y simula leer.)

CLIENTE.—Dinah Washington. Un poco antiguo, pero te gustará.

(Suena la voz misteriosa de Dinah Washington entre frituras de disco. Ella se acerca a donde está él. Circulan uno alrededor del otro. Los brazos se tienden, las manos se unen. Se abrazan y, lentamente, sus movimientos acaban dibujando un baile. Y Dinah Washington flotando por encima de todo.)

CUERPO.—Lo disimulas muy bien.
CLIENTE.—¿Qué dices?
CUERPO.—¿Estás bien conmigo?
CLIENTE.—Claro.
CUERPO.—Y te gusto yo.
CLIENTE.—Sí.
CUERPO.—Y mi cuerpo, ¿te gusta?
CLIENTE.—Si quieres que te lo jure...
CUERPO.—¿Te gustan mis ojos?
CLIENTE.—Es lo primero en que me fijé.
CUERPO.—¿De qué color son?
CLIENTE.—¿Cómo?
CUERPO.—Mírame, ¿de qué color son?

(Ella le obliga a mirarle a la cara sosteniéndole la suya entre las manos. Él se suelta y le da la espalda. Ella se acerca a él con delicadeza.)

He sido muy brusca. No quiero que te sientas mal. Pero no sé por qué tienes que ocultármelo. ¿Eres ciego de nacimiento?

CLIENTE.—¿También debo responder a eso?
CUERPO.—Tienes razón. Puede que me haya pasado, otra vez. Pero no hace falta que juegues a engañarme.
CLIENTE.—¿Engañarte? ¿Es que tengo que contarle mi vida a una puta?

(Silencio. Ella se siente ofendida.)

Creo que esto no va a funcionar. Si quieres te pago como si hubieras hecho el servicio, y me dejas en paz.
CUERPO.—A mí no me molesta que seas invidente.
CLIENTE.—No digas esa palabra. Llámame ciego, es más fácil para todos.
CUERPO.—No quiero ofenderte.
No te lo creerás, pero contigo sé que esto va a ser para mí algo más que un trabajo. Creo que vamos a sintonizar. ¿OK?
CLIENTE.—Sí. Será mejor que nos tranquilicemos.
CUERPO.—Yo estoy tranquila. ¿Y tú? Ven, tócame. Querrás saber cómo soy.

(Ella coge las manos de él y las pone encima de su cuerpo, de su cara. Él la acaricia, dejándose guiar por las manos de ella. Él intenta un beso, que ella rehúye sin negar del todo.)

Espera. Déjame ir al baño.
CLIENTE.—¿Tiene que ser ahora?
CUERPO.—No tardaré nada.
CLIENTE.—La puerta del fondo. Te espero.

(Ella sale. Él aguarda unos segundos antes de descubrir lo que oculta el paño: el chasis negro de una cámara de 6 × 6 sobre un trípode. Apaga las luces. Al fondo queda la luz del baño, que cuando ella vuelva al salón estará apagada.)

CUERPO.—¿Dónde estás?
CLIENTE.—Aquí.
CUERPO.—¿No hay demasiada oscuridad?
CLIENTE.—Quédate ahí quieta.

Cuerpo.—¿Quieres jugar?
Cliente.—No te muevas.
Cuerpo.—¿Moverme? Un paso y me caigo. Ven aquí. ¿Me oyes? No te hagas el interesante.
Basta de tonterías.
Déjalo ya y enciende.
Enciende, por favor. Sólo para que sepa por dónde moverme.
Luego, podemos seguir en el punto donde lo dejamos. O un poco más adelante. ¿Te apetece?

(Un flashazo, y el clic del disparo de la cámara, descubre y sorprende a la chica, que había salido del baño en ropa interior. Su rostro se irá alterando por el terror con los sucesivos disparos de la cámara. El ojo se retrae ante un nuevo flash y, de nuevo, la oscuridad.)

¿Qué broma es ésta?... ¿Dónde estás?... Respóndeme.

(Flash.)

¿Qué...? ¿Se puede saber por qué?

(Flash.)

Para ya, por favor. Enciende...

(Flash.)

¿Quieres dejar eso?... No me gusta tu juego. Enciende... ¿Dónde está el puto interruptor?

(Flash.)

Enciende la luz, cabrón.
Enciéndela.

(Flash.)

La luz, cabrón, la luz.

(Flash.)

¿Quieres encender la luz? LA LUZ. ¡ENCIENDE LA LUZ!

(Ella ha ido corriendo de un lado a otro de la habitación. Grita histérica. Logra dar con el interruptor. Enciende la luz y la vemos resbalar hasta el suelo. El rostro de la muchacha está desencajado. Él se acerca a ella. Ella cruza los brazos sobre su pecho, cubriéndose o buscando una protección quimérica. Se incorpora de un salto y retrocede.)

Déjame. No me hagas nada. Deja que me vaya.
CLIENTE.—Tus ojos deben de estar muy abiertos.
CUERPO.—No te acerques, hijo de puta. No te acerques.
CLIENTE.—Tu boca está seca. La garganta te arde.
CUERPO.—¿Qué eres? ¿Uno de esos que se divierten haciendo daño?
CLIENTE.—Calla. Escucha. Los latidos de tu corazón.
CUERPO.—¿Y a quién utilizar mejor sino a una chica de anuncio? ¿Crees que así puedes hacer todo lo que te salga de los cojones?
CLIENTE.—¿Estás desnuda? ¿Llevas algo puesto? No me lo digas todavía
CUERPO.—No me toques. Aléjate, más.
CLIENTE.—Son fotos, sólo fotos.

(Ella hace intentos de escapar, pero él le corta las salidas.)

CUERPO.—Déjame.
CLIENTE.—No.
CUERPO.—¿Qué quieres hacerme ahora?
CLIENTE.—Nada.
CUERPO.—Deja que me vaya y en paz. Los dos en paz.
CLIENTE.—En paz.
CUERPO.—Quita esa mierda de música.
CLIENTE.—¿La música? No, la música no.
CUERPO.—Deja que me vista.

CLIENTE.—Luego.
CUERPO.—Avisaré a la policía.
CLIENTE.—Me gusta tu miedo.
CUERPO.—Quita la música.
CLIENTE.—La música.

> *(Él se dirige al equipo donde gira el disco de Dinah Washington. Ella aprovecha para moverse hacia donde está la cámara. Él, alarmado por el ruido de ella, la busca, tanteando. Ella se mueve en silencio, sin darle pistas.)*

¿Dónde estás?... ¿Qué haces? Respóndeme...
¿Quieres jugar tú ahora? Vamos, vamos, corderita...
Háblame, dime algo...
Puedo oír tu respiración. Puedo saber dónde estás...
Ahí... Tu corazón. Saliéndose de tu pecho... Ahí... Estás ahí... Puedo verte. Te oigo. Te huelo...
Shh. Tranquila. Tranquila... Es todo una broma. Sólo un juego... No te iba a pasar nada...
Si quieres, te puedes ir. Llamaré a un taxi...
Creí que no te importaría una foto...
es cuestión de una foto...
nada más...
Me gustaría tanto tener una foto tuya. Lo supe en cuanto llegaste. Antes, incluso. Tuve una intuición.
Tú dijiste que esto sería para ti algo más que un servicio. Eso es lo que te quiero decir. Que para mí esto también es especial.
Ven aquí, respóndeme. Contesta... No dejes que me enfade. Sé buena.

> *(Ella llega a donde está la cámara y la coge. Él, avisado por los ruidos, va hacia la cámara. Tantea: no está. Ella hace un movimiento en falso y el ruido la traiciona. Él la va acorralando.)*

CLIENTE.—Dame eso.
CUERPO.—¿Para qué quieres una cámara de fotos?
CLIENTE.—No es cuestión tuya.
CUERPO.—Tendrías mi foto y mi teléfono. ¿Qué es lo que me obligarías a hacer a cambio de esa foto?

Cliente.—No necesito chantajearte.
Cuerpo.—¿Y para qué la quieres? ¿Coleccionas fotos? ¿Qué ves tú en una foto? ¿Eran sólo para ti?
Cliente.—Sí, sólo las quiero para mí.
Cuerpo.—No quiero acabar figurando en la colección de un extraño. De un degenerado. ¿Seguro que luego no se las vas enseñando a nadie?
Cliente.—Devuélveme la cámara.
Cuerpo.—¿Te crees que por venir a tu casa puedes hacerme lo que quieras?
Cliente.—Nadie lo sabrá. Sólo tú y yo.
Cuerpo.—¿Crees que me voy a dejar engañar?
Cliente.—No te miento.
Cuerpo.—¿Ahora quieres que me fíe de ti?
Cliente.—Digamos que todo ha sido un error. Dame eso y acabemos de una vez.

(Ella intenta abrir la cámara.)

¿Qué estás haciendo?
Cuerpo.—Recupero lo que es mío.
Cliente.—No la abras.
Cuerpo.—No tienes derecho a quedarte con esto.
Cliente.—Suéltala.
Cuerpo.—No. No me toques.

(En el forcejeo la cámara cae al suelo, entre los dos. Pausa. Los restos de la maquinaria yacen a sus pies.
Ella no sabe qué actitud tomar. Duda entre marcharse o quedarse a ver cómo acaba todo.
Él extrae el rollo de negativo velado y lo tiende en dirección a la chica.)

Cliente.—¿Es esto lo que querías?

(Ella le arrebata la película y la arruga entre sus manos.)

Cuerpo.—Ahora déjame irme.
Cliente.—¿Ya estás contenta?

Cuerpo.—Hijo puta. Me has fusilado contra esa pared deslumbrándome con todos esos focos en la oscuridad. ¿Has contado conmigo antes de preparar todo esto? ¿Me lo has preguntado, me has avisado?
Cliente.—¿Y hubieras dicho que sí? No, te habrías burlado de que alguien como yo quisiera hacerte una foto.
Cuerpo.—No me das pena.
Cliente.—No es tu compasión lo que quiero.
Cuerpo.—Yo no vendo mi imagen. Búscate una amiga a la que no le importe que le hagas fotos. ¿Para qué me quieres a mí?
Cliente.—Quiero tenerte para mí.
Cuerpo.—Pero soy yo, a mí era a quien hiciste las fotos. Tú sabes lo que te puedo dar por el dinero que pagas. No esperes nada más.
Cliente.—No quiero nada de lo que me des. Yo debo robártelo.
Cuerpo.—¿De qué hablas?
Cliente.—Nada de lo que me puedas dar es real. Todo lo que tú me ofreces es todo lo que finges. Lo que yo te robe sí que es real.
Cuerpo.—Mi miedo.
Cliente.—Eso es real.
Cuerpo.—¿Y las fotos?
Cliente.—Es algo que puedo tocar. Es algo con lo que puedo imaginar.
Cuerpo.—¿Imaginar?
Cliente.—Eso que está dentro de mí.
Cuerpo.—Para ti una foto es un trozo de papel, nada más.
Cliente.—Es algo a lo que agarrarme en mi oscuridad.
Cuerpo.—Conténtate con lo que tienes. Podías haber recordado mi voz, mi cuerpo, el tacto de mi piel.
Cliente.—Escúchame. Mira mis ojos. Tú puedes verlos. Yo no puedo ver los tuyos. Cierra tus ojos por un momento. No los abras. ¿Qué ves? Tal vez, a través de tus párpados, un resplandor tenue. Es la luz que atraviesa la piel sobre tus ojos. Cúbretelos con las manos. Está más oscuro. Y debería ser más oscuro. No te quites las manos aún. Aguanta un poco más. Hasta que ya no puedas seguir así. Imagínate

que no pudieras separar las manos de tu cara, que no pudieras despegar los párpados, que nunca más volvieras a ver la luz. Más oscuro, y para siempre. Eso es lo que yo veo. Eso es lo que hay dentro de mí.

CUERPO.—Ya no te tengo miedo. Sólo eres un miserable. Podría darte una lección. Llamar a gente que conozco y decirle lo que eres. Ellos sabrían qué hacer contigo. Pero no mereces la pena.

Ahora, págame.

CLIENTE.—¿Te parece tanto lo que pido?

CUERPO.—Estás loco. ¿Crees que por estar ciego puedes hacer lo que quieras?

Págame.

CLIENTE.—¿Por qué?

CUERPO.—Porque te estoy perdonando la vida, y eso es más de lo que he hecho por nadie. Por eso.

(Él, aún de rodillas, se siente derrotado. Se levanta lentamente. Resbala y tropieza, pero la mujer no le ayuda. Él extrae del bolsillo una cartera y saca de ella tres billetes que le ofrece a ella. Ella toma el dinero, y el hombre aprovecha para retenerle la mano. Ella le mira con desprecio.)

Idiota.

(De un palmetazo, ella rechaza su mano. Coge el dinero y va a salir. Pero él, antes de que ella logre escapar para siempre, apaga la luz. Se oye en la oscuridad el ruido que hace ella tanteando y buscando una salida. Él silba en las tinieblas.)

¿No te ha bastado lo de antes?

CLIENTE.—No te puedo dejar marchar.

CUERPO.—Encontraré la salida.

CLIENTE.—¿Saldrás a la calle sin ropa?

CUERPO.—Llamaré a la policía.

CLIENTE.—¿Te harán caso? ¿A una puta? ¿Tan bien te llevas con ellos?

CUERPO.—Con una vez, basta.

CLIENTE.—Estoy aquí, a tu lado.

(Se oye cómo ella se apresura a alejarse de él.)

Cuerpo.—Basta de estupideces. Has jugado a tu capricho. Ahora, déjame irme.
Cliente.—Estoy aquí.

(Ella le rehúye.)

Cuerpo.—¿Por qué ahora esto?
Cliente.—Puede que me gustes, que de verdad me gustes.
Cuerpo.—Mis amigos saben tu dirección.
Cliente.—Estoy aquí.
Cuerpo.—No te atreverás a tocarme.
Cliente.—Estoy aquí.
Cuerpo.—No me hagas daño.
Cliente.—Aquí.
Cuerpo.—Por favor, no me hagas nada.
Cliente.—Aquí.
Cuerpo.—La cara. Mi cara. En la cara, no. Por favor, no la toques.
Cliente.—Estoy aquí.
Cuerpo.—No me harás nada, ¿verdad?
Cliente.—Estoy aquí.
Cuerpo.—¿Por qué me ibas a hacer daño? ¿Qué ganarás con mi miedo?
Cliente.—Estoy aquí.

(Nueva escapada de ella.)

Cuerpo.—Si quieres me quedaré un poco más. Has pagado. Te daré lo que es tuyo. Pero da la luz antes.
Cliente.—No. No hará falta.

(Flashes. Él se acerca a ella. Ella se cubre la cara con las manos. En la pantalla aparecen fotos que podrían corresponder a las últimas que se hubieran producido en la representación; una voz fría y masculina describe —la suciedad del registro del aparato magnetófono.
Ella tiene miedo. Está en una casa extraña. Los flashes la atemorizan. Ella intenta pensar. Busca una vía de escape. No

sabe si podrá salir de la casa. Se arrepiente de su ingenuidad. No tiene a nadie a quien pedir socorro. Está sola.
Las fotos ahora corresponden a imágenes robadas, similares a las del prólogo. Efecto sonoro: la calle, de noche.
Se restablece contacto visual a las 23:37.
La calle está vacía. Ella llega andando a su vivienda. Extrae de su bolso las llaves. Abre el portal. A las 23:41 llega a su apartamento. Enciende la luz. Tira el bolso encima de un sillón. Va hacia la ventana. Baja la persiana. Se pierde el contacto visual.)

Itziar Pascual
Varadas

PERSONAJES

A
B

Nota: Las escenas pueden ser interpretadas por distintas actrices (veinte en total) o por un mínimo de cuatro, de distintas edades, que interpretarían distintos papeles.

> De mar a mar entre los dos la guerra,
> más honda que la mar.
>
> Antonio Machado

A todas las mujeres que tomaron barcos hacia el olvido en el siglo XX. Y en particular, a mi abuela y a mi madre.

1. Intercambios

Espacio indefinido, inhóspito. Oscuridad fría. En escena, A y B. A: mujer joven. Va vestida de oscuro. B: mujer joven. Va vestida íntegramente de negro. Llueve.

A.—¿Hay alguien ahí? ¿Quién va? *(Silencio.)* ¿Es usted?
B.—¿Qué buscas?
A.—¡Ah! ¿Es usted... la Hiena?
B.—¿Quién te envía?
A.—Vengo de parte de la Señora.
B.—¿Y qué quiere la Señora?
A.—Salir del país. Un salvoconducto. Y un guía hasta la frontera.
B.—*(Ríe ruidosamente.)* ¿Y qué ofrece?
A.—Ofrece dinero.
B.—No se admite moneda devaluada.
A.—Ofrece mucho dinero.
B.—*(Agresiva.)* No voy a repetirme.
A.—Ofrece acciones bancarias.
B.—Tengo prisa. ¿No tiene nada de valor la Señora?
A.—Ofrece joyas.
B.—¿Cuáles?
A.—Collares de perlas y coral, ámbar, amatistas, jade, ágatas, engarzados en plata...
B.—No me ofendas. *(Sale de escena.)*
A.—Rubíes, zafiros, esmeraldas y diamantes engarzados en platino y oro blanco.
B.—Eso está mejor. *(Se para.)* ¿Y qué más?

A.—¿Más?
B.—¿Y los cuadros? ¿Y las cuberterías de plata? ¿Y el marfil? ¿Y el ébano? ¿Y los juegos de café checos? ¿Y las alfombras persas? ¿Y las cortinas de terciopelo? ¿Y la cerámica china? ¿Y las estilográficas suizas? ¿Y los joyeros tallados? ¿Y los relojes?
A.—No queda nada.
B.—No te creo.
A.—No voy a repetirme. *(Pausa.)* Es un buen trato.
B.—*(Ríe nerviosamente.)* No. No es suficiente.
A.—¿Qué quiere, Hiena?
B.—Todo.
A.—Es lo que queda. Se ha ido vendiendo poco a poco, en secreto.
B.—Queda la casa.
A.—No. Está hipotecada. Dos veces.
B.—Queda la vuelta.
A.—¿Qué quiere decir?
B.—Si vuelve, trabajará para mí. Será mi criada. A cambio le abro la frontera.
A.—¿Trabajar para ti? ¿Para la Hiena? ¿Estás loca? ¡Esto es el mundo al revés!
B.—*(Agriamente.)* Tú lo has dicho. Y los de arriba ahora somos nosotros. Los que abrimos puertas. Los que salvamos de una muerte segura. Una vida no cuesta nada. Pero salvarla cuesta mucho. Mándale este mensaje a la Señora. Con mis respetos. *(Sale de escena.)*
A.—No espere que acepte ese trato.

(Oscuro.)

2. Pasaporte

Salón comedor de cierto confort. Mesa, sillas, algún cuadro, un ramo de flores marchitas, un bastidor de punto de cruz. En el suelo, dos maletas recias y repletas. En las últimas horas del atardecer. En escena, A y B. A: mujer madura, de complexión fuerte y tez morena. B: mujer madura, de complexión frágil. Piernas esbeltas, piel pálida, ojos claros.

A.—¿Falta mucho?
B.—No. *(Pausa.)* Ya debería...
A.—Ya.
B.—He estado haciendo fotos. Ya ves. Del armario del fondo. De la mecedora. He hecho muchas de la cómoda. Así, con los cajones... Pobres. Tan vacíos... Vaya. No he podido comprar...
A.—¿Qué hora es?
B.—Ay... Es que no me ha dado tiempo. Tenía que haberme acordado. Luego se pudre la ropa. Se pudre. Primero son unos agujeritos de nada. Luego son más grandes, más... No me gusta ese olor en los cajones, en las perchas, pero no hay más remedio... Lo disfrazan de lavanda, pero no es verdad. Huele igual de mal. Me recuerda al final del verano.
A.—¿Estás segura? Tendría que estar ya...
B.—No se sabe nunca. Hay que ser previsores. Están ahí, entre tus cosas, entre tu vida, merodeando, en el corazón del armario, en el fondo del... Y un día se te zampan. ¿Cómo serán? Quiero decir... ¿Engullirán, masticarán, devorarán? ¿Se lo tragarán de un bocado, así, sin paladear, sin apreciar el sabor? ¿O serán rumiantes? En la madera, en cambio, dejan laberintos, galerías, túneles inmensos que están vinculados...
A.—¿Esto qué es? Mira. Aquí, aquí. ¿No lo ves? Corre, dame un trapo. Está... Corre. No se quita. Si está goteando.
B.—No te lo dije. Se me rompió el jarrón... Antes, con las prisas... Es el agua del...
A.—Está goteando de una de las dos. Mira, si viene de ahí. No lo habrás cerrado bien. Eso es. *(Silencio.)* ¿Qué jarrón?
B.—*(Compulsiva, precipitadamente.)* Déjalo, si ya está, qué más da, total, ahora, lo mismo da que da lo mismo, fíjate que no le he hecho ninguna foto, no, al jarrón no, ves...
A.—¿Sabes cuál es tu problema? Que te has pasado la vida acumulando. Acumulando, sí, acumulando. Guardando, almacenando, llenando el espacio y el aire con tanto... «No podía dejarlo allí», decías. Y cada día algo más. Rellenando estas habitaciones de todo lo inútil, de todo lo inservible, nada que valiera la pena. Y mis pocas cosas, desapareciendo. El enigma de las cosas que se rompen solas. El misterio

del jarrón suicida. Pero las tuyas, tus cosas, no. Crecían y crecían cada noche. «No podía dejarlos allí», insistías. ¿Y ahora qué? ¿Qué vas a hacer?

(Silencio. B permanece cabizbaja).

C.—*(Voz en* off.) Su pasaporte está retenido hasta nueva orden. No puede salir del país. Hasta nueva orden. Su hermana si lo desea puede embarcar. Cálmese, señora. Está hablando con la persona responsable. Decídanse. Zarparemos en quince minutos. Una maleta por persona. Sí, una. Muy bien. Feliz viaje, señora. *(Silencio.)* ¿Se ha dado cuenta de que su maleta gotea?

(Oscuro.)

3. DESPEDIDA

Salón comedor de casa confortable. Una mesa, sillas, un pequeño aparador. En escena A y B. A: mujer madura. Lleva una falda de color morado y una chaqueta de punto amplia, de estar en casa. B: mujer de mediana edad. Lleva una falda y un jersey de punto verde musgo y zapatos negros de tacón bajo.

A.—Ya está todo decidido. Todo. He revisado la despensa, la alacena, el altillo de la cocina, los armarios empotrados de la entrada. Hasta el camarote, fíjate, también me ha dado tiempo a entrar en el camarote. Está todo en orden. Lo he contado todo. Menuda paliza me he dado, ésa es la verdad. Y no nos falta de nada. En la despensa está el aceite, de oliva y de girasol, las lentejas, los garbanzos en recipiente de vidrio y en bolsa, hay un par de bolsas de alubias, también, por si acaso, que ya sé yo que las alubias no te gustan mucho y arroz, arroz hay para aburrirse. Un arroz siempre viene bien. Hay latas de guisantes, de maíz —quién nos iba a decir que íbamos a comer lo que antes dábamos a los cerdos—, de pimientos rojos del Piquillo, de ésos, hay dos cajas. También, no te lo vas a creer, hay una lata de espárragos, de las últimas Navidades, que no la gastamos. ¿Te acuerdas de aquellos espárragos navarros? Bueno, pues de ésos queda una lata. Y espérate que se me olvida algo, ¿qué será? Ah, claro, la harina, ¿De cuándo estará? Si lo que no mata, engorda. Eso en la despensa. Luego...

B.—Esta noche sale el último barco. No saldrán más. Es el último. *(Pausa.)*

A.—¿Y? ¿Qué me quieres decir con eso? ¿Qué me quieres decir?

B.—Pues eso. Que después no habrá escapatoria. Que no podremos salir.

A.—¿Y quién quiere salir? ¿No te estoy diciendo? A veces dices unas cosas que... Bueno. Sigo. En la alacena, la de la llave, se nota que ha estado hurgando alguien, la criada, no sé, me figuro yo que ha sido la criada, porque ¿quién iba a ser? Hay que tener un ojo...

B.—He conseguido dos pasajes. No quedaban muchos, no pude regatear. Tengo dos.

A.—¿Has perdido el juicio? ¿Y a santo de qué se te ocurre ir al puerto? ¡Te podían haber asaltado! ¿Me oyes? ¿Y para qué queremos dos pasajes, para qué? Tendrás que ir a devolverlos. Manda a la criada a que se los cambien, no te arriesgues tú. Ni hablar.

B.—Tenemos que irnos. Aquí estamos solas, a expensas de lo que pueda ocurrirnos.

A.—Aquí estamos a salvo. Estamos en casa, en mi casa. ¿Quieres que deje todo lo que tengo, así como así? Aquí están muchos años de esfuerzo, de trabajo, de sacrificio. Letra a letra, mes a mes. ¿Y ahora quieres que salga corriendo? ¿Si nos vamos, quién defenderá esta casa? Tenemos cerrojos, candados, podemos cerrar bien las ventanas, la puerta es maciza, podremos encerrarnos aquí, pero, si nos vamos... ¿Quién la protegerá de los ladrones, los advenedizos, los...? ¡Se lo llevarían todo!

B.—Aunque nos quedáramos no podríamos defenderla. Tenemos que irnos.

A.—Tendrán que pasar por encima de mi cadáver.

B.—Lo harán. *(Pausa.)* No quería... Lo siento. Ya nadie garantiza la seguridad aquí.

A.—*(Nerviosa.)* ¿Me estás diciendo? ¿Me estás diciendo que...?

B.—Te estoy diciendo que me voy. Y que quiero que vengas conmigo. *(Pausa.)*
A.—Lo has pensado bien. Nunca lo conseguiste. Una casa como ésta, con balcones, luminosa. Y ahora el chantaje. O la casa o tú. Qué casualidad, quedaban dos billetes, para irnos, las dos, no se sabe dónde, no se sabe con quién, a ninguna parte, a morirnos de hambre en alguna frontera, a morirnos de vergüenza con algún miserable que nos cachee, a morirnos de pena y de nostalgia viendo que lo nuestro se diluye, pero los billetes los tenemos. Ya estaba todo decidido. ¿Verdad? (B *no contesta.*)

(Oscuro.)

4. Traiciones

Apartamento. Cierto desorden, libros por el suelo, ropa masculina por doquier. En escena, A y B. A: mujer joven, estudiante. Viste vaqueros y largo jersey de punto de colores vivos, lleva una trenza. B: mujer anciana. Viste un traje de chaqueta negro, lleva el pelo recogido en un moño y un collar de perlas de varias vueltas. B busca documentos, papeles, los revisa, los amontona y rompe en pequeños trozos.

A.—Debe irse. Si se queda, no respetarán su edad, ni su apellido, nada. Váyase, señora.
B.—Se lo advertí, porque yo no me callo, y menos en estos casos. Apenas le quedaban unas cuantas asignaturas del último curso, a punto de terminar, después podría dar clases en la universidad, un puesto de prestigio, un trabajo seguro, reconocido, ya tendría tiempo de escribir, pero no...
A.—Hay redadas, controles, detenciones, hay patrullas del ejército. Deje eso, márchese.
B.—Esos sindicalistas empezaron a embaucarlo, a invitarlo a reuniones clandestinas, querían que escribiera en sus libelos. ¿Cómo no me di cuenta a tiempo? Esa gente le vampirizó, se aprovechó de su bondad, le enredaron en asuntos turbios, le llenaron de rencor, de amargura hacia su familia, ¡hacia los suyos!

A.—Yo me encargaré de todo, tiene que confiar en mí. Yo estoy de su lado, créame. Pueden encontrarla aquí, están buscándolo, puede que haya conseguido huir.

B.—Dejó de venir a comer a casa, iba retrasando sus visitas, nos eludía. Decía que estaba ocupado, las clases, los exámenes. Excusas. Y cuando venía, estaba ensimismado, fuera del mundo, lejos. Yo entendí que el problema era la política, dichosa política, en vez de estudiar, huelga general... *(Con un fragmento de papel en la mano, desmenuzándolo.)* ¿Qué han hecho por él? ¿En qué le han ayudado? ¿Para qué le ha servido? ¿Para qué?

A.—¿Qué se podía esperar? ¿Que se cruzara de brazos? ¿Que echara el visillo, para no ver las detenciones? ¿Que se callara? ¿Que leyera la prensa que lo oculta todo? ¿O peor, que se hiciera cínico? ¿Se podía esperar que dijera «Si los detienen, será por algo», dando vueltas a la cucharilla del café? ¿Que aceptara el silencio y el chantaje?

B.—Nunca tuvo que dejar a Berenice. Y se lo advertí, pero no me escuchó. Berenice era una chica culta, sensata, con los pies en la tierra, una joven encantadora, de buena familia, una familia importante, influyente... Ella no lo hubiera consentido, ella no, este disparate, este desorden, este caos horrible. ¿Cómo puede vivir en este estado de caos?

A.—Es el país, señora, el que está en caos. Pero si lo dice por el apartamento, yo lo noto muy cambiado. Y para mejor. Ahora tiene vida, existe, es real.

B.—Tiene que volver con Berenice, es lo mejor. Su familia podría sacarle del país, tienen influencias, muchas, harán valer su palabra. A fin de cuentas, se trata de un malentendido, un error de juventud, una torpeza de un buen muchacho, mi muchacho. *(Revisa por debajo de la ropa, en los rincones, por el suelo de todo el apartamento.)*

A.—A mí me gusta así, espontáneo, vivo. El viejo orden era mentiroso. Una patraña.

B.—La culpa de todo la tiene esa lianta, esa pécora, esa víbora, esa... ¿Cómo se llama esa...? *(Rompe una octavilla.)* ¡Ésa! Valiente malnacida. Ella fue quien lo embaucó. Le alejó de Berenice, le fue introduciendo en esos grupúsculos clandestinos... Ésa.

A.—Diana era así. Demasiado egocéntrica, demasiado protagonista. Nunca supo callarse. Dicen que la detuvieron. Ella le delató, seguro. Vendrán aquí. ¡Vámonos!
B.—*(Busca una caja de cerillas en algún bolsillo del traje. Saca una cerilla y la enciende.)* ¿Cuánto te han dado por venderle?

(Oscuro.)

5. Preguntas

De madrugada. En el vestíbulo de una casa de clase media. A y B. A: mujer de mediana edad. B: adolescente. A se empeña en abrigar excesivamente a B. B intenta rebelarse de las distintas prendas que A le va colocando, de manera precipitada.

A.—No repliques. Hace mucho frío, mucho.
B.—¿Adónde vamos?
A.—Luego te lo explico. Abrígate.
B.—No me gusta este jersey, pica, ¡y con frío más!
A.—Ahora no vamos a discutir. ¿Dónde tienes las botas?
B.—¿Las botas? Pero, mamá, si es de noche todavía. Tengo sueño.
A.—Busca las botas. ¡Y no hables tan alto!
B.—No estoy hablando...
A.—¡Shit! *(Bajando la voz.)* ¡Venga! ¡Recoge tus cosas!
B.—¿Mis cosas? ¿Cuáles? ¿Todas mis cosas?
A.—Ya lo hago yo. ¿Y las botas?
B.—Sí, ya las tengo. ¿Qué me llevo? Es que no sé qué...
A.—¿Y la bufanda?
B.—¿Has visto mis guantes? No los encuentro.
A.—El abrigo grueso, ése no.
B.—Es que éste me gusta más y el otro me queda grande todavía y...
A.—*(Nerviosa.)* ¿Quieres darte prisa?
B.—Ya voy, ya voy, ¿pero adónde vamos?
A.—*(Rebusca frenéticamente.)* ¡Ponte las botas! ¡Y no hagas ruido!
B.—¿Vamos a estar fuera mucho? El miércoles he quedado con Alina para estudiar.

A.—*(Está llenando su bolso con algunas pertenencias.)* ¿Estás ya?
B.—No perderé muchas clases, ¿no?
A.—Ciérrate el abrigo y ponte el gorro.
B.—¿Vamos a casa de la abuela? ¿Es la abuela, es eso? ¿Enfermó? ¿Enfermó y no me lo quieres decir? ¿Por qué no me lo quieres decir? ¿Se ha muerto? ¿Qué le ha pasado? No soy una niña, ¿sabes?
A.—*(Agarra a B de las solapas del abrigo)* ¡Escúchame! Tenemos que irnos, eso es todo. No te separes de mí, ¿me entiendes? No te separes pase lo que pase. Puede que tengas que correr. Si te preguntan tú no sabes nada, no sabes nada de nada, vamos a casa de la abuela y punto. *(Silencio.)*
B.—*(Repite.)* Vamos a la casa de la abuela y punto.
A.—Y punto. Y tú no sabes nada.
B.—Nada.
A.—No hagas ruido en la escalera.
B.—Voy llamando el ascensor.
A.—¡No! Se oiría en todo el edificio. *(Se cierra el abrigo y por un instante mira el vestíbulo de la casa.)*
B.—¿No vamos a la casa de la abuela, verdad?
A.—No.

(A y B *salen de escena. Oscuro.*)

6. Sensibilidad

Espacio desnudo, amplio, vacío, tal vez, suelo de madera. En segundo plano, levemente, sonido de mar y brisa calma. A y B. A: anciana. Un foulard protege su peinado de la brisa, lleva gafas de sol; sobre las rodillas, una manta escocesa. Lee un libro en una confortable hamaca A su lado, otra hamaca vacía. B: mujer joven. Algo despeinada, camina sin rumbo claro. Lleva varias prendas sobrepuestas.

B.—¿Ha visto dónde está...? No me encuentro muy... (B *parece amagar una náusea.* A *prosigue su lectura. Un tiempo.* B *procura mirar al horizonte; se pasa la mano por la frente. Respira profundamente.)* No estoy acostumbrada. Y abajo se nota más.

¿Cuánto nos queda? ¿Lo sabe? (B *parece tiritar. Intenta abrigarse, pero sus ropas no le sirven de mucho. Se encoge, cruzándose los brazos. Un tiempo.)* No me quedaré. El aire es muy fuerte. Creo que tengo fiebre. Son las pesadillas... No puedo dormir.

A.—*(Sin mirar a B, leyendo.)* «Su tez pálida se vio inundada por el lento sopor del llanto. Sus ojos, de un azul intenso y oceánico, dejaban caer, una a una, las lágrimas que él iba borrando con esmero, guardándolas entre sus manos. "No habrá nada ni nadie que pueda separarnos", repetía él, acallando unos sollozos diminutos. "Yo me enfrentaré a la mentira de nuestras familias, a la mezquindad de sus intereses, a la impotencia de este mundo miserable que quiere separarnos. Y al alba venceré".» (B *parece salir de escena.)* Sublime. Grandioso.

B.—¿Me decía?

A.—Qué sensibilidad, qué delicadeza, qué... Poesía. Pura poesía.

B.—No entiendo.

A.—No hace falta entender. Sólo sentir. Sentir por completo, dejarse ir. Entregarse al sentimiento, ofrecerse sin límites. Sin límites. ¿Comprende? (B *tiene otro amago de arcada. Un tiempo.* B *busca un pañuelo entre sus bolsillos. No lo encuentra.)*

B.—¿Tiene un pañuelo? (B *se sienta en la hamaca vacía.)*

A.—No es una cuestión de cultura o de conocimiento. Es una percepción sensible del mundo, una infinita sensibilidad... No, no depende de la cultura, es otra cosa. Usted ya me entiende. ¿Se da cuenta? Esa manera de ir dejando caer los adjetivos, «un azul intenso y oceánico»... La poesía es así. (B, *a falta de pañuelo, se limpia la boca con las mangas.)* La gran poesía, claro. Hay quien llama poesía a los gritos de los mítines. ¿Qué tendrá que ver la poesía con las metralletas?

B.—¿Puede llamar a un médico?

A.—Nunca faltan los arribistas, los mediocres. Hoy más que nunca. ¿Qué tendrá que ver la propaganda con la poesía? Fíjese: «un azul intenso y oceánico». ¿Se da cuenta?

B.—Un médico, señora.

A.—¿Perdón?

B.—*(Murmurando.)* Por favor.

A.—Sabe que no puede quedarse aquí. Las normas son las normas. No es nada personal. Lo lamento. *(Pausa.)* Vuelva a la bodega. Entrará en calor.
B.—Sí. (B *se levanta, muy despacio. A prosigue la lectura. B vuelve a tener otro amago de arcada, incontrolable. B salpica el libro de A. A se levanta con rabia de la hamaca.)* Lo siento. He manchado su poesía.

(Oscuro.)

7. Travesía

En la oscuridad. A veces, lamentos, presión, sensación de humedad, calor, contacto humano. Alguien, a lo lejos, canturrea una nana. En escena A y B. A: mujer de mediana edad. Lleva un chal de color oscuro. B: adolescente. Tiene el rostro manchado de sudor y de cansancio.

B.—Mamá, ¿cuánto falta?
A.—Haz por dormir.
B.—Me pican los brazos y tengo hambre.
A.—Te dejo el chal. ¿Tienes frío?
B.—Tengo el cuerpo pegajoso, mamá. ¿Falta mucho?
A.—Tenemos que estar al llegar.
B.—Eso ya me lo dijiste. Hace mucho.
A.—Duérmete. Es lo mejor.
B.—Ese niño llora y llora. No hay quien duerma.
A.—Inténtalo. Te hago un hueco, aquí.
B.—Si me tumbo me mareo. Déjalo. ¿Cuánto llevamos?
A.—Ya falta poco. Seguro.
B.—Parece que no avanza. No se oye ruido de máquinas.
A.—Invenciones tuyas.
B.—Te digo que no, que estamos quietos. Sólo se mueve a los lados. ¿Lo notas?
A.—Los barcos de ahora se mueven muy poco. No es como antes.
B.—¿Lo notas? No se mueve, mamá. Estamos parados.
A.—*(Silencio.)* Habla bajo. Te podrían oír.
B.—¿Qué pasa? Te digo que estamos parados.

A.—Y dale. Tú, por si acaso, habla bajo. La gente se pone nerviosa. *(Pausa.)*

B.—Dame agua. Aunque esté caliente, da igual.

A.—Se la terminó tu hermano, hace un rato.

B.—Joder con mi hermano. Podía pensar en los demás.

A.—No hables así. Sabes que no me gusta. Además, ya sólo quedaba un sorbo. *(Pausa.)*

B.—Si hubiera tormenta estaríamos moviéndonos, nos moveríamos mucho.

A.—Qué sabrás tú de tormentas.

B.—Pues claro que sé. He visto muchas tormentas desde el balcón.

A.—En casa. Pero no estamos en casa.

B.—Ya lo sé, mamá. Ya lo sé. *(Pausa.)* ¿No será una avería?

A.—Eres terca como una mula. ¿Y por qué tendría que ser una avería? Di.

B.—Porque no es normal. A ver, si una embarcación se queda así, quieta, detenida, en pleno rumbo... ¿No habremos llegado ya? ¿Y si hemos llegado?

A.—Me estás poniendo nerviosa. ¿Quieres dejar de trajinar?

B.—¿Y si estuviéramos ya en el puerto? Nos lo tendrían que haber dicho, ¿verdad? ¿Por qué no lo anuncia la tripulación? Es un trayecto muy corto, ¿por qué tardan tanto? ¿Y si nos han detenido? ¿Y si no nos dejan salir? ¿Y si nos devuelven? Ahora no podemos volver... ¿Qué nos harían? (A *abofetea a* B. *Silencio. Un tiempo.)*

A.—Te dije que no hablaras alto. Yo me quedaré despierta, vigilando. Duérmete.

B.—*(Tiene la mano en la mejilla, dolorida.)* Estás enferma, mamá. No quieres ver. Y eso es peor que no tener casa.

(Oscuro.)

8. CONTROL

Espacio indefinido, cerrado. Baldosas relucientes, una papelera al fondo, alguna colilla apagada, sonidos de voces en off. *En escena* A *y* B. A: *mujer joven, vestida de uniforme. Va armada.* B: *anciana de pelo blanco, abrigo negro y piel brillante.*

B.—¿Verdad que tú me vas a informar y me vas a atender, hijita? Sí, ya se te ve en los ojos, chiquilla mía, que tú eres una buena persona. Una bonita y buena persona. Anda hermosa, dime por donde tengo que salir, que no me oriento. ¿Por allí? ¿Por allí se sale? Hija es que yo nunca me he orientado bien, ni de niña. Me ponía a mirar los tejados, el cielo, las chimeneas, los balcones de hierro forjado, las ventanas de las casas altas. Y me perdía. Un día...
A.—Abra su maleta.
B.—Sí querida, no te preocupes que en un momento terminamos, total, esta pobre ancianita, esta torpe anciana que tienes ante tus ojos, no lleva gran cosa y eso que fíjate, nunca me disgustó tener alguna ropita, los abrigos de paño oscuro siempre fueron mi debilidad, un buen abrigo para pasear, para fijarse en los tejados, en las ventanas iluminadas, para preguntarse cómo será la vida de los que viven en esa casa tan bonita.
A.—¿Qué lleva ahí?
B.—Es... Mi abrigo, mi abrigo negro de pasear. Debes estar cansada, preciosa, tantas horas aquí, tantas horas de trabajo, de pie, atendiendo a todas las personas que llegamos a tu país, a este país bonito y acogedor, a este país tan importante, que nos acoge como hermanos, si, como auténticos hermanos, porque es tan fraternal y tan generosa la actitud de tu país, lo que os debemos no lo podremos pagar en generaciones, generaciones enteras de agradecimiento, chiquilla, a personas como tú, tan lindas...
A.—Su abrigo pesa mucho.
B.—Ay, chiquilla, chiquilla bonita, es que... Es que... Los abrigos de antes se hacían de otra manera. Las telas eran otras, más gruesas, un buen paño es un buen paño, criatura, y las hechuras también eran distintas, y los remates, los acabados, tan primorosos, una maravilla, que duraban toda la vida y afortunadamente, porque con las heladas de los últimos inviernos, sobre todo del último... Dicen que es una maldición, este frío que se ha llevado a tantos, a los más débiles. Claro que aquí, en este generoso país tuyo, tesoro, no tenéis estos problemas terribles...

A.—*(Saca unas tijeras y rasga el forro del abrigo. Palpa el interior del forro, coloca boca abajo la prenda. Caen al suelo sortijas, pendientes, un collar.)* ¿Qué es esto?
B.—*(No contesta.)*
A.—*(Toma del suelo las alhajas caídas. Se prueba una. Nadie ha visto la escena. Sonríe.)* A mí en cambio me gustan los anillos. Los abrigos, no, los anillos. *(Pausa.)*
B.—Son de mi familia.
A.—¿Puedes demostrarlo? ¿A quién se los has robado, ladrona? ¿Sabes que no puedes entrar en este país con objetos robados? Tendrás que regresar. Es una lástima.
B.—*(Habla en voz baja, despacio.)* Te lo suplico.
A.—Elige. *(Pausa).*
B.—Sí... Te quedan... Muy bien.
A.—Cierre la maleta. Puede irse. *(Discretamente A deja caer el collar y los pendientes dentro de la maleta.)* El primer pasillo a la izquierda. (B *recoge sus cosas y sale despacio de escena.* A *parece ensimismada observando los anillos.)*
B.—*(Habla en voz baja, para sí.)* Hija de puta.

(Oscuro.)

9. Olvido

Banco de un parque. En escena A *y* B. A: *mujer joven, viste vaqueros y cazadora ajustada de color* beige. B: *mujer joven, viste largo vestido y* foulard hippie. *Está liándose un cigarrillo. Ambas tienen carpetas con apuntes. Un tiempo.*

A.—No lo entiendo.
B.—Pues es muy fácil.
A.—¿Qué tiene que ver el lechero?
B.—Es una metáfora, una imagen. Sí, es una imagen.
A.—Es una tontería. ¿Dónde has visto que el lechero vaya a casa?
B.—Antes lo hacían.
A.—¿Antes? ¿Antes cuándo?
B.—Joder, pues antes. En la dictadura. Eran otros tiempos.

A.—No te pongas como mi abuelo, tía. ¿Y los supermercados? ¿Y las tiendas? ¿Y los *(Pronuncia muy despacio.)* ultramarinos? Eso sería en los pueblos. En las ciudades había tiendas para comprar leche. Además, yo nunca he visto un lechero.

B.—Pues venían. Venían a las casas. Muy temprano. Y traían la leche y los yogures.

A.—Los yogures. ¡Venga, tía! ¿Qué me estás contando?

B.—Te lo juro. Pregúntale a tu abuelo.

A.—Mi abuelo dice que no había de nada. ¡Como para haber lecheros!

B.—Bueno, pues entonces tienes que creerme. Había lecheros.

A.—¿Lecheros que iban a las casas a las seis de la mañana?

B.—No, mujer. ¿Qué pasa, que me quieres vacilar?

A.—¡Qué te voy a querer vacilar, yo! Lo que pasa es que no entiendo. ¿Iban o no iban? ¿A las seis de la mañana?

B.—Pues... Supongo...

A.—¿Supones? O sea, que no tienes ni idea. Como yo.

B.—Tía, qué pesada te estás poniendo con la frasecita. Irían más tarde, ¡yo qué sé!

A.—¿Lo ves? Pues entonces no es tan fácil la *(Pronunciando despacio.)* metáfora, la imagen. ¿Y, si no llegaban a las seis de la mañana, por qué dices que sí? ¿Y qué tienen que ver los lecheros con la democracia? ¡A ver! ¿Qué pintan?

B.—Joder, porque si estás en democracia, el que llama es el lechero.

A.—¿El lechero por qué?

B.—Joder, tía, ¿qué te pasa hoy? Vaya rallada que te ha dado con la frasecita.

A.—Sí, sí, mucha rallada, pero era muy fácil y ahora tú tampoco sabes explicarla.

B.—Mira, tía. Es el lechero porque eso significa que no vienen por ti.

A.—¿Por ti, por qué? ¿Por ti, quién? ¿A las seis de la mañana? No entiendo.

B.—*(Enciende el cigarrillo y le da una larguísima calada.)* Mira, tía, déjalo.

A.—¿Lo ves? No está tan claro, no es tan evidente. Y además, con no abrir... Estás en tu casa, ¿no? Si no has hecho nada, ¿por qué van a venir? ¿Ladrones? ¿Es eso?

B.—No, ladrones, no. O también.
A.—¿En qué quedamos? ¿Son ladrones o no son ladrones?
B.—*(Le da otra calada.)* Son ladrones, los paramilitares, los del ejército, la policía, los...
A.—¿Los paraqué? ¿La policía? ¿Quién ha llamado a la policía?
B.—¡Nadie! Es que ésa es la cuestión. Nadie les ha llamado. Se presentan así, por la cara. Se llevan a la gente. Se la llevan y la matan. Si no hubiera democracia, lo entenderías.
A.—Bua. Si la democracia es un invento. Anda, vámonos, que me estoy helando. (A *y* B *salen de escena.)* A ti porque te cae bien este profesor, pero es para no entenderlo...

(Oscuro.)

10. Memoria

Mirador de aire decimonónico: visillos, techos altos, macetas de flores diminutas. Está anocheciendo y el aire refresca. En escena, A y B. A: anciana. Está sentada en una mecedora. Mira al horizonte con los ojos cansados. B: joven. Vaqueros, una blusa de lino. Tal vez está intentando dejar de fumar. Pero no lo consigue.

A.—Y durante tres días y tres noches la oscuridad como única compañera...
B.—... Era el último barco. El último. Centenares de mujeres, ancianos y niños se hacinaban en las tripas de aquel buque mercante. La humedad, aquel olor siniestro del encierro, el lamento frágil de unos niños hambrientos.
A y B.—*(Al unísono.)* No olvidaré el olor húmedo. No teníamos agua, ni comida. Faltaba el aire. El comandante... (A *se detiene.)* ¿Era el comandante?
B.—... Mandaba retroceder la travesía emprendida durante el día. Así durante tres jornadas, con sus respectivas noches.
A.—Eso es. Tres días y tres noches. Sin saber qué ocurría. Nadie explicaba nada. Nadie sabía. ¿Por qué? Sólo hambre, sólo frío. Algunos enfermos. Quietos. En las tripas de aquel barco. *(Pausa.)* Tu madre lloraba; tan pequeñita...

B.—¿Lloraba? Berreaba, querrás decir.

A.—*(Silencio. Pensativa.)* ¿A veces? Sí. A veces lloraba. Lloraba. A poquitos. Pobre. Tenía hambre.

B.—Pero otro buque abordó nuestro mercante. Detuvieron a la tripulación. Detuvieron al comandante. Y condujeron el barco a un país neutral. Allí acogieron a los últimos refugiados.

A.—Los últimos... *(Pausa.)* ¿Qué dicen las noticias? La radio se ha estropeado. No oigo bien...

B.—Ama...[1]. *(Busca el paquete de cigarrillos que lleva en el bolsillo de los pantalones.)*

A.—Se lo merece. Se lo merecen. El frío, el hambre, el lamento de los niños... Algunos murieron. ¿Sabes? Tu pobre madre... Tiritaba entre mis brazos... Es un juicio justo.

B.—*(Enciende el cigarrillo.)*

A.—No es venganza. De veras que no. Tu madre lo sabe. No la eduqué en el rencor. *(Pausa.)* ¿Qué dice la radio? ¿Y los periódicos? ¿Has comprado el periódico?

B.—*(Da una calada al cigarrillo.)*

A.—Si viviera tu abuelo. Él se quedó aquí. Se quedó aquí para luchar. Para resistir. Y yo allí, con tu madre en los brazos, tan chiquitita.

B.—Ama... No está todo perdido... Habrá recurso.

A.—¿Perdido? Tu abuelo siguió aquí luchando, entre las montañas, los bombardeos, las casas quemadas, los puentes rotos. ¿Has dicho perdido?

B.—No ha terminado aquí la historia. Seguiremos.

A.—*(Mirando a B.)* No olvidaré el olor húmedo. No teníamos agua, ni comida. Faltaba el aire... Éramos los últimos. ¿Los últimos?

(Oscuro.)

---

[1] *Ama:* en euskera, 'madre'. También puede usarse para 'abuela'. *(Nota de la autora.)*

Laila Ripoll

El día más feliz de nuestra vida

PERSONAJES

AMELIA
MARIJOSE

AURORA
CONCHI

Madrugada. Las cuatrillizas de Socuéllamos están acostadas en dos camas grandes separadas por una mesilla de noche: AMELIA *y* MARIJOSE *comparten la cama de la izquierda y* CONCHI *y* AURORA *duermen en la de la derecha. No tienen más de ocho años y son idénticas. A los pies de las camas hay cuatro sillitas con cuatro trajes de comunión exactamente iguales. Sobre el cabecero, un Cristo crucificado y una Inmaculada Concepción.* MARIJOSE *se revuelve en la cama y murmura algo ininteligible.*

AMELIA.—¿Qué haces?
MARIJOSE.—Rezo.
AMELIA.—¿No te duermes?
MARIJOSE.—No puedo.
AMELIA.—¿Por qué?
MARIJOSE.—Tengo nervios.
AMELIA.—Toma, y yo. Mañana va a ser el día más feliz de nuestra vida.
MARIJOSE.—¿Es ya la hora?
AMELIA.—Creo que no. Aún está oscuro.
MARIJOSE.—¿Hará un buen día?
AMELIA.—Seguro que sí, porque los ángeles del Cielo estarán contentos y no llorarán.

(Silencio...)

Va a ser el día más feliz de nuestra vida. Lo ha dicho el cura. Y encima, en nuestro cumpleaños.
MARIJOSE.—Van a venir autoridades hasta de Tomelloso.
AMELIA.—¿Qué de Tomelloso? Hasta de la capital van a venir, que me lo ha dicho el cura. Han hecho el día festivo en todas partes.

Marijose.—¿Y eso por qué?
Amelia.—Porque somos muy importantes. Si hasta el generalísimo nos mandó cuatro mil pesetas y los cochecitos dobles cuando nacimos... Una fortuna.
Marijose.—Debe de ser porque como somos tantas...
Amelia.—Ayer dijo el cura que éramos un ejemplo para el mundo. Que Dios ha tocao con el dedo a nuestra familia para que seamos el camino a seguir por todas las personas del mundo.
Marijose.—Mira que si por no dormir hacemos algún pecao...
Amelia.—Es verdad. Vamos a rezar y a dormirnos.

(Silencio...)

Marijose...
Marijose.—¿Qué?
Amelia.—¿No te duermes?
Marijose.—No puedo.
Amelia.—¿En qué piensas?
Marijose.—En la muerte y en el infierno.

(Silencio...)

Amelia...
Amelia.—¿Qué?
Marijose.—¿Y si nos dormimos y pecamos en sueños?
Amelia.—Creo que en sueños no se peca.
Marijose.—¿Por qué no?
Amelia.—Porque se peca de pensamiento, palabra, obra y omisión. No se peca de sueño.
Marijose.—¿Y estás segura de que los sueños no son nada de eso?
Amelia.—A ver... no son un pensamiento, ni una palabra, ni una obra, ni una omisión...
Marijose.—Pero... ¿y si nos morimos durmiendo y vamos al infierno por no haber recibido el Santísimo Cuerpo?
Amelia.—Vamos a rezar.

(Campanada. La media.)

Marijose...
MARIJOSE.—¿Qué?
AMELIA.—¿No te duermes?
MARIJOSE.—No puedo..
AMELIA.—¿Por qué?
MARIJOSE.—Porque está oscuro y tengo miedo de morirme.
AMELIA.—Rézale a la Virgen.

(Silencio...)

MARIJOSE.—Amelia...
AMELIA.—¿Qué?
MARIJOSE.—Ya no falta ná.
AMELIA.—Ná de ná.
MARIJOSE.—Ya no falta ná para que llegue el día más feliz de nuestra vida.

(Silencio. MARIJOSE *se incorpora.)*

AMELIA.—¿Dónde vas?
MARIJOSE.—Tengo sed.
AMELIA.—Pues no se bebe.
MARIJOSE.—Pues yo tengo sed.
CONCHI.—Beber es pecao de obra.
AMELIA.—Mira la otra. ¿Tú no estabas dormida, Conchi?
CONCHI.—No estoy dormida y beber es pecao.
MARIJOSE.—Porque tú lo digas.
CONCHI.—Es pecao de obra.
AMELIA.—Sí, porque si bebes se ahoga el cuerpo de Cristo, que me lo ha dicho el cura.
MARIJOSE.—Eso te lo inventas tú.
AMELIA.—No se bebe.
CONCHI.—Es pecao.
MARIJOSE.—Eso es con la comida.
CONCHI.—Es pecao.
MARIJOSE.—El agua no se come.

AMELIA.—No se bebe.
AURORA.—Ea.
MARIJOSE.—Anda, la que faltaba. Ya estamos las cuatro despiertas.
AURORA.—Ea.

(MARIJOSE *se vuelve a tumbar. Silencio...*)

MARIJOSE.—¿Habéis pensao cómo vais a recibir la Forma?
CONCHI.—Con mucha devoción.
AURORA.—Ea.
AMELIA.—Y con cuidadito para no morderla.
CONCHI.—Sí, porque como la muerdas...
AURORA.—Ea.
MARIJOSE.—Y si por descuido la rozo con los dientes... ¿qué pasa?
CONCHI.—¡Pecao! ¡Pecao de obra!
AMELIA.—Tú, por si acaso, no la roces.
MARIJOSE.—Pero... ¿y si la toco con los dientes sin querer, qué?
CONCHI.—Le harás una herida al Cuerpo y empezará a manar sangre y se te llenará la garganta con toda la sangre y te caerás muerta en medio de la iglesia.
AURORA.—Ea.
MARIJOSE.—Pero si es sin querer...
AMELIA.—A Dios le da igual si es sin querer como si es queriendo, que me lo ha dicho el cura. Tú ni la toques.
MARIJOSE.—¿Y cómo hago?
CONCHI.—Haberlo probao antes.
AURORA.—Ea.
CONCHI.—Yo y ésta llevamos dos semanas probando con un cacho de papel carbón. Si se nos quedan los dientes negros es que hemos tocao el Cuerpo.
AMELIA.—Abres muy bien la boca y te tapas con la lengua los dientes de abajo, que son los más traicioneros.
MARIJOSE.—*(Abre la boca.)* ¿Asín?
AMELIA.—Abre más la boca y saca más la lengua.
MARIJOSE.—*(Más.)* ¿Asín?
AMELIA.—Asín. Ya no lo tocas seguro.

(MARIJOSE *practica con la boca abierta y la lengua fuera. Silencio...*)

MARIJOSE.—¿Cuánto queda?
AMELIA.—Un ratico. Aun no ha salido el sol.
MARIJOSE.—Tengo una sed y unos nervios... vamos a parecer novias.
AMELIA.—La novia voy a ser yo. Las demás sois muy pequeñas.
MARIJOSE.—Somos novias las cuatro, que para eso somos iguales.
AMELIA.—La novia de Cristo soy yo, que para eso soy la mayor.
MARIJOSE.—Porque tú lo digas. Nacimos las cuatro a la vez.
AMELIA.—De eso nada. Yo nací la primera, luego tú, luego la Conchi y la última la Aurora, asín que soy la mayor, la mayor y la mayor.
MARIJOSE.—Eres una mentirosa. A mí me han dicho que la mayor es la que nace la última, asín que la Aurora es la mayor.
AURORA.—¡¡¡Ea!!!
AMELIA.—De eso nada, monada.
MARIJOSE.—¡Mentirosa!
CONCHI.—¡Insultar es pecao de palabra!
AMELIA.—Como sigas asín te vas a tener que confesar otra vez antes de recibir el Cuerpo.
MARIJOSE.—Porque tú lo digas.
CONCHI.—Es un pecao muy gordo y como no te confieses te vas a poner azul porque se te va a atragantar la Sagrada Forma y te vas a ahogar porque el Santo Cuerpo no quiere entrar a donde está el pecao.
AURORA.—Ea.
MARIJOSE.—Eso son cuentos de viejas.
AMELIA.—A mí eso me lo ha dicho el cura, que le pasó a un niño de Tomelloso por no confesarse bien.
MARIJOSE.—Pues se lo ha inventao.
CONCHI.—¡Otro pecao de pensamiento y de palabra!
MARIJOSE.—¡Yo no hago ningún pecao! Sois vosotras que sois como una mala tentación.
AMELIA.—Hala, eso, tú sigue pecando.

CONCHI.—Y el Santísimo Cristo va a bajar el brazo clavao de la cruz y te va a sacudir un tortazo que te va a mandar hasta el molino de la torre con todos los huesos descuajeringaos, que no te va a curar ni la saludadora.
MARIJOSE.—Tú estás tonta y todas esas cosas son tonterías y te las inventas tú para darme miedo.
CONCHI.—Y la Virgen María va a llorar lágrimas de sangre por culpa de tu pecao y se va a formar como un río y tú te vas a ahogar en la sangre y te vas a asfixiar porque la sangre se va a hacer coágulos y se te va a meter por la nariz y por la boca y vas a morir con sufrimientos terribles por haber hecho llorar a la Santísima Virgen.
AURORA.—Ea.
MARIJOSE.—*(Entre pucheros.)* Eso te lo estás inventando para darme miedo.
CONCHI.—Y si sigues así se va a enterar la Guardia Civil y te van a llevar presa a donde el generalísimo y nos va a quitar las cuatro mil pesetas y los dos cochecitos dobles y madre se va a morir de pena en medio de una agonía tremenda y te van romper el cuello con el garrote por pecadora y por madricida.
MARIJOSE.—*(Rompiendo a llorar.)* Yo no soy ninguna pecadora.
AMELIA.—Pues piénsalo mañana según te vayas acercando al altar para recibir el Cuerpo.
CONCHI.—Si no te confiesas te vas a poner azul y te vas a morir.
AURORA.—Ea.

(Silencio. MARIJOSE *gimotea.)*

AMELIA.—Va a ser el día más feliz de nuestra vida.
AURORA.—Ea.
CONCHI.—Menudo cumpleaños.
AURORA.—Ea, ea y ea.

(Silencio...)

AMELIA.—Marijose...
MARIJOSE.—¿Qué?
AMELIA.—¿Qué haces?

MARIJOSE.—Nada.
AMELIA.—Te estás tocando.
CONCHI.—¡Eso es pecao de tó: pensamiento, palabra, obra y omisión!
AMELIA.—No, tonta, de omisión no.
CONCHI.—¡Pecao, pecao de tó!
AURORA.—Ea.
MARIJOSE.—¡No me estoy tocando!
AMELIA.—Sí te estás tocando, asquerosa.
MARIJOSE.—¡No me estoy tocando! ¡Me pica y me rasco!
CONCHI.—¡Pecao, pecao de tó!
AURORA.—Ea.
AMELIA.—¡Te estás tocando! ¡Se nota por como mueves la manta!
MARIJOSE.—Se mueve porque me rasco.
AMELIA.—¿Y qué te rascas?
MARIJOSE.—El muslo.
AMELIA.—¿Lo ves, lo ves? Te estás tocando. El demonio lo disfraza de picores y tú te tocas justo donde empieza lo que no se puede tocar.
CONCHI.—¡Pecao, pecao!
MARIJOSE.—No me toco. No me he tocao nunca. Me rasco el muslo porque me pica.
AMELIA.—Te estás tocando lo que no se puede tocar.
CONCHI.—Y cuando te lo laves hay que hacerlo sin tocarlo y si lo rozas tienes que rezar un Padrenuestro y dos Avemarías porque si no se te pudre y se te cae al suelo y ya no vales pa tener hijos y ya te quedas que no vales pa ná.
AURORA.—Ea.
MARIJOSE.—Lo juro por Dios que no me he tocao nunca.
CONCHI.—Jurar en vano es pecao de tó.
MARIJOSE.—Lo juro porque es verdad.
CONCHI.—Pecao.
AMELIA.—El cura dice que las niñas malas se tocan mucho y que por eso se quedan ciegas y se les derriten los huesos.
CONCHI.—Marijose es una niña mala y se va a quedar ciega y se le van a derretir los huesos y va a ir al infierno a consumirse en las llamas eternas, por pecadora.
AURORA.—Ea.

(Silencio...)

AMELIA.—Marijose, me das asco.

(Silencio...)

MARIJOSE.—*(Sollozando.)* Tengo miedo.
AMELIA.—Pues reza y habla mañana con el cura.
MARIJOSE.—Yo no quiero ir al infierno.
AMELIA.—Pues no peques.
MARIJOSE.—Yo no quiero ponerme azul, no quiero ahogarme con la sangre de la Virgen...
AMELIA.—Pues no peques, que ya tienes conocimiento de causa.
MARIJOSE.—Yo no quiero que llegue mañana.
AMELIA.—Pues te aguantas.
MARIJOSE.—Yo no quiero hacer la Primera Comunión.
AMELIA.—¿Qué?
CONCHI.—¡Pecao, pecao!
AMELIA.—¡El día más feliz en nuestra vida! ¡El día que cumplimos ocho años! ¡El día que vamos a recibir el Cuerpo y la Sangre de Cristo!
AURORA.—¡Ea, ea!
MARIJOSE.—No quiero comer la carne ni beber la sangre. Quiero celebrar el cumpleaños como siempre, jugando, comiendo pasteles y bebiendo Cocacola.
CONCHI.—¡Pecao, pecao!
AMELIA.—¿Tú estás loca? Cristo murió clavado en la cruz para redimirnos a todos del pecao ¿y así se lo pagas? Ahora sí que te vas a tener que confesar, Marijose.
MARIJOSE.—Pero es que yo tengo mucho miedo...
CONCHI.—¡Qué pecao, qué pecao!
AMELIA.—El Dulce Nombre de María quita todos los miedos y si eres buena no tienes que temer por nada.
CONCHI.—Si tienes miedo algo habrás hecho. El que no peca, no teme.
AURORA.—Ea.
MARIJOSE.—Pero es que no sé cuándo hago algo malo y cuándo no.

AMELIA.—Pues ya tienes conocimiento de causa, que lo ha dicho el cura.
MARIJOSE.—Yo quiero ser buena.
CONCHI.—Querer no es lo mismo que ser.
AMELIA.—Pídele ayuda al Santo Cristo de la Vega, el de las benditas llagas.
MARIJOSE.—¡Me da miedo...!
CONCHI.—Algo habrás hecho.
AURORA.—Ea.
AMELIA.—Mañana te confiesas, besas las llagas de Cristo y verás como se te quita el miedo.
MARIJOSE.—¿Y si las beso mal y peco otra vez?
AMELIA.—Que te cuente el cura como se besan, y si te da miedo, mejor. Así te lo pensarás dos veces antes de pecar.
AURORA.—Ea.

(Silencio..)

MARIJOSE.—Amelia...
AMELIA.—¿Qué pasa?
MARIJOSE.—¿La ciega que vende el cupón en la plaza del Coso está así por tocarse?
AMELIA.—Seguro.
CONCHI.—La ha castigao Dios por guarra.
AURORA.—Ea.
MARIJOSE.—¿Y todos los ciegos del mundo están así por haberse tocao?
AMELIA.—Todos, todos no. Pero muchos sí.
CONCHI.—A los otros los habrá castigao Dios por otra cosa.
MARIJOSE.—Menuda marrana la ciega de la plaza del Coso.
AMELIA.—Son avisos que nos manda Dios para que seamos buenas.
MARIJOSE.—El otro día me acarició la cabeza.
CONCHI.—¡Qué asco! ¡A saber qué se habría acariciao ella antes!
AURORA.—*(Muerta de risa.)* Ea.
MARIJOSE.—Pues las manos no le olían a ná.
AMELIA.—Tonta, porque se las habría lavado después.
MARIJOSE.—De todas maneras, esa a mí no me vuelve a tocar.
AURORA.—Ea.

(Silencio...)

MARIJOSE.—Amelia...
AMELIA.—¿Qué?
MARIJOSE.—¿Los pecaos de los padres caen sobre los hijos?
AMELIA.—A veces.
MARIJOSE.—¿Y cómo sabemos que nuestros padres no han pecao?
AMELIA.—Porque se confesaron ayer.
MARIJOSE.—¿Y si han pecao esta noche?
CONCHI.—¡Otro pecao, de pensamiento contra el cuarto! ¡De pensamiento contra el cuarto!
AURORA.—¡Ea, ea, ea, ea!
AMELIA.—Anda, cállate que cada vez que abres la boca lo estropeas más.

(A MARIJOSE se le saltan las lágrimas. Silencio...)

MARIJOSE.—*(Solloza.)* Amelia...
AMELIA.—¿Qué pasa ahora?
MARIJOSE.—¿Y los pecaos de los hijos caen sobre los padres?
AMELIA.—Claro.
MARIJOSE.—O sea, que si yo hago un pecao es como si lo hicieran nuestros padres.
AMELIA.—Eso es.
MARIJOSE.—Así que por mi culpa nuestros padres van a ir al infierno.
AMELIA.—Si te confiesas mañana, no.
MARIJOSE.—Pero... ¿y si me muero antes?
AMELIA.—No te vas a morir antes.
MARIJOSE.—¿Tú cómo lo sabes?
AMELIA.—Porque lo sé.
MARIJOSE.—Pero... ¿y si me muero?
AMELIA.—Pues... arrepiéntete y haz penitencia.
MARIJOSE.—¿Y qué penitencia hago?
AMELIA.—Algo que te duela mucho... no sé.
CONCHI.—¡Clávate alfileres en las uñas...!
AURORA.—Ea.

AMELIA.—No, que eso si le da por sangrar se ve. Tiene que ser algo que no se note.
CONCHI.—Tatuarse el nombre de la Virgen con un vidrio roto en la espalda y luego frotarse con sal...
AURORA.—¡Ea!
AMELIA.—¿Y de dónde sacamos un vidrio roto a estas horas, lista?
CONCHI.—¡Ya está! Rebánate un dedo del pie con un cuchillo, que eso sí que duele y, además, mañana con los zapatos de charol nuevos vas a ver las estrellas.

(Silencio...)

AURORA.—Ea.

(Silencio...)

AMELIA.—Habrá que ir a la cocina por un cuchillo.
CONCHI.—No hace falta. Yo tengo una navaja.

(CONCHI *saca una navaja del cajón de la mesilla.* MARIJOSE *lloriquea.*)

AMELIA.—Habrá que poner una toalla o algo, pa que la sangre no manche la cama.
CONCHI.—Que se lo haga en el suelo y luego lo limpiamos con un papel.
AMELIA.—*(A* MARIJOSE, *que llora desconsolada.)* Si quieres te tapamos la boca con la almohada, pa que no grites.
CONCHI.—Si no tienes valor, a mí no me importa hacerte el agujero.

(MARIJOSE, *entre sollozos, agarra el cuchillo y saca un pie fuera de la manta.*)

AMELIA.—Habrá que rezar o algo, mientras ésta se hace el escabeche.
CONCHI.—El salmo del Buen Pastor.

AURORA.—Ea.
CONCHI.—Bajar al Santo Crucificao, pa que lo abrace mientras se corta.

(AURORA *descuelga al Cristo de la pared y se lo entrega a* MARIJOSE, *que lo abraza y lo besa con lágrimas en los ojos.*)

AMELIA.—Ella que lo abrace bien, y las demás, a rezar.

(*Las niñas juntan sus manitas y, de rodillas, rezan el Salmo XXIII: «El señor es mi pastor, nada me falta...»* MARIJOSE, *con los ojos cerrados y sin dejar de besar al Cristo, empuña la navaja y descarga un golpe sobre su pie izquierdo.*)

MARIJOSE.—¡Ya está! ¡Ya lo he hecho!
CONCHI.—¿Y te duele?
MARIJOSE.—Un montón.
AMELIA.—Pues ya verás mañana, con los zapatos...
CONCHI.—Qué suerte.
AURORA.—Ea.
AMELIA.—Y de esto ni una palabra. Que no se te ocurra ni cojear.
CONCHI.—Como lo cuentes, haces un pecao más grande y ya sí que vas al infierno de cabeza.
AURORA.—Ea.
MARIJOSE.—Está sangrando mucho.
CONCHI.—Eso es bueno.
MARIJOSE.—Me duele una barbaridad.
CONCHI.—Como te quejes no te salvas ni cortándote una oreja.
AURORA.—Ea.
MARIJOSE.—¿Y ya no voy a ir al infierno?
AMELIA.—Tú, por si acaso, pídele al cura que te confiese antes de recibir la Forma.
CONCHI.—Y hazte una lista con todos los pecaos, no se te olvide ninguno.
AMELIA.—Habrá que limpiar el suelo y colgar al Cristo, no sea que lo vea madre.

(Aurora *coloca el crucifijo en su sitio, mientras* Marijose *se venda el dedo herido con un pañuelo y* Conchi *limpia las gotas de sangre del suelo con un papel.*)

Conchi.—Pero si no has sangrao ná...
Amelia.—Mejor, así se nota menos. Mientras le duela...
Marijose.—Me duele mucho.
Conchi.—Así es más penitencia y el Señor estará más contento.
Marijose.—No sé si voy a poder andar.
Amelia.—No seas quejica.
Marijose.—Pero es que me duele mucho...

(*Las cuatro hermanas observan con terror como el pañuelo se va empapando de sangre.* Marijose *tuerce la cara en un gesto de dolor. Un escalofrío recorre las espaldas de las cuatro niñas. Silencio...*)

Conchi.—Ya es de día.
Amelia.—Ya no queda ná.
Conchi.—Ná de ná.
Aurora.—Ea.

(*Silencio...*)

Amelia.—Ya no queda ná para el día más feliz de nuestra vida.

(*Oscuro.*)

Diana de Paco Serrano
Su tabaco, gracias

PERSONAJES

ISABEL
MIGUEL
CAMARERO
JEFE
COMPAÑERO
AMIGOS 1 Y 2
AMIGO POLICÍA
MÁQUINA

*A Elena, Maribel y Verónica,
porque quisieron escucharme.*

I

Conversación por teléfono. Semioscuridad.

ISABEL.—Eres un egocéntrico, un cretino y un don nadie.
MIGUEL.—¿Cómo?
ISABEL.—Te lo voy a repetir, te lo voy a repetir porque parece que no te das cuenta de que esto va en serio. No quiero volver a verte, ya lo sabes, cuando dejes de pensar sólo en ti, entonces, a lo mejor, podemos quedar para que me escuches, mientras tanto nada de nada.
MIGUEL.—¿Qué? ¿Por qué te pones así?
ISABEL.—Que por qué me pongo así, que por qué me pongo así. Mira lo que te digo, ¿tú crees que esto es normal? No me vuelvas a contar el rollo ese de que no te comprendo, de que tienes muchas cosas que decirme y de que necesitas tiempo, no me digas que soy especial y que la culpa es tuya porque eres un inmaduro, que lo eres, que lo eres, sí, lo eres, pero tú todavía no te lo has creído. No me cuentes lo de Peter Pan y Campanilla, porque llamo al capitán Garfio y que te los arranque de un zarpazo. Cállate, no hables. No me vuelvas a dejar en mi casa, porque yo estoy muy cansada y no aguanto más, ¿qué te crees? No me des más explicaciones absurdas. Dímelo, dímelo, dímelo, dímelo, y yo hago mis planes y tú los tuyos. Yo no quiero que estemos pegados todo el día como lapas. No entiendo nada de lo que haces y nada de lo que dices.
MIGUEL.—Yo...
ISABEL.—No me cuentes más tu vida. Vas a tener mucho tiempo, mucho, mucho, para explicarte, sí, explicarte, pero te lo

explicas a ti mismo, a ti solito, que... a mí ya no me busques, ¿vale? Pues eso, no me busques, no me busques.
MIGUEL.—No, si yo no necesito tiempo, lo único...
ISABEL.—Ya lo has terminado de arreglar, y encima quieres que crea que me eres fiel, pues no me lo voy a creer, aunque me lo jures, aunque me lo jures.
MIGUEL.—No, si yo...
ISABEL.—¿Lo reconoces, lo reconoces? Pues no me vengas ahora a contarme las amiguitas con las que te has acostado y lo poco que te gustaban, a mí me da igual. Toda la vida sin escucharte una palabra cariñosa, ni una palabra cariñosa, fíjate, y tú tan tranquilo, tan tranquilo.
MIGUEL.—Pero...
ISABEL.—Ni cariño, ni nada. Ahora. ¿No? ¿Cuando yo te lo digo? ¿Cuando yo te lo digo? Pues ahora no, ahora no, cuando sepas lo que quieres te miras al espejo y te das un beso en los morros, así no te arriesgas a que te respondan con una bofetada, eso.
MIGUEL.—Bueno.
ISABEL.—Míralo, bueno, bueno. Eso, hazte el bueno tú ahora, pero háztelo solo. Háztelo solo. Mira que bien, ya está, mira qué fácil, adiós, adiós. *(Cuelga.)*

(MIGUEL *solo.*)

MIGUEL.—Pero si me había propuesto cambiar. Me había jurado a mí mismo que la iba a llamar siempre, y que la iba a querer y que la iba a tratar como a una princesita y es que no me deja hablar, es que ni me escucha. Será insensata, después de tantas, qué más le daba darme otra oportunidad. Para eso están las parejas, ¿no? Para darse oportunidades. Y es que Isabel no me entiende, no comprende que la quiero a ella, del modo que los hombres queremos, sólo a ella, pero sin agobios. Lo veo lo normal, pero no me deja explicárselo, no me ha dejado ni terminar una frase. Todo me está saliendo fatal. En mi trabajo soy un cero a la izquierda y para colmo no consigo dejar de fumar porque si no fumo, no duermo y si no duermo no me concentro y si no me concentro no rindo y si no rindo dejaré de ser un cero a la izquierda para ser un cero en el paro. Mis amigos hacen una vida de abuelos, siempre con sus mujercitas y sus hijos y con la sonrisa amarga... A mí no me hacen ni caso, ni me llaman para quedar, nunca. Y encima no he ligado todavía ni una sola vez por el *chat*, y eso que me conecto todas las noches, cada vez con un nombre más seductor y no siempre el mismo. Tengo muchos. Un montón, para que nadie me identifique y no perder la atracción: cereza caliente, fresón frenético, sexapiel, torobravo, intelectocien, topbomba, quintamarcha... Intento tener para todos los gustos. Hablo de ligar por ligar, claro. Lo otro es lo otro, yo me refiero a lo que no es lo otro, a lo que no es mi novia, un juego, una noche de marcha, eso y ya está. No sé, no sé, me había propuesto cambiar, y empezar de nuevo y todo eso que uno siempre quiere hacer y que nunca le sale, pero hoy no me ha dejado explicarme, tengo la impresión de que nunca me escucha. Antes me daba igual, pero ahora quiero decirle cosas. Cositas bonitas, y ella va como si ya supiera todo lo que pienso. No sé, tal vez tenga razón, pero el problema no es Isabel que no me ha dejado hablar. No, ese no es el problema. El problema es que últimamente estoy teniendo percepciones extrañas, no se trata de algo extrasensorial, ni nada de videncia, pero sí sensaciones incómodas que me hacen considerar la vida de otra manera. Al principio, me estaba convenciendo de que tenía una enfermedad y que yo creía decir una cosa cuando en realidad lo único que hacía era lanzar improperios e insultos a mi alrededor o decir obscenidades o yo qué sé qué, y que todo eso, por otra parte, no surgía al azar sino que partía de un atento proceso de creación, proyección y expulsión dirigida hacia una determinada persona, todo ello, claro, en mi subconsciente, yo no me daba cuenta, pensaba yo. Por ejemplo, yo estoy explicando lo que me ha ocurrido por la mañana, cuando he quemado la cafetera y me he tenido que ir a tomar el café al bar, algo tan sencillo, tan insípido como eso, pero muy bien contado con mucha gracia, y la gente me mira como si estuviera escupiéndoles a la cara cosas tipo: «Vete a la mierda cabrón, cerdo, me voy a tirar a tu mujer...», o algo así; es verdad, me ha pasado más de una vez. Es terrible. Me di cuenta hace tiempo cuando empecé a observar las caras de mis contertulios, o de mis colegas de trabajo, y luego hacía alguna referencia a lo que habíamos hablado y ni siquiera se acordaban, pero de nada, ni de una palabra. Entonces, haciendo hipótesis y elucubraciones me di cuenta de lo que pasaba: que mi boca no decía lo que mi mente pensaba. Una especie de falta de conexión entre el aire de la garganta, la boca y el cerebro. Error fatal. Pero tampoco era eso. Yo siempre he considerado interesante lo que digo, aunque sea una cosa de nada, es por cómo cuento las cosas, por cómo gesticulo, por la puesta en escena, vamos. Siempre he creído que, si yo no fuera tan atractivo al hablar y explicarme, la gente no me apreciaría, vamos que no tendrían ningún interés en estar conmigo. Así que seguro que lo que contaba era muy interesante. Pero si no era interesante, al menos, digo yo, digno de ser escuchado y, si no digno de ser escuchado, digno de ser disimulado, disimulado como si interesara, aunque no importe nada, ¿no? Sin embargo, ellos hacían unas muecas como si se estuvieran tragando un limón y, en muchas de las ocasiones, me daba la sensación de que ni siquiera esas caras iban dirigidas a mí, que las hacían por aburrimiento. Y entonces me di cuenta, sí, sí. Yo decía lo que quería, lo que mi cerebro mandaba, pero la gente estaba pensando en otra cosa. Ni caso, eso era, nadie te hace ni caso cuando hablas. Sólo se lo conté a un amigo, porque me daba vergüenza y porque estaba convencido de que todo era una imaginación mía y éste me dejó pasmado, porque me dio la razón, un par de palmaditas en la espalda y me dijo: «Bienvenido al mundo actual», y ya está. Así que fui a la librería y rebuscando encontré un libro con un título muy sugerente, se llamaba: *Muérdete la lengua cuando quieras decir algo;* en él se trataba el problema de la incomunicación y de que todos somos unos inconscientes, y que no nos damos cuenta de nada de lo que pasa alrededor. Decía, para resumirlo, que vamos todos tan a nuestra bola que no comprendemos que ni escuchamos ni nos escuchan, ni interesamos, ni nos interesa nadie. Y proponía una prueba para comprobar el nivel de atención de los demás hacia nosotros y superar así el trauma de la incomunicación. Al principio pasé, claro. Pero como me había llamado la atención el libro, aunque era una tontería, me fijé más en la gente y empecé a darme cuenta de que tal vez lo que sucedía es que todos esos rostros que me miraban sin comprenderme, no me estaban escuchando sino que estaban esperando ansiosos que dejara de hablar para empezar ellos. Es que es verdad, no me escuchaban. Como Isabel. No ha escuchado que quiero cambiar. Pero lo peor de todo es que creo que tampoco a nadie le gusta que le contestes; cuando le toca hablar, la gente quiere hablar, y hablar y que la mires y que no la interrumpas y punto. Te puedes devanar los sesos pensando en un consejo y ya has metido la pata, porque lo que el otro quería era verte calladito y que respetaras su tiempo de hablar. ¿Cómo voy yo a comunicar mis inquietudes con una gente así? Además, que yo no soy un don nadie, ni una persona gris, ni poco carismática, todo lo contrario, que eso le pase a otros... pues vale, pero a mí, no. Ya se dará cuenta Isabel de lo que pierde. Además que a la gente le gusta que yo le dé consejos, y que cuente mis cosas, hombre. Todo esto conmigo no va. No sé, es que es imposible. Pues parecerá una broma, pero hace días que llevo pensando hacer la prueba del libro, y después de mi conversación con mi novia estoy casi convencido. Además esta prueba me ha dado una idea mucho mejor, sí, mucho mejor. Quiero intentarlo para convencerme de que esto es una paranoia y que la gente me escucha, y que a la gente le intereso de verdad. He pensado eso, pero no sé. Me está rondando la idea... Se trata de hacer el test del libro, y comprobar las situaciones reales que propone, intentando hablar lo menos posible y escuchar más y observar más, pero yo he pensado que se puede perfeccionar. Si sale bien va a ser terrible, ¿parece una contradicción, no? Pues resultaría un desastre, una catástrofe humana, pero no puede dar resultado porque si da resultado corroborará que soy transparente, inocuo e inverosímil y yo no quiero sentirme ni siquiera inocuo, que es lo menos grave. Es interesante probarlo, para concienciarnos, pero no sé hasta qué punto me vendrá bien saber la verdad; aunque no va a pasar, no puede pasar, no puede ser que la gente no se escuche; yo no me lo creo, eso es imposible que pase. Es que eso a mí no me puede ocurrir, yo a veces desconecto cuando otros hablan pero no es lo mismo, porque las cosas que yo digo son interesantes y los demás a veces sueltan unas soflamas... No es lo mismo, no. Así que no saldrá, seguro, no saldrá, no, no, seguro que no.

II

MIGUEL.—*(Son las ocho de la mañana. Irónico y divertido.)* Día uno. Comienza el experimento. Durará poco. Conecto con mi interior. Mientras me miro al espejo, mientras me levanto, me permitiré dar sonoridad a mis pensamientos con el fin de que cualquiera pueda saber, estando a solas, qué me preocupa y qué corre por mi mente el primer día del resto de mi vida, llamémosla tácita, como dice el libro «tu nueva vida tácita» y, además, para escucharme yo pensar en alto, que si no me voy a volver loco y para acordarme luego de todo y poder escribir el «diario mudo» que te regala el libro, así se llama «diario mudo», y cada día hay que reflejarlo todo, lo que sientes, lo que te dicen, lo que no te dicen, para poder evaluar al final. En el momento en el que me encuentre con alguien, el discurrir de mis pensamientos será sólo perceptible para mí. *(Pausa. Mira atentamente su imagen.)* ¿Y si le doy el beso en los morros al espejo? Bueno, no, hoy no, no quiero darle la razón a Isabel.

(Oscuro.)

III

Barra de un bar. Primera prueba.

MIGUEL.—*(Sonrisa.)*
CAMARERO.—¡Hombre, Miguel!
MIGUEL.—*(Sonrisa.)*

Camarero.—¿Qué, cómo va eso?
Miguel.—*(Encoge hombros, otra sonrisa y se acerca el periódico que está en la barra.).*
Camarero.—Ya, ya, lo mismo de siempre. No si estoy de acuerdo, a mí me pasa igual, al final empiezo a reflexionar y me doy cuenta de que todo es lo mismo. (Miguel *le mira y coge el periódico de la barra.)* ¿Que el mundo está peor que nosotros? Ya lo sé, y qué... Con estos políticos que tenemos... ¿Quién escucha a los hombres de la calle? ¿Quién toma la palabra del pueblo anónimo? ¿Quién reivindica los derechos del ciudadano de a pie? (Miguel *vuelve a mirar.)* Ya, ya sé que hablo como un sindicalista radical, pero es que ayer estuve viendo el telediario y me pareció muy interesante, un fenómeno muy, muy, inquietante, repetir lo que dicen los políticos, los sindicalistas todos estos, ¿no? Y aunque nadie te escuche, ¿no?, porque si no fuera porque aquí vienen clientes como tú que te dan conversación, uno se volvería loco, digo que aunque nadie te escuche, al menos tú te crees protagonista de las noticias. *(Ríe.)* ¿Qué te parece? (Miguel *sonríe con resignación.)* Pues a mí también me parece una gilipollez, pero por algo hay que empezar la mañana, además hay que implicarse, Miguel, hay que implicarse. ¿No? Bueno, aquí tienes, tus tostaditas y tu café solo.

(Oscuro. Se escucha a Miguel.)

Miguel.—Bien, bien, muy bien. Ya he pasado la primera prueba, ahora viene la segunda, la más larga, la jornada laboral.

IV

En la oficina. Segunda prueba.

Jefe.—Ramos, ¿acaba de llegar? *(Asiente.)* Le pedí que viniera antes, y no me sirve lo del autobús; sé que desde que se cambió de casa usted viene andando, además vive solo,

¿no? No, no, no siga, no quiero meterme en su vida, pero si vive solo, cerca y es hombre ¿por qué llega siempre tarde? No soy machista, Ramos; lo de hombre lo digo porque no necesita usted arreglarse mucho, además es joven, no tiene que disimular nada de nada, un lavado de cara y a correr. Cuando pueda pase por mi despacho, tenemos que hablar un poco más. *(Sale.)*

Compañero.—Menos mal que has venido, Miguel, menos mal. Me ha pasado algo que no sé a quién contarle. No sé qué hacer, y tú eres un hombre sensato, conoces bien a las mujeres, siempre las has sabido manejar. *(Cara de sorpresa y transición a la autocomplacencia.)* A ti no se te resisten y a mí, sin embargo, Laura me ha dejado. Dice que soy un egoísta y que no la tengo en cuenta y que..., seguro que eso a ti nunca te ha pasado. ¿Ves? Lo que yo decía. Me ha pedido que no la vuelva a llamar y yo no sé qué hacer, porque total, yo la trato muy bien, no sé hacerlo mejor. Nunca la insulto y cuando salgo con otras evito que me vea. (Miguel *toma aire, como si fuera a empezar a hablar, aunque es sólo un medio para disimular su silencio.)* ¿Debería, verdad? ¿Debería llamarla? ¿Y si luego me cuelga, o me dice que no la vuelva a llamar? ¿Debería también correr con ese riesgo? ¿Si la quiero, no? Claro que la quiero, hombre. Si la quiero no es momento de ser duro, ¿no? Claro, eso creo yo, ya me pondré duro en otra ocasión. ¿Le mando flores? ¿La llamo primero, o voy a su casa con las flores en lugar de mandárselas? Mejor primero la llamo y así respeto su intimidad. Es verdad, no sé cómo no había caído. Me ha servido mucho hablar contigo, si no hubieras estado aquí, no sé qué habría sido de mi relación. Gracias, te debo una. Gracias, luego seguimos hablando.

V

En su casa, llaman por teléfono.

Miguel.—*(Algo confuso, no sabe qué hacer, al final descuelga.)*
Isabel.—Miguel, hola, mira soy yo. Necesito volver a hablar contigo. Ya sé que te dije que no quería, pero creo que aho-

ra sí quiero, además creo que tú también lo estás deseando. Sé que no me has llamado porque te has acobardado, sé, sí, sí, ya lo sé, que tal vez me pasé un poco. Pero tengo mis razones. ¿Nos vemos luego y seguimos la conversación? Venga vale, me alegro de que te parezca bien. A las nueve donde siempre, muy bien, me parece muy bien. Hasta luego.

MIGUEL.—Esto es muy raro. Yo estoy empezando a cansarme. Nadie, todavía nadie me ha preguntado por qué me callo. Además, es que hasta yo mismo me convenzo de que contesto a los demás, como ni siquiera se extrañan de mi silencio. Está dejando de ser divertida esta pruebecita. Vaya asco de libro. Está empezando a ser molesto. ¿Ahora qué hago, escribo en el diario mudo: hasta la fecha todo el mundo me ignora, o qué? ¿Tendría razón el autor de *Muérdase la boca* o *la lengua* o lo que fuera? La prueba esta me está empezando a tocar las narices. Menos mal que he quedado con Isabel; estoy seguro de que Isabel, con lo sensitiva que es y lo mucho que se fija en todo, a los dos segundos ya se habrá dado cuenta de que no hablo. Apunto esto y me concentro un poco porque estoy para reventar y ponerme a cascar como un loro. Y un fracaso en el experimento ahora, ahora que he soportado casi un día entero, un fracaso no quiero tener. Es que no lo podría soportar. Pero es que tengo los nervios a flor de piel. Ya veremos cómo aguanto yo, no sé, no sé.

VI

MIGUEL *está ya en el bar esperando sentado en una mesa.* ISABEL *llega en ese momento.*

ISABEL.—Perdona, sé que no soportas que te haga esperar pero no empieces con tus broncas, lo veo venir, no empieces que esta vez no quiero numeritos. ¿Sabes por qué no te aguanto más? Precisamente por eso, por tus numeritos. Porque siempre me estás mintiendo e intentando echarme la culpa de todo, como ahora. He llegado tarde y ya la he fastidiado. Pues no, las cosas no son así.

MIGUEL.—*(Asiente con la cabeza.)*
ISABEL.—La razón como a los locos no, ¿eh?
MIGUEL.—*(La mira, se acerca a la mesa y le coge la mano.)*
ISABEL.—¿Estás seguro de que no me estás dando la razón como a los locos? Mira, si las cosas no van bien, no van bien. Si tú tienes tu opinión, pues la tienes y ya está. No se trata de que asientas a todo, ni tampoco de que me lleves siempre la contra. Se trata sólo de que seas tú mismo y si me gustas bien y si no pues nos damos puerta, no tenemos por qué estar juntos si no nos vamos a querer, y yo quiero que me seas fiel y no me gusta que me ignores y todo eso, ¿ves? Ahora te veo más receptivo, ahora sí. ¿Estás seguro de que quieres volver? *(Sonríe muy levemente, ni que sí ni que no.)* Ay, Miguel, cuanto tiempo hacía que no estaba tan bien hablando contigo, cuánto tiempo hacía que no me tocabas así, como ahora, qué dulce, qué bonito y qué bien lo has hecho esta vez. Así, Miguel, así se hacen las cosas. Y yo también te quiero mucho, yo también te quiero mucho, cómo no te voy a querer. Pero eso da igual, que nos queramos da igual, si no nos entendemos. Pero ahora, como hemos hablado hoy no habíamos hablado nunca, Miguel. *(Sorprendido.)* A ti también te lo parece, ¿verdad? Pues nada cariño, otra oportunidad, esta vez te la mereces. (ISABEL *se levanta,* MIGUEL *la mira.)* Me voy, que tengo turno de noche, te llamo, amor. Hasta mañana. *(Le da un beso y se va.* MIGUEL *no parece tan satisfecho como* ISABEL. *Está aterrorizado por cómo están desarrollándose los acontecimientos. Se quedá ahí, sentado, mucho tiempo. Oscuro.)*

VII

MIGUEL.—*(En su casa.)* Han pasado siete días, siete días sin abrir la boca. He terminado esta mierda de diario mudo y he agotado mi paciencia. Es que todo el mundo está tan contento conmigo, como si mi carácter hubiera cambiado desde hace una semana. ¡Claro que ha cambiado! Si no hablo, hombre, si no hablo... En el supermercado no hay que hablar, en el quiosco tampoco, tú te sirves y ya está, el banco funciona por Internet y el dinero te lo da el cajero y, en una situación extrema, para decir buenos días, sonríes. En el bar no tengo que pedir porque ya saben lo que quiero, mi jefe prefiere que no le conteste y mis amigos se sobran y se bastan para darse consejos y atribuírmelos a mí; y lo peor de todo, lo peor de lo peor, lo que más desquiciado me tiene, ya no es que me ignore la gente, ya no es que no interese en absoluto lo que yo diga, no, no es eso. ¡Es que esta semana de relación con Isabel ha sido la mejor desde hace diez años, según Isabel! Que cómo he cambiado, que así es el Miguel que Isabel siempre ha querido encontrar, que no sabe cómo antes podía disimular lo dulce, amable y comprensivo que soy. ¡Dulce, amable y comprensivo sin abrir la boca! ¿Qué pasa? ¿Antes era un monstruo? ¿Cómo he podido mejorar tanto sin decir ni pío? Estoy desquiciado, totalmente fuera de mí, y el mundo a mi alrededor aplaudiendo mi actuación. Y todos me aprecian mucho más. Pero todos. Vale, vale que el que calla otorga, pero el que calla cuando hay que callar. ¿Y siempre hay que callar? Pues que se callen todos, entonces. Aquí el mudito soy yo solo, el que está haciendo feliz a media humanidad soy yo y nadie se da ni cuenta de que no hablo. ¡Si se me ha secado la garganta de aguantar apelotonadas las palabras dentro! Yo creo que hasta la tengo inflamada de tanto tragar frases que no he dicho, consejos que no he dado, ocurriencias que no he podido soltar en el momento adecuado, y todo para que la gente me diga: «¡Hay que ver, Miguel, qué gusto da estar contigo últimamente!» Ahora que yo aguanto, si he llegado hasta aquí, ¿eh?, aguanto hasta que alguien me pregunte, hasta que alguien se dé cuenta de que yo no, mmmmmm, mmmmm, mmmmmm, no hablo, nada, mudito, mmmm, mmmm, mmmm. Me da igual lo que diga el libro sobre pasarse del tiempo previsto en el «diario mudo», me da igual lo de adaptarse al medio y lo de no dejarse llevar por la indignación. ¡Hasta que alguien no me pregunte por qué no hablo no pienso abrir la boca! ¡Aunque me exploten los labios de tanto apretarlos! Se acabó.

(Oscuro.)

VIII

De nuevo en el bar.

Amigo 1.—¡Eh, Miguel, ven a tomarte una copa con nosotros! Estamos celebrando que a Roque ya lo han hecho policía. Sí, tío, mira ya le han dado el uniforme, la placa y la pipa. ¡Mira qué pistolón! (Miguel *sigue con el ceño fruncido. Ahora quiere que todo el mundo se dé cuenta de que no habla, ya no quiere disimular.*).

Amigo 2.—Es preciosa, la pistola, cómo me gustaría saber pegar un buen par de tiros, a un plato claro, a un plato. Tú sabías tirar, ¿no Miguel?

Amigo Policía.—Bueno, dame, dame, que a Miguel no le gustan los policías. ¿No ves qué serio se ha puesto? Vamos, Miguelón, tómate algo con nosotros.

(Miguel *se acerca, con una sonrisa forzada.*)

¿Qué quieres? ¿Algo fuerte para celebrarlo, no?

Amigo 2.—Pues qué va a querer. ¿No le ves la cara? Un Jack Daniels, sin hielo y en vaso largo ¿a que sí? ¿Ves? Como si no nos conociéramos.

(Miguel *coge la pistola y la observa.*).

Amigo Policía.—Me la han dado hoy, la tengo que llevar enseguida a comisaría, pero no quería dejar de enseñárosla. ¿Es bonita, verdad?

(Miguel *apunta con la pistola. Primero a uno, luego al otro y luego al* Policía. *Después al* Camarero *y finalmente a la máquina de tabaco que tiene enfrente. En un primer momento todos se han sorprendido, incluso se han asustado, pero al final se echan a reír.* Miguel *sigue apuntando a la máquina del tabaco. Se acerca con la pistola, echa unas monedas, saca tabaco sin dejar de apuntar con la pistola. Se va alejando hacia sus amigos, de espaldas a la barra, de frente a la máquina.)*

Amigo 1.—¿Ves cómo le gusta? Si es un peliculero, Miguel tiene madera de poli, ¿has visto el numerito que nos ha hecho?
Amigo 2.—Sí, de poli, de *Strip Poli,* si acaso, ¿Te imaginas, eh Miguel?
Máquina.—Su tabaco, gracias...

(Miguel *se detiene y observa la máquina. Sigue apuntándole.)*

Amigo Policía.—*Strip Policía* se quita la ropa para protegerla a usted, señora... na, na, na. Venga, Miguel, dame la pipa, que ya la echo de menos.
Máquina.—Su tabaco, gracias...

(Miguel *la mira fijamente con la pistola levantada.)*

Amigo 1.—Eh, Juan, se te ha vuelto a atascar la tabacalera.
Máquina.—Su tabaco, gracias... su tabaco, gracias... su tabaco, gracias... su ta... sutaba... sutab... sut... cogra... ciassu... tabacogr...
Miguel.—*(Se empieza a poner nervioso, se acerca y le da una patada, ante la expectación de sus amigos; evidentemente no le ha sentado bien toda la tensión de los días pasados. Toma aire, abre la boca y va a gritar pero al final cierra los ojos, los aprieta, se le repite la tentación varias veces pero no cae, está venciendo esta lucha de titanes, pero la voz metálica de la máquina se le clava en las entrañas, en el corazón, en el higadillo, casi no puede contenerse y está apunto de dispararle.)*
Amigo Policía.—Vamos, dámela, ¿qué te pasa? Estás muy tenso, relájate.
Máquina.—...sutabacograciassutabacograciassutabacogra... sut... abac... ograc... iasgraciasgraciasgraciasgracias, etc., etc.
Miguel.—*(Explosión en el interior de* Miguel.) ¡De naaaadaaaa!

437

(Dispara a la máquina y echa a correr fuera. Se escucha una vez más un «¡De nada!» Intenso y largo.)

Amigo 1.—Pero, Miguel, ¿te has vuelto loco? Anda que éste, ¿qué le pasa? ¿Por qué no lo cuenta, si le pasa algo, y así se desahoga? ¡Miguel! *(Va hacia la puerta, corren todos a buscarlo.)*

(Se vuelve a escuchar, más lejos, la voz de Miguel*: «¡De naaaaaadaaaaaaaaa!», y un disparo. Oscuro.)*